¡DES

Hernán Migoya

Brooke Shields

Director de la colección: Manuel Valencia
Prólogo: Juanma Bajo Ulloa
Diseño: Juan Puchades
Ilustraciones: Gambarte
Fotografías: Archivo Hernán Migoya

agradecimientos:

Está claro que un libro como este no hubiera sido posible sin la ayuda directa e indirecta, moral y física (bueno, ésta mejor no especificarla) de numerosas personas. Quiero agradecer sinceramente su aportación en ¡DESNUDAS! a...

...Julià López, encargado de la Videoteca de la Filmoteca de Catalunya, por su simpatía, profesionalidad y por no inmutarse ante mi requerimiento de veinte títulos diarios.

...Eduardo Guillot, por echarme una mano y por sus archivos (a los que a mi vez también me gustaría echarles una mano)

...los numerosos profesionales que han abierto brecha en el tema de los desnudos, y que con sus libros, artículos y material de difusión en general me han sido de suma utilidad en mi trabajo. Quiero agradecer especialmente su aportación, aunque no lo lean, a Craig Hosoda, Luis Gasca y Carlos Aguilar.

...Mirito Torreiro, por haberme aguantado en sus clases y ¡coño! ser buen profesor de cine, aunque no sé si este es el tipo de frutos que espera de sus alumnos...

...Pablo López, porque tener ganas de diseñar el libro de un compañero de trabajo ya son ganas... Y más si ese compañero soy yo. Gracias, tío.

...Mercè Dauder, por sacarme tan guapo.

...Juanma Bajo Ulloa. Conocerle ya fue para mí un sueño hecho realidad, pero que además aceptara escribir el prólogo de ¡DESNUDAS! y, sobre todo, pusiera tanto entusiasmo en hacerlo, es algo que nunca podré pagar. Si has visto tantas veces como yo *La madre muerta*, lo entenderás. Gracias, maestro. Espero que el libro esté a la altura.

...Carlos Gambarte, por sus símbolos. Nadie lo hubiera hecho mejor.

...Ediciones La Cúpula, porque tengo un morro que me lo piso, y ellos no solo han tragado con todo, sino que además me han animado y puesto toda su ayuda a mi disposición. A Josep Maria Berenguer por su comprensión y a Emilio Bernárdez por su estímulo.

...esa pandilla maravillosa de periodistas locos que me ha endulzado la vida y aportado numerosas pistas para la confección de un método de trabajo. Sin orden ni concierto: Manolo Valencia, por apoyarme en la idea y portarse tan bien con los plazos; Pedro Calleja, porque es un pedazo de pan, y por las molestias; Jesús Palacios y Carmen Asensio, por ser geniales y enseñarme tanto por tan poco; Isabel Andrade, porque ella sola es un don; Pedro Duque, porque, a pesar de mis intentos por imitarle, es la prueba viviente de que hombre viril solo hay uno... Y a todos en conjunto, por permitirme llamarles amigos.

...y a Iron, Sarah y Raquel. Ellos quizá no sepan por qué, pero yo sí.

Primera edición: Septiembre de 1996
Segunda edición: Noviembre de 1996

Avd. Barón de Cárcer, 48-6J - 46001 Valencia-España
ISBN: 84-89240-20-5
Depósito Legal: V-3198-1996
Impresión, fotomecánica y filmaciones: Gráficas Papallona S.C.V.
Avd. Barón de Cárcer, 48-9B - 46001 Valencia-España

Solo a Ellas

Soy el hombre más afortunado del mundo, porque he amado a la mujer perfecta...
una mujer creada por un hombre.
M. Butterfly, de David Cronenberg

Janine Turner

Prólogo

¡DESNUDAS!

—Lo has hecho... Dios santo, lo has hecho. Jamás pensé que llegaría este día. Dime, Dios mío, ¿qué es lo que hice mal?

—Mamá, yo...

—Te lo he dado todo, educación, caprichos, el mejor colegio... ¿Cómo, cómo puedes pagarme así?

—...Lo sé... y... no sé qué decir.

—Cómo podré mirarte a la cara a partir de ahora sin pensar en... ¡dímelo!... ya no serás más mi pocholito, mi niño querido... nada volverá a ser lo mismo.

—Pero, mamá... en realidad el libro...

—¡«Libro»! ¿Cómo puedes llamar «libro» a algo titulado así? Está decidido; el lunes ingresarás en La Obra, esta tarde hablaré con tu padre.

—¡Por favor, mamá!, ¡no se lo digas a papá!

—¿Qué?, ¿que su hijo es un sátiro, un enfermo, que no es digno?

—No... por favor, no le digas que le cogí... «¡DESNUDAS!».

FUNDE A NEGRO.

*Diálogo de la película *Alas de coleóptero* (secuencia suprimida).

Esta bonita secuencia, sacada al azar de una película cualquiera, pretende de algún modo ilustrar sobre los diferentes comportamientos que la sociedad muestra ante el fenómeno del sexo explícito. La reacción de esta inocente madre ante su vergonzante hallazgo podría igualmente transcribirse a otras situaciones similares como el onanismo[1], la pornografía gráfica o audiovisual, o la zoofilia[2], por citar las más cercanas al autor.

El volumen que ahora blande ud. en su/s mano/s, además de proporcionarle inolvidables y agotadoras horas de placer, sin cuento, y relax espiritual, le dará la posibilidad de realizar diferentes experimentos de variada naturaleza, para el estudio del apasionante y primitivo comportamiento humano. A continuación les daremos unas sencillas instrucciones. En primer lugar se debe dejar ¡DESNUDAS! en cualquier sitio; escondido o a la vista, en un lugar público o privado, con una partícula de papel, miga de pan o similar sobre su portada. Invariablemente alguien lo abrirá. El segundo paso es estudiar en los videoclubs cercanos el injustificado aumento de los alquileres de las películas nombradas en la guía. Todo esto ocurrirá sin ruido, sutilmente, con naturalidad, como ante un pedo en un ascensor abarrotado.

---

[1] *Pajas. (Me he visto obligado a incluir este absurdo y redundante comentario explicativo, presionado por el autor, Sr. Migoya, que insistía en la idea de no incluir terminología científica, en la intención de hacer sencillo el entendimiento de este prólogo a todos los lectores, incluidas personas de profundo nivel cultural, contertulios de TV, o incluso aficionados al fútbol).*

[2] *Amor desmedido a los animales.*

Y es que la atracción y el morbo por un cuerpo desnudo solo es superable por la que produce un cuerpo desnudo... y famoso, y en esta guía están todos. El tercer paso en el uso de esta Biblia del erotismo consiste en estimular la imaginación pensando abiertamente en las absurdas, comprometidas, divertidas, desagradables o lujuriosas situaciones creadas en cada una de las miles de pruebas (castings, etc.) por las que tuvieron que pasar cada una de las chicas, e incluso actrices, nombradas en esta piedra Roseta de la literatura lujuriosa. Pensad en las interminables horas de conversación entre actrices y directores, con estos últimos tratando de justificar sus gratuitas escenas de sexo. Es decir, todas.

Amigos, poseéis un tesoro de incalculable valor sociológico, cinematográfico, humano e incluso animal que, mucho me temo, no sabréis valorar en su justa medida por una simple y perdonable falta de sensibilidad. Sin embargo habéis de saber que la elección, y ya no digamos la compra, de esta guía, es la prueba más categórica de una sólida salud mental y una férrea moral. Lo lamento.

JUANMA BAJO ULLOA

Introducción

CONFIESO QUE HE MIRADO

La primera vez que fui a una playa nudista (no hace mucho de ello), lo pasé fatal. ¿La causa de mi sufrimiento? Una frase gigante pintada en uno de los muros de piedra que rodeaban la cala, y que venía a decir algo así como: «El que mira es un enfermo». Lo único que puedo decir es que me pasé el resto del día intentando no mirar.

¿Qué poder otorga la mirada que tanto molesta al ser humano? No lo sé, pero está claro que nosotros sí le otorgamos alguno, pues para muchos (está judicialmente penado) ser mirado puede constituir una forma de violación de la intimidad, de lo más privado de la personalidad. Y es en ese poder que por el hecho de mirar y ver se adquiere, donde radica, creo yo, la razón de ser del mirón.

El mirón o voyeur siente que mirar es una manera de «apropiarse de», «penetrar en» lo mirado. En principio, nada debería tener ningún valor adicional por el hecho de ser mirado, y en el caso concreto de los nudistas, está claro que si ellos exponen su cuerpo sin complejos es porque no conceden ningún valor especial al que sean vistos o no. Lo que ocurre es que en cualquier otra circunstancia, un cuerpo es un valor para la mirada, porque habitualmente no está permitido percibirlo en su desnudez total. Y eso lo siguen sabiendo los nudistas que consideran molesta una mirada fija, pues alguien está irrumpiendo en sus cuerpos sin su permiso. Y es que la única cosa más violenta entre desconocidos que una mirada a los ojos es una mirada a zonas del cuerpo que aún son tabúes.

En una sociedad donde el contacto humano se está arrinconando cada vez más, es fácil crecer siendo un mirón. El cuerpo desnudo de una persona sigue siendo deseable como proveedor de innumerables placeres sexuales mediante contacto carnal, pero es innegable que hay elementos (timidez, convencimiento cultural de que el interés exclusivamente sexual en otra persona es censurable, etc.) que favorecen la preponderancia de otras formas de goce, como el contacto meramente visual, actualmente cada vez más en boga.

El cine también nos convierte en voyeurs. Dicen que uno puede acabar perdiendo la capacidad de discernir lo que es real de lo que es ficción, y ello no sería de extrañar teniendo en cuenta que, paradójicamente, lo que uno ve estimula muchísimo lo que uno imagina. Pero un mirón sabe que cuando en una película un personaje se está desnudando explícitamente ante él, la actriz o actor que encarna a ese personaje también se está desnudando, porque esa actriz o actor puede fingir muchas cosas, pero no se puede fingir un desnudo. Eso es lo que excita a un voyeur. Lo que nos excita a todos. Esa actriz es famosa, tiene nombres y apellidos, amantes y familia, y en general una vida completamente ajena a la nuestra. Pero se desnuda ante nuestros ojos. La hemos visto desnuda. Y eso, en esta sociedad y ahora, tiene un valor.

Eso no significa que para quien mira las actrices no sean seres imaginados. Cada persona tiene sus actores y actrices favoritos, en ellos personifica valores que uno posee o le gustaría poseer, y que adjudica a dichos actores a través de los personajes que interpreta. Es decir, llevamos a cabo un proceso de idealización indisoluble con la imagen que de ellos tenemos. Si alguna vez conocemos de verdad a algún actor, suele defraudarnos el encuentro. O, como mínimo, comprobamos a poco que hablemos con él que no es como nos lo habíamos «imaginado». No coincide con nuestra idea previa. Y es que, simplemente, la decepción viene dada porque nos damos cuenta de que ese actor, en realidad, no es más que una persona. Como tú, como yo, como todo el mundo. Con sus deseos, sus miedos, sus (ay) dudas.

¿Y por qué un libro de desnudos? He crecido viendo desnudos, siento una gran pasión por ellos, al igual que por las actrices que los protagonizan. Me he enamorado de muchas de ellas, en mayor o menor proporción que todo el mundo, sabiendo que en realidad no son sino imágenes perfectas construidas por mí mismo para mi propia satisfacción. Uno de los mayores golpes que me llevé en la vida real fue descubrir que las mujeres tenían razón: eran iguales a los hombres. Qué decepción...

En cualquier caso, creo que inconscientemente me he convertido en un experto en desnudos. Ahora puedo decir que una escena de desnudo no tiene nada que ver con una escena porno, igual que los aficionados a ambos subgéneros lo son siguiendo unas reglas y gustos muy distintos. Un buen desnudo requiere habitualmente un preámbulo: en él te familiarizas con la actriz, su forma de moverse, su apariencia, su atractivo... ¡Solo de esta forma podrás sentir el deseo de verla desnuda! Si no estás familiarizado con una actriz ni siquiera visualmente y lo primero que hace es enseñarte el coño... ¡menuda gracia! El morbo por ver desnudas a las famosas parte en gran medida de ese conocimiento previo que tienes de ellas (es más, despierta mucho más interés el desnudo de una actriz que había jurado que nunca se desnudaría, ¿verdad? Por eso las revistas pagan millones por conseguir la exclusiva). Además, un buen desnudo cinematográfico suele ser individual: las parejas no hacen más que taparse unas a otras y eso no tiene demasiado aliciente, menos desde el momento en que sabes que todo su escarceo amoroso es fingido. En resumen, las reglas de un buen desnudo son totalmente distintas a las de una buena escena porno.

Hemos dicho que los escarceos amorosos ante la pantalla suelen ser falsos, pero existe una película que probablemente adelante lo que será el futuro en el cine (crucemos los dedos). *El imperio de los sentidos* (*Ai no corrida*), de Nagisha Oshima (1976) es una película importantísima porque los actores dan un paso más allá y, además de mostrar su cuerpo de verdad, también hacen el amor de verdad. Es decir, si todo sigue igual, el futuro augura que las fronteras entre el cine X (cada vez más aceptado socialmente) y el cine convencional pueden acabar por desaparecer: ello dejaría al X integrado como un género más dentro del cine, y no como un tipo de cine aparte. Y el desnudo, claro está, será tan natural como respirar o hablar en la pantalla.

Respecto a este libro, hace tiempo que quería elaborar una guía de desnudos de actrices, pues no entendía cómo habiendo tanto interés general por el tema, nunca se acababa de sistematizar la numerosa información existente. ¿Más tabúes? Seguro. Nadie parece tener muy claro aún cuándo es legítimo o no un desnudo, ni cuándo es legítimo o no mirarlo, pero en el fondo sospecho que todo es más fácil: lo realmente importante del tema es que no se trata de algo tan importante. Un desnudo es un desnudo, nada más. Puede ser bonito o feo, como todo en la vida. Pero si te gusta mirar, disfruta de él. ¿Por qué no?

Y aquí tienes el instrumento perfecto para hacerlo...

HERNÁN MIGOYA

Manual de uso

¡DESNUDAS! es básicamente una guía de desnudos de actrices. La guía está elaborada de la manera más básica: cada actriz aparece por orden alfabético (tomando como base su apellido). Junto al nombre, una pequeña biografía donde se resumen los más importantes rasgos de su persona, vida y obra, sus filmes más reseñables, y, si los hubiere, los desnudos más impactantes que ha protagonizado. Finalmente, una filmografía A PELO, que no es sino la enumeración de las películas que contienen algún desnudo de dicha actriz, junto a la especificación de qué es lo que enseña. Los filmes que se hayan estrenado en España se consignarán con el título en castellano y el original entre paréntesis. Si solo especificara el título original, no significa por fuerza que no se hayan estrenado en nuestro país, ya que cada mes entran decenas de nuevos estrenos en cine, vídeo e incluso televisión, imposibles de controlar en su totalidad.

La selección de actrices que componen esta guía se ha llevado a cabo teniendo en cuenta muchos criterios, pero el básico ha consistido en que fueran profesionales del cine de serie A (de alto presupuesto) y, a ser posible, con una mayor o menor popularidad. He obviado actrices que se dedican específicamente al cine erótico, así como la mayor parte de aquellas que ya no están en activo (con excepción de las grandes estrellas). Tampoco he introducido a las que se dedican exclusivamente a trabajar en la serie B ni las que solo han protagonizado un título y nunca más se ha sabido de ellas, a no ser que sean casos recientes. En conjunto, me interesan todas aquellas actrices que pueden haber llegado a desnudarse, pero que lo hacen solo como parte de su profesión de actriz, no como su profesión.

Para especificar los grados de desnudez podía haber optado por las simples palabras, pero he creído que sería mucho más gráfico y sensillo (además de divertido) crear una simbología básica que facilitara la labor al lector. Con un simple golpe de vista, este puede saber si en un título concreto su actriz favorita protagoniza un desnudo integral, o solo muestra sus senos, o quizá su lindo trasero.

Estos son los símbolos utilizados y sus equivalencias:

 Solo aparece en pantalla una teta o media siempre que el pezón salte a la vista.

 Ambos pechos de la actriz en bandeja. Ojo, que esto ya merece un vistazo.

 La actriz está desnuda pero, ay, nunca de frente.

 El culo es lo único visible de la señorita. No es mala forma de empezar.

▼ El coño es claramente visible. Atención: solo el coño.

 ¡Un completo y genuino desnudo frontal!

El desnudo frontal incluye senos y sexo, pero si la misma escena o película nos mostrara una toma trasera de la actriz, se añadiría el símbolo correspondiente. Respecto al desnudo no frontal, significa que la actriz puede aparecer de espaldas o de lado, con lo cual el culo suele estar incluido y alguna teta casi siempre cae, pero si se le vieran las dos, ya se añadiría también su símbolo correspondiente. ¡Como veis, la cosa tiene su miga!
Tras el apartado de actrices, se ha elaborado también un apéndice de actores, donde sucintamente se reseñan también sus desnudos más destacados. Estos son los símbolos empleados:

 Naturalmente, representa el velludo trasero masculino. Por definición, incluye todo desnudo no frontal.

 Es curioso: hay desnudos masculinos donde no se advierte el miembro, pero donde claramente aparecen los genitales.

 ¡Un señor frontal como es debido!

Las tomas de genitales suelen ser desnudos de espaldas donde se aprecian los huevos de forma clara, o bien contrapicados en los que el actor está vestido, pero no lo suficiente. Asimismo, el desnudo frontal siempre suele mostrar el miembro en estado de reposo. En caso contrario, se espicificaría en el texto.
Finalmente, el libro se completa con una selección de películas destacables por sus desnudos, tanto masculinos como femeninos, de todos los tiempos y filmografías, y recomendables por muchos motivos. Atención: como ya habréis comprobado, este no es un libro de crítica. Sin embargo, hay cierta valoración de los desnudos y también de vez en cuando se dejan caer de forma bastante desenfadada comentarios que faciliten una lectura amena del texto, pero que son totalmente prescindibles, pues ¡DESNUDAS! es, antes que nada, un libro de consulta.
Espero sinceramente que ¡DESNUDAS! os sea de ayuda y, sobre todo, que os ayude a pasar un rato estupendo.

ellas

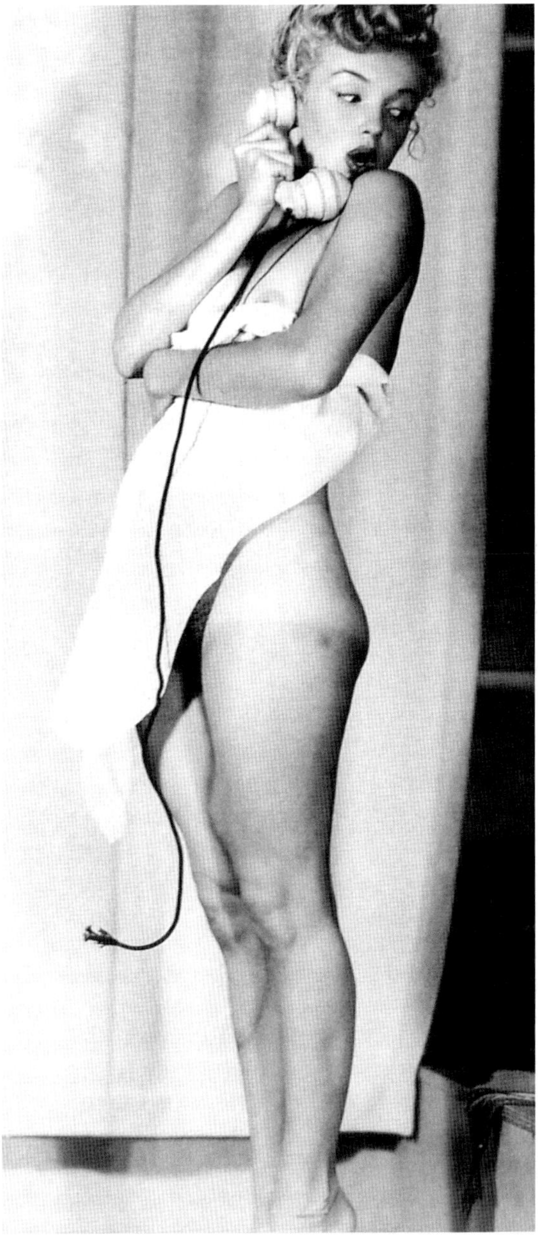

Marilyn Monroe

Victoria Abril

ABRIL, VICTORIA

Qué mala hostia debe tener esta mujer. Nacida el 4 de julio de 1959 en Madrid, con el nombre de Victoria Mérida, empezó en la danza, pero su profesora de baile le dijo que lo suyo era el cine. La profesora era curiosamente la mujer de un director llamado Francisco Lara Polop quien, aunque suene a ChupaChups, no la dejó con el caramelo en la boca y la hizo debutar finalmente en su *Obsesión* (1974). De ahí pasó a ser azafata del televisivo *Un dos tres*, de Chicho Ibáñez Serrador, y hasta intervino en *¡Robin y Marian!*, de Richard Lester. En 1976 llegó su primera colaboración con Vicente Aranda, el director al que ha permanecido fiel muchos años y que ha creado en conspiración con ella los desnudos y escenas eróticas más memorables del cine español, e incluso de la TV («El crimen del Capitán Sánchez», episodio perteneciente a la teleserie *La huella del crimen*). Su primer trabajo juntos fue *Cambio de sexo*, historia sórdida, por otra parte típica de aquellos años, sobre un chico que se opera para ser chica. En los 80 hace varias pelis con los franceses: empezó con una del rey del softcore cutre Max Pecas (que va y ni siquiera la desnuda) y acabó siendo nominada al César como mejor actriz secundaria. En 1991 se lleva un Oso de Plata del Festival de Berlín por su papel de *Amantes*, aunque su tímida incursión en el cine USA (*Jimmy Hollywood*, que hasta aquí han pasado de estrenar) no se ha saldado tan exitosamente. Lo que nos gusta de la Abril es que no se corta un pelo con nada: insulta a los periodistas si le da la gana y se pone en cueros cuando quiere. Gracias a eso posee escenas inolvidables: sus desnudos coyunturales de *La muchacha de las bragas de oro*, con la muda idiota aquella pintándole las susodichas bragas; el madelman hombre rana buceando en la bañera y metiéndose de lleno en el asunto en *¡Átame!*, de Almodóvar; ella metiéndole a su vez el pañuelito en el culito a Jorge Sanz en *Amantes*; masturbándose con la mano bajo las braguitas en la extraña *Mater amatísima*, donde, aunque no enseñe nada, está más guapa que nunca; con un camisón hipertransparente en *Intruso*, donde recibe unas bestiales embestidas de Antonio Valero; recibiendo un lechazo en toda la cara en una genial escena de *Kika*, de Almodóvar; o, sobre todo, el súmum, la culminación de todo voyeur: la escena de *Si te dicen que caí* en que el Javier Gurruchaga observa las guarradas que hacen juntos Jorge Sanz y una preñada Victorita; ahí hay de todo: follada, sodomización, lluvia dorada, etc., etc. El sueño de cualquier fan hecho realidad. En 1995 la revista *Interviú* publicó unas fotos bastante... grotescas de Victoria en un yate limpiándose sus partes íntimas de sal marina. La verdad es que nos parece que se pasaron. ¿Tenemos derecho nosotros, que somos unos guarros, a hacer ahora de almas ofendidas? Pues claro: ¡mátalos, Victoria!

a pelo

1976 • *Cambio de sexo*, de Vicente Aranda:
1979 • *La muchacha de las bragas de oro*, de Vicente Aranda:
1980 • *La casa del paraíso*, de Santiago San Miguel:
1982 • *La colmena*, de Mario Camus:
• *Entre paréntesis*, de Simó Fàbregas:
• *La lune dans le caniveau*, de Jean-Jacques Beineix:
1984 • *Río Abajo*, de José Luis Borau:
• *La noche más hermosa*, de Manuel Gutiérrez Aragón:
1985 • *Padre nuestro*, de Francisco Regueiro:
Tiempo de silencio:
1986 • *El crimen del Capitán Sánchez* (TV), de Vicente Aranda:
1987 • *El Lute*, camina o revienta, de Vicente Aranda:
• *El placer de matar*, de Félix Rotaeta:
1988 • *Baton Rouge*, de Rafael Monleón:
1990 • *Si te dicen que caí*, de Vicente Aranda:
• *¡Átame!*, de Pedro Almodóvar:
1991 • *Amantes*, de Vicente Aranda:
• *Tacones lejanos*, de Pedro Almodóvar:
1993 • *Intruso*, de Vicente Aranda:
1995 • *Felpudo maldito* (*Gauzon maudit*), de Josiane Balasko:

ADAMS, BROOKE

Deliciosa actriz de rostro dulce y entrañable. Empezó púber en el teatro y como estudiante de ballet. En el cine debutó en *Shock Wave* (1977), de Ken Wiederhorn, una cinta de terror, género en el que realizaría varios papeles más. El mejor de ellos sería en *La invasión de los ultracuerpos*, una excelente revisión de la película más célebre y emblemática del género (*La invasión de los ladrones de cuerpos*, de Don Siegel) y probablemente el mejor filme de su director, Philip Kaufman. Allí también nos mostró Adams que sus cualidades no se limitaban a las interpretativas: su conversión en ultracuerpo requería que nos enseñara más de lo permisible, aunque las malditas plantas se meten demasiado en medio y la escena causa más espanto que placer. Los grititos de los extraterrestres señalando al intruso (terrestre) son de infarto. A pesar de todo, quién fuera vaina con la Adams dentro, quien, por cierto, ese mismo año volvió a protagonizar un filme de considerable éxito, *Días del cielo*, con Richard «Culito juguetón» Gere. Sin embargo, a pesar de intervenir en otros títulos importantes como *Cuba*, de Richard Lester, o *La zona muerta*, de David Cronenberg, Brooke Adams no ha sido mucho más que un rostro familiar para el público en general, con la mayoría de sus películas posteriores sin estrenar en España. En *Key Exchange* (1985) pasea desnuda en bicicleta, pero ¡ay! sus brazos lo tapan todo. Curiosamente, Brooke Adams ha vuelto a recuperar cierta presencia en nuestro país gracias al éxito subtitulado de *Área de servicio*, de Allison Anders, un filme estrenado aquí con mucho retraso (es de 1992), pero que probablemente recupere para nuestros ojos a esta excelente actriz.

a pelo

1978 • *La invasión de los ultracuerpos* (*Invasion of the Body Snatchers*), de Phillip Kauffman:
1985 • *Key exchange*, de Barnet Kellman:
1991 • *The unborn*, de Rodman Flendet:

ADAMS, MAUD

Conocida sobre todo por su doble intervención como chica Bond (en *El hombre de la pistola de oro* y *Octopussy*, respectivamente; en la segunda de ellas, por cierto, con un brevísimo desnudo), esta mujer de rostro maduro no ha tenido demasiado éxito más allá de los circuitos de serie B, donde

Maud Adams

últimamente se suele dejar ver en concepto de estrella invitada. Sin embargo, en sus inicios llegó a aparecer en películas como la aplastante *Rollerball* (1975). En *Tattoo* (1981), de vez en cuando emitida por TV, enseñó lo mejor de sí misma al despistado de Bruce Dern. El *Playboy* también nos lo enseñó a nosotros.

a pelo

1973 • *The girl in blue*:
1981 • *Tattoo (Tattoo)*:
1983 • *Octopussy (Octopussy)*, de John Glenn:

ADJANI, ISABELLE

Otra diva de las que hacen los franceses, heredera de la Deneuve, que goza de seguidores incondicionales (hasta Jim Jarmush se ofreció a aguantarle la grabadora a un amigo periodista con tal de asistir a una entrevista con ella). Nacida en París el 27 de junio de 1955, es hija de argelino musulmán y alemana católica. Va de intelectual y por eso mismo o a pesar de eso, se desnuda. Debutó a los 14 años, durante unas vacaciones escolares, en *Le petit Bougnat*, de Bernard T. Michel. En 1975 fue nominada al Oscar por su papel de hija de Victor Hugo en el filme de Truffaut *Diario íntimo de Adèle H*. En 1988 la volverían a nominar por *La pasión de Camille Claude*l, de Bruno Nuytten. Ya antes había descubierto sus bellos pechos el listillo de Andrzej Zulawski en *Posesión*, con ¡Sam Neill!, y James Ivory en *Quartet* (donde, por cierto, lucen realmente bien). Pero no es hasta *Verano asesino*, de Jean Becker, que la Adjani nos ofrece su más esplendoroso y libre desnudo. Y es que nuestra diva, por muy estirada que sea, es capaz de enseñar una teta hasta en *Ishtar*, esa segura apuesta comercial de Dustin Hoffman y Warren Beatty que luego resultó no ser tan segura. Sin enseñar pechuga, la Adjani ha protagonizado filmes tan interesantes como *Driver*, del efectivo Walter Hill, o *Subway*, un delicioso absurdo de Luc Besson que resultó ser un pelotazo total en su país. Últimamente ha vuelto a la carga con *La reina Margot*, también con desnudo frontal.

a pelo

1980 • *Posesión (Possesion)*, de Andrzej Zulawski:
1981 • *Quartet (Quartet)*, de James Ivory:
• *L'année prochaine si tout va bien*, de Jean Loup Hubert:
1983 • *Verano asesino (L'eté meurtrier)*, de Jean Becker:
1987 • *Ishtar*, de Elaine May:
1994 • *La reina Margot*, de Patrice Chereau:

ADRIANI, PATRICIA

La preciosa María Asunción García Moreno es una de las actrices españolas más interesantes de la democracia, tanto

Isabelle Adjani

física como interpretativamente hablando. Si hubiera emigrado a los USA hoy sería toda una estrella latina (no en vano, el grupo Tam Tam Go la eligió para protagonizar su vídeo *Espaldas mojadas*, donde parecía una mexicana genuina), aunque aquí tampoco le ha ido mal. De ojos oscuros e hirientes, empezó muy joven en cintas de contenido S de muy dificultosa localización. Sus películas posteriores son más ambiciosas, pero también abundan en desnudos. Nos gustaría volver a verla en las grandes pantallas, hace tiempo que la echamos de menos.

a pelo
1978 • *Oro rojo*, de Alberto Vázquez Figueroa:
1979 • *Cuentos eróticos*, episodio de Augusto María Torres:
1980 • *Dedicatoria*, de Jaime Chávarri:
1983 • *Últimas tardes con Teresa*, de Gonzalo Herralde:
1986 • *Pasión lejana*, de Jesús Garay:

AGUTTER, JENNY

Prácticamente olvidada en la actualidad, la Agutter, nacida en la ciudad inglesa de Taunton el 20 de diciembre de 1952, fue protagonista femenina de algunos éxitos de los 70 y primeros 80, como *La fuga de Logan*, *Ha llegado el águila*, de John Sturges, *Equus* o *Un hombre lobo americano en Londres*. Tras estudiar ballet, debutó a los doce años en el cine, pero poco a poco fue reservándose para la TV británica y el teatro. Ha llegado a poner su voz en la película de dibujos animados *Freddie, agente 07*, y últimamente se la ha podido ver en series B, como la secuela de la popular *Muñeco diabólico*. Su desnudo en *Equus*, a pesar del virado a naranja que le meten a la escena, es memorable.

a pelo
1971 • *Walkabout, más allá de... (Walkabout)*, de Nicholas Roeg.
1976 • *La fuga de Logan (Logan's run)* de Michael Anderson:
1977 • *Equus (Equus)*, de Sidney Lumet:
1980 • *Sweet William*, de Claude Whatham:
1981 • *Un hombre lobo americano en Londres (An american Werewolf in London)*, de John Landis:

AIMÉE, ANOUK

De nombre real Françoise Sorya, nació hija de actores en París (Francia) en 1932. De belleza y sobrenombre casi egipcios, con una nariz digna de Cleopatra, debutó en el cine con quince años. Más tarde se convirtió en una especie de musa europea, popular sobre todo a raíz de *Un hombre y una mujer* (1966), que le supondría además una nominación al Oscar. La verdad es que la fascinación que produce como mujer es mucho mayor al recuerdo de sus películas, aunque parece que tampoco ha tenido un excesivo interés en su carrera: últimamente se ha convertido en una de esas actrices de lujo cuyas intervenciones son más interesantes por su mera presencia que por el papel que interpretan. Robert Altman la ha vuelto a recuperar para cierto público en *Pret a Porter*. Por cierto, su único desnudo, en una escena en la playa, no es excesivamente apreciable, debido a lo general de

Anouk Aimée

la toma, pero, no habiendo más, debe guardarse como oro en paño.

a pelo
1969 • *Justine (Justine)*, de George Cukor:

ALEXANDER, JANE

Jane Quigley (nombre verdadero de Jane Alexander) nació el 28 de octubre de 1939 en Boston (USA). Estudió en la Escuela de Sarah Lawrence y en la Universidad de Edimburgo. En tres años interpretó quince papeles de teatro en el Washington Arena Stage. De ahí pasó a Broadway con *La gran esperanza blanca*, obteniendo un Tony en 1969 y una nominación al Oscar en 1970 a raíz de su traslación al cine de la mano de Martin Ritt. También ha sido nominada por *Kramer contra Kramer*, *Todos los hombres del presidente*, y *Testamento final*. En 1980 ganó un premio Emmy por *Playing for time*. Además ha participado en filmes tan conocidos como *Brubaker*, de Stuart Rosenberg, *Ciudad muy caliente*, la divertida cinta que reunió a Clint Eastwood y Burt Reynolds, o *El gran duelo*, aquel extraño western que enfrentó en una plaza de toros a Kirk Douglas con Johnny Cash, que ya por aquel entonces aparentaba 60 años.

a pelo
1985 • *Dulce país (Sweet Country)*, de Michael Cacoyannis:

ALLEN, KAREN

De rostro gracioso y cálido al mismo tiempo, Karen Allen tampoco ha obtenido un excesivo reconocimiento popular de su carrera cinematográfica, a pesar de ejercer de partenaire de Harrison Ford en la ya mítica *En busca del arca perdida* (algo que tampoco dista demasiado del mínimo éxito personal conseguido por sus subsiguientes sustitutas en la saga de

Karen Allen

Indiana Jones). Nacida en Carrollton, Illinois (USA) el 5 de octubre de 1951, es curioso que la mayor parte de sus primeras intervenciones hayan sido en filmes realmente populares: debutó en *Desmadre a la americana*, donde ya enseñó un poco el culo, y sus siguientes papeles fueron para *Manhattan*, de Woody Allen, *The wanderers* (*Las pandillas del Bronx*) y *A la caza*, aquella inquietante e interesante película de William Friedkin con Al Pacino asustándose ante sus posibles tendencias homo. Después ya llegó *En busca del arca perdida*, a pesar de que injustamente casi nadie se acuerda de ella (genial aquella secuencia de pura comedia con el espejo giratorio en el barco). Luego ha trabajado con directores tan interesantes como Alan Parker (en la curiosamente sobria *Después del amor*) o Ted Kotcheff, aunque es más recordada su intervención en *Starman*, de John Carpenter. A partir de ahí, sus filmes obtendrían cada vez una menor repercusión, con honradas excepciones como *El zoo de cristal*, de Paul Newman; *Los fantasmas atacan al jefe*, de Richard Donner; o *El rey de la colina*, de Steven Soderbergh. En 1994 inicia un papel fijo en la teleserie *The road home*, que dura hasta el momento. Respecto a su carrera a pelo, no ha estado mal, aunque casi solo sea por *Un amante francés*, donde se le puede ver prácticamente todo, además de constituir una película sumamente agradable del infravalorado y muy sólido Richard Marquand. Destacar que aunque sus desnudos allí son pretendidamente no frontales, en una de las escenas, saliendo de la bañera en brazos de Thierry Lermitte (naturalmente, el amante francés), uno puede disfrutar brevemente de su vello púbico. ¡Ñam! Respecto a *Backfire*, es una entretenida película de suspense para ver en vídeo, de esas en que el prota no sabe si lo que ocurre es real o le quieren hacer volver loco. Con Keith Carradine y Jeff Fahey.

a pelo

1978 • *Desmadre a la americana* (*National Lampoon's Animal House*), de John Landis:
1980 • *Pequeño círculo de amigos* (*A small circle of friends*), de Rob Cohen:
1984 • *Un amante francés* (*Until september*), de Richard Marquand:
1987 • *Backfire, ambición mortal* (*Backfire*), de Gilbert Cates:

ALLEN, NANCY

La regordeta compañera de *Robocop* nació en Nueva York (USA) el 24 de junio de 1950, en el barrio de Yonkers. Hija de madero, empezó con el baile a los 4 años y de jovencita se hizo modelo para la TV. Está divorciada de Brian de Palma (su matrimonio duró de 1979 a 1984), y curiosamente desde entonces no está muy claro su futuro cinematográfico. Nosotros siempre la recordaremos por su desnudo en *Carrie* (en realidad por el suyo y el de todas sus compañeras, aquella escena es maravillosa, una manera ideal de empezar cualquier película: jode perderse el principio de cualquier película, pero el de *Carrie*, jode doblemente). Luego ha vuelto a enseñar algunas intimidades en *Vestida para matar* y un pezón en la foto de *Impacto*, siempre a las órdenes de su ex-marido. Lo último que ha hecho es *Robocop*, *Robocop*, y *Robocop* (las tres partes), además de alguna peli para cable. ¡Hay que recuperarse!

a pelo

1976 • *Carrie* (*Carrie*), de Brian de Palma:
1980 • *Vestida para matar* (*Dressed to kill*), de Brian de Palma: .
• *Home movies*:
1981 • *Impacto* (*Blow Out*), de Brian de Palma:

ALLEY, KIRSTIE

Nacida en Wichita, Kansas (USA) el 12 de 1955 y esposa del actor Parker Stevenson, la Kirstie Alley es de esas tías que cuenta con cantidad de fans de la calle: sus intervenciones en series de TV como *Norte y Sur* o *Cheers* levantaban ardores en los televidentes, quién sabe si por esos ojos de lagarta sibilina. Decididamente simpática y con un buen quehacer profesional, aunque sea mayormente a nivel televisivo, estudió teatro en la Universidad de Kansas y hasta trabajó como decoradora de interiores antes de decidirse por el cine. En 1982 debuta en *Star Trek II - La ira del Khan*, de Nicholas Meyer: sus orejitas puntiagudas constituyen el sueño de todo trekkie mínimamente enfermo. Su siguiente papel recordado antes de dispararse su popularidad en la tele sería en *Runaway: brigada especial*, aquella sencilla pero entretenida película de ¡Michael Crichton! que tanto beneficio dio en los videoclubs españoles, y que la reunió con otro buen actor de

Kirstie Alley

comedia televisiva: Tom «Magnum» Selleck. Luego llegaría la tele, aunque en 1988 hizo una buena cinta de acción: *Dispara a matar* (*Shoot to kill*), de Roger Spottiswoode. En 1989 protagonizó la primera entrega de la saga *Mira quién habla*, curiosamente la responsable de la vuelta a la fama del hoy recuperado John Travolta. A partir de ahí sus pocas películas no dejan de tener un regusto casi televisivo: *Qué suerte, llegaron los parientes*, con John «Juzgado de Guardia» Larroquette, o *Hay un muerto en mi cama*. Curiosamente, no se recuerda ningún desnudo suyo (y a estas alturas no creemos que nos dé ninguna sorpresa ya), pero parece ser que en un filme de 1984 titulado *Blind date*, no estrenado en España, se filmó una escena de desnudo cortada finalmente del metraje (y que seguramente el director guarda a buen recaudo junto a su proyecto de memorias). A pesar de ello, la película (en la que también trabajan Joseph Bottoms y Valeria Golino, está seguramente en su primer papel para una producción yanqui) contiene una oscura pero importante escena donde a la señora de Stevenson se le ven las tetas. Urge estreno urgente en TV.

a pelo
1984 • *Blindate date*, de Nico Mastorakis:

ALONSO, MARÍA CONCHITA

Cubana de La Habana, nacida en 1957, María Conchita Alonso ha tenido la oportunidad de trabajar con grandes actores y directores. Emigrada a Venezuela con 5 años, con 14 obtuvo el título de Miss Mundo Adolescente (para que veáis la de guarros que hay en el mundo), y en 1975, el de Miss Venezuela. Naturalmente, su carrera pasó por culebrones varios, pero curiosamente no acabó rodando pelis cutres de TV o series B eróticas, sino que llegó al mejor cine de serie A. Así, se la recuerda sobre todo en *Traición sin límite*, una trepidante película de Walter Hill, a lo *Grupo salvaje*, donde Nick Nolte ofrece probablemente su mejor percha (está inolvidable como ranger) y María Conchita, que también ofrece su mejor percha en una escenita de ducha, es la causa de la disputa con su mejor amigo, Powers Boothe. O *Colors*, a las órdenes de Dennis Hopper, con una escenita de cama bajo el peso de Sean Penn donde uno se puede regodear con sus pechos. También se la recuerda en *El beso del vampiro*, y sobre todo en *Depredador 2*, de Stephen Hopkins, una de las mejores secuelas que se hayan hecho de una peli de acción, donde ella, aunque no se desnude, está estupenda, demostrando que puede ser algo más que la típica chica ardiente latina. Realmente, a pesar de lo Miss que sea, su cara ancha y cálida la ha hecho a la larga una mujer más interesante que guapa (a la manera quizá de Sonia Braga). Últimamente ha recogido los frutos de su carrera hollywodiense en los países latinos (*Con el corazón en la mano* es un filme mexicano) y en la propia España, grabando un disco y actuando en diversos programas de TV y culebrones. Lástima que nunca se haya atrevido con un integral.

a pelo
1984 • *Un ruso en Nueva York* (*Moscow on the Hudson*), de Paul Mazursky:
1986 • *Blood ties* (cable):
1987 • *Traición sin límite* (*Extreme Prejudice*), de Walter Hill:
1988 • *Colors, colores de guerra* (Colors), de Dennis Hopper:
• *Con el corazón en la mano*:
1993 • *La casa de los espíritus* (*The house of the spirits*), de Bille August:

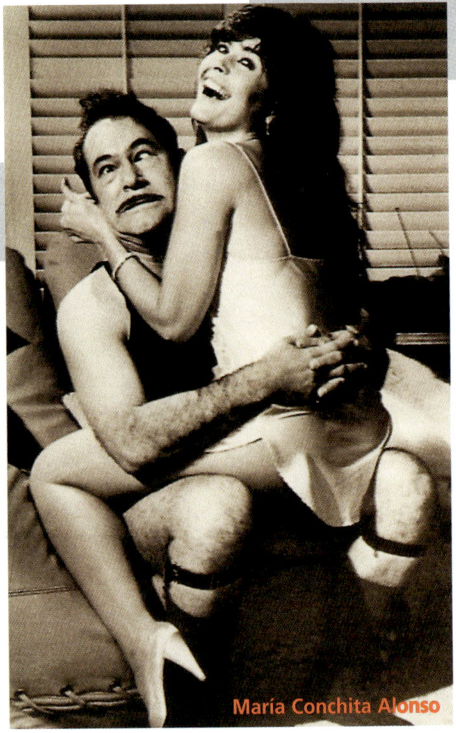
María Conchita Alonso

ÁLVAREZ, ANA

Ahogarme en baba me impide describir lo guapa que es Ana Álvarez, por lo que simplemente diremos que nació Madrid en 1970, donde estudió en la Escuela de Arte Dramático. Es la gran actriz del nuevo cine español, después de muchos años haciendo películas alimenticias y posando en sesiones de fotos para la revista *Man*. Todos recordamos la impresión que nos causó en *Aquí huele a muerto*, de Martes y Trece (perdón, de Álvaro Sáenz de Heredia), donde por suerte sus rotundos pechos eclipsaban todo lo demás. En *Tierno verano de lujurias y azoteas* hacía de rusa, y se ofrecía desnuda a Gabino Diego, en el *Don Juan en los Infiernos*, de Gonzalo Suárez hacía de india y estaba preciosa, y en *El baile de las ánimas*, de Pedro Carvajal, hacía de fantasma. En *Enciende mi pasión*, de José Ganga, enciende la nuestra al enseñar su cuerpo al completo. Es esta una película a la que la crítica dijo de todo en el momento de su estreno, pero que a nosotros nos pareció muy curiosa, con un Miguel Bosé y una Emma Suárez (la otra gran actriz española de los 90) muy divertidos. Aunque, claro, después de ver a Ana es fácil que la película nos gustara. Como actriz, ella ha tenido el mérito y la fortuna de protagonizar *La madre muerta*, una obra genial de Juanma Bajo Ulloa en la que Ana Álvarez, con su papel de niña retrasada, enamora no solo al psicópata Karra Elejalde sino a todos los espectadores. Por este papel recibió el premio a la mejor actriz del Festival de Estocolmo, pero en realidad al filme le han llovido premios desde que se estrenó. Si a nivel físico Ana ya lo ha mostrado

Ana Álvarez

todo, a nivel interpretativo ya ha demostrado muchísimo.

a pelo

1990 • *Aquí huele a muerto*, de Álvaro Sáenz de Heredia:
1992 • *Tierno verano de lujurias y azoteas*, de Jaime Chávarri:
• *La madre muerta*, de Juanma Bajo Ulloa:
1993 • *Enciende mi pasión*, de José Ganga:

AMICK, MÄDCHEN

Otro de los lanzamientos de *Twin Peaks* que no ha acabado de cuajar en el cine de serie A. De mirada sugerente y lánguida, su gran belleza la convirtió en una promesa interesante de cara a Hollywood. Sin embargo, ha hecho más serie B y películas para TV por cable que otra cosa. Finalmente, eso sí (o por eso) ha consentido en desnudarse, bajo la atenta mirada de James Spader.

a pelo

1993 • *Amor, mentiras y traición* (*Love, cheat & steal*), de William Curran:
1994 • *Dream lover*, de Nicholas Kazan:

AMIS, SUZY

Esta guapa pelirroja nació en Oklahoma (USA) el 5 de enero de 1961. Ex-modelo con carrera por Europa, ha sido una de esas chicas con escrúpulos a la hora de desnudarse. Esos escrúpulos impidieron, por ejemplo, que en 1984 debutara en *Lío en Río*, de Stanley Donen. Su papel lo acabó realizando Demi Moore, quien a fin de cuentas tampoco tuvo que enseñar tanto en la película: tan solo el pezón derecho, y miren a dónde ha llegado. Mientras, la señorita Amis tuvo su primer papel en *Fandango*, también la primera colaboración de Kevin Reynolds con Kevin Costner, y, tras otros filmes poco destacables, finalmente tendría que mostrarnos los pechos en *Donde está el corazón*, de John Boorman, pintados en forma de cuadros vivientes: por cierto, unos señores pechos, que en dicha escena, muy divertida, lucen mejor que los de Uma Thurman, su compañera de reparto y pintura. Del resto de sus filmes, casi ninguno ha llegado a estrenarse aquí (excepto *Volar por los aires*, de Stephen Hopkins, y *Sospechosos habituales*, de Brian Singer). En *The ballad of Little Jo* (1993) va un paso más allá y enseña las tetas, esta vez sin pintar, y hasta el culo. ¡Bien por ella! Quizá se atrevió al tener a su marido, Sam Robards (hijo de Jason Robards y Lauren Bacall) como compañero de reparto.

a pelo

1989 • *Donde está el corazón* (*Where the heart is*), de John Boorman:
1993 • *The ballad of Little Jo*, de Maggie Greenwald:
• *Two small bodies*, de Beth B.:

ANDERSEN, BIBI

Una mujer hecha a sí misma, que ha demostrado cómo es posible convertir el cachondeo y la mofa de un país en respeto y admiración general. De espectáculos de cabaré y travesteo ha pasado por obra y gracia de Pedro Almodóvar a ser uno de los personajes más carismáticos del star-system español. En cine, hasta encontrar a Almodóvar, nadie le hacía mucho caso: enseñó las tetas como toda una mujer en *La noche más hermosa* para luego enterarse de que había hecho todo el rato de travesti sin que ella se enterara, por obra y gracia del director (eso está muy mal...). Su desnudo más rotundo, además de para un reportaje en la revista *Interviú*, se encuentra en Kika, cantándole a la luna como dios manda: en cueros.

a pelo

1984 • *La noche más hermosa*, de Manuel G. Aragón:
1985 • *Sé infiel y no mires con quién*, de Fernando Trueba:
1993 • *Kika*, de Pedro Almodóvar:

ANDERSON, ERIKA

Guapísima nórdica que desgraciadamente no está teniendo mucha suerte en su carrera, después de armar cierto revuelo con *Zandalee*, una película modesta pero atrevida, una especie de *Nueve semanas y media* de andar por casa, donde lo más destacado, además de su belleza perfectamente exhibida con toda claridad, era el desnudo integral de Judge Reinhold (el poli joven de *Superdetective en Hollywood*). La Anderson también gozó de cierta popularidad por su intervención en *Twin Peaks*. Después, volvió a hacer más papeles eróticos en filmes poco conocidos.

a pelo

1990 • *Zandalee, en el límite del deseo* (*Zandalee*), de Sam Pillsbury:
1992 • *Quake*:
1994 • *Object of obssession*:

ANDERSON, PAMELA

La deslenguada (bastante, a juzgar por la fellatio a su marido Tommy Lee, batería de Motley Crüe, que se vio en Internet) Vigilante de la playa se ha convertido en lo que Madonna quiso ser pocos años antes: la mayor puta del show business. Y lo está consiguiendo, no solo reformando su cuerpo hasta adquirir cualidades neumáticas que se hagan irresistibles para camioneros y niños de teta por igual, sino con sus simpáticas y descaradas declaraciones. Ella no se corta un pelo: lo ha dado todo al espectáculo, y está bien que así sea. Estrenado un producto cinematográfico realmente a su medida, Barb Wire. También hay que recomendar (es fácil hacerlo) el vídeo que le dedicó *Playboy*, y sus pelis de serie B.

a pelo
1993 • *Snapdragon*:
1994 • *Raw justice*:
1996 • *Barb wire*:

ANDRESS, URSULA

Uno de los tres cuerpos más famosos de la historia del cine junto a Rachel Welch y Brigitte Bardot. Parece mentira que esta explosiva mujer naciera en la pacífica Suiza, concretamente en Berna, un 19 de marzo de 1936. Tras debutar en el cine italiano de la mano de Steno, se va a Hollywood con un peinadito a lo chico, en plan andrógino, que le abriría las puertas de, entre otros, James Dean. Sin embargo no sería hasta su matrimonio en 1957 con John Derek, ese que va descubriendo en cada esposa una mina a la que explotar, que se vería lanzada a una carrera americana con buenos resultados: una de las escenas cumbres del cine es su salida de las aguas con aquel bikini maravilloso en el primer título de James Bond: *Agente 007 contra el doctor No*. En el 62 se separa de Derek y se va con el mucho más simpático Jean Paul Belmondo, quien según cuentan abandonó a su esposa y sus tres hijitos por la diosa suiza: es lógico. Ha intervenido en numerosísimas películas y, cuando la censura lo permitió, no tuvo problema en desnudarse del todo, demostrando que lo de su cuerpo no eran efectos especiales. Su rostro terso pero de formas agresivas se ha mantenido excepcionalmente bello con los años, y, al parecer, la lista de sus amantes es digna de las Páginas Amarillas: entre otros, Domenico Modugno, Marlon Brando, el mencionado James Dean, Ryan O'Neal, Fabio Testi, y Harry Hamlin, el de *La ley de Los Ángeles*, que siendo 16 años más joven le hizo un hijo. Aunque muchos recuerdan su cuerpo en *La montaña del dios caníbal* debido a que en una inesperada sobremesa se lo «merendaron», con castración incluida, millones de tiernos infantes en una emisión de TVE. Nuestra escena favorita de Ursula, James Bonds aparte, es un baño en la piscina de *La enfermera*: ella sola llena la pantalla con su desnudo, sinuoso por el agua y rotundo por las carnes, que se queda grabado en cualquier persona que vea por los ojos. No se necesita más.

Ursula Andress

a pelo
1966 • *Las águilas azules*, de John Guillermin:
1968 • *La estrella del sur* (*Southern star*), de Sidney Hayers: y
1970 • *Cincuenta millones y una mujer* (*Perfect friday*), de Peter Hall.
1973 • *La última oportunidad* (*L'ultima chance*), de Maurizio Lucidi:
1974 • *La espía se desnuda* (*Colpo in canna*), de Fernando di Leo:
1975 • *Las aventuras amorosas de Scaramouche* (*Le avventure e gli amore di Scaramouche*), de Enzio G. Castellari:
• *La enfermera* (*L'enfermiera*), de Nello Rossati:
• *Loaded guns*, de Fernando di Leo:
• *Stateline Motel*, de Maurizio Lucidi:
1977 • *Doble asesinato* (*Duppio Dellito*), de Steno.
1978 • *La montaña del dios caníbal* (*La montagna del dio cannibale*), de Luciano Martino:
1979 • *Camas calientes* (*Letti salvagi*), de Luigi Zampa:
1982 • *Campanas rojas*, de Serguei Bondardurk:

ANDREWS, JULIE

Nacida en Walton-on-Thames (Gran Bretaña) el 1 de octubre de 1935, Julia Elisabeth Wells estará ligada para siempre a sus papeles para *Mary Poppins*, con el que ganó un Oscar, y *Sonrisas y lágrimas*, con la que obtuvo una nominación (conseguiría otra por *Victor o Victoria*). Perteneciente a una familia de actores, empezó interpretando papeles para la radio y comedias musicales en Broadway, como *My fair lady* o *Camelot*. Esta, pese a todo, entrañable actriz y cantante demuestra poseer una inteligencia bastante considerable y, aunque nunca renegó de ese encasillamiento en personajes tiernos e infantiles, ha hecho esfuerzos por romper con su imagen en filmes de contenido adulto e, incluso, llegó a montar con su marido Blake Edwards toda una película cuyo clímax es literalmente el desnudo de sus bien formados pechos. El filme en cuestión es *S.O.B.* (*Son Of a Bitch* en inglés, *Somos Onrados Bandidos* en castellano). Más tarde se volvería a desnudar en la mucho más dramática *Ansias de vivir*.

a pelo

1970 • *Darling Lili* (*Darling Lili*), de Blake Edwards:
1980 • *S.O.B. Somos honrados bandidos* (*S.O.B.*), de Blake Edwards:
1986 • *Ansias de vivir* (Duet for one), de André Konchalovsky:

ANN-MARGRET

Guapísima actriz de nombre real Ann-Margaret Olsson. Nació en Valsjöbyn, Estocolmo (Suecia), pero a los 4 años se trasladó a los USA con toda su familia. Estudió en la New Trier High School de Wilmete (Illinois), matriculándose en la Universidad de Northwestern. Allí inició su carrera como cantante y bailarina, recorriendo varios estados con grupo propio hasta que fue descubierta por George Burns nada menos que en Las Vegas (luego precisamente haría una peli con Elvis Presley titulada *Viva las Vegas*, o *Cita en Las Vegas* según la versión española). En 1961, después de debutar en TV con Jack Benny, hizo su primer papel cinematográfico en *Un gángster para un milagro*, de Frank Capra. También ha participado en *El rey del juego*, de Norman Jewison; en Tommy, de Ken Russell, donde la nominarían al Oscar como mejor actriz; en *Conocimiento carnal*, donde la volverían a nominar como mejor actriz secundaria; *52 vive o muere*, de John Frankenheimer; *Una nueva vida*, de Alan Alda, etc. etc. No ha dejado de rodar, aunque en 1972 sufrió un accidente durante un espectáculo que casi nos deja sin ella. De resultas, se sometería a varias intervenciones quirúrgicas. Sigue siendo guapísima, y sigue sin cortarse un pelo: no hay más que verla en *Un tigre en la almohada* (1987), donde, aunque hay un desnudo no frontal, todo hace pensar que se trata de una doble. En *La chaqueta metálica* de Kubrick hay un divertido comentario sobre su visita a las tropas del Vietnam.

a pelo

1970 • *RPM, revoluciones por minuto* (*RPM*), de Stanley Kramer:
1971 • *Conocimiento carnal* (*Carnal Knowledge*):
1978 • *Magic* (Magic) de Richard Attenborough:

ANTONELLI, LAURA

Laura Antonaz nació en Pula, Yugoslavia (aunque hay quien señala su ciudad natal como Pola, en Italia), un 28 de noviembre de 1941. Empezó trabajando de profesora de gimnasia (sí, parece una de esas películas de Alvaro Vitali), modelo y presentadora de TV. De ahí pasó a las fotonovelas, siempre ligerita de ropa, y luego al cine, donde se estrenó ya prácticamente en cueros. Poseedora de un cuerpazo realmente rotundo y sensual, con un rostro muy cercano a los gustos español e italiano, se convirtió en un mito sexual para los europeos. Estuvo liada varios años con Jean Paul Belmondo. Ha hecho de todo, desde soft más bien cutre hasta filmes de culto, terminando bastante mal debido a su afición a las drogas y a la desfiguración de su rostro provocada por una mala operación de cirugía estética.

a pelo

1968 • *La revoluzione sessuale*, de Ricardo Ghione.
• *El placer de Venus* (*Le malizie di Venere*), de Massimo Dallamiano:
1971 • *El mirlo macho* (*Al l'oronevole piacciono le donne*), de Lucio Fulci:
1972 • *Doctor Casanova* (*Doctor Popaul*), de Claude Chabrol:
1973 • *Malicia* (*Malizia*), de Salvatore Samperi:
Sexo loco (*Sesso Matto*), de Dino Risi:
1975 • *Dios mío, cómo he caído tan bajo* (*Mio Dio come sono caduta in basso*), de Luigi Comencini:
• *Divina criatura* (*Divina cretura*), de Giuseppe Patroni:
1976 • *El inocente* (*L'innocente*), de Luchino Visconti:
1981 • *Casta y pura* (*Casta e pura*), de Salvatore Samperi:
1985 • *La jaula* (*La gabbia*), de Giuseppe Patronni Griffi:

ANWAR, GABRIELLE

Nacida en Laleham (Gran Bretaña) el 4 de febrero de 1970, Gabrielle Anwar es una actriz que aún no ha dado el paso definitivo en su consagración como estrella, pero que cuenta con toda el apoyo de sus numerosos seguidores, muchos de ellos europeos. De niña se formó en el ballet y apareció en algunos spots televisivos. En 1985 intervino en una miniserie de la BBC, *Hideway*, que la encarrilaría en sucesivos papeles televisivos. Su aparición en la escena de baile con Al Pacino de *Esencia de mujer* harían reparar a muchos en su belleza esquiva y carismática, pero aún no ha dado el paso definitivo en su carrera: intervino en la nueva versión de *Los tres mosqueteros*, y en *Conserje a su medida*, de cuya participación parece muy arrepentida, confesando que se pasó un año sin hacer nada para no cometer otra equivocación. Desde luego, la intervención de la Anwar en *Innocent lies*, de Patrick Dewolf, no parece haber sido tam-

Pamela Anderson. Foto: Stephen Wayda.

Laura Antonelli

poco ninguna lanzadera al estrellato: en este filme, por cierto, muestra menos de lo esperado, pero se puede disfrutar de sus redondas tetas pegadas a una blusa mojada, y de ella vestida durante gran parte del metraje con un sexy camisón. Su mejor película, a todos los niveles, sigue siendo *La invasión de los ladrones de cuerpos*, donde Abel Ferrara no solo da pruebas evidentes de que como director de encargo es un fiera, sino que además desnuda brevemente los pechos de la niña en dos ocasiones, demostrando que nuestro amorcito tiene un cuerpo digno de ser invadido. Quién fuera ladrón.

a pelo
1994 • *La invasión de los ladrones de cuerpos* (*Body Snatchers*), de Abel Ferrara:

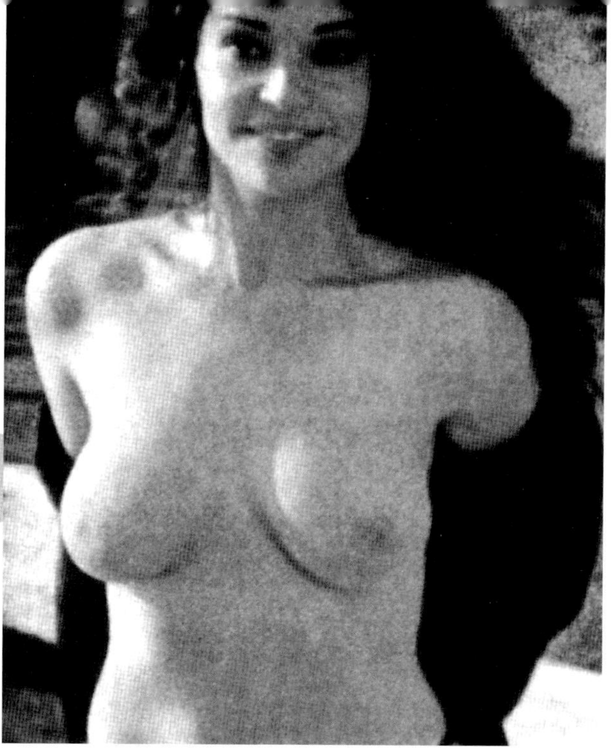
Apollonia

APOLLONIA

El descubrimiento más sonado del funkero Prince junto a Vanity fue esta mujer, de nombre real Patty Kotero, que le acompañó en su proyecto cinematográfico *Purple rain*. Lo más memorable del mismo son sus tetas en la escena del lago, aunque cuatro años antes ya había enseñado, y bastante más, su rellenito cuerpo en *Amor ciego*, un filme mexicano. Sea como sea, en los 90 su nombre cayó en el olvido, y la última vez que la vimos fue en *Black Magic Woman*, una peli directa a vídeo en compañía del también desafortunado Mark Hammill.

a pelo
1980 • *Amor ciego*:
1984 • *Purple rain* (*Purple rain*), de Albert Vignoli:
1990 • *Black magic woman*:

ARCHER, ANNE

Siempre hemos sentido debilidad por esta mujer, desde que la descubrimos, fíjate tú, como hermanita conspiradora en la inolvidable serie *Falcon Crest*. Ese mohín suyo con los labios y esa mirada borrosa, que a mí me recordaban a la cantante Sade, se merecían un mejor trato en el cine, y eso que deberíamos enfadarnos con ella por no desnudarse. Últimamente además utiliza dobles que no relacionas con su presumible cuerpo para nada, pero, bueno, se lo perdonamos todo. Seguramente será recordada como la esposa más incomprensiblemente engañada de la historia del cine (en *Atracción fatal*), aunque esta actriz, nacida en Los Ángeles el 25 de agosto de 1947, ya llevaba una larga carrera a sus espaldas. Hija de los actores John Archer y Marjorie Lord, y casada con el productor Terry Jastrow, la Archer trabajó durante años en el teatro y la televisión. A pesar de que ha aparecido en películas como *Los valientes visten de negro*, de Ted Post, o *La cocina del infierno*, de Sylvester Stallone, todo el mundo la recuerda a raíz de la mencionada *Atracción fatal*, aquel entretenido título de Adrian Lyne. Luego ha desempeñado buenos papeles en películas de impecable factura como *Amor perseguido*, de Alan Rudolph, *Testigo accidental*, de Peter Hyams, o *Juego de patriotas*, de Philip Noyce. Suele hacer de maruja íntegra, aunque de vez en cuando se desmelena con algún coqueteo sexual. Robert Altman casi la consigue desnudar sentándose en la bañera en una inesperada escena de *Short Cuts*, lo cual es todo un mérito para este viejo zorro, pero si él no ha podido hacerla llegar a más, dudamos que ya alguien pueda. Últimamente hace anuncios de belleza.

a pelo
1975 • *Lifeguard*, de Daniel Petrie:
1993 • *Vidas cruzadas* (*Short cuts*), de Robert Altman:

ARDANT, FANNY

Preciosa actriz, musa de François Truffaut, que en los 80 pasó a participar en numerosos filmes europeos casi más como estrella de prestigio que como actriz. Pese a ello, posee una belleza aristocrática muy interesante, y, a falta de información sobre más desnudos suyos (en su etapa madura los ha rehuido sistemáticamente), nos quedamos con una sugerente y borrosa visión de sus peritas bajo la blusa en *La mujer de al lado*, en una deliciosa escena junto a Gerard Depardieu.

a pelo
1981 • *La mujer de al lado (La femme d'a cote)*, de François Truffaut:

ARGENTO, ASIA

La hija de Dario Argento está muy buena. Su madre es la también actriz Daria Nicolodi, por lo que era lógico que la carrera de la chica tirara hacia el cine, y más en producciones de su padre. Así, ya tuvo un papel destacado en *La secta* (1991), de Michele Soavi, aunque ha sido en *Trauma* donde causó más conmoción, debido sin duda a sus pechos desnudos. También aparece en *La reina Margot*, enseñándonos lo mejor de su mitad inferior. Puede llegar a convertirse en un mito para los fans del giallo.

a pelo

1992 • *Trauma* (*Trauma*), de Dario Argento:
1994 • *La reina Margot*, de Patrice Chereau: ▼

ARIANE

La verdad es que pocos recuerdan ya a esta modelo, de nombre real Ariane Koizumi, que en 1985 protagonizó junto a Mickey Rourke la sensacional *Manhattan Sur*. Esbelta y de pelo cortito a lo Joan Chen, en dicho filme protagonizaba un espléndido desnudo integral que, curiosamente, ha sido cercenado de la práctica totalidad de copias que han sido emitidas por TV en España y comercializadas en vídeo-clubs. La cosa merece muy mucho la pena, así que buscad la versión íntegra. Está de rechupete.

a pelo

1985 • *Manhattan Sur (The year of the dragon)*, de Michael Cimino:
1993 • *Skin art*:

ARQUETTE, PATRICIA

Esta explosiva chica nació en 1969, aunque las fuentes citan Chicago o Nueva York como ciudad natal, según el caso. Empezó en el teatro a los 9 años e hizo numerosos papeles para la TV, hasta saltar a la fama por *Amor a quemarropa*, la gran película de acción de Tony Scott. Ligada a Quentin Tarantino durante unos flashes fotográficos (o eso nos gustaría a nosotros), tiene un hijo llamado Enzo de un músico propietario de una compañía de vídeo (?). Luego, ha protagonizado *Más allá de Rangún*, de John Boorman, un videoclip de los Rolling Stones, y se ha casado con (oh Dios mío) Nicholas Cage. Respecto a su escena de cama con Christian Slater, una aclaración: como indica Craig Hosoda en *The Bare Facts*, en la versión laser disc se le pueden ver las tetas de nuevo, y mejor. Avisados estáis.

a pelo

1991 • *Wildflower* (cable):
1993 • Amor a quemarropa (True romance), de Tony Scott:

ARQUETTE, ROSSANA

En unos momentos en que su hermana Patricia la ha rebasado en popularidad, es bueno acordarse de esta actriz que lleva ya años apareciendo en las pantallas. Pertenece a una familia de artistas: su abuelo era actor (Cliff Arquette), su padre cómico (Lewis Arquette) y su madre poeta (Mardi Arquette). Posee un perfil de personaje de dibujos animados, algo que se puede comprobar perfectamente en una de las escenas de *Más allá del arco iris*: la proyección de su sombra en la pared no tiene nada que envidiar a la de Peter Pan en el clásico de Disney. Rossana empezó en pequeños papeles (es curioso verla de castaña y enseñando las tetas en *S.O.B.*), para adquirir cierta relevancia con la miniserie *La canción del verdugo*, basada en la obra de Norman Mailer y con Tommy Lee Jones de compañero de reparto, donde Rossana se desnudaría para la versión europea. A partir de ahí, poco más se sabría de ella hasta *Buscando a Susan desesperadamente*, el título que la lanzó, aunque algo eclipsada por Madonna, cuyo lanzamiento definitivo también coincidió con aquel filme. En cualquier caso, la segunda mitad de los

Patricia Arquette

Rossana Arquette

80 ha sido su mejor época hasta ahora, con obras como *Silverado*, de Lawrence Kasdan; *Jo qué noche*, de Scorsese; *8 millones de maneras de morir*, de Hal Ashby; *El gran azul*, de Luc Besson; o la mencionada *Más allá del arco iris*, donde pone de todos los colores a Tom Huce. Después cayó un poco en la indiferencia general, sorprendiéndonos muy esporádicamente (como en la entretenida *Sin escape*, donde Rossana está espléndidamente bella, demostrándolo con un inesperado desnudo en la ducha). Su participación en *Pulp Fiction* puede significar también para ella un reciclaje que la relance como vieja-estrella-con-nuevas-posibilidades en esta moda del cine independiente. Su participación en cualquier proyecto es siempre agradecida, sobre todo cuando muestra sus magníficos pechos. Un consejo final: no os perdáis *El hombre equivocado*.

a pelo

1981 • *S.O.B. Somos honrados bandidos (S.O.B.)*, de Blake Edwards:
1982 • *La canción del verdugo (The executioner's song)*, de Lawrence Schiller:
1983 • *Baby, it's you*, de John Sayles:
1985 • *Buscando a Susan desesperadamente (Desperately seeking Susan)*, de Susan Seidelman:
1989 • *Más allá del arco iris (Black rainbow)*, de Mike Hodges:
1993 • *Sin escape, ganar o morir (Nowhere to run)*, de Robert Harmon:
1994 • *El hombre equivocado (The wrong man)*, de Jim McBride:

ASENSI, NEUS

Una de las nuevas actrices que parecen contar con el beneplácito de la crítica, Neus Asensi aún espera una buena oportunidad para darse a conocer a todo el público. Sin embargo, de momento los más enfermos ya podemos recordarla como la chacha andaluza que enseña al señorito de la casa las artes amatorias en *Chechu y familia*.

a pelo

1992 • *Chechu y familia*, de Álvaro Sáenz de Heredia:
1993 • *Cautivos de la sombra*, de Javier Elorrieta:
1995 • *Suspiros de España y Portugal*:

AUER, BARBARA

Barbara Auer es una bella extranjera que se trajeron los responsables de *Madregilda*, un filme de factura impresionante en el que la chica era la Rita Hayworth maternal imaginada por el niño protagonista. Barbara está mucho más rellenita que Rita, pero por ello mismo sus excelentes desnudos se agradecen: por cierto, una de las escenas es un precedente clarísimo de *La teta i la lluna*, con *Madregilda* soltándole un chorrete de leche de su pecho al criajo.

a pelo

1993 • *Madregilda*, de Francisco Regueiro: ▼

Barbara Bach

BACH, BARBARA

La guapa mujer de Ringo Starr no ha tenido una carrera cinematográfica demasiado importante, pero qué importa: su belleza ha servido para adornar películas de entretenimiento como *La espía que me amó*, *Fuerza 10 de Navarone* o la delirante *Cavernícola*, donde con un vestido de la Edad de Piedra emulaba a Rachel Welch o Victoria Vetri para acabar literalmente en un charco de mierda. Por cierto, en *Fuerza 10* enseña las tetas tomando un baño, algo insólito en películas de tal índole.

a pelo
1978 • *Fuerza 10 de Navarone* (*Force ten from Navarone*), de Guy Hamilton:

BADLER, JANE

Esta mujer pasará a la historia por tragarse un ratón ensanchando la boca como un buzón y quedarse tan pancha. Tan terrible suceso ocurrió en la serie televisiva *V*, y causó tal sensación que dicha serie se convertiría en una de las más exitosas de los años 80. La malvada lagarto (con un camuflaje adorable, eso sí) también probó suerte en el cine además de la TV (donde participó en títulos como *Falcon Crest* y *Misión Imposible*), pero, la verdad, dudamos que aquí se haya estrenado una sola película suya. En cuanto a escenas nudies, solo existe una tal *Easy Kill*, nada menos que con Frank Stallone, el hermano músico de Sly. Difícil pues su localización.

a pelo
1989 • *Easy kill*:

BAKER, CARROL

Nacida en Johnston, Pennsylvania (USA) el 28 de mayo de 1931, la Baker ejemplifica el típico caso de actriz americana cuya popularidad la lleva al cine europeo para acabar haciendo películas más bien cutre con destape incluido. Casada con el director teatral Jack Gartein, será siempre recordada por su segundo filme, *Baby doll*, de Elia Kazan, por cuyo papel, repleto de una fuerte carga sexual, fue nominada al Oscar. Luego participó en filmes del Hollywood más clásico, como *Gigante*, de George Stevens; *Horizontes de grandeza*, de William Wyler; o *El gran combate*, de John Ford. En los 70 intervino en un montón de películas italianas, la mayoría de terror o eróticas, y en los 80 volvió a los Estados Unidos para aparecer como estrella invitada en filmes de cierta popularidad, desde *Star 80*, de Bob Fosse, a *Poli de guardería*, de Ivan Reitman.

a pelo
1967 • *El dulce cuerpo de Deborah* (*Il dolce corpo di Deborah*), de Ramolo Guerrieri:
1969 • *Paranoia*:
1973 • *Il corpo* (*El cuerpo*), de Luigi Scattini:
1976 • *The sky is falling*, de Silvio Narizzano:
• *La mujer de mi padre* (*La moglie di mio padre*), de Andrea Biandri:
1979 • *El mundo está lleno de hombres casados* (*The world is full of married men*), de Robert Young:

BAKO, BRIGITTE

Esta apetecible joven protagonizó *Cuando llama el deseo*, una producción de los mismos de *Nueve semanas y media*, aunque esta vez el tiro les salió por la culata y prácticamente nadie prestó atención a este título (además, ella utilizó una doble en muchas escenas). A pesar de ello, la chica es muy guapa, y curiosamente participó en *Yo amo los uniformes*, una película australo-canadiense que obtuvo aquí cierta repercusión.

a pelo
• *Cuando llama el deseo* (cable) (*Red shoe diaries*), de Zalman King:
1993 • *Dark tide*:

BARBEAU, ADRIENNE

La ex de John Carpenter es una mujer jamón jamón, ideal para cualquier producción terrorífica de serie B que quiera conseguir, además de un toque muy sexy, un poco de seriedad. Intérprete de películas tan características como *La niebla* (1980), *1997: Rescate en Nueva York* (1981) —ambas dirigidas por su entonces esposo—, *Creepshow* (1982), *Los ojos de la noche* (1991) —en el episodio de George A. Romero—, etc., ha pasado

Brigitte Bardot

Adrienne Barbeau

últimamente a un injusto olvido, aunque ella se ha convertido ya en una respetable señora aún de buen ver. En *La cosa del pantano* se bañaba y era lo menos pantanoso de la película de Wes Craven, pero donde se pueden apreciar mejor sus cualidades pectorales es en *Open house*, un filme junto a Joseph Bottoms.

a pelo

1981 • *La cosa del pantano* (*Swamp Thing*), de Wes Craven:
1987 • *Open house*:

BARDOT, BRIGITTE

El símbolo más bello que ha tenido Francia en todo el siglo XX es esta parisina, nacida el 28 de septiembre de 1934, un torbellino sexual que durante más de 20 años asoló toda Europa y parte del extranjero. De familia burguesa, B.B. se inició en la danza, pero el director de una revista de modas la convenció para que posara. De ahí al cine, y del cine a la gloria: casada con Roger Vadim, una especie de John Derek a la francesa, rodó infinidad de películas que la situaron en la primera posición de los sex-symbols del viejo continente. Hay que destacar que sus filmes de los años 50, para nosotros preferibles a los posteriores, ya contienen púdicos desnudos que pueden sorprender a más de uno: el blanco y negro de la época y Brigitte Bardot con su infantil despreocupación epidérmica son dos ingredientes de resultado explosivo. Son películas a recuperar y conservar como oro en paño, y en paño a prueba de las más diversas humedades. Además, ella está sencillamente irresistible. Curiosamente, sería de las pocas estrellas europeas que no desembarcarían en Estados Unidos, limitando su reinado al cine de su país, y casi siempre en filmes destinados a resaltar su belleza: de la mítica *Y Dios... creó a la mujer* a *Si don Juan fuese mujer*, ambas de Vadim, poco variaría la temática, excepto quizá en *Viva María*, de Louis Malle, que la reuniría con otra diva de la época, Jeanne Moreau. De especial predilección por los jovencitos fuera de la pantalla, ha tenido otra de esas listas interminables de amantes: Sacha Distel, Gilbert Bécaud, Raf Vallone, Sean Connery, Jacques Carrier (con el que tuvo un hijo, Nicholas), hasta el político neofascista Bernard D'Ormale. Retirada en 1973, sigue apareciendo esporádicamente en los medios de comunicación por su férrea defensa de los animales y sus intentos de suicidio.

a pelo

1952 • *Manina, la fille sans voile*, de Jean Boyer:
1954 • *Futures vedettes*, de Marc Allegret:
1957 • *Y Dios... creó a la mujer* (*Et Dieu... créa la femme*), de Roger Vadim:
1958 • *En caso de desgracia* (*En cas de malheur*), de Claude Autant-Lara:
• *La femme et le patin*, de J. Duvivi:
1961 • *A rienda suelta* (*La bride sur le cou*), de Roger Vadim:
1963 • *El desprecio* (*Le mépris*), de Jean-Luc Godard:
1970 • *Las novicias* (*Les novicies*), de Guy Casaril:
1973 • *Si don Juan fuese mujer* (*Don Juan 1973*), de Roger Vadim:

BARILLI, AYANTA

La hija del escrito Sánchez Dragó demuestra su poderío en *Don Juan en los infiernos*: después de esta película, puede pasarse el resto de su filmografía haciendo de monja, pues lo que ofrece a la vista en ella vale para toda una vida. Don Juan se pierde en su cuerpo, aunque debe huir precipitadamente de él ante la llegada del marido, que además de cornudo es imbécil. La joven ha participado en otras películas también en papeles secundarios, como en *Lo más natural* (1990), de Josefina Molina.

a pelo

1991 • *Don Juan en los infiernos*, de Gonzalo Suárez:
1994 • *Los peores años de nuestra vida*, de Emilio Martínez Lázaro:

BARKIN, ELLEN

Mujer de belleza láctea por su aspecto vacuno (que no le resta atractivo, ¿eh?) fue lanzada en los 80 como símbolo sexual merced básicamente a dos películas, *Querido detective* y *Melodía de seducción*. Aparte de estos dos éxitos no ha tenido demasiada suerte desde entonces, pero aún tiene posibilidades de volver por sus fueros. Nacida en Nueva York el 5 de mayo de 1962, es licenciada en Historia del Teatro, lo que no le impidió ejercer de camarera hasta que pudo debutar en el cine con *Diner*, de Barry Levinson, una buena carta de presentación para numerosos nuevos rostros que pasará a la historia por su gag de las palomitas. Luego intervino en *Gracias y favores*, de Bruce Beresford, *Extraños en el paraíso* y *Bajo el peso de la ley*, de

Caroll Baker

Drew Barrimore

Jim Jarmush, hasta la mencionada *Querido Detective*, de Jim McBride, una mezcla de thriller y comedia con toques sexy donde funcionó muy bien la química con su pareja, Dennis Quaid: también memorable es el gag en que confunde al hermano de Dennis con este, metiéndole mano sin muchos miramientos, poco antes de que lo maten. Más tarde protagonizó otro thriller hecho a su medida y a la de su compañero de reparto, Al Pacino: *Melodía de seducción*, de Harold Becker, buen filme a pesar de engrosar la lista de thrillers-eróticos-donde-no-se-ve-nada, tan de moda en los 80, y donde además utilizó doble en las escenas donde se ve algo. A partir de ahí, la estrella de la Barkin decayó un poco, aunque aún protagonizaría, gracias a su forma de torcer la boca, *Una rubia muy dudosa*, de Blake Edwards, y luego *Ella nunca se niega*, junto a Jack Nicholson. Es sorprendente que el único filme donde se desnuda a conciencia, *Siesta* (aquí titulado *Relación fatal*), se distribuyera directamente en vídeo, a pesar de contar en el reparto con Jodie Foster, Isabella Rossellini, y Gabriel Byrne, con quien por cierto está casada (bueno, ya no). Pues bien, *Siesta*, que está rodada en España, se abre con Ellen quitándose su vestidito y tumbándose a la fresca en medio del bosque, español para más señas. Un desnudo que se merece un diez.

a pelo

1987 • *Querido detective* (*The big easy*), de Jim McBride:
• *Relación fatal* (*Siesta*), de Mary Lambert:
1989 • *Melodía de seducción* (*Sea of love*), de Harold Becker:

BARRYMORE, DREW

Nacida el 22 de febrero de 1975 (Los Ángeles, California), esta chica ha vivido más a los 20 años que la mayoría de nosotros con 80. Hija de John Barrymore Jr., este ya le propinaba palizas hasta antes de nacer: al parecer en una ocasión le dio una patada al vientre embarazado de su mujer que casi nos deja sin estrella, por más maldita que sea. Debuta en *Viaje alucinante al fondo de la mente* (1981, de Ken Russell), y luego hace de Gertie, la niña de *E.T. el extraterrestre*, de Steven Spielberg. Supongo que debido a lo rápido de su popularidad, a los nueve años la deliciosa chavalica empezó a meterse de todo (me refiero a drogas), pasando de la marihuana al alcohol hasta recalar en la coca. A los trece ya publica una biografía, *Little girl lost*. Luego hace *Ojos de fuego*, con el demencial Mark Lester (eso es lo que traen consigo las malas compañías) y algunos filmes más, hasta que su dependencia drogata la sume en el silencio durante la segunda mitad de los 80. Reaparece en *Amores compartidos*, de Alan J. Pakula (1989), pero no es hasta los 90 que su estrella refulge con mayor fuerza que nunca: un par de pelis cutres, una boda fugaz con un inglesito que necesitaba el permiso de residencia en los USA, y comienzan los rumores cada vez más insistentes sobre su triunfal regreso. En ese momento se estrena *Doppelganger* (1992), una película menor pero con varios hallazgos: el primero es esa inquietante atmósfera con que se inicia el filme, realmente efectiva y terrorífica, aunque luego decaiga; el segundo, y sin duda magnífico, es la libre exposición de sus grandes y apetecibles pechos en la típica escena de ducha con agua que se vuelve sangre. De todas formas, ni la hemoglobina consigue arruinar la escena, y menos nuestra fascinación por la nena (quien por cierto, luce de pelirroja en esta película, consiguiendo un extraño parecido a Diane Lane, pero en perturbador). Ese mismo año protagoniza *Poison Ivy*, de Katt Shea Ruben (donde utilizan una doble para los desnudos de la versión europea: ¡¿por qué?!), y *Guncrazy*, una peli para TV por cable, donde enseña un poquito el culito. Luego tiene un cameo, en el que está guapísima, en *Wayne's World II*, una segunda parte no tan memorable como la primera pero con sus buenos momentos. Sería sin embargo *Cuatro mujeres y un destino*, de Jonathan Kaplan, la que la confirmaría en su buen momento actual, hasta llegar a participar en *Batman forever*, la peli «loca» de Joel Schumacher. De todas formas, su mejor desnudo aún está por llegar, y no creemos que tarde demasiado, después de haberlo enseñado todo en el *Playboy*, en un reportaje en que también se desnudaba el pendón de su madre, que aún no le habla pero que ya le ha dedicado una guía de comportamiento sexual. Por algo se empieza. A Drew la queremos mucho, sobre todo si es desnuda, aunque sea en fotos retocadas como las del *Playboy*.

a pelo

1992 • *Doppelganger* (*Doppelganger: the evils within*), de Avi Nesher:
• *Guncrazy* (1992), de Tamra Davis:
1994 • *Cuatro mujeres y un destino* (*Bad girls*), de Jonathan Kaplan:
1995 • *Solo ellas... los chicos a un lado* (*Boys on the side*), de Herbert Ross:

BASINGER, KIM

Parece que esta mujer, nacida en Athens (Georgia) el 8 de diciembre de 1953 (ojo, ya no es una cría) no cuenta con muchas simpatías entre la prensa especializada. Y es que, la verdad, podía habérselo montado mejor. Su filmografía es completamente dispar, con una irregularidad cualitativa que... ¡Pero, ¿qué es esto?! ¡Si parezco un crítico de cine! Anda, hombre, es lo único que faltaba. Lo que me jode realmente de la Basinger es que nunca, o casi nunca, ha destacado por otra cosa que no fueran sus cualidades físicas, pero sorprendentemente cuando nos ponemos a hacer un balance general nos damos cuenta de que estas, a fin de ídem, no han sido mostradas tanto como se merecían. La chica empezó bien: con el título de Miss Georgia en las manos y tras unos papelitos cortos en TV y cine que no conducen a nada, decide enseñarlo todo en el *Playboy*, y ¡hala! le empiezan a llover ofertas. Ser la última chica Bond del idolatrado por todos Sean Connery en *Nunca digas nunca jamás* es una gran tarjeta de presentación. Más papeles en *El mejor*, con Robert Redford, y Fool for love, de Robert Altman, y finalmente llega el espaldarazo definitivo con la peli erótica más popular de los 80: *Nueve semanas y media*. Decepcionante para los que buscábamos chicha de verdad, pero con un innegable sentido de la estética videoclipera muy de la época, el filme de Adrian Lyne la lanzó como mito erótico de la época, junto al inefable Mickey Rourke (¡Mickey, no te olvidamos!), además de inmortalizarla en el strip-tease que convirtiría a «You can leave your hat on» en la canción representativa por antonomasia de este gozoso acto (y en la que más nos cortaría a todos, por cierto, cada vez que la ponían en la discoteca). La chica decide seguir explotando el filón, y de Rourke pasa a Richard Gere en *Atrapados sin salida*, más erotismo sin desnudos, o sea, un timo. Luego un par de come-

Kim Basinger

dias, las dos muy amables: *Cita a ciegas* y *Nadine*. Después, le calienta la bragueta a Dan Aykroyd en *Mi novia es una extraterrestre*, y el braguero a Batman en la película homónima. Y la cosa va de mal en peor: un día decide que sabe cantar y lo demuestra en *Ella siempre dice sí*, donde para más inri se lía (y la lía) con Alec Baldwin. Uno ya ha perdido toda esperanza de disfrutar de las dotes de Kim (que definitivamente parecen ponerse al servicio de los bañadores de grandes almacenes y cosas así), cuando *Análisis final* nos hace renovar un poquito la esperanza: ¡se le ve una teta! La escena es la típica de cama de los 80, y la peli no es mucho mejor, pero el director parece bueno: Phil Joanou. Y, amigos y amigas, cuando por fin va la Bassinger y se redime a nuestros ojos, es cuando las masas le hacen menos caso. Me refiero a *The getaway*, un filme que pasó sin pena ni gloria, que no está nada mal (sobre todo si no se ha visto la primera versión, *La huida*, de Peckinpah), con un James Woods como hacía tiempo que no se veía, y con la Bassinger ¡enseñándolo todo! Después de eso ya me da igual que la chica quiera comprar su pueblo o se meta en litigio con los de *Boxing Helena* en plan Ángela Molina. Señora, por una vez, *no me dejo el sombrero puesto*.

a pelo

1986 • *Nueve semanas y media (9 1/2 Weeks)*, de Adrian Lyne:
1992 • *Análisis final (Final analysis)*, de Phil Joanou:
1993 • *The getaway*, de Roger Donaldson:

BASLER, MARIANNE

Preciosa y joven actriz que ha desarrollado su carrera en el cine europeo. De leve parecido físico con Jessica Lange en sus buenos tiempos, la Basler ha participado recientemente en la producción Farinelli, pero antes ya había trabajado con actores como Gabriel Byrne en *A soldier's tale*, producción neozelandesa donde la joven se nos desnuda, o en la versión cinematográfica que Martin Veyron rodó de su propio cómic *Amor limpio*. Aquí se estrenó la película francesa *Mientras haya mujeres*, en la que sus pechos son vislumbrados en unas oscuras y fugaces imágenes. Tiene un gran futuro por delante.

a pelo

1985 • *G, el punto caliente (L'amour propre)*, de Martin Veyron:
1988 • *Guerra de pasiones (A soldier's tale)*, de Larry Park:
• *Mientra haya mujeres (Tant qu'on ait des dammes)*, de Didier Kaminka:
1990 • *Serie rosa*: «El buen libertino», episodio de Juan Luis Buñuel (TV):

BASSET, ANGELA

Desde Grace Jones no habíamos visto una negra con una piel tan reluciente y prieta como la de esta tipa, autentico bocatta di hamburger para cualquier enfermo visual que se precie (por cierto, su boca tampoco es nada despreciable). Nació en Nueva York un 16 de agosto de 1958, y, tras graduarse en la Escuela de Drama de la Universidad de Yale, participó en series de la tele y *Los chicos del barrio*, la bonita peli de John Singleton. Pero el primero en desnudar sus encantos, concretamente las tetas, fue el avispado de John Sayles en *City of hope* (rápido, un ciclo sobre Sayles ¡ya! Coartada cultural a tope, que este tío está ahora muy bien considerado, ¡pero que no me la subtitulen, quiero la imagen despejada!). El propio Sayles parece que le tomó gusto a la chica, ya que repitió con ella en *Passion Fish* un año más tarde, aunque ahí pasa de enseñar nada. Pero antes (¡ajá!), la Basset se marcó una peli basura en toda regla, nada menos que *Critters 4* (¿qué demonios hacía ahí?), con una ducha de las que no se olvidan: la chica posee las nalgas más duras y bien moldeadas del cine actual, y el repaso que le pega la cámara es de rechupete. Luego vino lo que todos ya conocéis: *Malcolm X*, la peli de la *Tina* (Turner) por la que la nominaron al Oscar, y *Los Jacksons: un sueño americano*, miniserie televisiva donde hacía de la madre de Michael Jackson. Y, finalmente, su maravillosa interpretación en *Días extraños*, la gran plícula de Kathryn Bigelow. Para traumatizar a cualquiera.

a pelo

1991 • *City of hope*, de John Sayles:
1992 • *Critters 4 (Critters 4)*, de Rupert Harvey:

BATES, KATHY

Pues sí, las mujeres feas también tienen derecho a desnudarse, y más la Bates, no se nos mosquee y nos vaya a tomar por un James Caan cualquiera. Kathy Bates nació en Memphis, Tenessee, el 28 de junio de 1948. Tiene una sólida carrera de teatro tras de sí, y también ha interpretado numerosos papeles de cine, desde *Juventud sin esperanza*, de Milos Forman, en 1971. Sin embargo, no es hasta *Misery* (1990) que su popularidad se dispara, ganando un Oscar gracias a su inquietante papel de psicópata en esta gran película de Rob Reiner, donde probablemente se adapta mejor que nunca una novela de Stephen King y donde James Caan se merecía también un Oscar. Después, el público la siguió sobre todo en *Tomates verdes fritos*, de John Avnet. Pero antes de eso, en 1991, apareció desnuda en una extraña película, muy incomprendida en su momento: *Jugando en los campos del señor*. El filme, de Luis Mandoki, es a nuestro gusto una verdadera joya, y no precisamente por la exhibición de la Bates que es, reconozcámoslo, algo dura (agitándose loca y revuelta en barro y hojas tras la muerte de su hijo en la selva, ante la mirada atónita de su pobre marido, sin duda digno de compasión, Aidan Quinn). Sin embargo, es admirable el valor de esta actriz.

a pelo
1991 • *Jugando en los campos del señor* (*At play in the fields of the lord*):

BAYONAS, LAURA

Esta chica es no solo súper atractiva, sino que aparece desnuda en todos sitios. Su mejor papel sin embargo ha sido hasta ahora en un episodio de la *Serie rosa*, coproducción europea que pretendía demostrar mediante coartada histórica que se puede hacer cultura viendo cuerpos desnudos. El suyo es posiblemente el mejor y más excitante de todos, con un corpiño que apenas le tapa nada: nada, al menos, fundamental. Una gozada.

a pelo
1990 • *Serie rosa*, episodio de Jaime Chávarri (TV):
1992 • *Tierno verano de lujurias y azoteas*, de Jaime Chávarri:

BEACHAM, STEPHANIE

La famosa protagonista de *Los Colby* también tiene pasado vicioso (bueno, al menos «nudista»), ya que en 1971 protagonizó *Los últimos juegos prohibidos*, nada menos que al lado de Marlon Brando. Esta mujer de extraña belleza se inició prometedoramente en el cine inglés, protagonizando filmes de terror (como *Drácula 73*, de Alan Gibson). Luego recaló en la TV USA, y de ahí no se ha movido, participando últimamente en *Sea Quest*, la ambiciosa serie producida por Spielberg.

a pelo
1971 • *Los últimos juegos prohibidos*, de Michael Winner:

BEALS, JENNIFER

De moda otra vez con su participación en *El demonio vestido de azul*, la Beals saltó a la fama con *Flashdance*, de Adrian Lyne, tras pasar por un casting entre más de 400 aspirantes. Licenciada en Literatura Americana Contemporánea, está casada con el cineasta independiente Alexander Rockwell, y su carrera ha tenido considerables altibajos. En *La prometida* (1985), el filme de Frank Roddam sobre el mito de Frankenstein que rodó con Sting, decidió doblar sus escenas de desnudo. También se tapó los pechos con pasta en *El beso del vampiro*, de Robert Bierman. Así que tenemos que esperar a que haga cine europeo para que se le vaya la vergüenza. Parece que su propósito actual es pasear su belleza morena por las pantallas con más fuerza que nunca, después del relan-

Stephanie Beacham

Jennifer Beals

zamiento que le ha supuesto su papel de *El demonio vestido de azul* (1995), de Carl Franklin, donde hace de mujer fatal de toda la vida, para desgracia de Denzel Washington.

a pelo
1990 • *Dr. M.* (*Dr. M.*), de Claude Chabrol:
• *Perseguido por todos* (*Blood and concrete: a love story*), de Jeffrey Reinar:

BÉART, EMMANUELLE

Posiblemente la actriz más guapa del actual cine francés. De cabello oscuro y ojos claros, está dotada además de buenas maneras interpretativas, aunque nos quedamos por si acaso con sus desnudos. *La bella mentirosa* le dio uno de esos papeles que desde aquí aplaudimos a rabiar: el de modelo para un cuadro de Michel Piccoli, quien con razón no atina a dar una maldita pincelada. Desde que Mathilda May debutó en cueros, no habíamos visto a una actriz tanto tiempo desnuda en la pantalla. También deleita *En la boca, no*, donde encarna a una prostituta a lo Lulú que no se niega a nada: la cámara entra en la ducha y todos salimos mojados. Después de eso, como el cupo de desnudo está cubierto, es un placer verla vestida pero más guapa que nunca en *El infierno*, de Claude Chabrol.

a pelo
1987 • *Data with an angel*:
• *La venganza de Manon* (*Manon des sources*), de Claude Berri:
1991 • *En la boca, no* (*J'embrasse pas*), de André Techiné:
1992 • *La bella mentirosa* (*La belle noiseuse*), de Jacques Rivette:

BEDELIA, BONNIE

Una de las esposas más pesadas de la historia del cine de acción (la de *Jungla de cristal*), la buena de Bonnie se llama en realidad Bonnie Culkin Wagner, y sí, es tía de Macaulay Culkin. Nació el 25 de marzo de 1946 en Manhattan, Nueva York, y debutó como bailarina en Broadway, en el ballet de su ciudad. A los 10 años intervino en la obra *Isle of children* y debutó en el cine hace ya mucho, en 1969, en el filme *Los temerarios del aire*, donde además enseñaba una teta. Ha intervenido en *Danzad, danzad malditos*, de Sidney Pollack; *El misterio de Salem's Lot*, de Tobe Hooper; *Creadores de sombras*, de Roland Joffé; *Presunto inocente*, de Alan J. Pakula; y en muchas otras películas no estrenadas en España. Poseedora de una anatomía poderosa, en su último filme hasta el momento, *La tienda*, de Fraser Heston (basada en la obra del mismo título de Stephen King), está muy atractiva y sensual, demostrando que se conserva estupendamente para su edad.

a pelo
1969 • *Los temerarios del aire* (*The gypsy moths*), de John Frankenheimer:
1986 • *The stranger*, de Adolfo Aristarain:
1990 • *Somebody has to shoot the picture*:
1994 • *Judicial consent*:

BELÉN, ANA

La diva de la democracia española por excelencia es una mujer increíblemente atractiva que canta, baila y se desnuda<. María del Pilar Cuesta Acosta nac<el 27 de mayo de 1951 en Madrid, y ha sido posiblemente la única niña prodigio autóctona que consiguió cambiar los dientes de leche por otros lo suficientemente eficaces (y de excelente factura además) como para no tener que depender del pasado. Estudió en el Teatro Estudio de Madrid (TEM) y fue posiblemente la mejor actriz del destape español, no solo porque cualquier desnudo suyo es en sí precioso (aún sorprende verla realizándolos), sino porque curiosamente sus películas fueron en general las de mayor calidad: *Emilia, parada y fonda*, por ejemplo, sigue siendo un buen documento sobre la represión sexual, llevado además

con mucho más humor de lo que la trascendentalidad coyuntural solía imponer. Pero donde mejor se desnuda es en *La oscura historia de la prima Montse*, donde enseña unos pezones más oscuros que nunca: desnudo frontal, como tiene que ser, con toda su belleza a flor de piel. Su filmografía es más corta de lo que aparenta por su continua presencia en las noticias de espectáculos. En 1994 Vicente Aranda la relanzó eróticamente en *La pasión turca* (donde el pretendido turco pérfido y cruel resulta ser un tipo la mar de simpático y campechano), con corrida facial incluida, y uno de esos polvos juguetones que tanto le gustan rodar al cachondo director: en un autobús, con Ana boqueando debajo de su falda levantada. Cuando más queremos a Ana es cuando deja paso libre a su genio, que lo debe tener y muy fuerte: lo mejor de *La pasión turca* es cuando ella le dice a su «suegra» musulmana, con una mala leche que asusta, que no sabe qué coño le está diciendo. Esa escena vale por toda la película. Bueno, toda menos los desnudos.

a pelo

1974 • *El amor del capitán Brando*:
1976 • *Emilia, parada y fonda*, de Angelino Fons:
1977 • *La criatura*, de Eloy de la Iglesia.
• *La oscura historia de la prima Montse*, de Jordi Cadena:
1979 • *Cuentos eróticos*, episodio de Emma Cohen:
1993 • *Rosa Rosae*, de Fernando Colomo:
1994 • *La pasión turca*, de Vicente Aranda:

BELLER, KATHLEEN

Exuberante morenita de preciosos ojos grandotes, su apariencia tímida y sencilla no contaron con el favor del gran público, pero adornó con su belleza algunos títulos de los 70 que no serían nada sin ella. Tras un papel anecdótico en *El padrino II* (1974), de Coppola, protagonizó *Betsy, la saga de los Hardeman*, típica película de saga familiar, sexo y poder, en la que realizó un desnudo integral y se dejó querer por Tommy Lee Jones. En 1980 llegó *A flor de piel*, un olvidado filme con muy buenos momentos, sobre todo sus desnudos: especialmente uno en el lago, donde se pueden apreciar sus inmensos pechos para agradecimiento de nuestros ojos. Tras repetir con Daniel Petrie en *Distrito apache* (1981), su trabajo se dispersó en la serie B (trabajando al menos con uno de sus más dignos directores en los 80, Albert Pyum) y la TV, donde siempre mantuvo una intensa actividad.

a pelo

1978 • *Betsy, la saga de los Hardeman* (*Betsy*), de Daniel Petrie:
1980 • *A flor de piel* (*Surfacing*):
1982 • *Cromwell, el rey de los bárbaros* (*The sword and the sorcerer*), de Albert Pyun:

BELLI, AGOSTINA

Guapa actriz que durante los 70 participó en diversos filmes europeos como la coproducción italo-francesa-irlandesa *Un taxi malva* (1977). En 1972 se desnudó nada menos que en *Barba azul*, la película con Richard Burton donde aparecen muchas más bellezas de la década. Otro papel más o menos importante fue el de *Holocausto 2000*, filme apocalíptico perteneciente a la «gira» europea de Kirk Douglas, quien no pierde ocasión de retozar entre sábanas con la Belli. El único desnudo integral que hemos consignado de ella se produce en *Manaos*, película dirigida por Alberto Vázquez Figueroa, donde una troupe de desharrapados la violan repetidamente: su cuerpo estirado e inmovilizado nos permite contemplarla a placer, aunque al no verse su cara surge la duda de si no habrían utilizado una doble. Si alguien ha tenido la oportunidad de conocer íntimamente a la Belli: ¿sabe por casualidad si posee un lunar en el muslo interior derecho, justo al lado del vello púbico? Si es así, no hay duda: la Belli se desnudó en *Manaos*.

a pelo

1972 • *Barba azul* (Bluebeard), de Edward Dimytryck:
1978 • *Holocausto 2000* (*Holocaust 2000*), de Alberto de Martino:
1979 • *Manaos*, de Alberto Vázquez Figueroa:

BENING, ANNETTE

Hija de músicos, nacida en Topeka, Kansas, el 29 de junio de 1958, Anette Bening es lamentablemente más conocida por ser la pareja de Warren Beatty que por su carrera cinematográfica, algo descuidada para los admiradores de sus formas, ya que no es una mujer joven y aún tiene una excesivamente breve trayectoria profesional. Tras estudiar en el American Conservatory Theatre, consigue una nominación al Tony por su trabajo en Broadway. Realiza publicidad, TV, y debuta en 1988

Agostina Belli

en *Dos cuñados desenfrenados*, divertida peli para ver en vídeo, con Dan Aykroyd y John Candy. En el 89 protagoniza *Valmont*, de Milos Forman, la otra versión de *Las amistades peligrosas*, que recordamos especialmente por aquella escena en que es tirada de la bañera: lástima que se bañara vestida, aunque algo se le transparenta. En 1990 realiza su mejor interpretación apareciendo completamente desnuda en *Los timadores*. Por suerte fue antes de que conociera a Warren Beatty y se dedicara a hacer películas más amables como *Bugsy*, *A propósito de Henry* o *El presidente y miss Wade*.

a pelo
1989 • *Valmont (Valmont)*, de Milos Forman:
1990 • *Los timadores (The grifters)*, de Stephen Frears:

Candice Bergen

BERENSON, MARISA

Muy asidua del cine europeo, Marisa Berenson es conocida por su participación en filmes como *Cabaret* (1972), de Bob Fosse; *Barry Lyndon* (1975), de Stanley Kubrick, en la que se desnudaría al servicio de la exquisita puesta en escena del genial director, tumbada en una bañera y con el vello púbico transparentándole a través del agua; o *S.O.B.*, donde mostraría sus pechos en una oscura escena en la cama con Robert Vaughn.

a pelo
1975 • *Barry Lyndon (Barry Lyndon)*, de Stanley Kubrick: ▼
1981 • *S.O.B. (S.O.B.)*, de Blake Edwards:

BERGEN, CANDICE

Más popular que nunca gracias a su papel televisivo de *Murphy Brown*, la Bergen nació el 8 de mayo de 1946 en Beverly Hills, California. Hija de un ventrílocuo, estudia interpretación en la Universidad de Pensylvannia, aunque pronto se hace modelo hasta debutar en 1965 con *El grupo*, de Sidney Lumet. En *Soldado azul* enseña el culo, en *A night full of rain* enseña la teta derecha, y en *Comenzar de nuevo* enseña la teta izquierda. Por este papel precisamente la nominaron al Oscar como mejor actriz secundaria. Otras películas interesantes en que ha intervenido son *Conocimiento carnal*, de Mike Nichols; *El viento y el león*, de John Milius; y *Jugar duro*, de Burt Reynolds. En 1980 se casó con el director Louis Malle. En 1995 enviudó.

a pelo
1970 • *Soldado azul (Soldier blue)*, de Ralph Nelson:
1978 • *The end of the world in our usual bed in a night full of rain*, de Lina Wertmuller:
1979 • *Comenzar de nuevo (Starting over)*, de Alan J. Pakula:

BERGMAN, SANDAHL

La inolvidable Valeria de *Conan el bárbaro* comenzó como bailarina profesional para acabar en el terreno más cutre de la serie B. En 1979 protagoniza el memorable y calientísimo número musical «Take off with us», de *All that jazz*, la fantástica película de Bob Fosse. Luego, volvió a destacar, gracias a su espléndido y atlético físico, en su papel en *Conan el bárbaro*, realizando una buena escena de amor junto a Schwarzenegger. Sin embargo, su buena estrella cinematográfica no se confirmó, pasando a protagonizar películas italianas de serie B como *She* o *Retaliator*. Últimamente se la ve ya madura como actriz invitada en productos igual de modestos: eso sí, se mantiene en una forma estupenda.

a pelo
1979 • *Empieza el espectáculo (All that jazz)*, de Bob Fosse:
1982 • *Conan el bárbaro (Conan the Barbarian)*, de John Milius:
1983 • *She (She)*, de Avi Nesher:
1987 • *Retaliator, programada para matar (Programmed to kill)*, de Allan Holzman:
1992 • *Loving Lulu*:
1993 • *Possessed by the night*:

BERKLEY, ELIZABETH

Nacida en 1974 y popular gracias a la serie televisiva *Salvados por la campana*, Elizabeth Berkley ha apostado fuerte en su debut cinematográfico, protagonizando el proyecto más supuestamente escandaloso de los 90: *Showgirls*. En confabulación de nuevo con Joe Ezterhas, el director Paul Verhoven ha construido un asombroso monumento a la nada siguiendo las reglas del folletín glamouroso tal como *Jade* seguía las del thriller erótico. Por eso mismo el envoltorio, que es lo que nos interesa a nosotros, es impecable: la Berkley no deja nada por enseñar y lame muy bien la barra vertical en las mejores escenas de la película.

a pelo
1995 • *Showgirls*, de Paul Verhoeven:

BERNHARD, SANDRA

La actriz que mayores esfuerzos ha hecho por defender públicamente el lesbianismo debutó en una comedia de Cheech y Chong. Popular especialmente por su papel de lesbiana en la serie *Roseanne*, lamentablemente se ha desnudado en un filme inédito en España. Tendremos que conformarnos pues con recordarla en *El gran halcón* (1991), de Michael Lehmann.

a pelo
1992 • *Sandra after dark* (cable):

BERRIDGE, ELIZABETH

Actualmente es uno de los papeles fijos de *El show de John Larroquette* en la TV americana, pero también se la puede recordar en filmes como *Amadeus* (1984), de Milos Forman; o *Cinco esquinas* (1987), de Tony Bill. Antes, enseñó las tetas en una de miedo: *La casa de los horrores*.

a pelo
1981 • *La casa de los horreres (The funhouse)*, de Tobe Hooper:

BESWICK, MARTINE

Toda una actriz de culto a pesar de su corta carrera, Martine Beswick llamó la atención desde el momento en que debutó en la memorable pelea entre gitanas de *Desde Rusia con amor* (1963), de Terence Young. Convertida en secretaria personal de Sean Connery, repitió aparición en *Operación Trueno* (1965), también de Terence Young, para volver a causar sensación, esta vez como la malísima morena de *Hace un millón de años* (1966), de Don Chaffey. Mujer de carácter a juzgar por sus abundantes peleas en la ficción, regaló a sus aficionados dos desnudos: el primero en *Doctor Jeckyll y su hermana Hyde*, uno de los más celebrados títulos de la Hammer, donde interpretaba a la mejor alternativa de Ralph Bates; y el otro en *The happy hooker goes Hollywood*, película de la extraña saga de Xaviera Hollander que de vez en cuando emiten por TV: allí se lo pasa bomba en la piscina con Adam West, quien, como se ve, no solo se dedicaba a hacer el penas en leotardos en *Batman* (era el prota de la serie de TV), sino que también a veces sabía disfrutar de la vida. Martine se retiró pronto del cine, volviendo esporádicamente como estrella invitada.

a pelo
1971 • *Doctor Jeckyll y su hermana Hyde* (*Dr. Jeckyll and sister Hyde*):
1980 • *The happy hooker goes Hollywood*:

BIANCA, RACHEL

El descubrimiento chicano de Bigas Luna arrasó con su culo en *Huevos de oro*. Después no hemos vuelto a saber de ella, aunque en Estados Unidos la han visto protagonizando una secuela de serie B (*Abducted*) junto a ¡Jan-Michael Vincent!

a pelo
1993 • *Huevos de oro*, de Bigas Luna:
1994 • *Abducted II: the reunion*:

Jane Birkin y Brigitte Bardot

BINOCHE, JULIETTE

Parisina desde el 9 de marzo de 1964, la Binoche es probablemente la actriz con mayor proyección internacional de las nuevas caras francesas. La tradición teatral es algo normal en su familia, por lo que, tras coquetear con la pintura, finalmente estudió en el Conservatoire de París. Debutó en el cine en 1983, y pronto destacó gracias sobre todo a sus expresivos ojos. No se niega a desnudarse, aunque hay que reconocer que sus papeles más interesantes, por una vez, los ha conseguido vestida: su colaboración con Leo Carax (*Mala sangre*, *Los amantes de Point Neuf*) es particularmente curiosa, además de dar fruto a una relación sentimental que les unió durante un tiempo. Es la musa actual de los nuevos trágicos (más que románticos), sobre todo después de *Azul* (1993) de K. Kieslowski.

a pelo
1985 • *Rendez-vous*, de André Techiné:
1987 • *La insoportable levedad del ser* (*The unbearable lightness of being*), de Philip Kauffman:
1992 • *Herida* (*Damage*), de Louis Malle:
1995 • *Le hussard sur le toit*:

BIRKIN, JANE

Delgadita muchachita, algo enfermiza, cuya voz hizo las delicias de millones de amantes en la escandalosamente francesa canción «Je t'aime, moi non plus». Sin embargo es inglesa: nacida el 14 de diciembre de 1946, viajó a Francia en 1968 para participar en una película y decidió quedarse allí. Divorciada del músico John Barry, se uniría sentimentalmente a otro músico, Serge

Juliette Binoche

Jacqueline Bisset

Gainsbourg (autor de la canción antes mencionada). La Birkin se ha desnudado numerosas veces, desde su lejano *Blow-up* hasta en películas españolas como *La miel*.

a pelo

1966 • *Blow-up (Blow-up)*, de Michelangelo Antonioni: ▼
1972 • *Demasiado bonitas para ser honestas*, de Ricardo Balducci.
1973 • *Si don Juan fuese mujer (Don Juan 73)*, de Roger Vadim:
1974 • *El trepa (Le mouton enragé)*, de Michel Deville.
1975 • *Catherine and Co.*:
• *Te amo... pero yo no (Je t'aime mai non plus)*, de Serge Gainsborough.
1979 • *La miel*, de Pedro Masó:
1985 • *Dust*:
• *La fille prodigue*:

BISSET, JACQUELINE

Jacqueline Fraser Bisset nació en Waybridge (Gran Bretaña) el 13 de septiembre de 1944. Hija de un cirujano escocés y de una abogada francesa, estudió en el Liceo Francés de Londres. También le gustaba la danza, cuyos cursos se costeaba trabajando de camarera, hasta que consigue colocarse como modelo. Debuta en el cine en *El knack... y cómo conseguirlo*, de Richard Lester, y a esta le siguen películas como *Cul-de-sac*, de Roman Polanski; *El detective*, de Gordon Douglas; *Bullit*, de Peter Yates; etc. En *La playa* (1967) de Harvey Hart, tiene una escena en que sale del agua tapándose los senos: durante su rodaje conocería a Michael Sarrazin, con el que convivió siete años. Pero más famosa sin duda es su intervención en *El abismo* (1977), de Peter Yates, con una camiseta mojada que dejaba poco a la imaginación. Es célebre también su desnudo en *Juegos íntimos*, tras el cual prodigaría poco su cuerpo sin ropa en pantalla. En los 80 se dedicó más a la TV a través de una productora fundada por ella misma, aunque aún obtuvieron cierto éxito sus papeles en *Ricas y famosas* (1980), de George Cukor, y *Class* (1983), de Lewis John Carlino. Estuvo liada también con el bailarín fallecido Alexander Gudonov (el rubio de *Único testigo* y *La jungla de cristal*) y con Vincent Pérez.

a pelo

1970 • *Saltarina (The grasshopper)*, de Jerry Paris:
1971 • *Satán mon amour (The mephisto waltz)*, de Paul Wendkos:
• *Juegos íntimos (Secrets)*, de Philip Saville:
1987 • *Temporada alta (High season)*, de Clara People:

BIZEAU, ROBERTA

Fina y simpática actriz, probablemente canadiense, que aquí conocemos por ser la protagonista femenina de *Cómo hacer el amor con un negro sin cansarse*. Con su novio (negro, por supuesto) comparte una buena escena de cama en la que su vello púbico está también a nuestro alcance.

a pelo

1988 • *Cómo hacer el amor con un negro sin cansarse (Comment faire l'amour avec un nègre sans se fatiguer)*, de Jacques W. Benoit:

BLACK, KAREN

La bizca más sexy del cine, o al menos eso suelen decir, es esta guapísima mujer, otra actriz de culto para muchos aficionados, aunque no ha obtenido el reconocimiento merecido (aún). Nacida en Park Ridge Ill (USA), el 1 de julio de 1942, Karen Blanche Ziegler fue camarera en Nueva York mientras estudiaba en el Lee Strasberg Institute. Tras el éxito obtenido en 1965 con la obra de Broadway *The playroom*, debutó inmediatamente en el cine con *Ya eres un gran chico* (1966). Tres años después participó en la mítica *Easy rider* (1969), de Dennis Hopper, y en 1971 enseñó sus pechos en *Cisco Pike, la droga y su imperio*, un policíaco con Gene Hackman y Kris Kristoferson. Durante los 70 participó en películas tan populares como *Aeropuerto 75* (1974), de Jack Smight; *El gran Gatsby* (1974), de Jack Clayton; *Nashville* (1975), de Robert Altman; o *La trama* (1976), última realización de Alfred Hitchcock. Pero donde la recordamos con especial admiración es en *Las mujeres de 30 años*, enseñándole a un jovencísimo Tom Berenger todo lo que tiene que aprender. O casi todo. Su único integral lo ha realizado en *Killing heat*, con escenita típica de ducha. En realidad, muchas de sus películas están inéditas aquí: en 1990 llegó a intervenir en 7 pelis, ninguna de las cuales se han visto en España. Hace tiempo que no se sabe nada de ella, y ya va siendo hora de que eso cambie.

a pelo

1971 • *Cisco Pike, la droga y su imperio (Cisko Pike)*, de Bill L. Norton:
1972 • *Drive, he said*: ▼
1978 • *Las mujeres de 30 años (In praise of older women)*, de George Kaczender:
1979 • *Separate ways*:
1981 • *Killing heat*:
1983 • *Can she bake a cherry pie?*:
1987 • *Miss Right*:

BLAIR, LINDA

Linda Blair mola. De ser la niña poseída más famosa del mundo, pasó a convertirse en pocos años en una especie de Samantha Fox a la americana, enseñando su cuerpo jamón en varias películas basura, siendo en España la más célebre Calles salvajes, título clásico ya de la cadena Tele 5. Nacida en Sant Louis el 22 de enero de 1959, era prácticamente una desconocida hasta que el director William Friedkin la descubrió. De hecho, antes de interpretar a la pequeña poseída de *El exorcista* (1973) y conseguir su primera y única nominación al Oscar, había hecho pequeños papeles en spots de TV y películas menores. Sus películas posteriores se ven relegadas a las estanterías de los videoclubs, aunque en nuestro corazón siempre hay un lugar para ella: con lo repugnante que era de niña, y lo apetitosa que se puso.

a pelo

1983 • *Rejas ardientes* (*Chained heat*), de Paul Nicholas:
1985 • *Night patrol*, de Jackie Kong:
• *Calles salvajes* (*Savage streets*), de Danny Steinmann:
1987 • *Red heat*, de Robert Collector:
1989 • *Bedroom eyes II*, de Chuck Vincent:
1991 • *Fatal bond*, de Phil Avalon:

BLAKELY, SUSAN

Nacida el 7 de septiembre de 1948 en Frankfurt (Alemania), Susan Blakely fue muy popular gracias a la serie televisiva *Hombre rico, hombre pobre*, con la que además consiguió un Globo de Oro. Alta, rubia y delgada, participó en varios filmes durante los 70, como *Tal como éramos*, de Sidney Pollack; *Shampoo*, de Hal Ashby; *Aeropuerto 80*, de David Lowell Rich; etc. Últimamente se ha dedicado especialmente a hacer TV y películas por cable. Su único desnudo integral lo realizó en *Capone*, una película que le reunió con otro rey de la serie B, Ben Gazzara.

a pelo

1975 • *Capone* (*Capone*), de Steve Carver:
• *Report to the comissioner*, de Milton Katselas:
1984 • *El autoestopista* (serie de TV):

BOLKAN, FLORINDA

Sex-symbol del cine italiano de los 60 y 70, la Florinda es una guapa moza de rostro enérgico y apetecible que, al parece, llegó a engrosar la numerosa lista de amantes del presidente Kennedy. En cine no nos han llegado numerosas cosas suyas, pero las pocas que lo han hecho merecen la pena. Por cierto, muchas de sus películas, como era habitual en la época, llegaron aquí cortadas, o sea que ojo con las versiones (es el caso de *Una lagartija con piel de mujer*: ya no se hacen títulos así).

a pelo

1970 • *Una lagartija con piel de mujer* (*Una lucertola con pelle di donna*), de Lucio Fulci:
1971 • *El último valle* (*The last valley*), de James Clavell.

BOLLAÍN, ICIAR

Esta guapísima actriz ha crecido con el cine. Nacida en 1968, en el 83 debutó en *El sur*, la obra de culto de Víctor Erice. A partir de ahí ha construido una carrera lenta pero cons-

Linda Blair

Lisa Bonet

Iciar Bollaín

tante como intérprete, productora y últimamente como directora (*Hola, ¿estás sola?*). En 1990 recibió el premio a la actriz revelación del Festival de Cine Español de Murcia, pero es probablemente 1995 su año: su participación en *Tierra y libertad*, de Ken Loach, y la mencionada película que ha dirigido la sitúan en un momento dulce para su carrera. Por ahora no parece tener problemas para desnudarse: José Luis Cuerda es hasta el momento el director que ha sacado mejor partido de sus tetas, concretamente en *Tocando fondo*, donde Bollaín las muestra intentando en vano excitar a Jorge Sanz. Con nosotros sí lo consigue.

a pelo

1988 • *Malaventura*, de Manuel Gutiérrez Aragón:
• *Un paraguas para tres*, de Felipe Vega:
1993 • *Tocando fondo*, de José Luis Cuerda:

BONET, LISA

La hija de Bill Cosby (en su recordado show televisivo) le salió una oveja negra: en su primera película ya protagonizó uno de los polvos más salvajes e impactantes de los 80: concretamente en *El corazón del ángel*. Su sensual papel, que no rehuía los desnudos y el degollar gallinas en lujuriosos bailes de vudú, le valió numerosos problemas con su contrato en el programa de TV, aunque al final conseguiría protagonizar durante tres años más otra serie dependiente de la primera, *Un mundo diferente*, para volver al nicho familiar hasta 1992. En el 93, independizada definitivamente de Bill Cosby y sus buenos consejos paternales, volvió a desnudarse en *Ladrón de bancos*, haciendo de prostituta que le da a Patrick Dempsey sus pocos ratos de ocio entre tanto follón (con perdón). Está realmente preciosa estirada cuan larga es encima de la cama, boca abajo. En los últimos años ha protagonizado sendas escenas amorosas con Michael Madsen y Stephen Baldwin, pero los voyeurs aún esperamos un integral que nos permita contemplar su cuerpo con más calma que en sus agitados y sangrientos revolcones con Mickey Rourke.

a pelo

1987 • *El corazón del ángel* (*Angel heart*), de Alan Parker:
1993 • *Ladrón de bancos* (*Bank robber*):
1993 • *Dead connection*:
1994 • *New Eden*:

BONHAM CARTER, HELENA

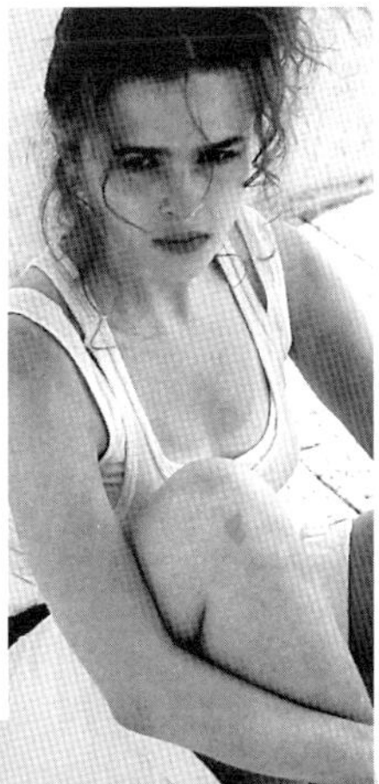

La nueva estrella inglesa de los 90 nació en Golders Green, Londres, el 26 de mayo de 1966. Proveniente de una familia del gremio cinematográfico y asociada con asépticas películas de campiña inglesa, ello no le ha impedido poner toda la carne en el asador cuando era necesario. Antes de que Frankenstein le arrancara literalmente el corazón en la versión de Kenneth Brannagh, Helena lo había abierto para nosotros en dos filmes.

a pelo

1986 • *Lady Jane* (*Lady Jane*), de Trevor Nunn:
1989 • *Getting it right*, de Randall Kleiser:

BONNAIRE, SANDRINE

Otra de las grandes revelaciones del cine francés de los 90, aunque en su caso es mejor hablar de confirmación, pues la guapa Bonnaire lleva haciendo cine desde la mitad de la década anterior, el mismo tiempo que lleva ofreciendo desnudos. Descubierta en *A nuestros amores*, en este filme una juvenil Sandrine nos deleita con sus carnes lozanas y frescas: en una escena aparece sentada en la cama con solo un jersey puesto, con lo que toda su parte baja aparece esplendorosa en cuanto la chica decide levantarse. En *Police*, ya no habría ni jersey, aunque compartir escena con Gérard Depardieu es una excusa inmejorable para desnudarse. Últimamente, ha intervenido en la interesante *La plaga*, donde sus pechos son pruebas fehacientes de su perfecto estado de salud.

a pelo

1984 • *A nuestros amores (A nous amours)*, de Maurice Pialat:
1985 • *Police*:
1992 • *La plaga (The plague)*:

BOUQUET, CAROLE

Belleza fría y elegante, como la mayoría de las estrellas francesas, hizo su primer y más emblemático papel a los 16 años (había nacido en París en 1959): se trataba de *Ese oscuro objeto del deseo*, donde compartía personaje y desnudo con Ángela Molina. Ambas sustituyeron a Maria Schneider. Después, la Bouquet estudió en la Escuela Nacional de Teatro del Conservatorio de París. Cinematográficamente se la recuerda como chica Bond en *Solo para tus ojos*, de John Glenn. Ha mantenido su carrera paralela como modelo, aunque ha llegado a trabajar con Coppola (en el episodio de este para *Historias de Nueva York*) y con Patrice Leconte (en *La maté porque era mía*). En *Astucias de mujer*, su último papel con cierta relevancia, nos regala un desnudo que casi llega a ser frontal: en la cama con Christopher Walken, dándose la vuelta repentinamente. El filme es una oportunidad única para disfrutar de sus finas nalgas.

a pelo

1976 • *Ese oscuro objeto del deseo (Cet obscur objetc du désir)*, de Luis Buñuel:
1993 • *Astucias de mujer (A business affair)*, de Charlotte Brandstrom:
1995 • *D'une femme l'autre*:

BOYLE, LARA FLYNN

Parece que con el tiempo va a ser esta pecosa la única de las chicas *Twin Peaks* que conseguirá abrirse camino en el mundo del cine: ha hecho un poco de todo, y bastante bien. Nacida en Davenport (Iowa) en 1972, ya antes, a los quince años, había intervenido en la miniserie *Amerika*, aquella que iba sobre la invasión de USA por tropas soviéticas. Crecida en Chicaco, estudió arte dramático y siguió con producciones para TV (ganando de paso una nominación al Emmy por un episodio de la serie *The hidden room*). En 1988 debutó en la pantalla grande con *Poltergeist III*, de Gary A. Sherman. Desde entonces ha intervenido en pelis como *El principiante*, de Clint Eastwood; *Mamá, préstame a tu ginecólogo*, de Carol Wiseman; *La suplente*, de Tom Holland; etc. También se atreve con papeles alocados como los de *Wayne's World*, de Penelope Spheeris, y *El balneario de Battle Creek*, de Alan Parker. Todo indica que se toma muy en serio su carrera y que va a dar mucho que hablar. De momento, tampoco parece negarse a enseñar pechuga.

a pelo

1994 • *Tres formas de amar (Threesome)*, de A. Fleming:
• *Dos veces muerta (Past tense)*, de Graeme Clifford (cable):
• *The road to Wellville*:

BRACCO, LORRAINE

Para muchos críticos de cine es toda una actriz de culto. Nacida en Brooklyn (Nueva York) en 1955, trabajó diez años como modelo en París, y como pinchadiscos en Radio Luxemburgo. De vuelta a su patria estudió interpretación, teatro y TV. Debutó en 1985 en *Camorra: contacto en Nápoles*, de Lina Wertmuller, película donde seguramente conoció a su futuro marido, Harvey Keitel, con el que tuvo unas broncas de la hostia, pillando por medio al tercero en discordia, Edward James Olmos, su marido actual. Su papel más memorable es en *Uno de los nuestros*, de Martin Scorsese, por el que la nominaron al Oscar como mejor actriz secundaria, además de meterse una pipa

Carole Bouquet

en las bragas. El más popular, probablemente el que interpretó en Los últimos días del edén, de John McTiernan, con Sean Connery. También ha participado en *La sombra del testigo*, de Ridley Scott y *La fuerza de la ilusión*, de Richard Donner. Aunque parecía tener muy claro que no se desnudaría nunca, en *Even cowgirls get the blues* se baja los pantalones y enseña el coño. Desconcertante.

a pelo
1994 • *Even cowgirls get the blues*, de Gus Van Sant: ▼

BRAGA, SONIA

La diva del cine brasileño es sin duda esta mujer de belleza discutible pero sensualidad indudable: protagonista en su país de numerosas películas repletas de erotismo (y de culebrones como el que la hizo conocida en muchos hogares españoles: *Dancing days*), la Braga ya enseñó todo lo que tenía que enseñar en su país, iniciando con buen pie una trayectoria finalmente irregular en los USA (donde se dio a conocer con la coproducción *El beso de la mujer araña*), que la llevaría de aparecer en películas tan interesantes como *Un lugar llamado Milagro* (1988), de Robert Redford, a productos para la TV. Por cierto, con Redford mantendría un muy sonado romance. De sus desnudos, todos recuerdan los de *Gabriela*, con el pobre Marcello Mastroianni yendo de cabeza por sus huesos; en los últimos años, aunque no muestre su cuerpo con tanta facilidad, siguen siendo memorables su violación a Clint Eastwood en *El principiante* (1990) y las calenturas que le provoca a Richard Dreyfuss en *Presidente por accidente* (1988), de Paul Mazursky.

a pelo
1978 • *Doña Flor y sus dos maridos* (*Donna Flor e seus dous maridos*), de Bruno Barreto:
• *La dama del autobús* (*The lady on the bus*), de Neville d'Almeida:
1980 • *Yo te amo* (*Eu te amo*), de Arnaldo Jabor:
1983 • *Gabriela* (*Gabriela*), de Bruno Barreto:

BRENNEMAN, AMY

Desde un principio apostamos por ella. La preciosa madre de Christina Ricci en *Casper* (1995) nos tiene robados el corazón: ella fue la agente Janice Licalsi en *Policías de Nueva York*, la serie de Steven Bochco. Y, por una vez, una actriz reserva los desnudos para la pequeña pantalla: en varios episodios de la serie (los primeros, incluyendo el piloto), durante lo que dura su romance con el prota, la Brenneman enseña fugazmente sus encantos, ya sea el lindo trasero o sus preciados pechos. Esperemos que su despegue en el cine sea igual de provechoso y, finalmente, exitoso: de momento, ya comparte cartel nada menos que con Robert de Niro y Al Pacino en *Heat* (1995), de Michael Mann. Por fin alguien que sabe lo que vale esta chica.

a pelo
1993 • *Policías de Nueva York* (TV):

BROCHET, ANNE

La candorosa Roxanne del último y más celebrado *Cyrano de Bergerac* (1990), de Jean Paul Rappeneau, pasó cantidad del desgraciado Gérard Depardieu, y optó por entregarse finalmente nada menos que a su hijo Guillaume. Es pues en *Todas las mañanas del mundo* donde podemos contemplar prácticamente todos los encantos de la preciosa Brochet, si bien es verdad que en *Cyrano* estaba más guapa. Y esta apreciación se ve rápidamente confirmada cuando el momento que más cerca estamos de apreciar sus interioridades físicas es precisamente cuando la joven más marchita y ciertamente poco sexy aparece: moribunda en la cama, al deslizarse de esta enseña un sexo agrio y reseco (uff), colgándose antes de que podamos recuperarnos de la impresión.

a pelo
1992 • *Todas las mañanas del mundo* (*Tout les matins du monde*), de Alain Corneau:
1995 • Consentement mutuel:

BUJOLD, GENEVIEVE

Esta actriz nos recuerda a Glenda Jackson por su evolución física: de chica guapísima ha pasado en la madurez a un tipo de belleza mucho más extraño, casi enfermizo. Es canadiense, de Montreal (nació el 1 de julio de 1942), donde se iniciaría en el teatro y el cine, consiguiendo bastante popularidad con *La guerra ha terminado*, de Alain Resnais, en 1965. Casada con el director Paul Almond de 1967 a 1973, su primera peli yanqui (*Ana de los mil días*, de Charles Jarrott) le valió una nominación al Oscar como mejor actriz y un Globo de Oro. Protagonizó un incidente que demuestra su afán de independencia (típico por otra parte de todas las chicas que estudian en un colegio de monjas): la Universal la quisó obligar a pagar 750.00 dólares por haber roto un contrato que la ligaba por tres filmes y ella se largó a Europa para evitarlo. Al final tuvo que volver, porque aún no había llegado su momento en el viejo continente, rodando por compromiso *Terremoto*, de Mark Robson, y *El corsario escarlata*, de James Goldstone (que, por cierto, no está nada mal, y además se desnuda). También se la recuerda por *Coma*, de Michael Crichton, y por *Monseñor*, de Frank Perry, una película que en España consiguió un éxito inesperado y donde seducía a Christopher Reeve con los pechos por delante. Sin embargo, en Europa se la asocia sobre todo a Alan Rudolph cuando este aún tenía buena prensa, es decir, en *Elígeme*, aunque también ha colaborado con este director en la genial *Inquietudes* y en *Los modernos*. Desde entonces, es también reseñable su papel junto a los hermanos gemelos de Jeremy Irons en *Inseparables*, de David Cronenberg.

Sonia Braga

Ellen Burstyn

a pelo
1972 • *Kamouraska*, de Claude Jutra:
1976 • *El corsario escarlata* (*Swashbuckler*):
1982 • *Monseñor* (*Monsignor*), de Frank Perry:
1988 • *Inseparables* (*Dead ringers*), de David Cronenberg:

BURSTYN, ELLEN

Edna Rae Gillooly nació en Detroit el 7 de diciembre de 1932. Estudió en el mítico Actor's Studio, y debutó en 1964, aunque la recordamos especialmente en *Trópico de Cáncer* (1970) por sus desnudos integrales. Como actriz hay que remitirse sin embargo a *The last picture show*, la también mítica película de Bogdanovich, por cuyo papel le concedieron el premio a la mejor actriz secundaria de la Asociación de Críticos de Nueva York y una nominación al Oscar. Repitiría nominación con *El exorcista*, de William Friedkin, y obtendría estatuilla por *Alicia ya no vive aquí* (1975), de Martin Scorsese. La menos conocida *El próximo año a la misma hora* (1978), de Robert Mulligan, le supondría su cuarta nominación, tras ganar un Tony por su versión teatral. *Resurrección* (1980), de Daniel Petrie, la quinta. A pesar de tanto premio, ella no ha dudado en desnudarse, y sus fans le están eternamente agradecidos.

a pelo
1970 • *Trópico de cáncer* (*Tropic of cancer*), de Joseph Strick:
• *El fabuloso mundo de Alex* (*Alex in Wonderland*), de Paul Mazursky:
1972 • *King of Marvin Gardens*, de Bob Rafelson:
1984 • *Embajador en Oriente Medio* (*The ambassador*), de J. Lee Thompson:

Kate Capshaw

CANTUDO, MARÍA JOSÉ

El primer coño del cine español, y muy bonito por cierto, fue esta actriz de belleza casi más sudamericana que española. Nacida en Andújar, Jaén, el 10 de julio de 1951, fue nombrada Miss Maniquí y más tarde aparecería como modelo en numerosas fotonovelas. Casada con el cantante Manolo Otero, además de ese primer desnudo integral que protagonizó en *La trastienda*, su cuerpo es especialmente disfrutable en *Las delicias de los verdes años* y *Las mujeres de Jeremías*, una coproducción con México que tiene otro de esos comienzos ideales en cualquier filme que se precie: todas las hijitas del tal Jeremías (el cachas de Jorge Rivero, imposible como sacerdote) en unas duchas caseras que quitan el hipo: naturalmente, la Cantudo está entre ellas. Como curiosidad, anotar que en *El huerto del francés*, la película nada desdeñable que protagonizó y dirigió Jacinto Molina (y donde Ágata Lys se gana a pulso la atención del espectador gracias a sus espectaculares desnudos), la Cantudo interpreta una cruda escena de aborto donde es posible contemplar lo más profundo de su ser en el reflejo de un espejo: puede no ser ella, pero dudamos que los tiempos estuvieran en este país y en esas producciones como para utilizar dobles. El caso es que la imagen es bastante fuerte.

a pelo

1975 • *La trastienda*, de Jordi Grau:
• *El secreto inconfesable de un chico bien*, de Jordi Grau:
1976 • *Marcada por los hombres*, de José Luis Merino:
• *Las delicias de los verdes años*, de Antonio Mercero:
• *Secuestro*, de León Klimowsky.
1977 • *El huerto del francés*, de Jacinto Molina: ▼
1980 • *Las mujeres de Jeremías*:

CAMP, COLLEEN

Secundaria imprescindible en muchas de las últimas superproducciones hollywodienses (como *El último gran héroe* (1993), de McTiernan, *Sliver* (1994), de Philip Noyce, o *La jungla de cristal 3* (1995), de McTiernan de nuevo), la Camp también ha enseñado lo suyo, aunque no en grandes dosis: concretamente en *Las sádicas*, una extraña película de orgía y venganza en compañía de Sondra Locke. *Smile* y *Cat in the cage* son, que uno sepa, inéditas en España. Por cierto, aunque no se desnuda, está graciosísima (como el resto del reparto) en la hilarante *Ilegalmente tuyo* (1988), una excelente comedia realmente hecha a la antigua.

a pelo

1974 • *Smile*:
1977 • *Las sádicas (Death game, the seducers)*, de Peter Traynor:
1978 • *Cat in the cage*:

CAPSHAW, KATE

La mujer de Steven Spielberg le ha hecho caso y se ha convertido al judaísmo. A esta actriz se la recuerda especialmente por su gracioso papel dando la réplica a Harrison Ford en la desbordante *Indiana Jones y el templo maldito* (1984). Kathleen Sue Nail nació en Fort Worth (Texas), en 1953, y fue maestra de escuela antes de darse cuenta que lo suyo estaba en las pasarelas: dejó la tiza y a sus pobres alumnos, se largó a Nueva York y emprendió una carrera interpretativa de la que últimamente parece bastante alejada. Su único título con algo de valor voyeurístico es de difícil localización.

a pelo

1982 • *A little sex*, de Bruce Paltrow:

CARA, IRENE

La fama cuesta, decía la serie, y a Irene Cara la fama se la trajo y se la quitó la película de Alan Parker: esta chicana de aspecto frágil gozó de una fugaz popularidad que luego se perdería en dispersas producciones, aunque aún se la puede recordar en papeles como el de *Ciudad muy caliente* (1984), de Richard Benjamin. En *Fama* enseñaba las tetas durante una

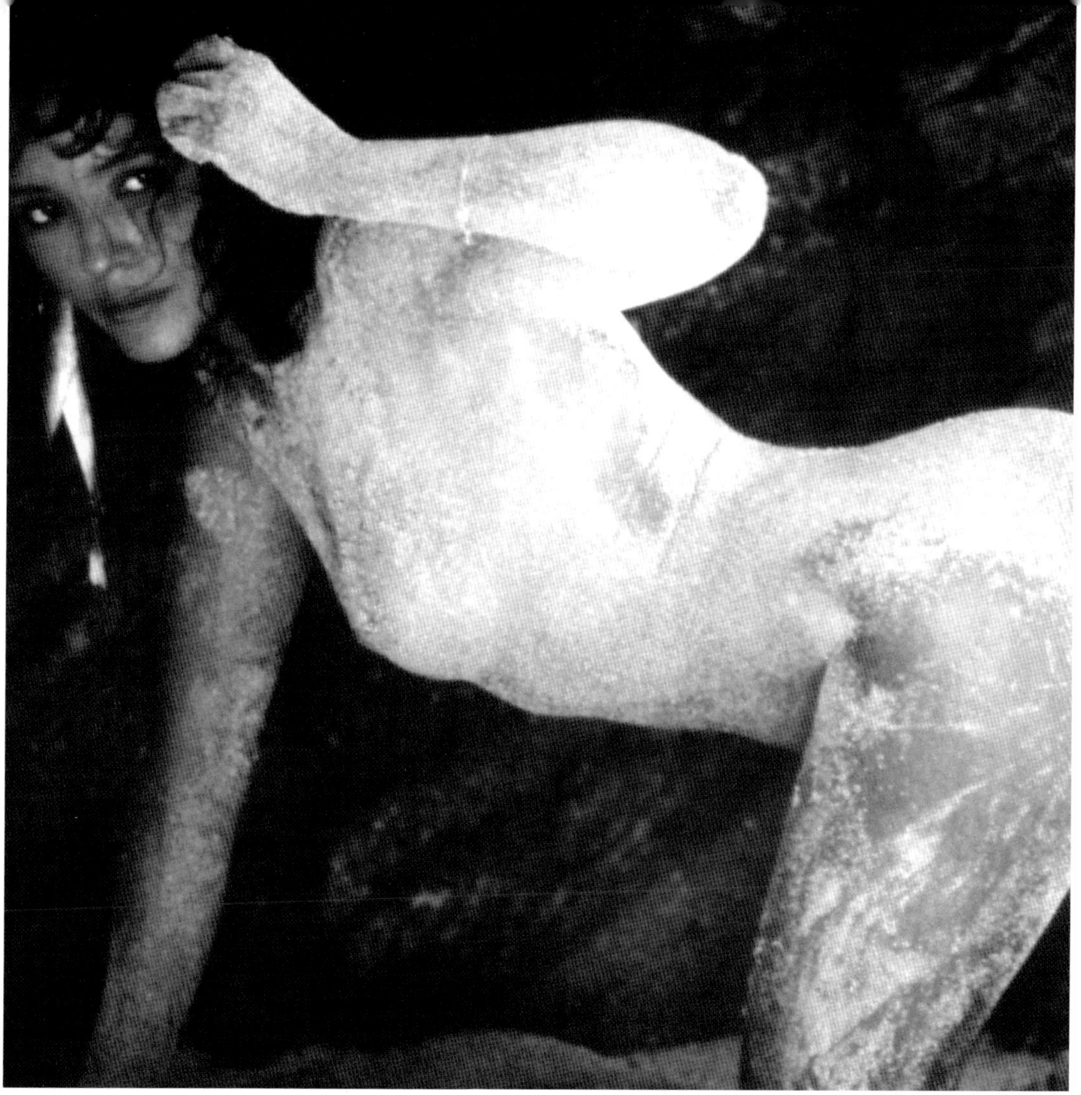

Barbara Carrera

supuesta audición de un caradura que solo quería que enseñara las tetas, con lo que la escena, con ella llorando desvalida, corta bastante el rollo. Por suerte, no parece haberle ocurrido esa situación que tantas veces se ha dado para tantas actrices. En *Y... al rojo vivo*, eso sí, protagoniza un desnudo integral para envidia de su compañera de reparto Tatum O'Neal.

a pelo
1980 • *Fama (Fame)*, de Alan Parker:
1985 • *Y... al rojo vivo (Certain fury)*, de Stephen Gyllanhal:

CARRERA, BARBARA

Simpática, cachonda y descarada, la mujer latina más hermosa del cine, hija de yanqui y de nicaragüense, nació en Managua (Nicaragua), el 3 de mayo de 1951. Niña de pasta, empezó su carrera como modelo y pronto se metió de lleno en el cine, sin hacerle asco a los desnudos. Así, en *Embryo* nos sorprende como dios la trajo al mundo encarnando a una hembra creada en el laboratorio por Rock Hudson, quien daba de esta forma vida a su ideal de mujer (en la ficción, claro). En *La isla del doctor Moreau* (1977), de Don Taylor, también estaba muy apetecible, luciendo salvaje al lado de Burt Lancaster y Michael York. Sin embargo, en España fue prácticamente una desconocida hasta el estreno de la serie *Centennial*, un exitazo en la pequeña pantalla, donde todos los niños de entonces quisimos ser amamantados por aquella india tan buenorra. Tras hacer de chica de cómic en *Condorman* (1980), de Charles Jarrott, vendría su película más atrevida, *Yo, el jurado*. Solo por ella ya merece la pena esta versión travoltiana de la novela más célebre de Mike Hammer, con Armand Assante repartiendo hostias en tacones. Barbara se atreve con un integral y funde cabezales en ese breve momento de gloria. Luego, volvería a arrasar frenillos como la alternativa a Kim Basinger en *Nunca digas nunca jamás*, donde, por cierto, se le atisba un pezoncillo en su polvete con Sean Connery, quien con razón volvió a la serie de *007*. Más tarde, papelillos con Chuck Norris y David Carradine (*McQuade, el lobo solitario*, de Steve Carver), y series B, donde ejercería de estrella madura, llegando incluso a acompañar a Bette Davis en su última peli. Dicho de otro modo: habíamos perdido ya toda esperanza de volverla a disfrutar en versión original, es decir, desnuda. Sin embargo, ha vuelto a sorprendernos con *Point of impact*, mostrando su carne más comestible al perdido de Michael Paré, que en esta ocasión no para. Eso abre nuevas perspectivas para un futuro cercano y aún apetecible: no es que hayas hecho una carrera bárbara, pero, ¡qué bárbara estás, Carrera!

a pelo
1976 • *Embryo* (*Embryo*), de Ralph Nelson:
1982 • *Yo, el jurado* (*I, the jury*), de Richard T. Heffron:
1983 • *Nunca digas nunca jamás* (*Never say never again*), de Irvin Kershner:
1989 • *Mi madrastra es una bruja* (*Wicked Stepmother*), de Larry Cohen:
1993 • *Spanish rose* (*Point of impact*), de Bob Misiorowski:
1994 • *Tryst*:

CARRERE, TIA

Otra que tal baila. La Carrere también tiene un aspecto de lo más exótico, aunque le retuerzan la mano como en *Sol naciente*. Hawaiana de nacimiento, ha sido modelo, figurante de spots, actriz de TV (*Matrimonio con hijos*, *Hospital General*), cantante, y ahora parece decidida a consolidar su trabajo en el cine. Popular sobre todo por soportar a Wayne en las dos entregas de *Wayne's world*, ha sido su papel de mala en *Mentiras arriesgadas*, de James Cameron, el que puede proporcionarle nuevos contratos para películas de serie A que la alejen definitivamente de las producciones baratas donde empezó.

a pelo
1990 • *Fatal mission*:
1991 • *Ataque frontal* (*Showdown in Little Tokio*), de Mark L. Lester:
• *Intimate strangers* (cable):

CARRILLO, ELPIDIA

Una de las actrices latinas más activas en Hollywood durante los años 80, los fans la recuerdan especialmente por ser la única chica de *Depredador* (1987), el inesperado bombazo que encumbró a su director John McTiernan. En *La frontera* le mostró sus pechos a Jack Nicholson, y en *Cónsul honorario* a Richard Gere, en un papel bastante sexy. Últimamente ha vuelto con renovadas fuerzas y desnudos en *My family*, la saga familiar de Gregory Nava.

a pelo
1982 • *La frontera* (*The border*), de Tony Richardson:
1983 • *Cónsul honorario* (*The honorary consul*), de John MacKenzie:
1986 • *Salvador* (*Salvador*), de Oliver Stone:
1995 • *Mi familia* (*My family*), de Gregory Nava:

CARTLIDGE, KATRIN

Antes de participar en *Before the rain* (1994), esta actriz de belleza sinuosa se desnudó en *Naked*, un éxito del cine inglés que aquí también tuvo su repercusión. Esperamos más interpretaciones sabrosas por parte de esta dama.

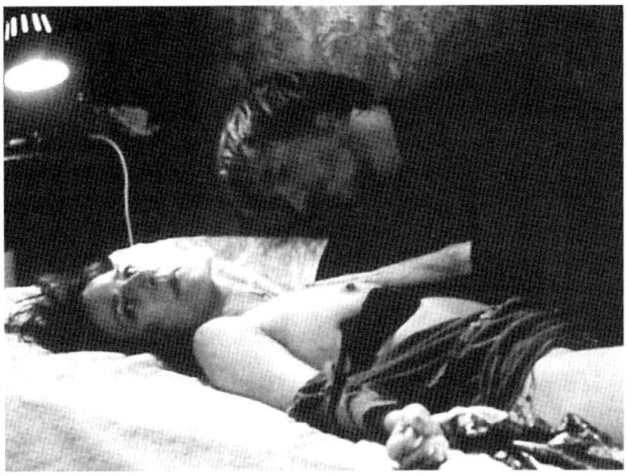

a pelo
1993 • *Indefenso* (*Naked*), de Mike Leigh:
1994 • *Antes de la lluvia* (*Before the rain*), de Milcho Manchevski:

CARTWRIGHT, VERONICA

Inglesa de nacimiento (Bristol, 20 de abril de 1949), esta actriz es precocísima: debutó en 1958 en *Amor y guerra*, de Philip Dune, y entre otros numerosos trabajos, se la puede ver nada menos que en *Los pájaros*, de Hitchcock. En Estados Unidos fue hija de Daniel Boone en la serie del mismo título de 1964 a 1966. Luego regresó a su país natal hasta que en 1976 volvió a los USA e interpretó *Inserts*, un filme donde se mostraría desnuda hasta límites casi pornográficos. De pornografía va la película, y la chica tiene una escena de cama con el actor Stephen Davies donde se puede apreciar su más escondido tesoro, al fin, descubierto. Ha alternado cine y TV con similar éxito profesional: ganó un Emmy por *Telll me not im mournful numbers* (1963), y ha participado en filmes tan célebres como *Alien*, *Elegidos para la gloria*, o *Las brujas de Eastwick*. El resto de sus desnudos, sin embargo, son aquí de difícil localización.

a pelo
1976 • *Inserts* (*Inserts*), de John Byrum:
1986 • *My man Adam*, de Roger L. Simon:
1988 • *Valentino returns*, de Peter Hoffman:

CASELLI, CHIARA

Nos gustaría saber más sobre esta guapa actriz italiana

que interfirió en el amor de Keanu Reeves y River Phoenix en *My own private Idaho*, protagonizando unas bellas escenas de amor con el primero de ellos, de esas muy bien iluminadas.

a pelo

1991 • *Mi Idaho privado* (*My own private Idaho*), de Gus Van Sant:

1993 • *El año del despertar* (*L'année de l'Eveil*), de Gerard Corbiau:

CASSIDY, JOANNA

Joanna Virginia Cassidy nació en Camden, Nueva Jersey, el 2 de agosto de 1944. Todavía muchos nos acordamos de ella cuando aparecía en revistas fotografiada con serpientes y por la fugaz popularidad que le dio en este país la serie *240 Robert* (1979-80), donde también compartía protagonismo Mark Harmon. Mucho ha llovido desde entonces, y ahora se la recuerda más por ser una de las replicantes de *Blade runner*, aquella a la que Harrison Ford mataba a pesar de haberle enseñado las tetas. En cualquier caso, esta mujer lleva una larga carrera a sus espaldas: tras estudiar arte en la Universidad de Syracusa, Joanna se hizo modelo y debutó en el cine nada menos que en *Bullit* (1968). Muchas de las películas en que ha participado son muy populares: *San Francisco, ciudad desnuda*, de Stuart Rosenberg; *El gato conoce al asesino*, de Robert Benton; *Bajo el fuego*, de Roger Spottiswoode; *¿Quién engañó a Roger Rabbit?*, de Robert Zemeckis; etc. Con el tiempo, tal como se puede comprobar en la miniserie *Los Tommynockers*, se ha convertido en una señora muy saludable y campechana.

a pelo

1980 • *Juegos de noche íntimos* (Night games), de Roger Vadim:

1982 • *Blade runner* (*Blade runner*), de Ridley Scott:

1987 • *El cuarto protocolo* (*The fourth protocol*), de John Mckenzie:

CATES, PHOEBE

Phoebe Cates mola. Tiene una cara inocente que se nos antoja irresistible, y permanece en el recuerdo como una de las jóvenes actrices más prometedoras de los años 80. Nacida en Nueva York el 16 de julio de 1963, su padre es productor (Joseph Cates) y su tío el director Gilbert Cates. Se inició como modelo adolescente para luego emprender una carrera interpretativa en cine y TV. En la pantalla grande empezó haciendo cualquier cosa, por lo que no dudaba en enseñar lo que le requirieran: así, protagonizó desnudos más o menos osados en sus tres primeras películas: *Aquel excitante curso*, *Paradise* y *Escuela privada para chicas*. Aunque ha sido numerosamente emitido por las cadenas españolas en horario de sobremesa, probablemente es *Paradise* el filme donde su cuerpo se exhibe de forma más intensa y memorable. Su ducha en las cuevas es de las que no se olvidan, y su chapoteo en el agua con William Aames (cuyo careto es puro años 70: ¿os acordáis de *Con ocho basta*?) salpica a cualquiera. Por suerte, su arrepentimiento llegó tarde, y aunque parece dispuesta a no volver a desnudarse, tenemos *Paraíso* para rato. Para el gran público su papel estelar llegaría en *Gremlins* (1984), de Joe Dante, uno de los cuentos navideños más divertidos y crueles de todos los tiempos: de antología es la escena en que Kate (su personaje)

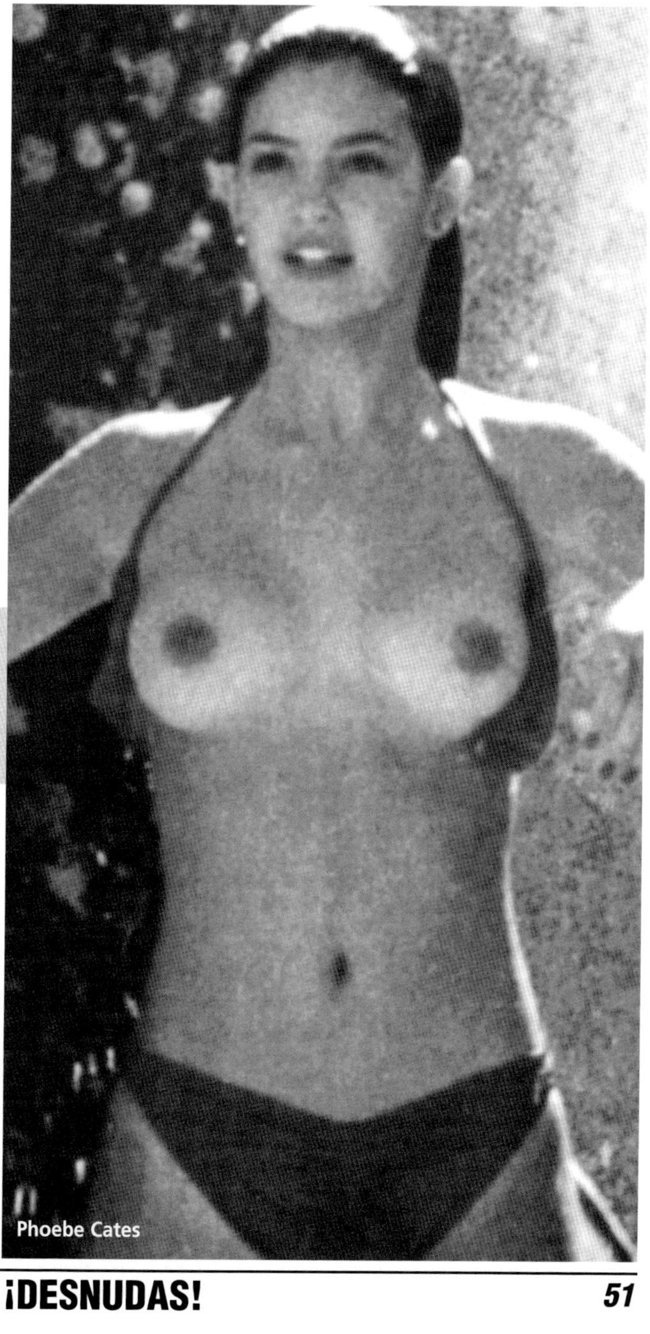

Phoebe Cates

Kim Cattrall

cuenta al protagonista cómo murió su padre, vestido de Papá Noel y dispuesto a dar una sorpresa a su familia desde la chimenea. Phoebe repetiría en *Gremlins 2* (1990), pero ninguna de sus siguientes películas volverían a tener una repercusión similar. Recientemente parece haber sido relanzada en *La princesa Cariboo* (1994), de Michael Austin, al lado de su marido, Kevin Kline, quien por cierto demuestra tener muy buen gusto.

a pelo

1982 • *Aquel excitante curso* (*Fast times at Ridgemont High*), de Amy Herkerling:
• *Paradise* (*Paradise*), de Stuart Gillard:
1983 • *Escuela privada para chicas* (*Private school*), de Noel Black:

CATTRALL, KIM

Otra actriz que no ha tenido el éxito que podía merecer. Nacida en Liverpool el 21 de agosto de 1956, parece que su formación artística no coincide demasiado con el tipo de películas que le ha tocado hacer. Porque si no, ¿cómo se explica que una tía estudiada en la rimbombante London Academy of Music and Dramatic Arts, felicitada personalmente por Arthur Miller durante una representación de teatro, y debutando en el cine con Otto Preminger, acabe haciéndose popular gracias al papel de ninfómana gritona de la mítica *Porky's*? Ni que decir tiene que en ese papel a nosotros nos encanta, entre otras cosas porque en su escena más memorable, aquella berreando en el gimnasio, le quitan la faldita dejándonos ver todo lo que hay debajo. A *Porky's* le sigue *Loca academia de policía*, de Hugh Wilson, *Golpe en la pequeña china*, de John Carpenter (donde ya puede lucir mejor como actriz), *Mascarada para un crimen* (donde también puede lucir mejor su cuerpo), etc. Llegará a participar incluso en una de las entregas cinematográficas de *Star Trek*, concretamente la 6ª parte (*Aquel país desconocido*, de Nicholas Meyer). Últimamente parece desnudarse con más comodidad, e incluso lo ha llegado a hacer delante de Christopher Reeve en una película para cable donde el actor daba vida a un policía que se queda paralítico (glups).

a pelo

1981 • *Porky's* (*Porky's*), de Bob Clark:
1984 • *City limits*, de Aaron Lipstadt:
1988 • *Mascarada para un crimen* (*Masquerade*), de Bob Swain:
1990 • *Smoke screen*, de Martin Lavut:
1992 • *Segundo sangriento* (*Split second*), de Tony Maylam:
1994 • *Above suspicion*:
• *Breaking point*:

CLARK, CANDY

Una de las actrices liberadas que surgieron en los años 70, y que, después de títulos como *Fat City* (1972), de John Huston, o *American Graffiti* (1973), de George Lucas, se desnudó tranquilamente en *El hombre que cayó a la Tierra*, para disfrute del alienígena de David Bowie. En el 78 encarnó a una procaz niña de papá en *Detective privado*, donde Robert Mitchum era un Philip Marlowe de vuelta de todo que se pasaba la película diciéndole a la nena que se tapara. En verdad pocas veces hemos visto a una actriz con la cara de zorra que se gasta la Clark en esta cinta, y además enseñándolo todo tan desvergonzadamente. Últimamente ha participado como secundaria en numerosos filmes, como *El terror no tiene forma* (1988), de Chuck Russell, o *Buffy, la cazadora de vampiros* (1992), de Fran Rubel Kazui.

a pelo

1976 • *El hombre que cayó a la Tierra* (*The man who fell to Earth*), de Nicholas Roeg:
1978 • *Detective privado* (*The big sleep*), de Michael Winner:

CLAYBURG, JILL

Actriz con cara de progre setentera, nació en Nueva York el 30 de abril de 1944. Estudió Filosofía y Arte Dramático en el Sarah Lawrence College, iniciando en los setenta una consistente carrera por Broadway. Todo el mundo suele recordarla por *Una mujer descasada*, ya sea por su interpretación (que le valió un premio en Cannes y una nominación al Oscar) o porque enseña las tetas. Ha vuelto a hacerlo alguna vez desde entonces, pero suponemos que la cosa irá a la baja.

a pelo

1978 • *Una mujer descasada* (*An unmarried woman*), de Paul Mazurski:
1979 • Comenzar de nuevo (*Starting over*), de Alan J. Pakula:
1980 • *Ahora me toca a mí* (*It's my turn*), de Claudia Well:
1981 • *Mi querida señora juez* (*The first monday in october*), de Ronald Neame:

CLOSE, GLENN

La mujer fatal más desconcertante de la historia del cine. Popular sobre todo por su papel de amante psicópata en *Atracción fatal* y de cerebral manipuladora en *Las amistades peligrosas* (1988), de Stephen Frears, Glenn Close nació en Greenwich, Connecticut, el 19 de marzo de 1947. Hija de cirujano, estudió Arte Dramático y Antropología, debutando en

Jill Clayburgh

Joan Collins

1974 con la New York Phoenix Theatre Company. George Roy Hill la introdujo en el cine ofreciéndole un importante papel en su filme *El mundo según Garp*, por la que sería nominada al Oscar como mejor actriz secundaria, al igual que ocurriría en *Reencuentro* y *El mejor*. También ha sido nominada como mejor actriz en las mencionadas *Atracción fatal* y *Las amistades peligrosas*. Otro papel importante fue el de *Al filo de la sospecha*, del efectivo Richard Marquand, donde protagonizaría junto a Jeff Bridges uno de los desenlaces más impactantes del género de suspense.

a pelo

1983 • *Reencuentro* (*The big chill*), de Lawrence Kasdan:
1985 • *Al filo de la sospecha* (*Jagged edge*), de Richard Marquand:
1987 • *Atracción fatal* (*Fatal attraction*), de Adrian Lyne:

COBO, EVA

La niña mimada del cine catalán es una nudista de cuidado, al menos en el celuloide. Cuando era prácticamente una desconocida (y poco más que una adolescente), participó junto a Helmut Berger y varias mujercitas más crecidas en *Mujeres*, un soft de los tan abundantes en los primeros 80. La niña ya enseña todo lo que tenía que enseñar, poniéndonos a cien con su inocencia a flor de piel. Luego protagonizaría varias comedias picantes catalanas, algún anuncio de «¡Vente a Andorra a esquiar!», y ahora tiene hijos y sale en revistas rosas.

a pelo

1982 • *Mujeres* (*Femmes*), de Tana Kaleya:
1984 • *Un parell d'ous*, de Frances Bellmunt:
1986 • *Matador*, de Pedro Almodóvar:

COLLINS, JOAN

Otra que se las trae. Joan Collins fue uno de los lanzamientos del star system americano de los 60, para luego acabar tirándose al ruedo de los desnudos en producciones que ya han pasado a la historia como joyas de la horterada setentera: así, tanto *El semental* como *El placer* (cuyo título inglés es bastante más explícito: *The bitch*) contienen desnudos sumamente atrevidos para su lucimiento epidérmico. En los 80 volvería a reciclarse como actriz de folletín con *Dinastía* (1981-1989), y en los 90 no nos perdona y contraataca con vídeos de belleza y salud. Y, lo que es peor, vuelve al cine de la mano de Kenneth Brannagh.

a pelo

1973 • *Las orgías de la banda* (*Tails that whitness madness*), de Freddie Francis:
1975 • *Alfie* (*Oh, Alfie!*), de Lewis Gilbert:
1978 • *Fearless*:
• *El semental* (*The stud*), de Quentin Masters:
1979 • *El placer* (*The bitch*), de Gerry O'Hara:

COLLINS, PAULINE

La protagonista de la versión cinematográfica de *Shirley Valentine* realiza en esta cinta varios desnudos curiosos, que merecen la pena por no ser un modelo de belleza excesivamente ortodoxo. La actriz de la serie *Arriba, abajo* no ha vuelto a repetir la experiencia, pero todo se andará.

a pelo
1989 • *Shirley Valentine (Shirley Valentine)*, de Lewis Gilbert:

CONNELLY, JENNIFFER

Nacida en Nueva York el 12 de septiembre de 1970, esta joven actriz cuenta con un buen puñado de fanáticos en todo el mundo, y es toda una celebridad en Japón. Fue Elizabeth McGovern de niña en *Érase una vez América* (1984), aquella pequeña bailarina que espiaba un también niño Robert de Niro. En España causó sensación como la joven protagonista de *Dentro del laberinto* (1986), de Jim Henson, liderando con David Bowie un reparto mayoritariamente formado por muñecos del llorado creador de *Barrio Sésamo*. Luego le perdimos el rastro y, aunque cronológicamente posterior, nos llegó la injustamente ignorada *Rocketeer* (1991), de Joe Johnston, divertido films de aventuras retro que adaptaba el cómic del mismo título de Dave Stevens. Pero el gran salto lo daría con la calurosa *Labios ardientes* (1990), de Dennis Hopper, uno de los mejores filmes de género negro (basado en una novela del maestro Charles Williams) y seguramente el de mejores diálogos de los últimos años. Aunque lo que más asombró de la película fue su desnudo lesbo, casi frontal, en una luminosa y mojada escena en un lago donde su físico quita el aliento. Con esa cara de chica buena que tenía... De lo más explosivo de la década. Por cierto, en *Semillas de rencor* nos ofrece otra escena más explícita en su relación con las féminas, morreándose en la cama nada menos que con Kristy Swanson. ¡Guau!

Jennifer Connelly

a pelo
1990 • *Labios ardientes (The hot spot)*, de Dennis Hopper:
1994 • *De amor y sombras (Love and shadows)*, de Betty Kaplan:

CRAWFORD, CINDY

La modelo más guapa y exuberante de los 90 ha acabado, cómo no, probando suerte con el séptimo arte. Y no ha empezado con buen pie, al menos para ella, pues los productores decidieron, como en los viejos tiempos, que su voz no molaba, contratando a una actriz de doblaje para que sustituyera sus gorgoritos vocales. Al menos, estamos casi seguros de que la chica que enseña pechuga en la pantalla es ella.

a pelo
1994 • *Caza legal (Fair game)*:

CROSBY, MARY

La hija de Bing Crosby ha protagonizado numerosas películas B y series para TV (como *Dallas*), pero siempre ha solido mantener la compostura, o sea, se ha mantenido vestida. Excepto en un filme de esos tan numerosos que Andrew Stevens se monta para alimentar las estanterías del videoclub: *Deadly innocents* contiene un par de descuidos mamarios de la chica, aunque sumamente fugaces. Visto y no visto.

a pelo
1988 • *Deadly innocents*:

CROUSE, LINDSAY

Reconocida en España por su papel protagonista en *Casa de juegos*, el título de culto de su marido David Mamet, Lindsay Ann Crouse nació en Nueva York el 12 de mayo de 1948. Nominada al Oscar por *En un lugar del corazón*, de Robert Benton, no es sin embargo una actriz excesivamente popular.

a pelo
1977 • *Between the lines*, de Joan Micklin Silver:
1994 • *Parallel lives* (cable):

CRUZ, PENÉLOPE

Descubierta con solo 15 años por el grupo musical Mecano para protagonizar uno de sus videoclips, Penélope Cruz, nacida en Madrid el 28 de abril de 1974, es últimamente popular entre otras cosas por su negativa a realizar más desnudos en la pantalla. Curiosamente, parece que desde antes incluso de su mayoría de edad no ponía demasiadas trabas a enseñar sus llenos pechos. 1992 fue su mejor año: *Jamón jamón* sacó excelente provecho de sus cualidades artísticas y la lanzó como mito erótico español, popularizando sus tetas con sabor a tor-

Cindy Crawford

tilla; *Belle Epoque*, de Fernando Trueba, la convirtió en integrante del equipo ganador del Oscar a la mejor película de habla no inglesa.

a pelo

1990 • *Serie rosa* (TV), episodio de Jaime Chávarri:

1992 • *Jamón jamón*, de Bigas Luna:

Jamie Lee Curtis

CURTIS, JAMIE LEE

La hija de Tony Curtis dio un gran salto desde el cine de terror serie B (fue reina del grito a partir de *Halloween* —1978—, de John Carpenter) a la primera fila del estrellato gracias a la genial (y a su genial interpretación en ella) *Un pez llamado Wanda*, de Charles Crichton, posiblemente la mejor comedia de la década de los 80, donde Jamie Lee además ofrecía un papel alegremente sexy y picarón: su polvo con Otto (Kevin Kline) al ritmo de palabras italianas es de antología. Antes, todos la recordaban por sus excelentes tetas en *Entre pillos anda el juego*, de John Landis (quien, a lo tonto y en nombre de la comedia más alocada, las ha ido desnudando a todas), y plantando su escultural cuerpo vestido (?) con mallas ante un apurado John Travolta en esa oda al aerobic que es *Perfect* (1985), de James Bridges. Pero fue a partir de *Wanda* cuando la Curtis se convirtió en la chica-inteligente-de-cuerpo-explosivo con la que se identificaron miles de mujeres y masturbaron sus hombres. La también inteligente Kathryn Bigelow explotaría esa nueva imagen suya en la efectiva *Acero azul*, pero ha sido su bondiano striptease para *Mentiras arriesgadas* (1994), de James Cameron, la que ha vuelto a marcar un punto y aparte en su relanzamiento como estrella, brillante por igual como actriz dramática o de comedia. Para nosotros, sin embargo, siempre seguirá siendo Wanda, la mujer más sexy que, como diría el increíble John Cleese, hemos conocido en nuestra aburrida vida.

a pelo

1983 • *Entre pillos anda el juego* (*Trading places*), de John Landis:

1984 • *Grandview USA*, de Randal Kleiser:

• *Cartas de amor* (*Love letters*), de Amy Jones:

1989 • *Acero azul* (*Blue steel*), de Kathryn Bigelow:

1995 • *Regreso inesperado* (*Mother's boys*), de Yves Simoneau:

CHAMPA, JO

Actriz revitalizada en los últimos años gracias a producciones como *Pequeño Buda* (1993) o *Don Juan de Marco* (1994), la Champa protagonizó en 1986 *Salomé*, un filme italiano donde no dejaba nada a la imaginación. Por ahora, no ha vuelto a repetir la experiencia.

a pelo

1986 • *Salomé* (*Salomé*), de Claude d'Anna:

CHAPLIN, GERALDINE

La hija de Charles Chaplin se ha desnudado básicamente en cintas de Alan Rudolph, aunque aquí es especialmente conocida por su etapa con Carlos Saura en aquellas películas que tanto mal rollo nos causaban de pequeños cuando las daban por la tele. Como anécdota, en *Chaplin* (1992), de Richard Attenborough, se interpretó no a sí misma, sino a su abuela.

a pelo

1977 • *Bienvenido a Los Ángeles* (*Welcome to L.A.*), de Alan Rudolph:
1978 • *Recuerda mi nombre* (*Remember my name*), de Alan Rudolph:

CHARBONNEAU, PATRICIA

Actriz algo relegada al olvido, que en 1986 protagonizó con Helen Shaver *Media hora más contigo*, una peli de mujeres donde enseñaba las tetas bastantes veces. Últimamente participa con papeles secundarios en filmes con obsesión por el 2, como *Robocop 2* (1990) o *K2* (1991).

a pelo

1986 • *Media hora más contigo* (*Desert heats*), de Donna Deltch:
1988 • *Call me*:

CHEN, JOAN

Esta guapísima mujer china, hija de médicos que sabían lo que hacían, nació en Shangai en 1961, y se ha vuelto popular sobre todo por su participación en películas de acción, serie B y TV. Sin embargo, aquí empezó a ser algo conocida gracias a *El último emperador* (1987), de Bertolucci. Antes ya era una celebridad en su país, donde debutó como actriz a los 14 años, consiguiendo el Gallo de Oro (un premio muy importante en China) a los 18, y siendo votada la intérprete más popular de su país. Tras estudiar en el Estudio Cinematográfico de Shangai con Zhang Rei Fang (otra actriz muy importante en China), se mudó a Los Ángeles en 1981, debutando allí en *Corrupción en Miami*. También ha participado en las series de culto *Twin Peaks* y *Wild Palms*. Últimamente le ha dado un sabor pulp a su papel de mala en *Juez Dredd* (1995), interpretación que podría volver a encarrilarla en trabajos para grandes producciones. Su rostro algo vicioso y extremadamente bello reclamaba más desnudos de los que nos ha concedido, pero aún tiene mucho tiempo por delante.

a pelo

1986 • *Tai-Pan* (*Tai-Pan*), de Daryl Duke:
1992 • *La playa de las tortugas* (*Turtle Beach*), de Stephen Wallace:
• *Strangers* (cable):
1994 • *Presa de la secta* (*The hunted*), de J. F. Lawton:

CHONG, RAE DAWN

Hija del cómico Tommy Chong (sí, el de Cheech y Chong) y ex de C. Thomas Howell, Rae es de esas actrices que caen bien desde un primer momento. Su carrera siempre ha oscilado entre la serie B más cutre (mucha de ella inédita por estos pagos) y buenas películas de factura también modestas. Se ha desnudado con asiduidad, aunque al típico estilo de la serie B: su único integral hasta el momento lo ha protagonizado en *Boca*, una producción que le ha reunido con Martin Kemp (el de los Spandau Ballet, que va consolidando poco a poco su coqueteo con el cine). Antes, todos la recordamos como la compañera de Arnold Schwarzenegger en la desfasada *Comando* (1985), de Kevin Costner en *American flyers* (1985), o de John Belushi en *El rector* (1987). *Fear city* es un título dirigido por Abel Ferrara donde tuvo de compañera de reparto a Melanie Griffith (quien también se desnudaba): lo suelen emitir por las televisiones privadas. Actualmente participa en numerosas películas para cable, como *El poder de la justicia*, donde comparte un apasionado polvo con Elias Koteas, demostrando además que sus tetas se mantienen en excelentes condiciones físicas.

Patricia Charbonneau

Joan Chen

a pelo

1981 • *En busca del fuego* (*La guerre du feu*), de Jean-Jacques Annaud:
1984 • *Fear city* (*Fear city*), de Abel Ferrara:
1986 • *Running out of luck*:
1990 • *El gato infernal* (Tales from the darkside, the movie), de John Harrison:
• *Prison stories*, women on the inside (cable):
1991 • *When the party's over*:
1994 • *Boca*:
• *Boulevard* (*Boulevard*), de Penelope Buitenhuis:
1995 • *El poder de la justicia* (*Power of attorney*) (cable), de Howard Himelsten:

CHOUDHURY, SARITA

La guapísima protagonista de *Mississipi Massala*, una sencilla historia de amor entre una india y un negro, parece dispuesta a desnudarse si así se lo piden. En este filme, con el guapísimo Denzel Washington, no solo se deja sobar una teta, sino que nos pone de los nervios cuando en una escena la contemplamos tumbada en la cama, conversando por teléfono con su amante, mientras la sábana apenas le tapa la entrepierna... uff. En *La casa de los espíritus* es violada por Jeremy Irons y, ética aparte, la cámara por suerte lo recoge. Se abren buenas perspectivas para esta joven y guapetona chica.

a pelo

1992 • *Mississipi Massala* (*Mississippi Massala*), de Mira Nair:
1993 • *La casa de los espíritus* (*The house of spirits*), de Bille August:

CHRISTIE, JULIE

Nacida en la India (concretamente en Chukua, Assam), el 14 de abril de 1941, esta excelente actriz, una de las mujeres más guapas del cine inglés, tuvo su momento más dulce durante los 60 y 70, espaciando cada vez más su carrera a partir de los 80. Estudió en la Central School of Speech and Drama de Londres, participando en filmes de la categoría de *Doctor Zhivago* (1965), de David Lean; *Fahrenheit 451* (1966), de François Truffaut; *Lejos del mundanal ruido*, de John Schlesinger; etc. En los 70 no se cortó a la hora de desnudarse (sobre todo en la inquietante *Engendro mecánico*), aunque tampoco protagonizó ningún frontal, pero lo más curioso es su desnudo en *El hombre de la estación*, película para cable rodada en 1992. Es decir, la chica tenía ¡51 años! ¡Bravo por ella!

a pelo

1973 • *Amenaza en la sombra* (*Don't look now*), de Nicholas Roeg:
1977 • *Engendro mecánico* (*Demon seed*), de Donald Cammell:
1992 • *El hombre de la estación* (*The railway station man*), de Michael Whyte (cable):

D'ABO, MARYAM

La preciosa chica Bond de *Alta tensión*, injustamente relegada a la serie B, se dio a conocer varios años antes, en el filme de terror *Xtro*, que, entre susto y susto, contiene además algunas escenas que cualquier fan suyo debería tener a buen resguardo en su videoteca. Después de acompañar a Timothy Dalton en su primera aventura como James Bond y desnudarse para *Playboy*, la prima de Olivia se dejó ver en varias películas de bajo coste, llegando a participar en una producción española (*Inmortal sins*) y no negándose a desnudarse cuando lo exigía el guión o el director. A destacar su agradecida intervención en un filme totalmente distinto, *León*, donde además se le escapa un pezón retozando en la cama con el joven protagonista. Su único desnudo celuloidítico (que no celulítico) lo protagonizó en una serie para TV por cable, *Red Shoe Diaries*.

a pelo

1982 • *Xtro* (*Xtro*), de Harry Bromley Davenport:
1992 • *Double obsession*:
1993 • *Tomcat: dangerous desires*:
• *Tropical heat*:
• *Red shoe diaries*: Another woman lipstick (cable):

D'ABO, OLIVIA

La prima de Maryam es probablemente menos conocida en este país, pero sin embargo ha conseguido una carrera algo más regular, con apariciones en películas de serie A que por ahora parecen asegurar su presencia en las grandes pantallas. Curiosamente, fue John Derek quien la lanzó, concretamente en *Bolero*, siendo ella de lejos lo mejor en cuanto a erotismo se refiere (y bien pensado, también en todo lo demás (?)) del filme: sus desnudos en la bañera o las increíbles tomas en el baño turco, con la toalla apenas cubriéndole el sexo, son realmente estimulantes. De cuerpo bien alimentado, pechos inmensos y rostro adolescente, Schwarzenegger debía protegerla en su accidentado viaje como *Conan el destructor* (1984), de Richard Fleischer, aunque ha preferido mostrarse menos precavida en películas como *Ladrón de bancos*. Recientemente se la ha podido ver en *Wayne's World 2*.

a pelo

1984 • *Bolero* (*Bolero*), de John Derek:
1988 • *Into the fire*:
1993 • *Ladrón de bancos* (*Bank robber*):

DACIA, CORINNE

Actriz francesa que protagonizó un reciente remake para TV de *El diablo en el cuerpo*: por desgracia no hay ninguna fellatio real como en su precedente fílmico, pero la chica le pone piel a la cosa.

Maryam D'Abo

a pelo

1991 • *El diablo en el cuerpo* (*Le diable au corps*), de Gerard Vergez:

D'ANGELO, BEVERLY

La rellenita mujer de Peter Coyote es una cara muy familiar en todo tipo de producciones USA: empezó como amante masturbadora de Sylvia Miles en la casi olvidada *La centinela* (dirigida por uno de los mejores directores de los 70, Michael Winner), puso un par de tetas en el musical *Hair*, acompañó a Clint Eastwood en la inimitable *Duro de pelar*, y encarnó a la mujer de Chevy Chase en toda la despreocupada e hilarante serie de *National Lampoon's Vacation*. Tiene un rostro ancho y cálido que despierta en cualquiera un instinto maternal de lo más edípico, y posee unas tetas de chica americana de campo bien alimentada. Se ve muy maja y ha sabido elegir papeles variados, algunos incluso desconcertantes. En *De repente, un extraño*, nos enseña un culo de campeonato y más cosas.

a pelo

1977 • *Primer amor* (*First love*), de Joan Darling:
• *La centinela* (*The sentinel*), de Michael Winner:
1979 • *Hair* (*Hair*), de Milos Forman:
1983 • *National Lampoon's Vacation*:
1986 • *Slow burn*:
1990 • *De repente, un extraño* (*Pacific heights*), de John Schlesinger:
1991 • *Lonely hearts*:

D'ARBANVILLE, PATTI

Esta actriz de ya extensa carrera pasará probablemente a la historia por *Bilitis*, el primer gran soft bollero que dirigiera el fotógrafo pederasta David Hamilton. Allí enseñó todo lo que tenía que enseñar, y el resto han sido participaciones más o menos señaladas en filmes como *Rancho Deluxe*, con Jeff Bridges, o *El gran miércoles* (1978), de John Milius, para en los 90 dedicarse con gran intensidad a la TV.

a pelo

1975 • *Vida sin barreras* (*Rancho Deluxe*), de Frank Perry:
1977 • *Bilitis* (*Bilitis*), de David Hamilton:
1981 • *El poder de los celos* (*Modern problems*), de Ken Shapiro:

DALLE, BÉATRICE

La actriz más apasionada y atractiva del cine francés, la Dalle fue todo un fenómeno de los 80 gracias a una sola película: *Betty Blue*. Sus ojazos enormes, su boca grandota, su barriguita y sus continuos problemas con la justicia por ciertas tendencias cleptómanas y coqueteos con la droga la convirtieron en objeto del deseo de miles de aficionados. Además de las fabulosas escenas de desnudos de *Betty Blue*, tiene otras realmente prodigiosas en *La visione del sabba*, película italiana que se demora en su cuerpo de forma maravillosa, además de presentarnos un polvo con un primer plano de ella de lo más explosivo. Lamentablemente, es otra de las actrices malditas en España, pues prácticamente ninguna de sus posteriores películas se han estrenado aquí. También protagonizó el mejor episodio de *Noche en la Tierra* (1991), de Jim Jarmush, dando vida a la ciega más políticamente incorrecta y buenorra de la historia del cine. Una mujer en estado de sexo puro.

a pelo

1986 • *Betty Blue* (*37o 2 le matin*), de Jean-Jacques Beineix:
• *La visione del sabba*, de Marco Bellocchio:
1995 • A la follie:

DALY, TYNE

La simpática protagonista morena de la serie *Cagney y Lacey* (ganadora de cuatro Emmys de 1982 a 1988), ha tenido una irregular carrera cinematográfica, aunque otro de sus grandes momentos haya sido como ayudante de Harry Callahan en *Harry el ejecutor* (1976), de James Fargo. En el 73 protagonizó un filme donde sus pechos son perfectamente visibles en varias y claras escenas: *The adultress*. Desde entonces, nada de nada.

a pelo

1973 • *The adultress*:

DAVIDOVICH, LOLITA

Una de las actrices más cachondas, guapas y bien dotadas de los 90 (y la que más atractiva está sin maquillaje). Nacida en London, Ontario (Canadá), en 1961, saltó a la fama en *El escándalo Blaze*, donde ella y Paul Newman (quien la recomendó para el papel entre 600 aspirantes: viejo zorro) inundan de simpatía y desenfado la pantalla, además de compartir un polvo de lo más divertido. Hija de familia serbia, Lolita pasó por el Steppen Wolf Theatre de Chicago y el Victory Garden antes de mudarse a Los Ángeles. Allí hizo algo de TV y, después de debutar en un pequeñito papel en *Class* (1983), interpretaría un filme canadiense inédito en España, *Recruits*, donde ya puso a la vista sus rotundos encantos. Tras la revelación que supuso en *Blaze*, participó en diversos filmes sin conseguir aquel que la lanzara definitivamente. Después de ser la protagonista de la película más incomprendida de Brian de Palma (la deli-

Lolita Davidovich

Geena Davis

rante *En nombre de Caín*), coprotagonizó *Entre dos mujeres* junto a Richard Gere y Sharon Stone. Pide a gritos un título más potente que la haga despegar del todo.

a pelo
1986 • *Recruits*:
1988 • *Blindside* (no confundir con *Blin side* (*Sin testigos*), de Geoff Murphy):
1989 • *El escándalo Blaze* (*Blaze*), de Ron Shelton:
1993 • *Entre dos mujeres* (*Intersection*), de Mark Rydell:
1994 • *Cobb* (*Cobb*), de Ron Shelton:

DAVIS, GEENA

Si hay alguna actriz actual con un rostro tan perfecto que parece una heroína de cómic, ésa es Geena Davis. Mal aprovechada físicamente, la Davis ha llegado al estrellato hollywodiense relativamente tarde: nacida en Wareham, Massachusets, el 21 de enero de 1957, estudió interpretación en el New England College y en la Universidad de Boston. Grandota y guapísima, todos recuerdan su debut en ropa interior en *Tootsie*, la comedia de Sidney Pollack con Dustin Hoffman de travesti. En 1986 llega su lanzamiento definitivo con *La mosca*, donde comparte protagonismo con Jeff Goldblum, otro grandote que por aquella época era su marido. El director, David Cronenberg, desaprovecha una oportunidad única para desnudarla en una escena de cama de lo más intensa. En traje de baño también dio que hablar (*Las chicas de la Tierra son fáciles*, de Julien Temple), pero desgraciadamente sus dos películas más importantes solo cuentan con sus habilidades interpretativas: *El turista accidental*, de Lawrence Kasdan, por el que recibió en 1988 el Oscar a la mejor actriz secundaria; y *Thelma y Louise* (1991), de Ridley Scott. Luego, otra buena interpretación en *Héroe por accidente*, de Stephen Frears. Y para colmo, en *Angie* (1993), de Martha Coolidge, creíamos haber descubierto un desnudo definitivo en aras de la maternidad, y al final resulta que utiliza un doble: la chica, preñada, está en el baño secándose con una toalla que no le puede tapar ni el culito ni la teta izquierda, para luego mirarse en el espejo. Pues bien, la chica del espejo es Angie, pero su imagen real no. ¡Es una doble! O sea, que el espejo en realidad es un agujero donde la Davis sale a saludar. Decepcionante, pues, porque una vez su personaje ha parido y le da de mamar al bebé, las dos veces que lo hace frente a la cámara se las apaña para dejar lo mínimo posible a la vista. Apenas se vislumbra un retazo del seno. Igualmente, en una escena que sale de la bañera con una toalla en el pecho, la vemos cruzar por la habitación a través de la rendija de una puerta: mínimamente se atisba algún reflejo de su culito mojado (y vete a saber si también se trata de la doble). Ay... Esperemos que su actual marido, el director Renny Harlin, saque más partido de ella después de *La isla de las cabezas cortadas*.

a pelo
1986 • *La mosca* (*The fly*), de David Cronenberg:

DAVIS, JUDY

Actriz de moda en plena madurez, nació en Perth (Australia) en 1956. Cantante de blues en un grupo italiano que hacía giras por Taiwán y Japón (¿?), finalmente decidió estudiar en el National Institute of Dramatic Arts de Sidney. Durante los setenta se dedicó al cine australiano, y solo a finales de los 80 se ha dado a conocer en el cine USA. Ha sido nominada al Oscar a la mejor actriz por *Pasaje a la India* (1984), de David Lean, y *Maridos y mujeres* (1992), de Woody Allen. Casada con el actor Colin Friels, sus personajes suelen tener siempre mucho (mal) carácter.

a pelo
1981 • *El suicidio de Lisa Blaine* (*Winter of our dreams*), de John Duigan:

DELANEY, DANA

Esta chica lanzada a la fama por su papel de Colleen McMurphy en la serie de TV *Playa de China*, con el que consiguió dos Emmy, nació el 13 de marzo de 1956 en Nueva York, en el seno de una familia bien que no vio tan bien lo de que se dedicara a ser actriz. Estudió Arte Dramático en la Universidad de Weyesland, trabajando en el off-Broadway. Ha participado además en otras series de TV como *Wild Palms* y *Luz de luna*. En el cine no acaba de hacerse lo suficientemen-

Dana Delaney

te popular, pero ha intervenido en filmes tan exitosos como *Mascarada para un crimen* (1988), de Bob Swain, *Presidente por accidente* (1988), de Paul Mazursky, *Esposa por sorpresa* (1992), de Frank Oz, o *Tombstone* (1994), de George Pan Cosmatos. Al parecer, protagoniza varios desnudos frontales en *Exit to Eden* (1994), un insólito filme de Gary Marshall (el responsable de *Pretty woman*) sobre sadomaso que aquí ni se ha estrenado. También ha participado en *Live nude girls* (1995) por lo que su nuevo giro hacia papeles fuertes parece asegurado.

a pelo

1992 • *Posibilidad de escape*, de Paul Schrader:
1994 • *Exit to Eden*, de Gary Marshall:

DELLERA, FRANCESCA

Fue la maggiorata más popular en España a principios de los 90 gracias a una serie de TV que consiguió cimentar la fama de Tele 5 como Tele Teta. Esta auténtica mujer Michelín había sido bastante antes chica Brass en *Amor y pasión*, un soft generoso en imágenes de la Derella por detrás, por delante y por abajo. Después, Marco Ferreri la hizo plato de nuestro gusto en *La carne*, película excesiva que no acaba de sacar partido visual de Francesca, aunque la cara de vicio no se la saca de encima: eso sí, ¿por qué cuando aparece desnuda siempre nos escatiman lo que antes enseñaba sin pudor, tapando la ingle con uno u otro trapo? Al menos, hay un polvo con música de Queen. Últimamente nada sabemos aquí de ella.

a pelo

1986 • *Amor y pasión* (*Capriccio*), de Tinto Brass:
1991 • *La carne* (*La carne*), de Marco Ferreri:

Julie Delpy

Rebecca De Mornay

DELPY, JULIE

Nacida en París en 1970, la Delpy lleva una variada carrera detrás suyo, habiendo participado en numerosas películas europeas, incluso en *La noche más oscura*, de Saura. Ha trabajado para Jean Luc Godard (*Detective*, 1986) y King Lear, 1991), Bertrand Tavernier (*La pasion Béatrice*, 1988), Leo Carax (*Mala sangre*, 1987), donde por cierto aparece en una escena en la que da la impresión de estar desnuda, tumbada bajo un árbol con Denis Lavant, pero la toma es tan lejana que no se consigue confirmar), o Kieslowski (*Tres colores-Blanco*, 1993). Su entrada en el cine USA llega de la mano de Stephen Herk (*Los tres mosqueteros,* 1993) y Roger Avary, que en *Killing Zoe* ya aprovechó para mostrar sus pechos en una curiosa escena de cama. Pero nadie se ha atrevido a tanto como Tavernier.

a pelo

1988 • *La pasion Béatrice*, de Bertrand Tavernier:
1994 • *Killing Zoe* (*Killing Zoe*), de Roger Avary:

DEL SOL, LAURA

Laura del Sol ha tenido una carrera algo dispersa en el cine español, compaginando algunos títulos con incursiones en la cinematografía gala. En *El rey pasmado* nos deja pasmados con su trasero, por lo que esperamos que se prodigue más en los próximos años.

a pelo

1983 • *Carmen*, de Carlos Saura:
1991 • *El rey pasmado*, de Imanol Uribe: ▼
1993 • *En tránsito* (*Tombés du ciel*), de Philippe Loiret:

DE MEDEIROS, MARIA

Esta pizpireta y simpática portuguesita está alternando con buen pie papeles en el cine de su país con el de España, Francia o el estadounidense. En el 90 participó en *Henry y June*, encarnando a Anais Nin, la compañera de Henry Miller (a su vez interpretado por Fred Ward). Su físico no es excesivamente explosivo, pero su atrevimiento con todo tipo de papeles y registros la sitúan como la actriz portuguesa más carismática de la actualidad (bueno, tampoco es que sepamos nombrar a muchas más). Si en España destacó su interpretación en *Huevos de oro* (1993), de Bigas Luna, el cine yanqui contó con ella nada menos que para *Pulp fiction* (1994), de Tarantino, formando con Bruce Willis una de las parejas más extrañas del momento.

a pelo

1990 • *Henry y June* (*Henry & June*),
de Philip Kauffman:

DE MORNAY, REBECCA

Nacida en Los Ángeles el 29 de agosto de 1961, Rebecca de Mornay fue uno de los grandes lanzamientos de finales de los 80. Rubia y guapa, dio mucho que hablar cuando aún era una desconocida en la ya mítica *Risky Business*, haciendo de prostituta que pone como una moto a Tom Cruise, y enseñando su cuerpo en un desnudo sorprendente. Rebecca es yanqui pero se crió en Europa. Pasó por la escuela de Summerhill, en Gran Bretaña, un liceo de los Alpes austríacos, y el Instituto de Lee Strasberg, debutando en *Corazonada*, de Coppola. Tras

Risky Business, trabajó en la emocionante *El tren del Infierno* (1985), de Andréi Konchalovsky, pero su carrera no acabó de despegar, y hasta protagonizó *Y la creó para el escándalo*, un remake de *Y Dios... creó a la mujer* dirigida por el propio Roger Vadim, donde solo le faltó hacer un desnudo frontal. Por fin, un solo papel la lanzó definitivamente: *La mano que mece la cuna, es la mano que domina el mundo*, un título con psicópata irrumpiendo en ambiente cotidiano. Desde entonces, triunfó junto a Don Johnson en *El abogado del diablo* (1993), de Sidney Lumet, y encarnó a Milady en la nueva versión de *Los tres mosqueteros* (1993), de Stephen Herek.

a pelo

1983 • *Risky business (Risky business)*, de Paul Brickman:
1988 • *Y la creó para el escándalo (And God created woman)*, de Roger Vadim:
1992 • *La mano que mece la cuna, es la mano que domina el mundo (The hand that rocks the cradle)*, de Curtis Hanson:
1996 • *Nunca hables con extraños (Never talk to strangers)*, de Sir Peter Hall:

DENEUVE, CATHERINE

La diva por excelencia del cine francés. Catherine Dorléac es hija de actores, hermana de la también actriz Françoise Dorléac. Nacida en París el 20 de octubre de 1943, ha trabajado con los directores más míticos del cine europeo: Buñuel, Truffaut, Polanski o... Roger Vadim, con el que por cierto, estuvo casada, experiencia que repitió con el fotógrafo David Bailey, además de tener un hijo con Marcello Mastroianni. En 1992 fue nominada al Oscar por su papel en *Indochina*, de Regis Wargnier. La Deneuve nunca fue reacia en sus principios a desnudarse: lo hizo a las órdenes de Luis Buñuel en *Bella de día*, o a las de Truffaut en *La sirena del Mississippi*. Sin embargo, más tarde las cosas cambiarían: en 1974, Juan Luis Buñuel, quien sabe si por censura o por pacatería, la enfundó en un ridículo maillot de color carne que ve en un rápido flash imaginado el pobre Fernando Rey: los pezones se le marcan detalladamente, pero la impresión de desnudez se va en cuanto paras la imagen; en los ochenta, la Deneuve decide utilizar doble para los desnudos de *El ansia* (1983), la interesante película de Tony Scott. Sus escenas eróticas más recordadas son las de la mencionada *Bella de día*: los latigazos recibidos por su espalda desnuda; en ropa interior, con las braguitas dejando transparentarse el vello púbico; ¡desnuda bajo una gasa negra en un memorable número con un aspirante a necrófilo!

a pelo

1966 • *Bella de día (Belle de jour)*, de Luis Buñuel:
1969 • *La sirena del Mississippi (La siréne du Mississippi)*, de François Truffaut:
1975 • *Mi hombre es un salvaje (Le sauvege)*, de Jean-Paul Rappaneau:

Catherin

DEREK, BO

Cathleen Collins, más conocida como Bo Derek, se dio a conocer en España a raíz del salvaje éxito de *10, la mujer perfecta*, pero ya antes había lucido su palmito en la pantalla, y de manos de su marido, John Derek, por lo que se puede decir que desde un primer momento ella ha sido una nueva obra del ex de Ursula Andress y Linda Evans. La película en cuestión es *Helena, la isla del amor*, y aunque está realizada en 1974, en España se estrenó tras el éxito de la comedia de Blake Edwards. La Derek ya enseña allí todo lo que la ha hecho famosa, aunque después saliera tapada en *Orca, la ballena asesina* (1977), de Michael Anderson. Con *10, la mujer perfecta*, llegó su gran momento: esta comedia posee un clímax final que en algún pase televisivo llegaron a censurar, aunque la escena en sí sea mucho más oscura, y por lo tanto mucho menos disfrutable, que la de la mayor parte de sus desnudos posteriores. Eso sí, el Bolero de Rabel revivió laureles en esos años gracias a dicha secuencia. Después aún participó en una película seria, *Solo para adultos*, con Anthony Hopkins como compañero de cama. Pero luego, por fin, llegó la mejor etapa de todas, la grandaddy-soft, en la que John Derek fabricó para lucimiento de su señora varios filmes que siempre la situaban al lado de un abuelete famoso, con el fin de que le diera prestigio al asunto, y de un jovenzuelo cachas, con el fin de que le diera al asunto. Así, en

Tarzán aparece nada menos que Richard Harris, tan mosca como siempre; en *Bolero*, el todo terreno George Kennedy; y en *Los fantasmas no pueden hacerlo* (que fue ya la última película que en España se promocionó mínimamente), Anthony Quinn, quien de haberle dejado seguramente hubiera ejercido unas proezas físicas con la nena que no hubiera necesitado mas niños guapos en toda su carrera. Respecto a las escenas de desnudo, a mí las que más me gustan son las de *Tarzán*, pero cada uno tiene sus favoritas (o sus más detestadas). En los primeros 90 la Derek ha participado en varios filmes más, casi todos sin estrenar en España, e incluso se ha vuelto a desnudar, ya madurita, en el Playboy. Cómo pasa el tiempo, ¿no?

a pelo

1974 • *Helena, la isla del amor* (*Fantasies*), de John Derek:
1979 • *10, la mujer perfecta* (*10*), de Blake Edwards:
1980 • *Solo para adultos* (*A change of seasons*), de Richard Lang:
1981 • *Tarzán, el hombre mono* (*Tarzan, the ape man*), de John Derek:
1984 • *Bolero* (*Bolero*), de John Derek:
1989 • *Los fantasmas no pueden hacerlo* (*Ghosts can't do it*), de John Derek:
1992 • *Hot chocolate*:
1993 • *Shattered image*:
• *Woman of desire*:

DERN, LAURA

La hija de Diane Ladd y Bruce Dern nació en Santa Mónica (California), en 1966. Estudió en el Instituto de Lee Strasberg y en la Royal Academy of Dramatic Arts en Londres. De niña participó en *Alicia ya no vive aquí* (1975), de Martin Scorsese, aunque obtuvo cierto renombre interpretando a la cieguita de *Máscara* (1985), de Peter Bogdanovich. David Lynch ya la hizo aparecer en *Terciopelo azul* (1986), pero no fue hasta que le dio el papel protagonista de *Corazón salvaje* que se hizo popular entre el público. De cuerpo desgarbado y muy delgado, últimamente ha intervenido en filmes donde su protagonismo es menor, como *Parque jurásico* (1993), de Spielberg, o *Un mundo perfecto* (1993), de Clint Eastwood. Por *El precio de la ambición* consiguió una nominación al Oscar.

a pelo

1990 • *Corazón salvaje* (*Wild at heart*), de David Lynch:
1991 • *El precio de la ambición* (*Rambling rose*), de Martha Coolidge:

DETMERS, MARUSCHKA

Una exótica mezcla de Valerie Kaprisky y Valeria Golino, Maruschka es muy guapa pero hasta ahora no ha tenido suerte en su aventura americana. Quizá la cosa se deba a su fellatio real en *El diablo en el cuerpo*, filme que la lanzó y también la hundió un poco debido a la estúpida polémica que se creó con dicha escena, sobre todo cuando esta es demasiado oscura como para disfrutarla bien (por más que le deis al brillo de la pantalla). Lo mismo ocurre con toda la secuencia del polvo con su joven amante: es larga y aburrida. No así el desnudo, buenísimo, que realiza frente al padre de aquel. Ella ya se había

Maruschka Detmers

desnudado antes en un filme titulado *Prenom: Carmen*, y volvería a hacerlo después en una peli yanqui: *Los reyes del mambo*, a manos además de Antonio Banderas. Últimamente ha aparecido con Dolph Lungren en una coproducción española dirigida por Ted Kotcheff (otro que ya le vale, también).

a pelo

1983 • *Prenom: Carmen*:
1986 • *El diablo en el cuerpo* (*Il diavolo in corpo*), de Marco Bellocchio: .
1992 • *Los reyes del mambo* (*The mambo kings*), de Arne Glimcher:

DICKINSON, ANGIE

Angeline Brown, «la mujer cuyas piernas valen un millón de dólares», fue una de las actrices más guapas del cine, aunque su hierática sonrisa en un rostro híper estirado despierte en la última época cierta inquietud por una oscura similitud con Encarna Sánchez. Nacida en Kulm, Dakota, el 30 de septiembre de 1931, debutó en el cine a raíz de uno de los motivos más pertinentes posibles en este mundillo: ganar un concurso de belleza. Howard Hawks la lanzó al estrellato en *Río Bravo* (1959). Después: *Código del hampa* (1964), de Don Siegel; *La*

Bo Derek

Laura Dern

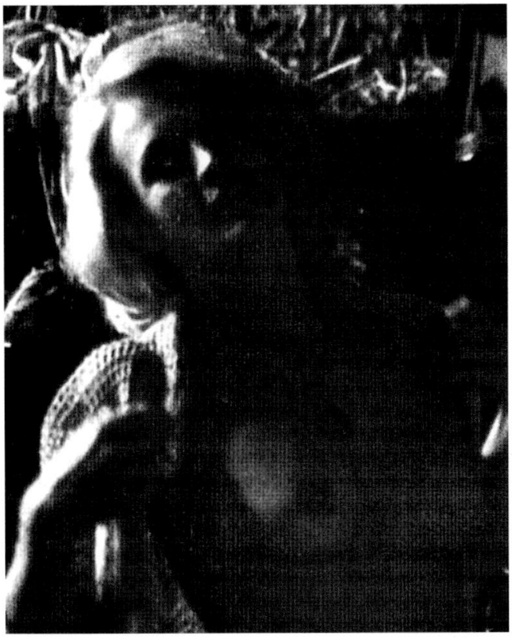

jauría humana* (1966), de Arthur Penn; y otros muchos westerns y thrillers. De 1965 a 1976 estuvo casada con el cantante Burt Bacarach. Enseñó sus pechos por vez primera en *A quemarropa* (1967), la célebre cinta junto a Lee Marvin. Sin embargo, uno de sus papeles más sexies lo encarnó en *Querido profesor*, una de esas peliculitas de Roger Vadim que con el tiempo se convierten en toda una joya gracias a las trasparencia del vestuario de la señora Dickinson. Pero su más famoso desnudo, esta vez frontal, lo protagonizó en *Una mamá sin freno*, donde, acompañada de William Shatner y Tom Skerritt, lo deja ver todo en un descuido que no se volvería a repetir nunca: escena de coleccionista. En los 80 reverdeció laureles con la serie de TV *La mujer policía*, y el thriller *Vestida para matar*, donde haría célebre la escena con doble en la ducha.

a pelo
1967 • *A quemarropa* (*Point blank*), de John Boorman:
1971 • *Querido profesor* (*Pretty maids all in a row*), de Roger Vadim:
1974 • *Una mamá sin freno* (*Big bad mama*), de Steve Carver:
1980 • *Vestida para matar* (*Dressed to kill*), de Brian de Palma:

DILLON, MELINDA

Nacida en Hope (Arizona), el 13 de octubre de 1939, Melinda Dillon debutó en el teatro en Broadway (con *¿Quién teme a Virginia Wolf?*) y acabó siendo nominada dos veces al Oscar por *Encuentros en la tercera fase* (1977), de Spielberg, y *Ausencia de malicia* (1981), de Sidney Pollack. También ha trabajado en películas como *FIST* (1978), de Norman Jewison, *Harry y los Henderson* (1987), de William Dear, *El príncipe de las mareas* (1991), de Barbra Streisand, o últimamente *Demolition Man* (1993), de Marco Brambilla. Su único desnudo ha sido pectoral, en la divertidísima *El castañazo*.

a pelo
1977 • *El castañazo* (*Slap shot*), de George Roy Hill:

DOHERTY, SHANNEN

La Brenda de *Beverly Hills, 90210 (Sensación de vivir)* parece tener muy claro que quiere construir una carrera interpretativa muy seria en el mundo del cine. Naturalmente, sus fans estarán contentísimos, porque algo así suele significar (entre otras muchas cosas, pero mucho menos importantes) que la mujer se desnudará en cuanto llegue un director listo. De hecho, la Doherty ya ha enseñado su cuerpo, aunque sea parcialmente, y utilizando doble para los primeros planos de las tetas (seguramente ya por simple comodidad y ahorro de días de rodaje). De momento ya tenemos sus tetas. Esperemos que pronto haya más.

a pelo
1993 • *Blindfold: acts of obsession*:

DOMBASLE, ARIELLE

Desconcertante actriz, no por lo bellísima que es, sino por lo raro de su carrera: esta discurre básicamente entre filmes soft y películas de culto francesas de Eric Rohmer. Por suerte, hasta este veterano director la desnuda. Quienes la conozcan por *Pauline en la playa* o *La buena boda*, fliparán sin duda contemplando su cuerpo tal como vino al mundo en *Los frutos de la pasión*, una especie de continuación de *Historia de O*, esta vez con Klaus Kinski al frente del reparto. En la mencionada Pauline enseña las tetas, por cierto preciosas y muy bien formadas, pero ahí ya es más lógico por tratarse de cine de qualité: hasta sale en *El sueño del mono loco*, de Fernando Trueba. Y últimamente se la ha visto en otra entrega de la serie erótica para cable *Red shoe diaries*. O sea, increíble. Eso sí, a nosotros nos gusta verla en *La mujer del jefe*, una peliculilla modesta pero muy graciosa con Daniel Stern sufriendo lo indecible ante sus encantos.

a pelo
1981 • *Los frutos de la pasión* (*Les fruits de la passion*), de Shuji Terayama:
1983 • *Pauline en la playa* (*Pauline á la plage*), de Eric Rohmer:
1986 • *La mujer del jefe* (*The boss' wife*), de Ziggy Steinberg:
1994 • *Red shoe diaries: Like father, like son*:
1995 • Fado majeue et mineur:

DOMMARTIN, SOLVEIG

La actual mujer de Wim Wenders le ha acompañado en sus últimas incursiones cinematográficas, y en algunas de ellas se ha desnudado: así, en *Hasta el fin del mundo*, comparte cama e integral con William Hurt. También ha participado en las dos entregas angelicales del autor alemán, *Cielo sobre Berlín* (1987) y *Tan lejos, tan cerca* (1991).

a pelo
1987 • *Cielo sobre Berlín* (*Der himmel über Berlin*), de Wim Wenders:

Arielle Dombasle

1991 • *Hasta el fin del mundo* (*Until the end of the world*), de Wim Wenders:

DONOHOE, AMANDA

Esta mujer no hace más que desnudarse. Nacida en Londres el 29 de junio de 1962, ha pasado de rubia a morena, de pelo largo a corto, pero siempre en cueros. Debutó en *Robinson Crusoe por un año*, una cinta con Oliver Reed que aquí se estrenó con algo de expectación ante tanto desnudo naturista anunciado, pero que luego pasó más bien desapercibida. Después, *La guarida del gusano blanco*, otro delirio de Ken Russell con Hugh Grant de prota en la que la Donohoe realiza unos desnudos con pintura algo feos. *Cuerpo de élite*, del mismo año (1988) y co-protagonizada por Gabriel Byrne, fue directamente a vídeo en España. Sus últimas películas ni siquiera se han estrenado aquí. La Donohoe ha conseguido más popularidad en la pequeña pantalla encarnando a una lesbiana en la serie *La ley de Los Ángeles* (temporada 1991-92).

a pelo

1986 • *Robinson Crusoe por un año* (*Castaway*), de Nicholas Roeg:
• *Las salvajes aventuras de mi doctor* (*Foreign body*), de Ronald Neame:

1988 • *La guarida del gusano blanco* (*The lair of the white worm*), de Ken Russell:
• *Cuerpo de élite* (*Dark Obsession*), de Nicholas Broomfield:

1989 • *The rainbow*, de Ken Russell:

1991 • *Paper mask*, de Christopher Morahan:

DOODY, ALISON

La tercera chica de *Indiana Jones* corrió aún peor suerte que sus antecesoras, y se hundió directamente en el práctico anonimato (es curioso que la saga de Lucas y Spielberg nunca haya servido para lanzar futuras estrellas femeninas). Lo más recordado de su carrera es el impetuoso beso que comparte con Harrison Ford en la mencionada *Indiana Jones y la última cruzada*, donde un hilillo de saliva les niega la separación definitiva de sus bocas. Por lo demás, esta guapa rubia ha interpretado varios filmes menores en los últimos tiempos y nunca han mostrado de ella mucho más de lo razonable, aunque en *Taffin* (película estrenada aquí directamente en vídeo) podemos verle la teta derecha en un arranque violento de Pierce Brosnan.

a pelo

1988 • *Taffin* (*Taffin*):

DOUGLAS, SARAH

La otra mala de la serie *V* y de *Conan, el destructor* (1985), de Richard Fleisher, solo se ha desnudado bajo las órdenes de nuestro Antoni Ribas, quien la hizo encarnar nada menos que a la Gala de Lorenzo Quinn en su biopic *Dalí*. Ambos actores comparten un magreo al aire libre.

a pelo

1990 • *Dalí*, de Antoni Ribas:

DOWN, LESLEY-ANNE

Actriz muy apreciada por los fans en los 70, Leslie-Anne Down ha terminado relegada a películas de bajo presupuesto y apariciones televisivas, entre las que destaca su exitosa participación en las tres miniseries dedicadas a *Norte y sur*. Sus primeros papeles fueron en películas inglesas y en la reputada serie televisiva *Arriba abajo* (1974 a 1977). En 1978 participó en *Betsy, la saga de los Hardeman*, mostrándonos parte de su belleza en compañía de Tommy Lee Jones. En el 79 intervino en *El gran robo al tren*, de Michael Chrichton, y ese mismo año coprotagonizó junto a un emergente Harrison Ford *La calle del adiós*, entretenido filme romántico-bélico, con escena de cama incluida. Más tarde su carrera se diluiría en productos

Shannen Doherty

Lesley-Anne Down

poco recordados, aunque curiosamente a ella sí se le recuerda todavía en numerosos círculos, gracias a su clásica belleza morena y sus ojos claros.

a pelo
• *The one and only Phyllis Dixie*:
1978 • *Betsy, la saga de los Hardeman* (*Betsy*), de Daniel Petrie:
1979 • *La calle del adiós* (*Hannover Street*), de Peter Hyams:
1992 • *Over the line*:

DUMAS, SANDRINE

Guapa actriz que ha participado en varias producciones de lujo europeas, Sandrine Dumas se desnudó en 1979 para un filme en el que tenía a Anthony Perkins de compañero de reparto: *Twee Vrouwen*. Se la ha podido ver en *Aria*, la película que adaptaba varias piezas musicales a cargo de diversos directores; *Valmont* (1989), de Milos Forman, la versión maldita de *Las relaciones peligrosas*; *La doble vida de Verónica* (1991), de Kieslowsky; y *La leyenda del santo bebedor*, donde protagoniza un brevísimo y alejado integral solo apreciable mediante el reflejo de un espejo, y ni del que siquiera se da la seguridad de que sea ella.

a pelo
1979 • *Twee Vrouwen*, de George Sluizen:
1988 • *La leyenda del santo bebedor* (*La leggenda del santo bevittore*), de Ermanno Olmi:

DUNAWAY, FAYE

Nacida en Bascom, Florida, el 14 de enero de 1941, Faye Dunaway posee una belleza sofisticada y primitiva a la vez, con un rostro liso y algo simiesco y una nariz de inmensas fosas nasales, y también por ello de carnalidad más que probada. Su caso es curioso, ya que en su madurez ha jugado a ser la típica actriz célebre con intervención como estrella invitada que no se despeina en producciones de lujo, y al mismo tiempo se lo ha jugado todo en papeles tan arriesgados como el de la alcohólica en la memorable *El borracho*, o el putón de *El sueño de Arizona*, de Emir Kusturica, donde sigue estando muy, muy excitante. La Dunaway estudió en la Boston University School of Fine and Applied Arts. Aunque debutó en *La noche deseada* (1966), de Otto Preminger, todos la recordamos en *Bonnie and Clyde* (1967), de Arthur Penn, muriendo al lado de Warren Beatty en aquella formidable encerrona. Por este papel, por cierto, la nominaron al Oscar a la mejor actriz, algo que se repitiría en *Chinatown* y en *Network*, donde al fin lo consiguió. En todos sus papeles de los 60 y 70 está guapísima y merece la pena verla (*Los amantes*, de Vittorio de Sica; *Pequeño Gran Hombre*, de Arthur Penn; etc.), pero son especialmente estimulantes aquellas breves escenas, desnuda en la playa, haciendo el tonto con Kirk Douglas en la maravillosa *El compromiso*. Douglas comenta en su biografía que en sus escenas íntimas juntos la convenció de que no se pusiera pegatinas en los pezones. Y es que sus mínimos desnudos siempre han sido así, muy fugaces, casi casuales. Según Bukowski, ella es la última de las grandes.

a pelo
1969 • *El compromiso* (*The arrangement*), de Elia Kazan:
1974 • *Chinatown* (*Chinatown*), de Roman Polanski:
1976 • *Network, un mundo implacable* (*Network*), de Sidney Lumet:
1987 • *El borracho* (*Barfly*), de Barbet Schroeder:

DUSENBERRY, ANN

Actriz que ha participado en producciones como *Tiburón II* (1978), de Jeannot Szwarc, la Dusenberry es especialmente recordada por su excelente desnudo en *Generación perdida* (1979), el filme que el director de culto John Byrum le dedicó a los amigos beat, en el que nuestra chica aparece impresionantemente a pelo en la bañera para alegría de nuestros ojos y los de Nick Nolte. Más tarde siempre caería alguna teta en películas como *Jo, con los militares*, olvidado filme financiado con ayuda de *Playboy*. En *Secretos indiscretos*, película donde varios maduritos se van de putas, le tocaría darle su merecido a Roy Scheider. Últimamente no se sabe casi nada de ella.

a pelo
1979 • *Generación perdida* (*Heart beat*), de John Byrum:
1982 • *National Lampoon goes to the movies.*
1984 • *Jo, con los militares* (*Basic training*), de Andrew Sugermen:
• *Lies*:
1986 • *Secretos indiscretos* (*The men's club*), de Peter Medak:

DUVAL, NORMA

La vedette española también probó suerte en el cine, explotando, cómo no, su vena erótica a principios de los 80 en títulos que ni siquiera reponen en Tele 5.

a pelo
1980 • *Tres mujeres de hoy*:
1983 • *La mujer del juez*, de Francisco Lara Polop:

DUVALL, SHELLEY

La delgadita mujer de Jack Nicholson en *El resplandor* (1980), de Kubrick, es sobre todo recordada por su dedicación como actriz y productora al cine y la TV infantiles, con varias series de cuentos para niños, pero también ha hecho de las suyas en la pantalla grande. Ligada cinematográficamente al director Robert Altman, ha participado en numerosos filmes de este, desnudándose en uno de ellos: *Thieves like us* (de título idéntico en su estreno en España), donde protagoniza la típica escena de bañera. También ha participado para Altman en *Nashville* (1975), *Buffalo Bill* (1976), *Popeye* (1980)... Como anécdota, en este filme encarnó a una muy convincente Olivia. Sus últimas apariciones en la pantalla grande son muy espaciadas.

a pelo
1974 • *Thieves like us*, de Robert Altman:

EICHHORN, LISA

Actriz poco conocida del gran público, pero que ha participado en cintas más o menos populares, como *Yanquis*, donde compartía el lecho con Richard Gere, o *El rey de la colina* (1993), de Steve Soderbergh. Últimamente se la recuerda por éxitos de videoclub como *Estación lunar 44* (1990), junto a Michael Paré, y, sobre todo, *Campo del infierno*, una serie B con veteranos de la talla de Anthony Zerbe y Tom Skerritt, donde la chica sufrirá toda clase de desmanes, violación incluida.

a pelo
1979 • *Yanquis* (*Yanks*), de John Schlesinger:
1981 • *Cutter's way*:
1986 • *Campo del infierno* (*Opposing force*), de Eric Karson:

EKLAND, BRITT

La ex de Peter Sellers nunca ha tenido problemas para desnudarse desde los años 60 en varios filmes europeos, desde británicos a incluso uno español (*Marbella, un golpe de cinco estrellas*). Incombustible al paso del tiempo, otro de sus desnudos últimos lo realizó en *Scandal*, aquella cinta sobre el escándalo Profumo en que más escándalo causó aún la utilización de una doble asturiana por parte de su protagonista principal, Joanne Whalley-Kilmer. La Ekland puso todo lo que había que poner y en persona. Eso sí, alguna vez también ha utilizado dobles, escatimándonos siempre la visión de su cuerpo al completo.

a pelo
1971 • *Asesino implacable* (*Get carter*), de Mike Hodges:
1973 • *The wicker man* (*The wicker man*), de Robin Hardy:
1977 • *La noche sin fin* (*Endless night*), de Sidney Gilliat:
• *Esclavos* (*Slavers*), de Jürgen Goslar:
1979 • *Casanova* (*Les treize femmes pour Casanova*), de Franz Antel:
1983 • *Erotic images*:
1985 • *Marbella, un golpe de 5 estrellas*, de Miguel Hermoso:
1989 • *Escándalo* (*Scandal*), de Michael Caton-Jones:

ELENIAK, ERIKA

El lanzamiento más sonado al mundo del cine desde las páginas de *Playboy* después de Sharon Stone y Pamela Anderson. Compañera de esta última en *Vigilantes de la playa*, Erika nació en Los Ángeles en 1973 y debutó en el cine mucho antes de lo sospechado: en 1982 y en *¡E.T.!*, de Steven Spielberg. Naturalmente, ha cambiado mucho desde entonces: en TV tiene una larga experiencia, y en cine su carrera ha sido sorprendentemente más interesante de lo que se podía sospechar en un tipo de actriz que suele acabar fichada como chica-jarrón. Sin embargo, la Eleniak lo está haciendo bastante bien, aunque la empiece a eclipsar la neumática Anderson: participó en la trepidante *El terror no tiene forma* (1988), de Chuck Russell, pero no fue hasta su papel en *Alerta máxima* (curiosamente haciendo de conejito *Playboy*) que empezaron a hablar de ella. En 1993 cambió de tercio con *Rústicos en Dinerolandia*, de Penelope Spheeris, demostrando ser lo mejor de la película en un convincente papel de garrula bien alimentada. Un año después tendría nada menos que a Tom Berenger de compañero de reparto y a Dennis Hopper de director en *Misión explosiva*. No está nada mal.

a pelo
1992 • *Alerta máxima* (*Under seige*), de Andrew Davis:
1994 • *Misión explosiva* (*Chasers*), de Dennis Hopper:

ELÍAS, CARME

Bella actriz que por suerte o por desgracia incluye una media de un desnudo por película. La verdad es que pocos directores han sabido sacar provecho de sus posibilidades dramáticas, pero en todo caso sus escenas ligeras de ropa sí son muy provechosas: fue la que mejor se la quitó en *La orgía*, bailó desnuda con Joaquín Kremel en *Crónica de un instante*, y disfrutó de la playa nudista en *Els de davant*. Ha participado en numerosas series de TV (*Turno de oficio*, *Las aventuras de Pepe Carvalho*, etc.), y en la mayoría de ellas también se ha desnudado.

a pelo
1979 • *La orgía* (*L'orgia*), de Francesc Bellmunt:
1980 • *Crónica de un instante*, de José A. Paniagua:
1982 • *Entre paréntesis*, de Simó Fàbregas:
1989 • *Puente de Varsovia* (*Pont de Varsovia*), de Pere Portabella: ,
1992 • *Els de davant*, de Jesús Garay:

FAIRCHILD, MORGAN

La estrella de TV que durante los 80 gozó de una gran popularidad merced a sus papeles en los tres mejores folletines de la TV americana de entonces (*Flamingo road*, *Dallas* y *Falcon Crest*) fue una de esas actrices de las que las revistas siempre se apresuraban a publicar sus encantos en fotos de lo más cutres y tomadas cuando a la chica no la conocía nadie (como le ocurrió a otra colega suya, Victoria Principal). La

Erika Eleniak

Linda Hamilton

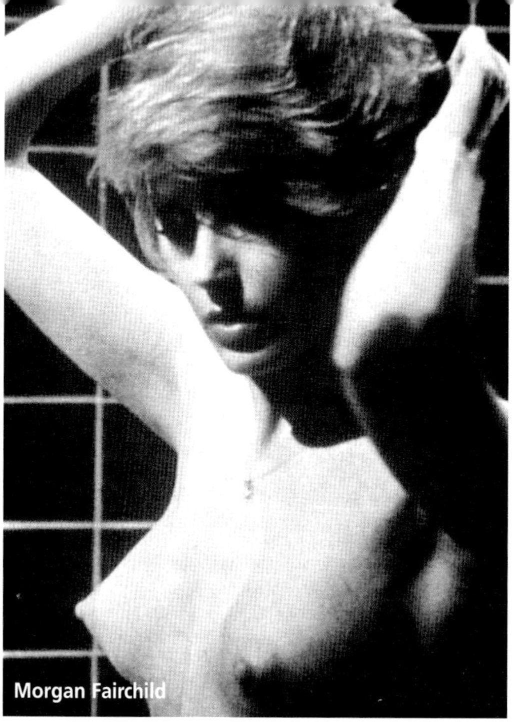

Morgan Fairchild

Fairchild, con su físico de muñeca Barbie, protagonizó sin embargo un filme donde expone sus atributos físicos a ojos del espectador. Últimamente se dedica a hacer películas para TV.

a pelo
1982 • *Extraña seducción* (*The seduction*), de David Schmoeller:

FAITHFULL, MARIANNE

La polémica cantante cuya vida y milagros sobre el resto de los mitos del rock parece la Biblia del sexo también participó en varias películas, y en alguna de ellas incluso se desnudó. En 1968 interpretó junto a Alain Delon una producción franco-británica titulada *La chica de la motocicleta*. Allí dejó todo lo suyo a la vista, y en ninguno de sus papeles posteriores volvió a alcanzar cotas semejantes. En los 90 sigue bastante activa en el cine británico.

a pelo
1968 • *La chica de la motocicleta* (*Girl on a motorcycle*), de Jack Cardiff:

FALCHI, ANNA

Otra belleza italiana, Anna Falchi, aunque poco popular en nuestro país, se está comiendo Italia con su estimulante presencia. No solo es guapísima y está físicamente espléndida, sino que parece que su carrera va a ser algo más que «escena-de-ducha-y-despelote-antes-de-morir-acuchillada». Así, ha aparecido en *Dellamorte, Dellamorte*, una obra maestra del terror existencialista, donde hace el amor con Rupert Everett. También se desnuda, pero es que el director estaría loco si dejara pasar la ocasión.

a pelo
1994 • *Dellamorte, Dellamore*, de Michele Soavi:

FARROW, MIA

La paranoica ex-amante de otro célebre paranoico, Woody Allen, se caracteriza por despertar inmediatamente nuestra ternura en la mayor parte de sus personajes, casi siempre de carácter inseguro y algo flipados. Hija de la adorable Maureen O'Sullivan (la compañera de Johnny Weismuller en las pelis de *Tarzán*) y del director John Farrow, Maria de Lourdes Villiers Farrow nació el 9 de febrero de 1945 en Hollywood, haciéndose popular a mediados de los 60 con la serie de TV *Peyton Place*. Desde su recordado papel en *La semilla del diablo*, el resto de su filmografía pasa prácticamente desapercibida hasta que

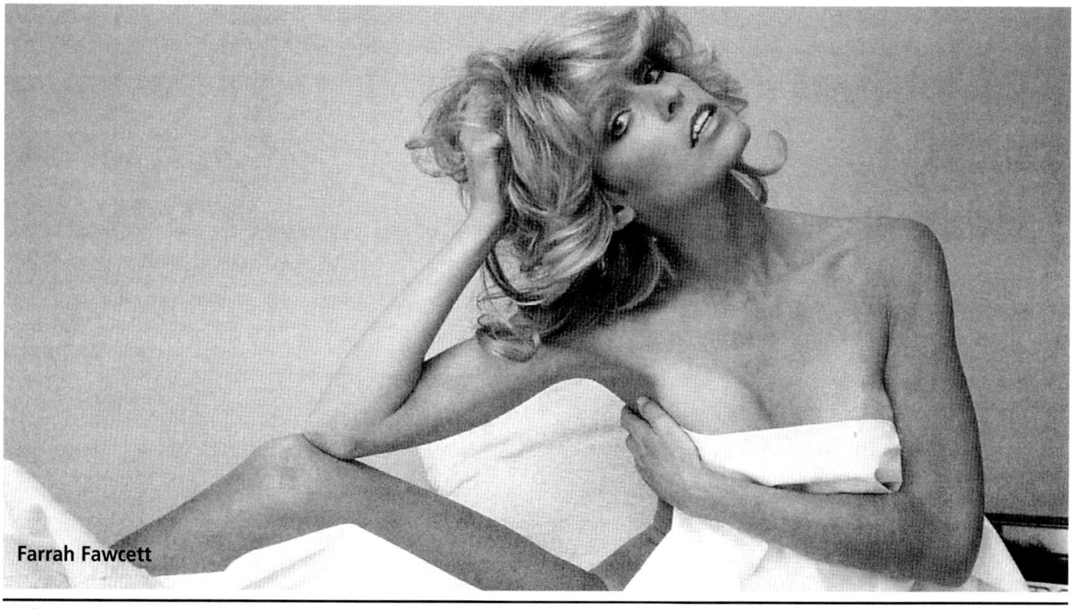

Farrah Fawcett

el mencionado Allen la convierte en musa de sus filmes. Estuvo casada con Frank Sinatra (quién los vería juntos ahora) y el músico André Previn. Actualmente intenta reencauzar su carrera interpretativa con resultados modestos pero seguros, como en realidad han sido siempre. Si hubiera nacido veinte años después, hoy sería un ídolo de las anoréxicas. Por cierto, como siempre, Robert Altman no perdió oportunidad de desnudarla.

a pelo

1968 • *La semilla del diablo* (*Rosemary's baby*), de Roman Polanski:
1969 • *John y Mary* (*John and Mary*), de Peter Yates:
1978 • *Un día de boda* (*A wedding*), de Robert Altman:
1979 • *Huracán* (*Hurricane*), de Jan Troell:

FAWCETT, FARRAH

Nuestra ángel de Charlie se ha dejado de hostias y a los 50 años se ha desnudado para la revista *Playboy*. ¡Como tiene que ser! Nacida en Corpus Chisti, Texas, el 2 de febrero de 1947, nuestra rubia cañón es hija de un contratista de tuberías para explotaciones petrolíferas (?). Curiosamente, su debut fue en un filme francés (*Del amor y de la infidelidad*, de Claude Lelouch), en 1969. Luego apareció en películas como *Myra Breckinridge* (1970), de Michael Same, o *La fuga de Logan* (1976), de Michael Anderson, pero fueron sin duda sus trabajos en TV las que le darían popularidad: *Harry-O* (1974-76), *Los ángeles de Charlie* (1976-77), etc. A pesar de ello, cuenta con cierto prestigio como actriz, siendo su mayor éxito la obra *Extremities*, que luego llevaría también al cine. Ha sido esposa de Lee Majors y de Ryan O'Neal. Aún puede dar alguna sorpresa, como lo demuestra su decisión de desnudarse para *Playboy* (sus desnudos anteriores en cine son poco glamourosos). Probablemente prepara algo.

a pelo

1980 • *Saturno 3* (*Saturn 3*), de Stanley Donen:
1986 • *La humillación* (*Extremities*), de Robert M. Young:
1989 • *Double exposure: the story of Margaret Bourke-White*:

FENN, SHERILYN

Nacida en Detroit el 1 de febrero de 1965, Sherilyn Fenn fue una de las grandes promesas que lanzó la serie *Twin Peaks*, de David Lynch. Aunque en principio parecía ser la que tenía más posibilidades de hacer cuajar una carrera cinematográfica sólida, aún no acaba de salir del todo del adocenamiento de la serie B. De joven viajó con su madre, teclista de rock, por todo su país, y llegó a ser conejita de *Playboy* antes de intervenir en varios títulos carne de videoclub. Luego ha participado en filmes como *Corazón salvaje* (1990), de David Lynch, donde tiene la mejor escena de la cinta en el accidente de carretera nocturno; *La conspiración de Dallas* (1991), de John Mckenzie, junto a Danny Aiello; o *De ratones y hombres* (1992), de Gary Sinise. Ha sido protagonista de *Boxing Helena*, película más célebre por la negativa de Kim Basinger a protagonizarla, negativa que le costó perder un juicio, que por su propio éxito entre el público. Aún espera una oportunidad mejor.

Sherilyn Fenn

a pelo

1986 • *El aparecido* (*The wraith*), de Mike Marvin:
1988 • *Two moon junction*, de Zalman King:
1989 • *Crime zone* (*Crime zone*), de Luis Llosa:
• *Meridian, el beso de la bestia* (*Meridian*), de Charles Band:
• *True blood*:
1990 • *Sueño roto* (*Backstreet dreams*), de Rupert Hitzig:
1993 • *Mi obsesión por Helena* (*Boxing Helena*), de Jennifer Chambers Lynch:

FERRÉOL, ANDREA

Actriz habitual del cine europeo, ha participado en películas tan conocidas como *La noche de Varennes* (1982), de Ettore Escola, *Francesco* (1989), de Liliana Cavani, o *Calle sin retorno* (1989), de Sam Fuller. Se ha desnudado en los 70 con gran convicción, interpretando un baño de integrales a las órdenes de Fassbinder en *Desesperación*, con Dick Bogarde desesperadamente afortunado.

a pelo

1976 • *Miedo al escándalo de una mujer casada* (*Scandalo*), de Salvatore Sampieri:
1978 • *Desesperación* (*Despair*), de Rainer Warner Fassbinder:

FIELD, CHELSEA

Guapísima actriz que no ha conseguido subirse al carro del estrellato a pesar de participar en algunas de las películas más comerciales y entretenidas de los 80 y primeros 90. Morena y de mirada sensual, se inició en títulos como *Comando* (1985) (la pasada de Mark Lester y seguramente uno de los filmes más alegremente fascistas de la historia del cine), *Perfect* (1985), de James Bridges, o *Masters del Universo* (1987), de Gary Goddard. En los primeros 90 parecía que iba a dar el salto definitivo gracias a películas tan divertidas y viriles como *Dos duros sobre ruedas* o *El último boy scout*. En la primera no se desaprovechaban las posibilidades físicas de la actriz (es decir, sus desnudos), pudiendo contemplarla a pelo saliendo de la cama; no se puede decir lo mismo de sus compañeros de reparto, esos pedazos de perdedores llamados Don Johnson y Mickey Rourke (hasta en eso la película acertaba en su negra previsión futurística). Por su parte, a Tony Scott solo le hubiera faltado desnudar a la Field para que *El último boy scout* le arrebatara a *Límite 48 horas* el puesto como mejor buddy movie de todos los tiempos: a pesar de ello, la chica está preciosa poniéndole los cuernos a Bruce Willis, y ambos protagonizan una de las conversaciones de matrimonio más carismáticas y duras que se han visto en un thriller. Después de eso, comienzan tímidas incursiones en la serie B y películas para TV por cable (repite

Linda Fiorentino

Jodie Foster

con el bueno de Mark Lester en *Justicia extrema*, poniendo el toque sexy frente a Lou Diamond Phillips y Scott Glenn; y también participa en la secuela televisiva de *Los pájaros*), aunque aún se la puede disfrutar en filmes de mayor presupuesto como *La mitad oscura* (1993), de George A. Romero. Eso sí, hay que reconocer que lo mejor de su físico lo enseña en una peli para cable: *Obsesionada*, un reciente y típico título de psicópata que acosa al pobre protagonista (Scott Bakula), y donde sus desnudos alcanzan temperaturas altísimas: a destacar el polvo que le pega al mencionado Bakula en un coche. Hay que admitir que el papel le va que ni pintado, pues la chica está cogiendo un punto esquizofrénico en la mirada que cada año va a más. Y sigue estando condenadamente buena.

a pelo
1991 • *Dos duros sobre ruedas* (*Harley Davidson & the Marlboro man*), de Simon Wincer:
1992 • *Dust devil*:
1993 • *Justicia extrema* (*Extreme justice*), de Mark Lester:
1994 • *Obsesionada* (*A passion to kill*), de Rick King:

FIELD, SALLY

Actriz de mayor éxito en los USA que en el resto del mundo, con un físico de chica pepona y resultona que se ha negado a explotar eróticamente. Nació en Pasadena (California) el 6 de noviembre de 1946, estudió en el Actor's Studio y en los Estudios Columbia de Los Ángeles, y debutó en TV, con series como *Gidget* y *The flying nun*. En cine, su primer filme fue *Camino de Oregón* (1967), de Andrew V. McLaglen. Todos la recordamos como compañera del chiflado de Burt Reynolds en la divertidísima y macarra *Los caraduras* (1977), de Hal Nedham, pero antes realizó su único desnudo en *Stay hungry*. También enseña una teta casi enterita en *De miedo también se muere*, otra desternillante comedia protagonizada y dirigida por el despreciado Burt Reynolds. La Field ha ganado dos Oscars (por *Norma Rae* (1979), de Martin Ritt, y *En un lugar del corazón* (1984), de Robert Benton), y un Emmy (en 1976, por *Sybill*). Últimamente se mantiene en la cima gracias a éxitos como *Señora Doubtfire* y *Forrest Gump*.

a pelo
1976 • *Stay hungry*, de Bob Rafelson:
1978 • *De miedo también se muere* (*The End*), de Burt Reynolds:

FIORENTINO, LINDA

La nueva mujer fatal del cine de los 90, y otra actriz que corre tanto peligro de encasillarse como antes Sharon Stone. Nacida en Philadelphia el 9 de marzo de 1960, Clorinda Fiorentino estudió Ciencias Políticas y empezó a decantarse hacie Derecho, pero finalmente escogió la interpretación. Curiosamente, apareció en varias películas (y desnuda) sin que casi nadie se fijara en ella, y, de repente, con *La última seducción* se convirtió en el sueño erótico de muchos cinéfilos, que llenaron artículos y artículos con sus masturbaciones mentales. La Fiorentino es guapa y tiene mucho carácter, pero su intervención en *Jade* y sus últimas entrevistas la han convertido rápidamente en una caricatura de sí misma. Corre muchísimo peligro de caer en el ridículo si no elige rápidamente un papel de mujer normal. De todas formas, a nosotros ya nos va bien que quiera ir de puta por el cine, desnudos suyos que salimos ganando: a destacar un buen polvo en la bañera con Keith Carradine en *Los modernos* y, por supuesto, su papel en La última seducción, donde reúne en un solo personaje sin concesiones los estereotipos de la mujer fatal y del detective duro y cínico. Por cierto, aún le falta atreverse con un frontal. Tanto rollo...

a pelo
1985 • *Jo qué noche* (*After hours*), de Martin Scorsese:
1986 • *Te pillé* (*Gotcha!*), de Jeff Kanew:
1988 • *Los modernos* (*The moderns*), de Alan Rudolph:
1992 • *Chain of desire*, de Temistocles López:
• *Beyond the law* (cable):
• *Strangers: the last game* (cable):
1994 • *La última seducción* (*The last seduction*), de John Dahl:
1995 • *Jade* (*Jade*), de William Friedkin:

FITGERALD, TARA

Esta actriz de belleza poco explosiva (nieta de la también actriz Geraldine Fitzgerald) se dio a conocer en España gracias a *Sirenas*, encarnando a la reprimida mujercita de Hugh Grant. La verdad, le tocó la peor papeleta en esta película de deslumbrantes desnudos (de la que por cierto deberían tomar ejemplo todas las demás producciones, pues no es ninguna mala idea esa de desnudar a todos los intérpretes al final, si es posible subidos a una montaña, y así todos nos quedaríamos a leer los títulos de crédito), pues los suyos no son precisamente los más favorecedores. Mucho más bonito y divertido es el que protagoniza en *Algún día te encontraré*, película inglesa donde intenta arrancarle a su novio una confesión de amor, para solo conseguir que a sus apasionadas palabras de «Te quiero, te quiero», este replique «Y viceversa». A lo cual la chica reacciona, naturalmente, saliendo de la cama furiosa y... en pelotas. Por cierto, en 1995 ha vuelto a formar pareja con Hugh Grant en *El inglés que subió una colina y bajó una montaña*.

Tara Fitgerald

a pelo
1991 • *Algún día te encontraré* (*Hear my song*), de Peter Chelson:
1994 • *Sirenas* (*Sirens*), de John Duigan:

FLORES, PEPA

Marisol nació el 4 de febrero de 1948 en Málaga. La niña prodigio del cine español de los 60 (tras ser descubierta en un espectáculo de Coros y Danzas retransmitido por Televisión Española y debutar en el cine en 1960 con *Un rayo de luz*, de Luis Lucía), rompió con su imagen de niña-cantante angelical y se echó a la mala vida: esto es, se hizo comunista, se convirtió en musa del destape fotográfico con un reportaje en la revista *Interviú*, y protagonizó algún filme subidillo de tono. Estuvo casada con Carlos Goyanes, hijo de su representante, y vivió con el también temperamental bailarín Antonio Gades. Actualmente permanece prácticamente retirada del cine.

a pelo
1975 • *El poder del deseo*, de Juan Antonio Bardem:
1977 • *Los días del pasado*, de Mario Camus

FLUEGEL, DARLANNE

Guapa chica con un numeroso currículum fílmico, pese a lo cual nunca ha pasado de los papeles secundarios. Ha participado en series de TV como *Wiseguy* (emitida aquí en las teles autonómicas) o *Hunter* (1990-1991). Las películas donde se la puede disfrutar en papeles más o menos breves no son nada desdeñables: *Los ojos de Laura Mars* (1978), de Irvin Kershner; *Érase una vez en América* (1984), de Sergio Leone; *Apunta, dispara y corre* (1986), de Peter Hyams; o *Cementerio de animales 2* (1992), de Mary Lambert, donde al parecer utiliza una doble en las escenas de desnudo. A pesar de ello, en *Vivir y morir en Los Ángeles* podemos disfrutar de su propio cuerpo, y en *Otra ciudad, otra ley*, se cuelga nada menos que de Kirk Douglas, más juguetón que un niño y más potente que la mayoría de los adolescentes. En *Breaking point* tiene por compañero de reparto y sobe a Gary Busey.

a pelo
1985 • *Vivir y morir en Los Ángeles* (*To live and die en L.A.*), de William Friedkin:
1986 • *Otra ciudad, otra ley* (*Tough guys*), de Jeff Kanew:
1988 • *Freeway*:
1990 • *Proyecto alien* (*Project: Alien*):
1994 • *Breaking point*:

FONDA, BRIDGET

La chica de la naricita más bonita del cine nació en Los Ángeles, California, el 27 de enero de 1964. Es hija de Peter Fonda, pero a pesar del fuerte peso cinematográfico de su familia, ha ido poco a poco construyendo una carrera sólida, y su figura ya no suele identificarse demasiado con «la hija de...» y «la nieta de...». Estudió en la Universidad de Nueva York, debutando en el cine en 1984 con *You can't harry love*, de Richard Martini. Aquí la vimos por primera vez en *Aria*, filme compuesto de varios episodios dirigidos por diferentes profesionales. El suyo concretamente fue rodado por Frank Roddam, quien supo desde un primer momento sacar partido de su físico, delicado pero inmensamente atractivo. La trágica historia de una pareja que decide suicidarse en la bañera de un motel sirvió para que nos fijáramos en su excelente cuerpo desnudo, cita ineludible de cualquier voyeur mínimamente aplicado. En *Escándalo* hacía de amiga de Joanne Whalley Kilmer, y tenía un numerito en top less que se echa a perder por lo vergonzante de la situación. Aunque lo salva el vello púbico que se le adivina en otra escena en que viste un leve camisón. Donde también da gusto verla es en la excelente *Mujer blanca soltera busca*, que, además de ser probablemente la mejor de las pelis con psicópata que asolaron los cines a principios de los 90, se abre con un desnudo no frontal de la Fonda que es gloria bendita. Una manera inmejorable de empezar. Maravilloso es también su integral en compañía de Jessica Tandy en *Camilla* y sus simpáticos juegos eróticos en la inclasificable *El balneario de Battle Creek*, de Alan Parker. ¡Bien por ella!

a pelo
1987 • *Aria* (*Aria*), episodio de Frank Roddam:
1989 • *Escándalo* (*Scandal*), de Michael Caton-Jones: ▼
1991 • *Chaqueta de cuero* (*Leather jacket*), de Lee Drysdale:
1992 • *Mujer blanca soltera busca* (*Single white female*), de Barbet Schroeder:
1993 • *La asesina* (*Point of no return*), de John Badham:
1994 • *El balneario de Battle Creek* (*The road to Wellville*), de Alan Parker:
• *Freda y Camilla* (*Camilla*), de Deepa Mehta:

FONDA, JANE

Nacida en Nueva York el 21 de diciembre de 1937, la tía de Bridget es un poco desconcertante. Estudió en Harvard, en el Actor's Studio, y de joven levantó quebraderos de cabeza a su padre (el gran Henry) con sus posturas radicales anti-Vietnam y sus actitudes liberales (entre otras locas acciones, se casó con Roger Vadim). Luego, el cambio: se reconcilió con la familia, y, tras casarse y divorciarse de un político (Hayden), contrajo un tercer matrimonio con el magnate televisivo Ted Turner, empezó a comercializar vídeos de aerobic y se operó el pecho y más cosas, suponemos. Fue nominada cuatro veces al Oscar (por *Danzad, danzad, malditos*, de Sidney Pollack; *Julia*, de Fred Zinnemann; *El síndrome de China*, de James Bridges; y *A*

Bridget Fonda

la mañana siguiente, de Sidney Lumet), obteniéndolo en dos ocasiones (*Klute*, de Alan J. Pakula, y *El regreso*, de Hal Ashby). Respecto a su cuerpo, siempre le ha gustado lucir sus pectorales, pero cuando ha tenido que enseñar algo más abajo, ha decidido recurrir a una doble (como en el caso de *El regreso*). En cualquier caso, en *Gringo viejo* volvió sorprendentemente a desnudar sus tetas de 52 años, lo cual siempre es de agradecer.

a pelo
1966 • *El engaño* (*Le curée*), de Roger Vadim:
1967 • *Barbarella* (*Barbarella*), de Roger Vadim:
1971 • *Klute* (*Klute*), de Alan J. Pakula:
1978 • *El regreso* (*Coming home*), de Hal Ashby:
1986 • *A la mañana siguiente* (*The morning after*), de Sidney Lumet:
1989 • *Gringo viejo* (*Old gringo*), de Luis Puenzo:

FORBES, MICHELLE

Preciosa morena conocida principalmente por su intervención en la serie de TV *Star Trek: la nueva generación* (1991-1993), la Forbes es una de nuestras apuestas para los próximos años. Lo tiene todo: una belleza serena que no desdeña papeles de densidad dramática y un inicio muy prometedor en el campo del cine. Tras participar en *Playboys* (1992), de Gillies MacKinnon, ha sido la auténtica revelación de *Kalifornia* como la alternativa cuerda a Juliette Lewis. Además comparte un polvo con David Duchovny (el de la serie *Expediente X*) que levanta no solo ampollas, y aunque se echa de menos un poco más de revelación epidérmica, se le adivinan características físicas muy de agradecer (concretamente algo de vello púbico). Estamos a la espera de más.

a pelo
1993 • *Kalifornia* (*Kalifornia*), de Dominic Sena: ▼

FORQUÉ, VERÓNICA

Nacida en Madrid el 1 de diciembre de 1953, la pelirroja Verónica Forqué (hija del director y productor José M. Forqué) se ha especializado en papeles de tontaina simpática, aunque en el campo de los desnudos hay que aplaudir su osadía en sus últimas películas. Tras estudiar Arte Dramático y Psicología, su carrera arranca desde principios de los 70, pero no es hasta los 80 que se convierte en una especie de símbolo de la comedia madrileña, confirmando su éxito años después con la serie de TV *Pepa y Pepe*. En los 90 parece dispuesta a ir un poco más allá, y se destapa con *¿Por qué lo llaman amor cuando quieren decir sexo?*, una historia sobre profesionales del peep show, aunque su verdadero reto lo borda en *Kika*, la película peor recibida de Pedro Almodóvar, a pesar de que contiene unas escenas buenísimas: la Forqué haciendo el amor con su novio, que mientras le tira polaroids para excitarse; ella durmiendo y un actor porno recién fugado de la cárcel oliéndole el coño y luego metiéndole en él gajos de mandarina que luego se papea tan a gusto; el mismo individuo violándola mientras dos policías intentan separarlos... Quizá fue esa violación tan graciosa la que le cortó la digestión a gran parte de la crítica y el público. En cualquier caso, ¡olé por la Forqué!

Verónica Forqué

a pelo
1992 • *¿Por qué lo llaman amor cuando quieren decir sexo?*, de Manuel Gómez Pereira:
1994 • *Kika*, de Pedro Almodóvar:

FOSTER, JODIE

Nacida en Los Ángeles el 19 de noviembre de 1962, Alicia Christian Foster fue niña prodigio en los 70, pasando por el Liceo Francés de California y la Universidad de Yale. Debutó en el cine en 1972 con *Napoleon and Samantha*, de Bernard McEveety, pero todos la recuerdan especialmente en su papel de putilla en *Taxi Driver* (1976), de Martin Scorsese, que le valió una nominación al Oscar como mejor actriz secundaria. Tras una dramática experiencia con un lunático psicópata que la adoraba, volvió a finales de los 80 con renovadas fuerzas. Ha ganado dos Oscars por *Acusados* y *El silencio de los corderos*, de Jonathan Demme, y dirigido una película, *El pequeño Tate* (1991). Después de unos tímidos desnudos en la primera de ellas y en *Camino de retorno*, el filme repudiado por su director Dennis Hopper, decidió echar el resto y protagonizar un desnudo con todas las de la ley en *Nell*.

a pelo
1988 • *Acusados* (*The accused*), de Jonathan Kaplan:
1989 • *Camino de retorno* (*Backtrack*), de Dennis Hopper:
1995 • *Nell*, de Michael Apted:

FOSTER, MEG

Prolífica actriz que durante los primeros 80 gozó de bastante culto y hoy se alimenta de numerosísimas películas de serie B. Empezó en cintas tan carnosas como *Welcome to Arrow Beach*, una historia de horror sobre canibalismo que interpretó y dirigió Lawrence Harvey: en ella la Foster se pegaría un baño en el mar como Dios la trajo al mundo. Sin embargo, a partir de los 80 rehuiría los desnudos, centrándose en producciones del género terror y fantástico, tras afortunadas apariciones en *La clave Omega* (1983) y *La selva esmeralda* (1985). Así, la veríamos en *Están vivos* (1988), de John Carpenter; *Leviathan* (1989), de George Pan Cosmatos; *El padrastro 2* (1989); *Furia ciega* (1989), de Philip Noyce; y un largo etcétera.

a pelo

1972 • *Thumb tripping*:
1973 • *Welcome to Arrow Beach* (*Welcome to Arrow Beach*), de Lawrence Harvey:
1979 • *A different story*:
1983 • *Clave Omega* (*The Ostermand weekend*), de Sam Peckinpah:

FREDERICK, VICKI

Guapa actriz que ha tenido la suerte de trabajar en algunas de las películas más simpáticas de los 80, la mayoría de ellas musicales: así, nos la podemos encontrar en *Empieza el espectáculo* (1979), de Bob Fosse; *Body rock* (1984), de Marclo Epstein; *A chorus line* (1985), de Richard Attenborough; y, sobre todo, *Chicas con gancho*, la incomprendida comedia de Robert Aldrich sobre el mundo de las luchadoras femeninas, en la que Vicki está de lo más sexy, aunque solo le dé por enseñar una teta. Recientemente ha vuelto a aparecer en *Chaplin* (1992), de nuevo de la mano de Attenborough.

a pelo

1981 • *Chicas con gancho* (*...All the marbles*), de Robert Aldrich:

FROST, SADIE

La Lucy del *Drácula* coppoliano es otra de esas jóvenes actrices dispuestas a arrasar en los próximos años. Dada a conocer por el cine inglés, es la nueva versión del vampiro transilvano la que le da un mayor empuje a su carrera, a lo que no fue ajeno además el show de pectorales que ofrece tras ser mordisqueada por el lujurioso Vlad Tepes. Muy a tener en cuenta en un futuro cercano.

a pelo

1989 • *Cuerpo de élite* (*Diamond skulls*), de Nicholas Broomfield:
1992 • *Drácula de Bram Stoker* (*Bram Stoker's Dracula*), de Francis Ford Coppola:

Sadie Frost

GABRIEL, RUTH

Nacida en Cádiz en 1976, hija de la escritora Ana Rosetti, Ruth empezó de niña en la TV, participando en programas infantiles: *Barrio Sésamo* y *La cometa blanca*. Estudió dos años de interpretación en USA y otro en Italia, y en 1994 fue toda una revelación dentro del filme *Días contados*. Su sensual papel, con una belleza no demasiado ortodoxa, le valió un Goya. Los atrevidos desnudos que protagoniza en la cinta la han encasillado incluso antes de que estrene ninguna otra película.

a pelo
1994 • *Días contados*, de Imanol Uribe:

GALIENA, ANNA

Actriz que a principios de los 90 obtuvo una inesperada popularidad gracias a *El marido de la peluquera*, de Patrice Leconte, uno de los sleepers europeos más rentables en España. De belleza serena y aparentemente recatada, sorprende que al rebuscar un poquito en su filmografía nos encontremos nada menos que con un desnudazo integral en *Días tranquilos en Clichy*, película poco difundida con Claude Chabrol en la dirección y basada en una novela de Henry Miller, con cantidades bastante satisfactorias de desnudos a pesar del filtro pseudointelectual (o gracias a él). Es este un momento a no perderse de su carrera, aunque la Galiena fue sabia y eligió el cine español para proseguir su carrera tras el éxito de *La peluquera...*, con lo cual nos garantizamos también la continuidad de sus desnudos: en *La viuda del capitán Estrada* tiene probablemente su mejor momento erótico en la cama con Sergi Mateu, gracias a unas apasionadas y excelentes escenas amorosas. Y ya mucho más conocida es su participación en *Jamón, jamón*, donde se desmelena con Javier Bardem que es un primor.

a pelo
1989 • *Días tranquilos en Clichy* (*Jours tranquilles à Clichy*), de Claude Chabrol:
1990 • *La viuda del capitán Estrada*, de José Luis Cuerda:
1993 • *Jamón, jamón*, de Bigas Luna:

GARR, TERI

Simpaticota actriz, habitual de comedias sumamente populares, la Garr comenzó a destacar en los 70 gracias a papeles tan graciosos como el de la enfermera Inga de *El jovencito Frankestein* (1974), de Mel Brooks. Más tarde tuvo destacadas interpretaciones en *Encuentros en la tercera fase* (1976), de Spielberg, *El corcel negro* (1979), de Carroll Ballard, *Tootsie* (1982), de Sydney Pollack, etc. Sin embargo, probablemente su papel más destacado es también el único en el que ha mostrado sus tetas: *Corazonada*. El filme de Coppola es estupendo, eso nadie lo va a descubrir ahora, pero además la Garr nos abre paso a su corazón sin recelos, lo cual también es estupendo. Últimamente, se ha reciclado muy bien en comedias de todo tipo, incluidas *Dos tontos muy tontos* (1994) y *Pret-a-porter* (1995), lo cual dice mucho a favor de ella.

a pelo
1982 • *Corazonada* (*One from the heart*), de Francis Ford Coppola:

Anna Galiena

GARRICK, BARBARA

Esta actriz ya es un rostro familiar para muchos, ya que ha participado en numerosos filmes populares de los 90: *Armas de mujer* (1989), de Mike Nichols; *Postales desde el filo* (1990), del mismo director; *La tapadera* (1993), de Sydney Pollack; *Algo para recordar* (1993), de Nora Ephron; etc. De momento, solo se ha desnudado en una película para TV inédita por estos pagos, pero al parecer sumamente edificante. Estaremos al acecho.

a pelo
1994 • *Tales of the city* (TV):

GAZELLE, WENDY

Actriz especializada en películas de los 80 poco afortunadas en taquilla, comenzando por *Remo, desarmado y peligroso* (1985), de Guy Hamilton, y terminando por *El triunfo del espíritu* (1989), de Robert M. Young. Se ha desnudado solo en *Sammy y Rosie se lo montan*.

a pelo
1987 • *Sammy y Rosie se lo montan* (*Sammy and Rosie get laid*), de Stephen Frears:

GEORGE, SUSAN

Conocida sobre todo por su papel en *Perros de paja*, Susan George tiene una irregular carrera cinematográfica, muy vinculada al cine de los 70. Rubita con cara algo viciosa y rellenita, nació en Subiton Surrey (Gran Bretaña), el 26 de julio de 1950. Debutó en el cine con *Un cerebro de un millón de dólares* (1967), de Ken Russell. En 1971 protagonizó con Dustin Hoffman la mencionada *Perros de paja*, una brutal cinta sobre los límites de la tolerancia en que sus desnudos (uno de ellos durante una célebre violación) fueron censurados durante mucho tiempo en España. Las otras películas que se recuerdan de ella son la oscura *Mandingo*, una saga sudista con violaciones a esclavas negras y polvos de señoritas caprichosas (con la agradecida presencia de James Mason y Perry King), y *Tintorera*, una de esas pelis que generó *Tiburón*. La George está casada con Simon MacCorkindale (otro relegado a la TV), y ha abandonado el cine en favor de la producción.

a pelo

1971 • *Perros de paja* (*Straw dogs*), de Sam Peckinpah:
1975 • *Out of season*, de Alan Bridges:
1977 • *Tintorera* (*Tintorera*), de René Cardona Jr.:
1982 • *House where evil dwells*:

GERSHON, GINA

Excitante rostro moreno que acompaña a Elizabeth Berkley en *Showgirls*, la Gershow no es una novata del arte del desnudo. De hecho, en uno de sus primeros filmes, la coproducción franco-estadounidense *Mi dulce venganza*, ya nos deleita la vista con sus pechos. Hecha de momento a los papeles secundarios, también se la puede recordar en la cama con Tom Cruise en *Cocktail*, como la putita asesinada de *Danko: calor rojo* (1987), de Walter Hill, o acompañando a Steven Seagal en *Buscando justicia* (1991), de John Flynn. Aunque tuvo su participación en la celebrada *El juego de Hollywood* (1992), de Robert Altman, será probablemente *Showgirls* la que pueda lanzar su carrera, sobre todo teniendo en cuenta que enseña pechuga y... que es la mala. Su personaje es el prototipo de villana de serial: hasta el nombre acompaña, Cristal. Tiene una boca siempre entreabierta como una vagina horizontal, y lamentablemente no protagoniza ningún desnudo integral. Pero el beso que le pega a la Berkley es de aúpa.

a pelo

1987 • *Mi dulce venganza* (*Sweet revenge*), de Charlotte Brandstrom:
1988 • *Cocktail* (*Cocktail*), de Roger Donaldson:
1993 • *Love matters* (cable):
1995 • *Showgirls* (*Showgirls*), de Paul Verhoeven:

Gina Gershon

GERTZ, JAMI

El rostro más adorable y uno de los de mayor talento del llamado Brat Pack de los 80. Nacida en Chicago, Illinois, en 1965, estudió en la Escuela de Arte Dramático de Nueva York. Fue escogida para protagonizar la serie *Square pegs*, de enorme éxito en su país (1982-83), que compaginó con trabajos teatrales. En cine, ha intervenido en algunos de los filmes más emblemáticos de los divertidos 80, como *Dieciséis velas* (1984), de John Hughes; Cruce de caminos (1985), de Walter Hill; *Quicksilver* (1986), de Tom Donnelly; *Golpe al sueño americano* (1987), de Marek Kanievska; *Jóvenes ocultos* (1987), de Joel Schumacher; *Escúchame* (1989), de Douglas Day Stewart; o *No le digas que soy yo* (1990), de Malcolm Mowbray. Su belleza morena, sencilla y sensible no tiene nada que ver con la típica actriz cañón. Nunca se ha desnudado, si exceptuamos la dramática *Silencio de cristal*, donde encarna a una joven que padece cáncer. En una escena en el quirófano, aparece un pecho que ni siquiera tiene por qué ser el suyo, y tampoco es una imagen muy glamourosa que digamos. Últimamente parece relegada a películas para TV, pero aún no es tarde para que alguien la rescate del olvido.

a pelo

1989 • *Silencio de cristal* (*Silence like glass*), de Carl Schenkel:

GIBB, CYNTHIA

Otra de las promesas del cine americano de los 80 que se ha sabido reciclar en la TV durante los 90. Uno de sus primeros filmes es *Salvador* (1986), de Oliver Stone. Ese mismo año participaría en *Youngblood*, una de esas típicas pelis dedicadas a la glorificación del deportista que tan buenos resultados dio en todos los videoclubs durante la pasada década. El filme incluye una escena de amor con Rob Lowe que supone la mayor exposición epidérmica en celuloide que ha hecho nunca la Gibb. Más tarde aparecería en varios filmes más, de los que destacan únicamente *Cortocircuito 2* (1988), de Kenneth Johnson, y *Libertad para morir* (1990), junto al recluso Jean Claude Van Damme. Actualmente trabaja en una serie para TV, donde curiosamente había empezado su carrera (fue Holly Laird en la serie *Fama* de 1983 a 1986).

a pelo
1986 • *Forja de campeones* (*Youngblood*), de Peter Markle:

GIL, ARIADNA

Ariadna tiene cara de lechuza: su rostro es blanquísimo, y sus ojos oscuros son como dos heridas negras. Considerada uno de los mejores valores de la sangre joven del cine español, la Gil (hermana de los creadores del grupo de rock Brighton 64) inició su carrera en la TV catalana, presentando programas culturales. De imagen muy distinta a la actual, con una larga cabellera negra y un rostro de nariz algo irregular, aún era una desconocida cuando participó en *El complot de los anillos*, película de Francesc Bellmunt sobre un supuesto sabotaje independentista a los Juegos Olímpicos de Barcelona donde lo único olímpico eran las tetas de Ariadna: la tipa se camelaba al prota, el yanqui Stephen Brennan, y sus escenas de cama eran ampliamente disfrutadas. Tras unos años en compás de espera, su oportunidad llegó con *Amo tu cama rica*, que puso de moda las películas sencillas de romance entre jóvenes. Su sonrisa deslumbrante y cálida y el distanciamiento irónico que le supo dar a su papel de machorra en *Belle epoque* acabaron por rendir a los espectadores a sus pies: por cierto, en este filme la Gil se folla vestida de legionario a Jorge Sanz vestido de criada: pese a que sus pechos son exhibidos demasiado brevemente, la escena tiene coña.

a pelo
1985 • *Lola*, de Bigas Luna:
1987 • *El complot de los anillos* (*El complot dels anells*), de Francesc Bellmunt:
1991 • *Amo tu cama rica*, de Emilio Martínez-Lázaro:
1992 • *Belle epoque*, de Fernando Trueba:
1996 • *Malena es nombre de tango*, de Gerardo Herrero.
1996 • *Libertarias*:

GILBERT, MELISSA

¡Sí, la Laura de *La casa de la pradera*, nuestra Laurita de las sesiones dominicales, también se ha desnudado! ¡Ay, señor, qué va a ser de nosotros, ya nada es lo que era! La señorita Gilbert, que fue hija ficticia del buenazo de Michael Landon durante ¡nueve años! (de 1974 al 83), comenzó a alternar al término de la serie diversos papeles en películas para TV con otras para cine: de su coqueteo con este último medio nos queda *Sylvester* (1985), una película tierna de caballo trotón que, inesperadamente, incluye dos rápidas imágenes de sus protuberancias pectorales (las de Melissa). La cosa no fue a más, pero siendo quien es, ¿qué más se puede pedir? Otra sorpresa: Melissa está casada con Bruce Boxleitner, el de *La conquista del Oeste*. Todo queda en casa, preferentemente en la TV, adonde nuestra heroína volvió, tras sus insatisfactorias experiencias en pantalla grande, para actualmente continuar en series donde, eso sí, siempre es la prota.

a pelo
Sylvester (*Sylvester*), de Tim Hunter:

GILLEN, MARIE

Una de las revelaciones del cine francés de 1995 es esta jovencita dispuesta a comerse el mundo, no sin antes haberse desnudado para él. Moriremos felices.

a pelo
1995 • *La carnaza*:

GIRARDOT, ANNIE

La veterana actriz francesa, actualmente dispuesta a participar en las más horrendas producciones basura USA, protagonizó en 1975 el filme *La vida privada de una doctora*, en la que ella es la doctora y descubre que padece cáncer. El filme cuenta con un par de escenas sumamente sorprendentes: en la primera de ellas, la mujer, muy madurita ya, aparece tranquilamente tomándose un baño delante de su hijo; lo sorprendente, claro, no es esto, sino la naturalidad con la que permite que la cámara lo tome todo desde un leve picado. Si a ello añadimos que en el agua no es que haya excesiva espuma que digamos... Minutos después, la vemos en el hospital sometiéndose a una mamografía: y lo curioso es que en ese momento se tapa las tetas con las manos. ¿Tiene esa reacción algo que ver con el personaje o con un gesto púdico de la propia actriz?

a pelo
1975 • *La vida privada de una doctora* (*Docteur Françoise Gailland*), de Jean-Louis Bertucelli:

GIVENS, ROBIN

La ex del boxeador Mike Tyson debutó a mediados de los 80 en una serie televisiva, y su entrada en el cine no se produjo hasta los 90. Aquí es conocida prácticamente por *El príncipe de las mujeres*, comedia con Eddie Murphy en la que podemos contemplar alguna de las cualidades físicas de la Givens, aunque las escenas en realidad son muy poco satisfactorias. De momento, parece que va a encarrilar su carrera bastante más acertadamente de lo que hacía pensar cuando comenzó como «la mujercita de...».

a pelo
1991 • *A rage in Harlem*:
1992 • *El príncipe de las mujeres*, de Reginald Hudlin:
1994 • *Foreign student*:

GOING, JOANNA

Esta atractiva joven encarnó al amor de Wyatt Earp en el filme del mismo título que dirigió Lawrence Kasdan, con Kevin

Robin Givens

Costner como protagonista. Su pasado cinematográfico es prácticamente inexistente (alguna película y un par de series para la pequeña pantalla), por lo que esperamos que este buen debut tenga continuidad: de momento, en la mencionada película podemos admirarla en la cama con el buen sheriff, así como sus pechos inmortalizados en una fotografía de ajado blanco y negro que Mark Harmon (por cierto, fantástico en su papel) va enseñando a quien quiera verla.

a pelo
1994 • *Wyatt Earp* (*Wyatt Earp*), de Lawrence Kasdan:

GOLINO, VALERIA

Nacida en Nápoles el 22 de octubre de 1966, hija de italiano y griega, la Golino fue modelo publicitario durante la adolescencia. De belleza poco complaciente que no rehúye los desnudos, en 1983 debutó en el cine con *Schezo del destino*, de Lina Wertmuller. *Storia d'amore* (1987), de Francesco Maselli, le valió el premio a la mejor actriz de la Mostra de Venecia. Su primer papel importante en USA fue *Rain Man*, donde le proporcionaba sus únicos momentos lúcidos a un cardíaco Dustin Hoffman. Después destacó en *La puta del rey*, que ya solo por el título llamó mucho la atención: acompañada de Timothy Dalton, la sensualidad que despiden sus escenas eróticas quedan pronto superadas por la repulsión que despiertan sus desnudos en plena enfermedad contagiosa. Aparecer recubierta de costras es todo un reto para una actriz joven y bonita. En 1991 participa en la excelente *Extraño vínculo de sangre*, el debut en la dirección de Sean Penn, y luego ya se dedica a comedias como las dos partes de *Hot shots*, de Jim Abrahams. Últimamente su carrera americana la está llevando a convertirse en una secundaria eficaz.

a pelo
1988 • *Rain man* (*Rain man*), de Barry Levinson:
1990 • *La puta del rey* (*The king's whore*), de Axel Corti:
1991 • *El año de las armas* (*The year of the gun*), de John Frankenheimer:
1994 • *Amor inmortal* (*Inmortal beloved*), de Bernard Rose:

GRANDI, SERENA

La más guapa y descomunal actriz surgida de Italia durante los 80, Serena Grandi alcanzó cierta popularidad gracias a su papel en *Miranda*, una película sumamente divertida de Tinto Brass donde las cualidades de la protagonista quedan en todo momento magnificadas por los numerosos primeros planos. También ha protagonizado algún título de terror con el argumento típico: modelos asesinadas por psicópata que lo ve todo deformado. Últimamente, la Grandi planeaba rodar por España.

a pelo
1985 • *Miranda* (*Miranda*), de Tinto Brass:
• *Crímenes en portada* (*Delirium*), de Lamberto Bava:

GRANT, FAYE

La rubia de *V* cuenta con numerosos seguidores, pero es difícil saber nada sobre esta actriz, mitad mujer fatal mitad ama de casa, que ha ido apareciendo en numerosas series como estrella invitada y cuyas apariciones cinematográficas han pasado lamentablemente desapercibidas. En *Asuntos sucios* estaba muy sexy al lado de Richard Gere, y además tenía un breve desliz con uno de sus pechos. En 1991 protagonizó la cuarta parte de *La profecía*, dirigida para TV por Jorge Montesi y Dominique Othenin-Girard.

a pelo
1989 • *Asuntos sucios* (*Internal affairs*), de Mike Figgis:

GRANT, LEE

Madre de la actriz Dinah Manoff y ella misma una veterana de la gran y la pequeña pantalla, donde a mediados de los sesenta trabajó en la mítica serie *Peyton Place*. *En el calor de la noche* (1967), de Norman Jewison; *El valle de las muñecas* (1967), de Mark Robson; *Atrapados en el espacio* (1969), de John Sturges; *El día de los tramposos* (1970), de Joseph L. Mankiewicz; o *Shampoo*, por la que obtendría un Oscar, son algunas de las películas más célebres en las que participó en sus primeros años. Es en *Shampoo* precisamente donde descubre brevemente sus senos mientras está en la cama con Warren Beatty. Más tarde, volvería a aparecer en *Aeropuerto 77* (1977), de Jerry Jameson; *La profecía II* (1978), de Don Taylor; *Profesores de hoy* (1984), de Arthur Hiller; o *Mano de oro* (1987), de Ben Bolt. Continúa en activo.

a pelo
1975 • *Shampoo (Shampoo)*, de Hal Ashby:
1979 • *When ya comi' back Red Ryder.*

GREPI, ALEJANDRA

Uno de los descubrimientos del *Un, dos, tres* de Chicho Ibáñez Serrador, y una de las actrices más oscuras y extrañas del cine español. En sus comienzos se metió en producciones de softcore, para luego reaparecer a mediados de los 80 con papeles secundarios y una cierta aura de mujer fatal que le dio bastante promoción. Ha protagonizado uno de los desnudos integrales más rotundos de la TV cañí, en *Las mujeres de mi vida*, episodio dirigido por Fernando Fernán Gómez dentro de la serie *La mujer de mi vida*, producida a su vez por Fernando Trueba para TVE. La Grepi casi pilla la gripe paseándose desnuda por el cuarto de baño, en secuencias en blanco y negro que hacen caerse la baba al más pintado. Una curiosidad: a pesar de lo explícito de su desnudo, el vídeo se ha comercializado en venta directa como «Autorizada para todos los públicos». ¡Aprovechaos, chavales!

a pelo
1982 • *Nefele y las seductoras de Lesbos*,
de Omiros Efstratiadis:
1993 • *Las mujeres de mi vida* (TV),
de Fernando Fernán Gómez:

GRIER, PAM

Una de las grandes veteranas del cine black-explotation, ha conseguido mantenerse, al igual que Richard Rountree, en una excelente forma como actriz madura «con pasado», siendo incluida en numerosas películas de serie A y TV como invitada especial. La mayoría de sus películas de los 70 siguen inéditas en nuestro país (excepto *Drum*, secuela de *Mandingo*), aunque la TV las va recuperando de vez en cuando, por lo que es aconsejable no perdérselas: prácticamente todas incluyen algún desnudo, aunque los únicos frontales los contiene *Naked warriors* y *On the edge*, esta última ya de 1985 que rodó junto a Bruce Dern. En España se la ha podido ver últimamente en *Por encima de la ley* (1988), de Andrew Davis; la demencial *Curso 1999* (1990), de Mark Lester, con la Grier de profesora-robot; *El alucinante viaje de Bill y Ted* (1988), de Stephen Herek, una muy recomendable película donde el humor idiota y el inteligente se mezclan hasta límites inextricables; o la climática *Posse* (1993), de Mario Van Peebles.

a pelo
1971 • *The big doll house*:
1973 • *Coffy*:
• *Naked warriors (The arena)*:
1974 • *Foxy brown*:
1975 • *Bucktown*:
• *Friday foster*:
• *Sheba, baby*:
1976 • *Drum (Drum)*, de Steve Carver:
1985 • *On the edge*:

GRIFFITH, MELANIE

Hija de Tippi Hedren (la de *Los pájaros*), Melanie nació en Nueva York el 9 de agosto de 1957. Bastante ligera de cascos en su juventud, la mayor parte de sus primeras películas contienen desnudos integrales. Conocida por sus correteos, peleas y reconciliaciones con Don Johnson (un tipo siempre desaprovechado en el cine) y por los lingotazos que debía pegarle al whisky, últimamente parece rehabilitada y muy enamorada de Antonio Banderas. Físicamente, el alcohol causó bastantes estragos en su piel, pero a pesar de ello nos gusta su mirada pícara y al mismo tiempo desvalida. Tiene buenos momentos en *La noche se mueve*, donde es una Lolita desinhibida que provocará bastantes quebraderos de cabeza a un ya casi calvo Gene Hackman. Luego muchos hablan de ella en *Doble cuerpo*, pero el papel que realmente la lanzó como estrella fue *Algo salvaje*: literalmente se comía a Jeff Daniels (graciosísimo, como siempre), y su imagen de Lulú traviesa esposándole en la cama fue una de las más características de los 80. Después, eróticamente daba unos toquecitos sexies a *Lunes tormentoso*, y por fin llegó su otro gran momento: *Armas de mujer*, filme por el que la nominaron al Oscar. En *La hoguera de las vanidades* (1990), de Brian de Palma, calienta motores en ropa interior a Tom Hanks que es un gusto. De momento, *Two much* ha sido su relanzamiento en los 90.

a pelo
1974 • *Smile*, de Michael Ritchie:
1975 • *La noche se mueve (Night moves)*,
de Arthur Penn:
1977 • *Juventud rebelde (Joyride)*,
de Joseph Ruben:
1984 • *Doble cuerpo (Body double)*,
de Brian de Palma:
• *La ciudad del crimen (Fear city)*,
de Abel Ferrara:
1986 • *Algo salvaje*
(Something wild),
de Jonathan Demme:
1988 • *Lunes tormentoso (Stormy weather)*,
de Mike Figgis:
1989 • *Armas de mujer (Working girl)*,
de Mike Nichols:
1992 • *Resplandor en la oscuridad (Shining trough)*,
de David Seltzer:
1994 • *Ni un pelo de tonto (Nobody's fool)*,
de Robert Benton:

GUERRA, BLANCA

Veterana actriz mexicana que se ha puesto de actualidad en los 90 gracias al éxito de la película *Danzón* (1991), de María Novaro. Sin embargo, esta mujer ya tiene a sus espaldas una buena cantidad de películas, empezando por *Eréndira* (1983), la coproducción méjico-franco-alemana que dirigiera Ruy Guerra sobre la obra de García Márquez. Ha participado asimismo en producciones estadounidenses, como la aquí inédita *Separate vacation*, donde desnuda tímidamente sus tetas, la mítica *Walker* (1987), de Alex Cox, o *Peligro eminente* (1994), la entretenida película de Philip Noyce. A destacar también su papel en *Santa sangre* (1989), filme de Alejandro Jodorowsky con todas las rarezas que este siempre mete.

a pelo
1985 • *Separate vacations*:
1989 • *Santa sangre*,
de Alejandro Jodorowsky:

Melanie Griffith

GUTTERIDGE, LUCY

La resultona prota femenina de la excepcional comedia *Top secret* (1984), aquella loca película que hizo las delicias de todos los chavales de la época, cayó después prácticamente en el olvido. Seis años más tarde apareció en *Tusks* con una escena de baño en la que enseña las tetas. Eso sí, antes ya lo había hecho en un episodio de la pionera serie canadiense de TV por cable *El autoestopista*, que alguna cadena haría bien en reponer uno de estos días.

a pelo
1987 • *El autoestopista* (TV):
1990 • *Tusks:*

HALL, JERRY

La rubia modelo, compañera de Mick Jagger, también ha hecho sus pinitos en el cine, con papelitos en filmes como *Urban cowboy* (1980), de James Bridges, *Batman* (1989), de Tim Burton, *Freejack* (1992), de Stephen Hopkins (en ella coincidió con el villano Mick), o *La princesa Cariboo* (1994). Aunque como modelo hace fotos ligerita de ropa muy a menudo (recientemente se esnudó del todo para una conocida revista), en celuloide solo ha enseñado las tetas una vez, en *Una almohada para tres*, comedia con el canadiense Michael Ontkean y Margot Kidder.

a pelo
1980 • *Una almohada para tres (Willie and Phil)*, de Paul Mazursky:

HAMILTON, LINDA

Prototipo por excelencia de la heroína masculina que tanto deslumbra a James Cameron, Hamilton nació en Salisbury, Maryland, el 26 de septiembre de 1957. Estudió en el Instituto Strasberg de Nueva York, debutando en la TV antes de iniciar una todavía corta carrera cinematográfica. Tras aparecer en filmes como *Los chicos del maíz* (1984), de Fritz Kiersch, sería el mencionado Cameron quien la lanzó al estrellato con *Terminator*, donde incluiría una tórrida escena de amor nocturna, en la que supuestamente es concebido John Connor. Tras este buen comienzo, la Hamilton protagonizó dos discretos filmes, *Black moon* y *King Kong 2*, ambos con breves muestra de su talento pectoral (especialmente insólito en el 2° caso). Protagonista de la serie *La bella y la bestia* (1987-90), vuelve a ser Cameron su mentor en el cine, haciéndola repetir papel, de manera mucho más explosiva y lucida, en *Terminator II*, donde su intervención llega a ser memorable en todo el inicio del filme. Durante el rodaje se hizo público su idilio con Cameron. Desde entonces no se sabe nada nuevo de ella.

a pelo
1984 • *Terminator* (*The terminator*), de James Cameron:
1986 • *Black Moon* (*Black Moon rising*), de Harley Cockliss:
• *King lives* (*King Kong 2*), de John Guillermin:

HAMILTON, SUZANNA

La protagonista de *1984*, la adaptación de la celebérrima novela de George Orwell, se ha mantenido prácticamente atrincherada en el cine inglés a pesar de que aquella película tuviera una importante repercusión internacional. Aunque al año siguiente participó nada menos que en *Memorias de África*, de Sydney Pollack (y en 1979 la pudimos también encontrar en *Tess*, el filme de Roman Polanski), su permanencia en el cine británico ha significado también que la hayamos perdido de vista por el momento. Por suerte, siempre nos quedan sus desnudos integrales de ese 1984, cosa que agradeceremos eternamente al Gran Hermano.

a pelo
1982 • *Brimstone and Treacle:*
1984 • *1984 (1984)*, de Michael Radford:

HAMPTOM, DEMETRA

Un pedazo de bombón es esta preciosa chica que aquí conocimos gracias a la serie italiana *Valentina*, adaptación a la tele del famoso cómic de Guido Crepax. De cuerpo atlético y bien formado, esta mujer no ha podido luego centrar su carrera interpretativa, pero recientemente ha vuelto delante de las cámaras en un capítulo de otra serie sexy: *Red shoe diaries*.

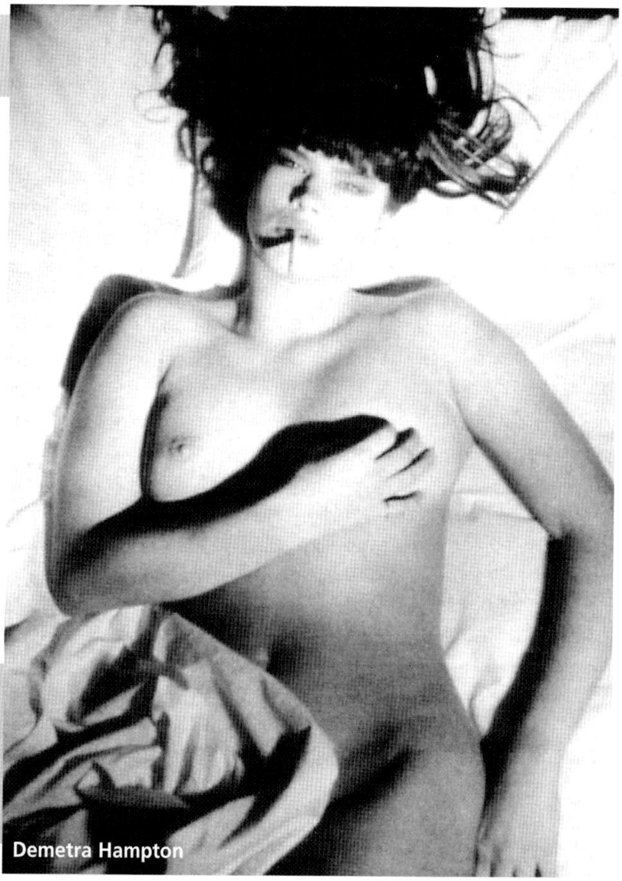

Demetra Hampton

a pelo

• *Valentina* (*Valentina*) (TV):

1995 • *Red shoe diaries: The psychiatrist* (cable):

HANNAH, DARYL

La altísima Daryl Hannah, nacida en Chicago el 6 de febrero de 1960, empezó estudiando ballet, pasando por el Goodman Theatre de Chicago y los cursos de Stella Adler. Debuta en *La furia* (1978), de Brian de Palma, aunque el primer papel secundario donde llama la atención es en *Blade Runner* (1982), de Ridley Scott, en el que además sacará gran partido de sus aptitudes físicas. Antes de saltar a la fama como la sirenita de *1, 2, 3... Splash*, rodó junto a Peter Gallagher una comedieta liberal de amor a tres bandas dirigida por el autor de la inolvidable *Grease*, Randal Kleiser. La película en cuestión se titula *Un amor de verano* y muestra a una Hannah explosiva, con solo 22 años y unos desnudos de playa griega que ponen todos los pelos de punta. Después llegó esa oportunidad de intentar adivinar sus pechos entre tanta melena con la mencionada *Splash*, y a partir de ahí la popularidad absoluta: *Peligrosamente juntos* (1986), de Ivan Reitman; *Roxanne* (1987), de Fred Schepisi; *El hotel de los fantasmas* (1988), de Neil Jordan; *Magnolias de acero* (1989), de Herbert Ross; etc. En *Jugando en los campos del señor* realiza por primera vez un desnudo integral frontal, delante de un asombrado Tom Berenger. Ha vuelto a la carga, después de unos años algo flojos, con *Two much*, donde aparece de nuevo desnuda, aunque detrás del cristal de la ducha. Eso sí, todo es perfectamente adivinable tras él.

a pelo

1982 • *Un amor de verano* (*Summer love*), de Randal Kleiser:

1984 • *Rebeldes temerarios* (*Reckless*), de James Foley:

• *1, 2, 3... Splash* (*Splash*), de Ron Howard:

1991 • *Jugando en los campos del señor* (*At play in the fields of the Lord*), de Héctor Babenco:

1995 • *Two much*, de Fernando Trueba:

HARPER, JESSICA

Veterana actriz de delgada constitución y grandes ojos, ha participado en conocidas películas de los 70 como *El fantasma del paraíso* (1974), de Brian de Palma; *La última noche de Boris Grushenko* (1975), de Woody Allen; *Suspiria* (1977), de Dario Argento; *Recuerdos* (1980), de Woody Allen; etc... En el 76 participó en *Inserts*, la película de culto de John Byrum sobre el cine porno, protagonizando una larga escena con Richard Dreyfuss en la que ambos mantienen un forcejeo verbal sobre si ella se desnuda o no. El caso es que Dreyfuss le llega a chupar sus pezonetes con delectación y, aunque la Harper lleva unas braguitas de época, hay momentos que se le vislumbra parte del vello púbico. En 1981 también enseña las tetas en otro título de culto: *Pennies from heaven*. En los años 80 su estrella se fue apagando, aunque ella aún se mantiene en activo.

a pelo

1976 • *Inserts* (*Inserts*), de John Byrum: ▼

1981 • *Dinero caído del cielo* (*Pennies from heaven*), de Herbert Ross:

HARRY, DEBORAH

La atractiva cantante pop, ex conejita de *Playboy*, ha tenido una breve pero bastante bien escogida participación en varias películas, como *Hairspray* (1988), de John Waters, *El gato infernal* (1990), de John Harrison, o *Body bags* (1993), de John Carpenter. Pero sin duda todos la recordamos por su sexy y fuerte papel en *Videodrome*, la gran película de David Cronenberg, donde acompaña a James Woods y nos regala una panorámica de sus pechos.

a pelo

1983 • *Videodrome* (*Videodrome*), de David Cronenberg:

HATCHER, TERI

Una de las mujeres más atractivas de la nueva hornada de actrices, la volcánica Teri se dio a conocer en España con *Lois y Clark: las nuevas aventuras de Supermán*, serie bastante divertida que se produce desde 1993. Antes, esta bella morenita había participado en diversas películas para cable y cintas de serie B, una de las cuales, estrenada en España directamente en vídeo y co-protagonizada por Robert Patrick (el malo de *Terminator 2*), contiene un par de espectaculares desnudos. Pero el mejor de todos es el de *Prisioneros del cielo*, ella sola se come toda la película.

a pelo

1992 • *Fuego en la piel* (*The cool surface*), de Erik Anjou:

1996 • Prisioneros del cielo (Heavens's Prisoners), de Phil Joanou:

HAWN, GOLDIE

La alocada Jeanne Hawn nació en Washington el 21 de noviembre de 1945. Procedente de una familia de músicos, estudia ballet para debutar a los 14 años en el teatro musical. Prosigue estudiando, ya Arte Dramático, en Virginia, trabajando como coreógrafa en California y en revistas musicales de Las Vegas. En 1967 se hace popular en el show televisivo *Laugh-in*. Debuta en el cine ese mismo año, y en 1969 gana un Oscar por su papel en *Flor de cactus*, de Gene Saks. Un año después aparece desnuda en *Hay una chica en mi sopa*. En 1974 protagoniza la obra maestra de Spielberg *Loca evasión*, y ese mismo año muestra fugazmente sus pechos en *La chica de Petrovca*, aunque prácticamente no se vean nada. Encasillada en la comedia, la veremos pasar por *Shampoo* (1975), de Hal Ashby; *La recluta Benjamín*, de Howard Zieff (1980); *Un mar*

Daryl Hannah

Margaux Hemingway

de líos (1987), de Garry Marshall; *Dos pájaros a tiro* (1990), de John Badham; *Engañada* (1991), de Damian Harris; *Esposa por sorpresa* (1992), de Frank Oz; o, ese mismo año, *La muerte os sienta tan bien*, de Robert Zemeckis... y, todo ello, sin que su físico sufra aparentemente ningún cambio fundamental. Sigue siendo una muchacha revoltosa.

a pelo

1970 • *Hay una chica en mi sopa* (*There's a girl in my soup*), de Roy Boulting:
1974 • *La chica de Petrovka* (*The girl from Petrovka*), de Robert Ellis Miller:
1982 • *Amigos muy íntimos* (*Best friends*), de Norman Jewison:
1986 • *Wildcats*, de Michael Ritchie:
1990 • *Dos pájaros a tiro* (*Bird on a wire*), de John Badham:
1992 • *Criss cross*, de Chris Menges:

HAYEK, SALMA

Perfecta físicamente, la explosiva mexicana Salma Hayek dio el gran salto de los folletines de su país natal a las superproducciones yanquis de la mano de su Pigmalión Robert Rodríguez. Graciosísima y potentísima en *Desperado* (aunque las escenas de amor con Banderas parecen sacadas de la estética videoclip ya un poco sobada de los años 80 e incluso podrían estar llevadas a cabo por una doble), es una mujer que puede serlo todo en el futuro star system hollywodiense, pues belleza y valentía no le faltan. Y es que como ella misma dice: «Me casaré el día que encuentre a un hombre con más cojones que yo».

a pelo

1995 • *Desperado* (*Desperado*), de Robert Rodríguez:

HEADEY, LENA

Nacida en Yorkshire (Gran Bretaña) en 1974, la Headey fue noticia al protagonizar la nueva versión de *El libro de la selva*. Hasta entonces había interpretado varios papeles en su país natal, uno de ellos muy sexy en *El país del agua*, donde desnudaría sus considerables pechos en las rememoranzas de Jeremy Irons. Luego ha participado en varias producciones de la BBC y series de TV yanquis como *Spencer* y *McGyver*, y en la película *Lo que queda del día*, de James Ivory.

a pelo

1992 • *El país del agua* (*Waterland*), de Stephen Gyllenhaal:

HEIGENBERGER, MARG

Actriz pelirroja que parece estar empezando a despegar con su participación en *Species*, donde da vida a una de los perseguidores del alien protagonista, enamorándose del amigo Michael Madsen porque no hace más que fruncir el ceño y repetir lo asesino que es. En cualquier caso, la chica se lo llevará al huerto, enseñando de paso las tetas. De sus anteriores películas, muy pocas se han estrenado aquí, aunque ha participado en filmes como *Always* (1989), de Steven Spielberg, y es recordada por las series *Playa de China*, *Ángeles caídos*, o la miniserie *Los Tommynockers*.

a pelo

1995 • *Species* (*Species*), de Roger Donaldson:

HEMINGWAY, MARGAUX

Nieta de Ernest y hermana de Mariel, Margaux llegó al cine como modelo, con lo cual su carrera se vio limitada considerablemente. El papel que le dio algo de éxito fue *Lipstick*, polémico filme que coprotagonizó junto a su hermanita pequeña y en el que era violada por Chris Sarandon. Allí enseñó bastante de su cuerpo, aunque nunca ha realizado un frontal. El resto de su filmografía se pierde en películas de serie B solo localizables en las estanterías de los videoclubs o en las noches de Tele 5. Recientemente (julio de1996) apareció muerta en su casa.

a pelo

1976 • *Lipstick-Lápiz de labios* (*Lipstick*), de Lamont Johnson:
1991 • *Inner Sanctum*:
1992 • *Double obsession*:

HEMINGWAY, MARIEL

Adorable actriz de rostro ancho y gracioso que no ha podido consolidar su carrera en el cine a pesar de contar con inmejorables oportunidades: tras el fulgurante debut en *Lipstick*, en 1979 Woody Allen la convertiría en el objeto de su deseo en *Manhattan*, y en 1982 llegaría la que para muchos es su mejor película: *Personal best*, una bella historia de amor entre dos mujeres donde además se incluiría su primer y único desnudo integral, en una escena digna de un sueño: dentro de una sauna repleta de chicas sin ropa alguna. Después de eso llegó su otra gran oportunidad: *Star 80*, último filme de Bob Fosse donde Mariel encarnaría a la neumática playmate Dorothy Stratten, asesinada por su celoso ex novio. Para prepararse para el papel, como un Robert de Niro cualquiera, la Hemingway también experimentó un considerable cambio físico; o, mejor dicho, lo experimentaron sus pechos, que después de ser operados adquirieron unas dimensiones mucho más considerables. El filme contenía desnudos, pero nunca frontales, e incluso ella llegó a hacer una sesión para *Playboy* emulando las fotos de la playmate real: solo que las de la Stratten eran mucho más explícitas, con el coñito siempre bien a la vista. Después de la decepción que supuso *Star 80*, Mariel no supo remontar el vuelo, aunque aún coprotagonizaría películas de cierta popularidad, como *Llamada a un reportero*, donde tenía de compañero a un por aquel entonces algo devaluado Kurt Russell, *Superman IV* (1987), de Sidney J. Furie, o *Cuando el amor se acaba* (1991), de John Mellecamp. Sabiamente, Mariel se ha reciclado en la TV, protagonizando en 1992 el primer «desnudo» de la pequeña pantalla en USA: en realidad, solo enseña el trasero. Fue en *Civil wars*, una serie sobre divorcios que ya se ha cancelado, aunque ella ya protagoniza una nueva producción televisiva.

a pelo

1982 • *Personal best* (*Personal best*), de Robert Towne:
1983 • *Star 80* (*Star 80*), de Bob Fosse:
1985 • *Creator* (*Creator*), de Ivan Passer:
• *Llamada a un reportero* (*The mean season*), de Philip Borsos:
1991 • *Tales from the Crypt: Loved to death* (TV):
1992 • *Civil wars* (TV):

Mariel Hemingway

HENNER, MARILU

Actriz fogueada en el cine y la TV, inició su carrera a finales de los 70 con títulos como *Stony, sangre caliente* (1978), de Robert Mulligan, o *El hombre de Chinatown* (1982), de Wim Wenders. En 1983, en *Mis problemas con las mujeres* (versión USA de *El amante del amor*), compartía escena de cama y pectorales con Burt Reynolds. Fue la única vez que la Henner mostró alguno de sus secretos, participando posteriormente en *Los locos de Cannonball II* (1984), de Hal Needham; *Perfect* (1985), de James Bridges; o, más recientemente, *Misión explosiva* (1994), de Dennis Hopper. Como curiosidad, cuenta con su propio vídeo de aerobic, pero suponemos que también sale vestida.

a pelo
1983 • *Mis problemas con las mujeres* (*The man who loved women*), de Blake Edwards:

HERSHEY, BARBARA

Esta mujer ha tenido probablemente los amantes más raros de la historia del cine, desde Kung Fu a Jesucristo, pasando por un fantasma que echaba de menos algunos aspectos concretos de la vida terrenal. La Hershey es además una de las mejores actrices del Hollywood actual y una de las menos reconocidas, al menos popularmente. Podríamos decir que posee una belleza inolvidable, pero nos quedaríamos cortos. En realidad su belleza es muy extraña, cálida y sucia a la vez, con unos ojos oscuros que suele remarcar inquietantemente con lápiz negro. Nació en el propio Hollywood (California) el 5 de febrero de 1948, y su verdadero apellido es Herzstein. Empezó relativamente joven en el cine, y ya desde el comienzo su aspecto desaliñado y liberal le valió representar papeles bastantes jipiosos, lo cual está bien porque a los jipis les gusta mucho salir desnudos, y ella no fue una excepción (aunque, pensándolo bien, esa faceta podía haber sido mucho más explotada). En *El verano*

pasado (1969) le enseñaba un poquito a un atolondrado Richard Thomas, aquel simpaticote actor de la peca que luego se vio relegado a la TV. También enseñaba algo, tirándose desnuda a la piscina, en *Un bebé para mi esposa* (1970), filme que aquí se estrenó con seis años de retraso. Pero no fue hasta 1972 que nos mostró un integral claro (aunque no frontal) en *El tren de Berta*, de Martin Scorsese. Por aquel entonces vivía con el protagonista masculino, David Carradine, en una cabañita en plena naturaleza, con la revista *Playboy* como único contacto con el mundo exterior. ¿Ahora entendéis por qué Carradine se ha pasado el resto de su vida repartiendo llaves de barriga y participando en subproductos de tercera? Nunca pudo superarlo. Por cierto, en aquel tiempo la pareja posó desnuda para la mencionada *Playboy*. Ni que decir tiene que ese ejemplar está buscadísimo.

Después de eso, la Hershey se prodiga poco, aunque en *El especialista* (1980), extraño título de culto de Richard Rush, se desnuda un poquito, pero está demasiado oscuro. No sería hasta *El ente* (1983), de Sidney J. Furie, que la Hershey nos ofrece unos espectaculares desnudos: genial el del baño al comienzo de la película, y ¡espectacular! el integral de la violación en plena cama. Sin embargo, es precisa alguna puntualización: aunque hay que aplaudir el buen gusto del ente por haberla elegido a ella y también el buen gusto de los guionistas por haber elegido la invisivilidad como apariencia de dicho ente, los efectos especiales están por medio, y los pechos que aparecen durante los ataques probablemente no son reales. Eso es fácil de ver y no importa tanto porque ya los enseñó antes en la secuencia del baño. Lo que no nos atrevemos a afirmar es si el resto del cuerpo es o no real: nos gustaría pensar que sí, porque, ¡está tan visible y expuesto! En cualquier caso, la película se hizo célebre en su momento debido a la «moldeabilidad» de las tetas: los chavales alucinaban viendo cómo se abollaban y deformaban.

Durante los 80 participó en *Elegidos para la gloria* (1983), el magnífico filme de Philiph Kaufman, donde hacía galopar hasta la extenuación a un sudoroso Sam Shepard, y nos enamoró a todos en *Hanna y sus hermanas* (1986) de Woody Allen. En 1987 y 1988 ganó consecutivamente el Premio a la Mejor Intérprete Femenina del Festival de Cannes con *Shy people*, de Andrei Konchalovski, y *Un mundo aparte*, de Chris Menges, respectivamente. Precisamente en 1988 encarnó el «papel de su vida», en propias palabras, y de la mano del director que la había lanzado, Martin Scorsese. Nos referimos a la polémica *La última tentación de Cristo*, donde le tocó hacer de María Magdalena. El resultado es glorioso, y no hablamos solo de los desnudos: para muchos es esta la mejor película de Scorsese. Respecto a las escenas de sexo, en la primera de ellas logramos visualizar unas décimas de segundo su cuerpo enterito, mientras se coloca una túnica. Y es que había que esmerarse ante Cristo. El escándalo que desató el estreno del filme no pareció afectarla profesionalmente, y en 1992 la hemos disfrutado en títulos de la valía de *Un día de furia*, de Joel Schumacher, y *El ojo público*, de Howard Franklin; en esta última, pese a sus añitos, está especialmente encantadora. Por cierto, dicen las malas lenguas que se ha operado los labios.

a pelo

1969 • *El verano pasado* (*Last summer*), de Frank Perry:
1970 • *Un bebé para mi esposa* (*The baby maker*), de Alan Bridges:
1972 • *El tren de Berta* (*Boxcar Bertha*), de Martin Scorsese:
1980 • *El especialista* (*The stunt man*), de Richard Rush:
1983 • *El ente* (*The entity*), de Sidney J. Furie:
1988 • *La última tentación de Cristo* (*The last temptation of Christ*), de Martin Scorsese:
1991 • *Paris Trout* (*Paris Trout*), de Stephen Gyllenhaal:

HENSTRIDGE, NATASHA

Sin duda el gran descubrimiento de *Species* (1995), de Roger Donaldson, la Henstridge no solo es una bellísima modelo, sino que en este filme es el único actor convincente: le da papas con requesón a Michael Madsen, Forest Whitaker o Alfred Molina, ya que mientras los pobres no saben qué cara o mueca poner para disimular que sus personajes no existen, la chica se desenvuelve realmente bien, y, lo que es más asombroso, convence en su papel de extraterrestre que descubre cómo es el mundo de los humanos. Un diez para ella, aunque en realidad lo que importa es que se pasa gran parte de la película desnudándose, y aunque las tomas frontales son huidizas e insatisfactorias, haberlas haylas: cuando ella cae del capullo en su primera escena, eso sí, toda cubierta de mocos y blandiblub; y entrando en un coche, aunque en ese momento toda su pelvis se encuentre desenfocada: ¡pero está ahí! Excelente debut para esta joven a la que auguramos una exitosa carrera. Por cierto, su cuerpo es de campeonato (empezando por sus tetas).

a pelo

1995 • *Species* (*Species*), de Roger Donaldson:

HOLLY, LAUREN

Atlética actriz que comenzó sus pinitos en el cine de la mano de Starsky (Paul Michael Glaser, en su película de 1986 *La banda de la mano*), y que, tras un papelito en la popular *Las aventuras de Ford Fairlane* (1990), ha empezado a tener cierto empuje gracias a sus apariciones en *Dragón, la vida de Bruce Lee* (donde encarna a la mujer de Lee) y a la divertida *Dos tontos muy tontos*. Sus desnudos son casi accidentales y mínimos: un pezón que entra brevemente en campo mientras hace el amor con Jason Scott Lee en la primera, un poco de culito en la segunda.

a pelo

1993 • *Dragón, la vida de Bruce Lee* (*Dragon: the Bruce Lee story*), de Rob Cohen:
1994 • *Dos tontos muy tontos* (*Dumb and dumber*), de Peter Farrelly :

HOLT, SANDRINE

La guapa protagonista de *Rapa Nui* se vio obligada a pasear a pelo durante prácticamente toda la película. Antes ya había protagonizado algún desnudo (concretamente en una cinta canadiense-australiana), pero el problema posiblemente no sea ese: el problema será cuál va a ser su futuro cinematográfico en una industria que relega a los actores orientales a producciones de segunda fila (porque no hay papeles para ellos en la primera). De momento, ha hecho de Pocahontas en una peli de imagen real. Pese a ello, sigue estando muy buena.

a pelo

1991 • *Black robe*:
1994 • *Rapa Nui* (*Rapa Nui*), de Kevin Reynolds:

HOPE, LESLIE

Actriz a caballo entre la cinematografía canadiense y estadounidense, se la puede encontrar en películas con cierto peso, como *Corrientes de amor* (1984), de John Cassavetes; *Kansas, dos hombres, dos caminos* (1988), de David Stevens, acompañando a Matt Dillon y Andrew MacCarthy; *Hablando con la muerte* (1988), de Oliver Stone; *Dos chalados y un fiambre*

(1990), de Emilio Estévez; etc. En la coproducción franco-canadiense *Sweet killing* muestra sus pechos en una escena de sexo, pero eso no es nada comparado con *París, Francia*: allí la Hope realiza una infinidad de desnudos bastante fuertes, con separación de piernas incluida, y también bastante más extensos de lo habitual. Merece la pena.

a pelo
1992 • *Sweet killing*:
1994 • *París, Francia* (*Paris, France*), de Gerard Ciccoritti:

HOSTA, NÚRIA

Exuberante actriz catalana que en los 80 realizó varias películas picantes donde su cuerpo era el principal reclamo. Aunque para encontrarse un desnudo frontal hay que irse a *Sauna* (dirigida por el escritor Andreu Martín), sus demás películas siempre contienen buenas escenas eróticas: en *La rubia del bar*, película basada en la novela de Raúl Núñez, casi se le ve el sexo, y en *Garum*, por ejemplo, su trasero se ofrece muy expuesto a las miradas más penetrantes. Actualmente, después de reverdecer laureles con el moderado éxito de *Què t'hi jugues, Mari Pili?*, no se sabe demasiado de ella.

a pelo
1986 • La rubia del bar (*La rossa del bar*), de Ventura Pons:
1988 • *Garum (fantástica contradicción)*, de Tomás Muñoz:
1989 • *Sauna*, de Andreu Martín:
1990 • *¿Qué te juegas, Mari Pili?* de Ventura Pons:
1991 • *Lucrecia*, de Bosco Arochi:

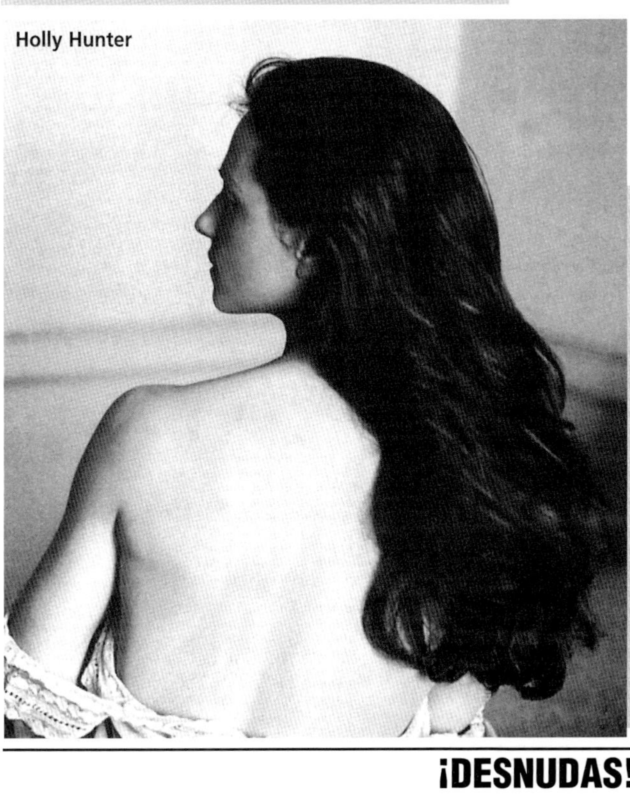
Holly Hunter

HUNTER, HOLLY

Nacida en Conyers, Georgia, el 2 de febrero de 1958, Holly Hunter estudió Arte Dramático en la Carnegie-Mellon University de Pittsburgh, trasladándose a Nueva York para iniciar una carrera teatral. En 1981 debutó en el cine con *The burning*, de Tony Maylam, aunque su nombre empezaría a sonar para el gran público con *Al filo de la noticia*, de James L. Brooks, por el que conseguiría una nominación al Oscar. Luego, confirmó su buen momento gracias a papeles como el de *Arizona Baby*, de los hermanos Cohen, o *Always*, de Steven Spielberg. En los primeros 90 cayó un poco en el olvido, aunque volvió a protagonizar una película junto a Richard Dreyfuss, en esta ocasión la maravillosa *Querido intruso*, de Lasse Hallstrom. Curiosamente, con *El piano*, aparentemente una película a la europea, ha conseguido una popularidad mayor que nunca. Curiosamente, también, es esta película la primera y la única por ahora en la que ha mostrado su cuerpo desnudo.

a pelo
1993 • *El piano* (*The piano*), de Jane Champion:

HUPPERT, ISABELLE

Preciosa pelirroja, toda una institución del cine francés, nacida el 16 de marzo de 1955 en París. Allí estudió en el Conservatorio, licenciándose en Filología Rusa, y debutando jovencísima en el cine (en 1971, en el filme *Faustina et la bel été*, de Nina Companeez). Se ha desnudado siempre sin pudor, y si tuviéramos que destacar alguna de sus escenas a pelo, sin duda sería la de *La puerta del cielo*, donde compone para nuestros ojos y los de Kris Kristofferson idílicas imágenes, desayunando con él en la cabaña, o bañándose en el río en un momento de lírica belleza. En *La historia de Piera*, Marco Ferreri nos regaló un primer plano de su coño, enseñándoselo a Marcello Mastroianni.

a pelo
1975 • *La vida privada de una doctora* (*Docteur Françoise Gailland*), de Jean Louis Betuccelli:
1977 • *La encajera* (*La dentellière*), de Claude Goretta:
1979 • *La puerta del cielo* (*Heaven's gate*), de Michael Cimino:
• *Loulou* (*Loulou*), de Maurice Pialat: ▼
1980 • *Corrupción* (*Coup de torchon*), de Bertrand Tavernier:
1982 • *La historia de Piera* (*La storia di Piera*), de Marco Ferreri:
• *Entre nosotras* (*Coup de foudre*), de Diane Kurys:
1983 • *La femme de mon pote*, de Bertrand Blier: teta,
1984 • *Signe Charlotte*, de Caroline Huppert:
1987 • *Falso testigo* (*The bedroom widow*), de Curtis Hanson:

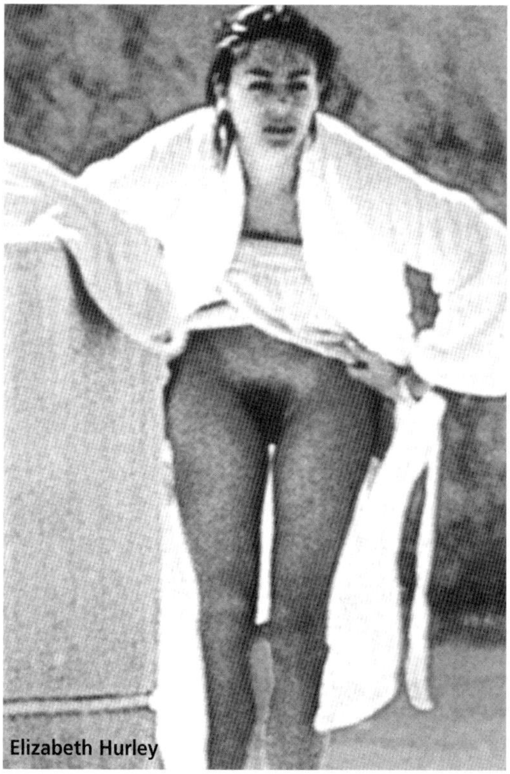
Elizabeth Hurley

HURLEY, ELIZABETH

La novia de Hugh Grant es una muy guapa modelo que en cine no acaba de encontrar un papel realmente espectacular. Su primer desnudo lo hizo en *Aria*, pero la verdad es que le tocó la peor parte del pastel: su episodio era realmente ridículo, con ella haciéndole un playback operístico en cueros a su amante que produce un poco de vergüenza ajena... si no estuviéramos más pendientes de las suyas. En cualquier caso, al parecer vuelve a enseñar las tetas en un filme alemán que no hemos podido localizar; ni siquiera su título (el libro *Bare facts* lo titula *Kill cruise*). Menos mal que siempre tenemos el cine español para sacarnos de un apuro: en 1987 y 1991 respectivamente, Gonzalo Suárez y Jaime Camino la contrataron para dos ambiciosos proyectos: *Remando al viento* y *El largo invierno*. Por supuesto, y como todo director español que se precie, ambos hicieron que desnudara sus pechos en una escena de cama. Últimamente solo la hemos vuelto a ver en un papel curiosamente secundario de *Pasajero 57* (1992), de Kevin Hooks.

a pelo
1987 • *Aria*, de varios directores:
Remando al viento, de Gonzalo Suárez:
1990 • *Kill cruise*:
1991 • *El largo invierno*, de Jaime Camino:

HUSSEY, OLIVIA

Actriz argentina (nació en Buenos Aires el 12 de septiembre de 1951), Olivia Osuna era hija de un cantante de ópera, Andreas Osuna, trágicamente fallecido cuando ella tenía 2 años. Trasladada a Inglaterra, estudió interpretación, debutando en el West End de Londres. En cine su primer papel fue en *The battle of the Villa Fiorita* (1965), una producción inglesa dirigida por Delmer Daves. Luego saltó a la fama como protagonista de *Romeo y Julieta,* en la versión de Franco Zeffirelli, donde, sin ser aún mayor de edad, enseñaría brevemente sus encantos pectorales. El resto de su carrera pasó sin pena ni gloria (a destacar *Un verano para matar* —1971—, filme español de Antonio Isasi; *Jesús de Nazareth* —1976—, también de Zeffirelli; etc.). Solo volvería a enseñar sus pechos ya en plena madurez, como madre de Norman Bates en la cuarta parte de *Psicosis*. Por cierto, su parecido físico (aunque de rasgos mucho más finos) con Barbara Carrera ha hecho que los del *High Society* la confundan con la nicaragüense a la hora de hablar de este filme.

a pelo
1968 • *Romeo y Julieta* (*Romeo and Juliet*), de Franco Zeffirelli:
1990 • *Psicosis 4* (*Psycho IV: the beginning*), de Mick Garris (cable):

HUSTON, ANJELICA

Nacida en Los Ángeles el 8 de julio de 1951, Anjelica es hija del director John Huston, quien la hizo dar un *Paseo por el amor y la muerte* con solo 18 añitos. En su juventud ejerció labores de modelo en Nueva York, pero desde el primer momento participó en importantes filmes, aunque casi siempre como secundaria, debido seguramente a su peculiar físico. En dicho apartado ganó un Oscar por *El honor de los Prizzi*, también de su padre, y fue nominada de nuevo por *Enemigos, una historia de amor*. Otros filmes donde ha intervenido son *El último magnate* (1976), de Elia Kazan; *This is spinal tap* (1984), de Rob Reiner; *Jardines de piedra* (1987), de Francis Ford Coppola; *Dublineses* (1987), de John Huston; *Delitos y faltas* (1989), de Woody Allen; *Los timadores* (1990), de Stephen Frears; etc. También es conocida por su tempestuosa relación con Jack Nicholson. No ha sido protagonista de excesivos desnudos, pero el momento más sexy de su carrera lo marca su excelente caracterización como Morticia en las dos entregas de *La familia Addams*.

a pelo
1969 • *Paseo por el amor y la muerte* (*A walk with love and death*), de John Huston:
1981 • *El cartero siempre llama dos veces* (*The postman always rings twice*), de Bob Rafelson:

HUTTON, LAUREN

Glamourosa modelo de espléndida madurez que siempre ha mantenido con el cine una relación de respetuosa asepsia: participa en filmes desde 1970, en papeles casi siempre neutros y poco comprometidos. Sus mínimos deslices anatómicos no han sido excesivamente memorables: en *Bienvenido a Los Ángeles* se le ve un pezón, en *American gigoló* se le ve una teta cuando hace el amor con Richard Gere, y en *Lassiter*, su mejor papel, se le ven las dos. Nada más.

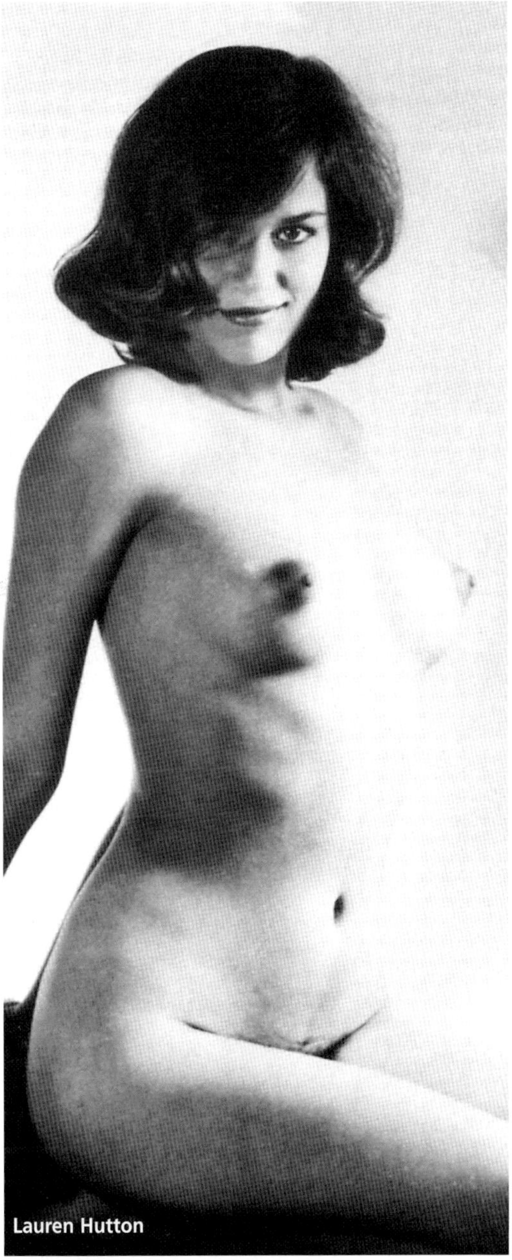

Lauren Hutton

a pelo

1977 • *Bienvenido a Los Ángeles* (*Welcome to L.A.*), de Alan Rudolph:

1980 • *American gigoló* (*American gigolo*), de Paul Schrader:

1984 • *Lassiter* (*Lassiter*), de Roger Young:

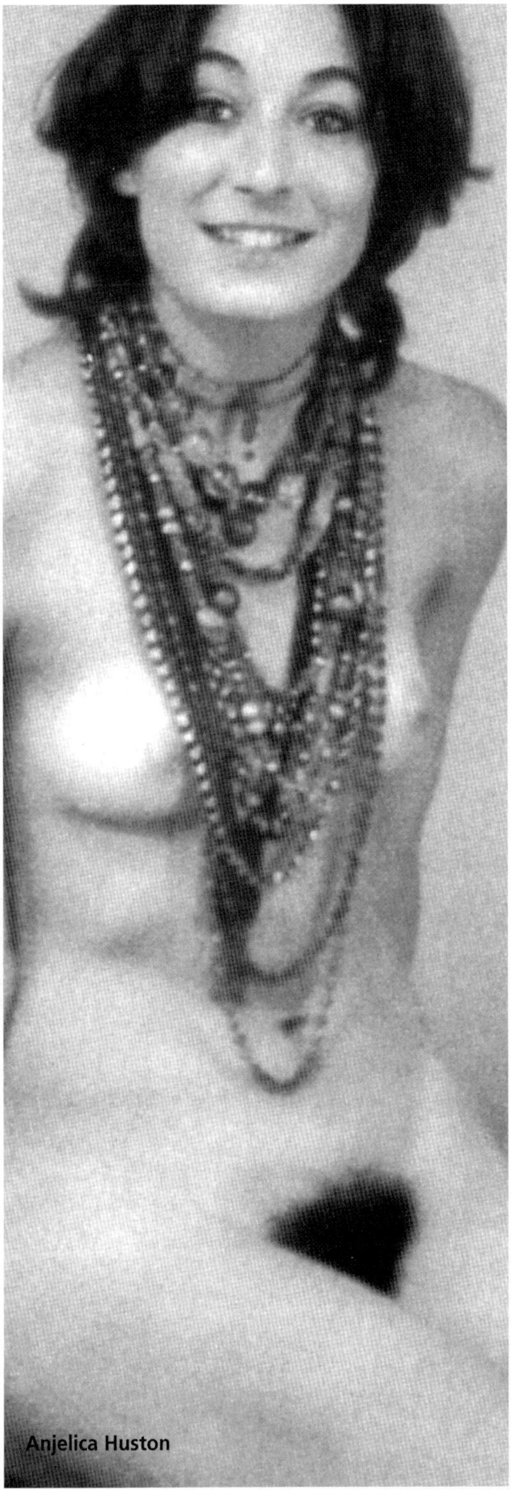

Anjelica Huston

IRVING, AMY

¡La angelical ex de Steven Spielberg se ha atrevido por fin con un desnudo integral! Atentos al título del filme: *Kleptomania*. La peli cuenta con un buen reparto (además de ella, Patsy Kensit). La dulce mirada de la Irving la habíamos visto hasta ahora en *Carrie* (1976) y *La furia* (1978), de Brian de Palma; enamorada de Barbra Streisand en *Yentl* (1983); es una de las mujeres de Dudley Moore en *Micki y Maude* (1984), de Blake Edwards; etc. A partir de ahora, nada será lo mismo.

a pelo
1976 • *Carrie* (*Carrie*), de Brian de Palma.
1988 • *Cruzando la calle* (*Crossing Delancey*), de Joan Micklin Silver:
1993 • *Kleptomania*, de Don Boyd:

JACKSON, GLENDA

Nacida en Birkenhead, Chesire (Gran Bretaña), el 9 de mayo de 1936, Glenda Jackson está considerada una de las mejores actrices de cine y teatro de su país. Poseedora de una belleza con carácter, fue conocida sobre todo gracias a los filmes de Ken Russell *Mujeres enamoradas* y *La pasión de vivir*, donde protagonizaba escenas de desnudo bastante interesantes. En la primera de ellas, además de estar guapísima, enseña sus pechos con generosidad: por este papel ganaría un Oscar a la mejor actriz (hazaña repetida en 1972 con *Un toque de distinción*, de Melvin Frank); en la segunda, enseñaría en varios flashes fugaces todos los rincones de su cuerpo pelirrojo. Más tarde, en *Una inglesa romántica*, protagonizaría también un desnudo frontal para alegría nuestra y de su compañero de reparto Michael Caine. Este filme incluiría además una preciosa imagen suya, desnuda al borde de una piscina cubierta, junto a Helmut Berger. Desde entonces pocas alegrías más nos ha proporcionado con su físico, aunque volvió a ser nominada a los Oscars en dos ocasiones: por *Domingo, maldito domingo* (1971), de John Schlesinger, y *Hedda* (1975), de Trevor Nunn. En los 80 se diluyó bastante su resonancia en el cine, seguramente debido en gran parte a la también difuminación de la filmografía de su mentor, Ken Russell, quien le ha seguido incluyendo en sus proyectos.

a pelo
1968 • *Negatives*, de Peter Medak:
1969 • *Mujeres enamoradas* (*Women in love*), de Ken Russell:
1970 • *La pasión de vivir* (*The music lovers*), de Ken Russell:
1975 • *Una inglesa romántica* (*The romantic englishwoman*), de Joseph Losey:

JACOB, IRÈNE

Se dio a conocer en *Adiós, muchachos*, la película de Louis Malle. Pero fue *La doble vida de Verónica* y, sobre todo, *Rojo* (también con Kieslowski) las que le han concedido su mayor popularidad. Guapa chica de rasgos elegantes, en la mencionada *La doble vida...* nos endulza la nuestra al enseñar su más íntimo ser en una escena con su amante. La Jacob intenta consolidar su nuevo status de estrella ya en plan superproducción con una nueva versión de *Otello* protagonizada por Lawrence Fishburne y Kenneth Brannagh.

a pelo
1991 • *La doble vida de Veronica* (*La double vie de Véronique*), de Krzysztof Kieslowski:
1995 • *Fuguenses*:
Otelo (*Othello*), de Oliver Parker:

Irène Jacob

Milla Jovovich

JOHNS, TRACY CAMILLA

Guapa y rellenita actriz negra que ha trabajado con dos de los directores más populares de su raza en los 90: Spike Lee y Mario Van Peebles. Con los dos se ha desnudado: para el primero, protagonizando *Nola Darling*, una película en blanco y negro que dio a conocer a su realizador en todo el mundo (¡y que incluye una breve escena de masturbación!); para el segundo, en su éxito *New Jack City*. Desde entonces, no se sabe más de ella.

a pelo
1987 • *Nola Darling (She's gotta have it)*, de Spike Lee:
1991 • *New Jack City (New Jack City)*, de Mario Van Peebles:

JOHNSON, MICHELLE

Otra chica de la que hace tiempo que no se sabe nada. Michelle empezó con muy buen pie, nada menos que en *Lío en Río*, haciendo de hija rebelde enamorada de Michael Caine, el mejor amigo de su padre (Joseph Bologna). Representa una quinceañera, pero lo mejor viene cuando, siendo una película con una apariencia bastante amable, van y te sorprenden con todo un desnudo integral de la chiquilla, sacándose una polaroid de su cuerpo bastante serrano. ¡Genial! Después la hemos podido ver en papelitos secundarios como los de *La muerte os sienta tan bien* (1992) o *Un horizonte muy lejano* (1992), pero su estrella parece bastante apagada, al menos en lo que respecta al espectador español. El resto de su filmografía nos es desconocida (excepto *Dr. Giggles* —1992—).

a pelo
1984 • *Lío en Río (Blame it on Rio)*, de Stanley Donen:
1987 • *Beaks the movie*:
1989 • *Genuine risk*:
1991 • *Tales from the crypt: Split second* (TV):
1993 • *Body shot*:

JONES, CATHERINE ZETA

Guapísima actriz, la revelación de *Nacido y ya coronado*, de la que esperamos con impaciencia más papeles. Se dio a conocer en *Cristobal Colón, el descubrimiento* (1992), de John Glenn, pero es en la anteriormente mencionada película donde embrujó con sus encantos a Eric Idle y a todos los espectadores. Atención a la escena de la piscina.

a pelo
1993 • *Nacido y ya coronado (Splitting heirs)*, de Robert Young:

JONES, GRACE

La genial cantante y modelo jamaicana, poseedora de un cuerpo que parece esculpido en ébano, ha tenido una carrera cinematográfica tan polémica como su ambiguo look. Tras rodar un oscuro filme que nadie recuerda y donde protagonizaba un desnudo integral, la Jones se entregó a construir su imagen con papeles repletos de glamourosa virilidad: así ocurriría con la Zula de *Conan el destructor* (1984), de Richard Fleisher, o la May Day de *Panorama para matar* (1985), de John Glenn. Después de un fallido intento protagonista en *Vamp* (1986), de Richard Wenk, en 1987 rodaría dos películas en España: *Siesta*, de Mary Lambert, y *Directos al infierno*, de Alex Cox. Tras un silencio bastante prolongado, en 1992 volvería dando el cante en *El príncipe de las mujeres*. Aunque tanto esta como alguna otra película contienen desnudos suyos, lo mejor de su cuerpo ha sido exhibido en fotos: la tipa está tan loca (y por eso nos encanta) que cuando decidió desnudarse íntegramente en una revista, en vez de hacerlo para el *Playboy* como todo el mundo, ella prefirió el *Hustler*. Lo último que se sabe es que ha rodado un CD-ROM. ¡Qué se podía esperar de la única cantante capaz de interpretar *La vie en rose* en clave disco y convertirla instantáneamente en un nuevo clásico!

a pelo
1985 • *Deadly vengeance*:
1992 • *El príncipe de las mujeres (Boomerang)*, de Reginald Hudlin:

JOVOVICH, MILLA

Modelo y cantante, sobrina de la actriz soviética Galina Jovovich, Milla, después de intervenir en algún producto Disney,

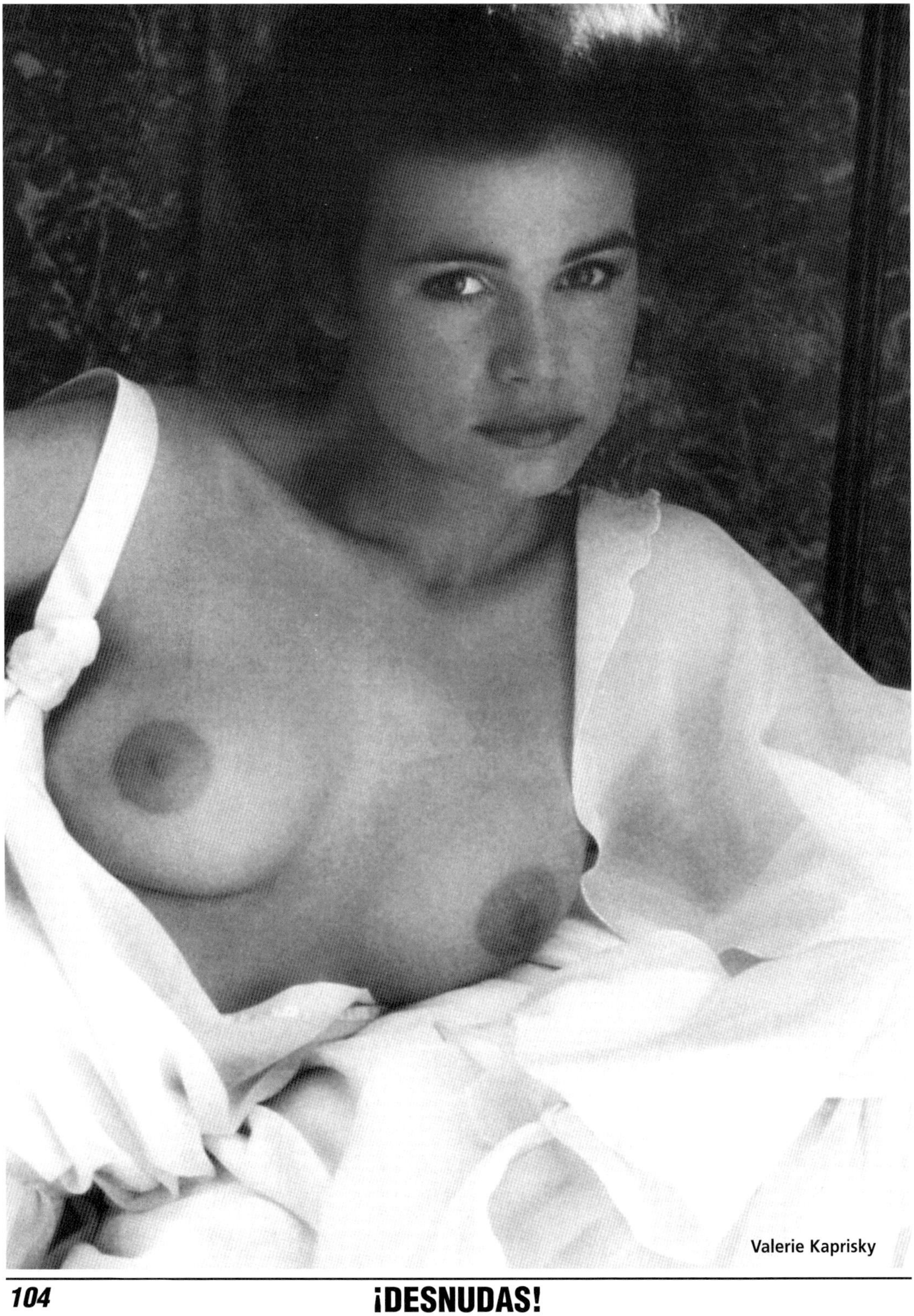

Valerie Kaprisky

se dio a conocer en el cine protagonizando la secuela de *El lago azul*. Su físico es ciertamente más contundente que el de Brooke Shields, pero aún no se ha podido subir definitivamente al carro de la popularidad. En la película mencionada enseña lo justo, y en *Chaplin* se desnuda para el genial cómico de espaldas a nosotros. Un poco frustrante, pero es un buen comienzo.

a pelo
1991 • *Regreso al lago azul* (*Return to the Blue Lagoon*), de William A. Graham:
1992 • *Chaplin* (*Chaplin*), de Richard Attenborough:

KANE, CAROL

Prolífica actriz que desde principios de los 70 ha participado en multitud de filmes a cual más popular: de *Conocimiento carnal* (1971), de Mike Nichols o *Annie Hall* (1977), de Woody Allen, a *Jumpin' Jack Flash* (1986), de Penny Marshall, o *La princesa prometida* (1987), de Rob Reiner. En los 90 ha aparecido en *La familia Addams: la tradición continúa* (1993), de Barry Sonnenfeld, y en *Even cowgirls get the blues* (1994), de Gus Van Sant, entre otras. Su único desnudo apareció en *El último deber*, en una escena con Randy Quaid.

a pelo
1973 • *El último deber* (*The last detail*), de Hal Ashby:

KAPRISKY, VALERIE

Esta francesita nacida en 1962 permanecerá ligada por siempre al cine más sexy de los años 80. De rostro sencillamente delicioso, estudió arte dramático en París. Durante los primeros 80 protagonizó varias películas donde su físico jugaba una importante baza y la línea entre erotismo intelectual y soft-core no acababa de estar muy clara; así, enseña a placer su cuerpo rotundo en *Afrodita*, *Una gata ardiente* y, sobre todo, *La mujer pública*, una comedura de coco de Andrzej Zulawski en la que la Kaprisky se pasa prácticamente a pelo todo el metraje. Seguramente la propia actriz debió olerse que aquello ya era un cachondeo, e hizo mutis por el foro en la segunda mitad de la década para volver a inicios de los 90 asegurando que nunca más volvería a desnudarse. Como es de suponer, su regreso pasó completamente inadvertido. Aún es joven para contraatacar con su intenso sex-appeal de niña sexual, pero por si acaso todos la recordaremos con cariño e inmensa admiración en la poderosa *Sin aliento*, la mejor película que ha hecho Richard Gere en su mística vida, todo un canto a la pasión y a la rebeldía. Y con unas escenas que te dejan así, sin aliento.

a pelo
1982 • *Afrodita* (*Aphrodite*), de Robert Fuest:
1983 • *Sin aliento* (*Breathless*), de Jim McBride:
1984 • *La mujer pública* (*La femme publique*), de Andrzej Zulawski:
• *Una gata ardiente* (*L'année des meduses*), de Christopher Frank:

KASTNER, DAPHNA

La protagonista de *Julia tiene dos amantes*, una simpaticona actriz de cuyos otros filmes no hemos tenido aquí noticias, coescribió el guión de la película mencionada junto a su director. La relación por teléfono que su personaje mantiene con un desconocido (ahora no tanto: ¡David Duchovny!) no solo le da muchísimo morbo a la película, sino que además la chica se desnuda, baña, viste, etc., con el tipo pegado al auricular ¡y nosotros a la pantalla! Erotismo muy agradable y cotidiano para una película realmente estupenda.

a pelo
1990 • *Julia tiene dos amantes* (*Julia has two lovers*), de Bashar Shbib:

K.D. LANG

La cantante canadiense, una de las más combativas lesbianas del show business, aceptó la propuesta del director Percy Adlon y se desnudó íntegramente en *Salmonberries*: da la impresión de que la escena causa tanto estupor en los espectadores como en la propia Katherine Dawn, pero en todo caso la decisión de mostrar su masculino cuerpo es muy valiente.

a pelo
1991 • *Salmonberries* (*Salmonberries*), de Percy Adlon:

KEATON, DIANE

Nacida en Los Ángeles el 5 de enero de 1946, Diane Hall (nótese que el apellido es el mismo de la notoria Annie Hall, por el que obtendría un Oscar) es la mujer que más ha comprendido al pobre Woody Allen. Estudió en el Neighborhood Playhouse de Nueva York y durante los 70 se convirtió en musa del mencionado director. Protagonista asimismo de la saga de *El padrino*, de Coppola, ha destacado además en títulos como *Rojos* (1981), de Warren Beatty, por la que la nominarían a un nuevo Oscar; *Baby, tú vales mucho* (1987), de Charles Shyer; etc. Es también fotógrafa, directora de TV, y en cine debutó tras las cámaras con un documental titulado *Heaven*. Poseedora de unos ojos de serena belleza, no es la actriz idónea para protagonizar desnudos, pero alguna vez se ha atrevido a ello: especialmente en *Buscando al señor Goodbar*, donde sus pechos gozan de numerosas atenciones por parte de Richard Gere y Tom Berenger en varias escenas.

a pelo
1977 • *Buscando al señor Goodbar* (*Looking for Mr. Goodbar*), de Richard Brooks:
1981 • *Rojos* (*Reds*), de Warren Beatty:

KELLER, MARTHE

Nacida en Basilea, Suiza, el 14 de febrero de 1945, la Keller es especialmente recordada por *Marathon Man* (donde enseñaba las tetas a Dustin Hoffman) y *Domingo negro*. Iba para bailarina de danza, pero un accidente de esquí truncó a los 17 años sus proyectos, y se decidió entonces por estudiar interpretación en la Academia Stanislawski de Munich. Tras trabajar en TV y teatro (esto último con el Schiller Theater en Berlín), debutó en *Funeral en Berlín* (1966), de Guy Hamilton, al lado del detective Harry Palmer (Michael Caine). En los 70 se largó a los USA, pero, tras participar en los filmes mencionados y otros como *Fedora* (1978), de Billy Wilder, y *La fórmula* (1980), de John G. Avildsen, decidió volverse a la vieja Europa, donde ha continuado su carrera cinematográfica, la mayor parte de las veces en títulos no estrenados en España (excepto *Ojos negros* (1986), de Nikita Mihalkov).

a pelo
1976 • *Marathon man (Marathon man)*, de John Schlesinger:

KELLERMAN, SALLY

La «Morritos calientes» de la película *M*A*S*H* ha tenido una desigual pero continuada carrera cinematográfica: *El estrangulador de Boston* (1968), de Richard Fleisher; *Locos de abril* (1969), de Stuart Rosenberg; *Un reflejo del miedo* (1973), de William A. Fraker; *El autobús atómico* (1976), de James Frawley; *Bienvenido a Los Ángeles* (1977), de Alan Rudolph; *Así es la vida* (1986), de Blake Edwards; y *El juego de Hollywood* (1992), de Robert Altman son algunos de sus numerosos filmes. Ha sido Robert Altman quien más y mejor la ha desnudado: en tres de sus películas exactamente, destacando por su hilaridad el baño público que «Morritos calientes» se ve obligada a tomar cuando las paredes de su caseta vuelan literalmente enfrente de todo el equipo médico de *M*A*S*H*; pero mejor como desnudo es incluso el más reciente de *Pret-à-porter*, intentando encandilar a un aburrido Stephen Rea con sus maduro físico.

a pelo
1970 • *El volar es para los pájaros (Brewster McCloud)*, de Robert Altman:
• *M*A*S*H (M*A*S*H)*, de Robert Altman:
1980 • *Serial*:
1981 • *Fatal atraccion (Fatal atraction -Head on-)*, de Michael Grant:
1994 • *Pret-à-porter (Pret-à-porter)*, de Robert Altman:

KELLY, MOIRA

Joven actriz a la que vimos por vez primera en *Billy Bathgate* (1991), de Robert Benton. Desde entonces, ha aparecido en varias películas importantes: en *Chaplin* la sorprendíamos cambiándose en el vestuario, y en *Twin Peaks: Fire walk with me* (la película que partió de la serie y que aquí no llegó a los cines), David Lynch también sacaba buen partido de sus pectorales. En la película por cable *Daybreak* tiene un par de escenitas subidas de tono con la también promesa Cuba Gooding Jr. Como protagonista, hasta el momento solo ha intervenido en *Pasión por el triunfo* (1992), una de patinadores rodada por Paul Michael Glaser. Tiene un buen futuro por delante.

a pelo
1992 • *Chaplin (Chaplin)*, de Richard Attenborough:
Twin Peaks: Fire walk with me, de David Lynch:
1993 • *Daybreak* (cable):
1995 • *Little Odessa*:

KENSIT, PATSY

Esta niña prodigio inglesa tiene detrás de sí una larga carrera algo desconcertante, donde el flirteo con el cine y la música marcan la pauta. Nacida en Hounslow, Londres, el 4 de marzo de 1968, de bebé ya era modelo de anuncios publicitarios, y a los 4 años debutaba en *El gran Gatsby* (1974), de

Patsy Kensit

Jack Clayton. Pronto siguió con el teatro y la TV, aunque su mayor popularidad en cine le llegaría con la espectacular *Principiantes*. El filme de Julien Temple la permitió mostrar sus dotes interpretativas y musicales. A finales de los 80, además de participar en la secuela de *Arma letal,* donde comparte cama con Mel Gibson, contraatacó con un grupo propio, Eight Wonder, que lideraba con canciones poperas y bailables. En 1991 volvió a hacerse popular en España al protagonizar *Beltenebros*, de Pilar Miró, junto a Terence Stamp, donde emularía a Rita Hayworth en *Gilda* (filme que también sería una fijación referencial en otra película reciente española: *Madregilda*; curiosamente, las actrices que se encargan de imitarla en ambos filmes enseñan lo que la Hayworth no pudo enseñar). Pero no es hasta 1995 que realiza su primer desnudo integral: en *Ángeles e insectos*, entregándose obsequiosa a su marido en la cama. Una escena que permite contemplarla, por fin, a placer.

a pelo
1989 • *Arma letal 2 (Lethal weapon 2)*, de Richard Donner:
1990 • *Treinta minutos para morir (Timebomb)*, de Avi Nesher:
1991 • *Beltenebros*, de Pilar Miró:
• *Twenty one*, de Don Boyd:
1993 • *Bitter harvest*, de Duane Clark:
• *Kleptomania*, de Don Boyd:
1995 • *Ángeles e insectos (Angels and insects)*, de Philip Haas:

KERR, DEBORAH

Pues sí, quién iba a decir que la gran dama del cine se desnudaría en la pantalla, y no solo una vez, sino dos. Desnudos, eso sí, muy naturales y poco agresivos, pero osados al fin y al cabo, sobre todo si tenemos en cuenta que su protagonista pasaba ya la cincuentena. Nacida en Helensburgh (Escocia) el 30 de septiembre de 1921, Deborah Jane Kerr-Trimmer deja el ballet por el teatro, llegando poco después al cine, y decantándose por el estadounidense a partir de 1947. De belleza refinada y discreta, es especialmente recordada por *Las minas del rey Salomón* (1951), de Andrew Martin y Compton Bennett; *Quo Vadis?* (1951), de Mervyn Le Roy; *El prisionero de Zenda* (1952), de Richard Thorpe; *De aquí a la eternidad* (1953), de Fred Zinnemann; *Julio César* (1953), de Joseph L. Mankiewicz; *El rey y yo* (1956), de Walter Lang; *Té y simpatía* (1956), de Vicente Minnelli; *Tú y yo* (1957), de Leo McCarey; *La noche de la iguana* (1963), de John Huston; etc. etc. Es sin duda una de las grandes del Hollywood clásico, por ello sorprende que en 1969 se atreviera a desnudarse dos veces: la primera, en la magnífica obra de Elia Kazan, *El compromiso*, quitándose la ropa tras unas transparentes cortinas y de espaldas al espectador para irse a la cama; la segunda, en *Los temerarios del aire*, en una apasionada escena de amor con Burt Lancaster sobre un sofá. Su trasero y su pecho izquierdo quedan en ambas ocasiones inmortalizados en celuloide.

a pelo

1969 • *El compromiso* (*The arrengement*), de Elia Kazan:
• *Los temerarios del aire* (*The gipsy moths*), de John Frankenheimer:

KIDDER, MARGOT

La novia de Supermán era mucho más descocada y culo inquieto en la vida real de lo que le habría gustado a Clark Kent. Margot Kider, nacida en Yellow Knife (Canadá) el 17 de octubre de 1948, tuvo una intensa carrera cinematográfica durante los 70, y nunca rehuyó los desnudos. A los 16 años se escapó de casa de sus padres con un chaval. Modelo y actriz, debutó en el cine en 1969 (*Los locos años de Chicago*, de Norman Jewison), y de 1971 a 1972 protagonizó la serie *Nichols* junto a James Gardner. Luego deja ver fugazmente sus pechos en las inquietantes *Hermanas*, *La reencarnación de Peter Proud* y *Terror en Amytiville*. Antes de ser realmente popular gracias a *Superman*, se desnudó integralmente para la revista *Playboy*, en el año 1975. Tras las tres (no, cuatro) partes del *Hombre de acero*, no volvió a destacar especialmente en ninguna película, aunque nosotros la recordamos junto a Richard Pryor en la sencilla y entrañable *Una especie de héroe* (1981), de Michael Pressman. Ha dirigido varios documentales y mediometrajes, y avergonzó a Supermán de nuevo al criticar la intervención yanqui en Kuwait. Últimamente ha vuelto a los titulares por supuestos problemas psicológicos.

a pelo

1970 • *Quackser Fortune has a cousin in the Bronx*, de Waris Hussein:
1973 • *Hermanas* (*Sisters*), de Brian de Palma:
1975 • *La reencarnación de Peter Proud* (*The reincarnation of Peter Proud*), de J. Lee Thompson:
1979 • *Terror en Amytiville* (*The Amityville horror*), de Stuart Rosenberg:
1980 • *Una almohada para dos* (*Willy and Phil*), de Paul Mazursky:
1984 • *Morir en Hollywood* (*The glitter done*), de Stuart Margolin (cable):
1985 • *El autoestopista* (TV):

Margot Kidder

KIDMAN, NICOLE

Nacida en Hawai en 1967, la mujer de Tom Cruise pertenece a una familia bien australiana. En dicho país inició su carrera cinematográfica, después de estudiar ballet y arte dramático. Siempre ha impresionado la seriedad con que afronta sus papeles, y tampoco ha rehusado desnudarse en pantalla. Curiosamente, su primer trabajo conocido fue en la popular *Los bicivoladores* (1983), de Brian Trenchard-Smith. Tras enseñar su cuerpo en algún filme australiano no estrenado en España, conseguiríamos disfrutar de su presencia en la magnífica *Calma total*, donde un Billy Zane muy parecido a Marlon Brando la acosaría e incluso llegaría a disfrutarla carnalmente, mientras el desgraciadín de Sam Neill (siempre le toca la peor parte) bastante tenía con intentar salir con vida de un barco a punto de hundirse. En *Billy Bathgate* (1991) la Kidman protagoniza su primer integral. Antes ya había conocido al esforzado Tom Cruise durante el rodaje de *Días de trueno* (1990), de Tony Scott. Con su marido volvería a rodar la entretenida *Un horizonte muy lejano* (1992), de Ron Howard. A destacar también su culo en la traviesa *Malicia* y la gran interpretación que realiza en *Todo por un sueño*, donde protagoniza un sensual baile

Nicole Kidman

bajo la lluvia nocturna ante los atolondrados ojos del increíblemente bueno Joaquin Phoenix, y comparte con él unos polvos que, ay, apenas se pueden vislumbrar.

a pelo

1986 • *Windrider*, de Vincent Monton:
1988 • *Calma total* (*Dead calm*), de Philip Noyce:
1991 • *Billy Bathgate*, de Robert Benton:
1993 • *Malicia* (*Malice*), de Harold Becker:

KINSKI, NASTASSJA

La Kinski, que ha sembrado su filmografía de títulos malditos y míticos, debió nacer en un coletazo de inusitado buen humor de su padre, porque es difícil encontrar dos personas más antagónicas física y espiritualmente. Nastassja Nakzynsky (¿os parecía difícil su sobrenombre?) nació en Berlín el 24 de enero de 1960, fruto de una relación de su padre con la escritora Ruth Brigitte. Después de pasar por el Actor's Studio, debutó jovencísima en *Falso movimiento* (1975), de Wim Wenders. Aunque de ese mismo año preferimos su intervención completamente desnuda (!) y a cámara lenta (!) en *La monja poseída*, el último filme de la productora Hammer. Después, es famoso también su desnudo en la italiana *Así como eres*, donde volvía loco a Marcello Mastroianni, antes de que Roman Polanski la sedujera y convirtiera en protagonista de *Tess* (1979). Ya en los 80, volvería a mostrar su cuerpo para Wolgang Petersen, cuando este aún hacía cine en Alemania (*Solo por tu amor*) e intervendría en el precioso filme maldito de Coppola, *Corazonada* (1982), haciéndole chiribitas a Frederic Forrest. Probablemente su último desnudo memorable sea caminando solitaria en plena noche en la excelente *El beso de la pantera*. Aunque sus fans siempre mencionan *Los amantes de María* como la que contiene los momentos más sexies de toda su carrera. Para los que también les gusta vestida, *París, Texas,* (1984) de Wim Wenders, es una de sus películas favoritas. La Kinski ya tiene un hijo con el músico Quincy Jones.

a pelo

1975 • *La monja poseída* (*To the devil a daughter*), de Peter Sykes:
1977 • *Ninguna virgen en el colegio* (*Passion flower hotel*), de André Fawagi:
1978 • *Así como eres* (*Cosi come sei*), de Alberto Lattuada:
1979 • *Tess* (*Tess*), de Roman Polanski:
1982 • *Solo por tu amor* (*Reifezeugnis*), de Wolfgang Petersen:
• *El beso de la pantera* (*Cat people*), de Paul Schrader:
• *Corazonada* (*One from the heart*), de Francis Ford Coppola:
1983 • *Un cebo llamado Elisabeth* (*Exposed*), de James Toback:
• *Sinfonía de primavera* (*Früelings Sinfonie*), de Peter Schamoni:
• *Infielmente tuya* (*Unfaithfully yours*), de Howard Zieff:
1985 • *Harem* (*Harem*), de Arthur Joffe:
• *Los amantes de María* (*Maria's lovers*), de Andrei Konchalovski:

KIRSHNER, MIA

Nacida en Toronto, Canadá, el 25 de enero de 1975, Mia es hija de un periodista alemán y una escritora búlgara. Estudió interpretación desde los 9 años y luego literatura rusa en la Universidad. Aunque a los 14 años vendía palomitas en un cine, pronto consiguió iniciar su carrera en series televisivas: *Dracula: the series*; *Road to Avonlea*; *Family of friends* o *My secret identity*. Apareció como figurante en *El novato*, de Andrew Bergman, y finalmente saltó a la fama con *La verdadera naturaleza del amor* y *Exótica*.

a pelo

1992 • *La verdadera naturaleza del amor* (*Love and human remains*), de Denys Arcand.
1993 • *Exótica* (*Exotica*), de Atom Egoyan:
• *Cadillac girls*:

KITAEN, TAWNY

Divorciada de David Coverdale (el cantante de Whitesnake), la Kitaen ya es libre como un pájaro. Preciosa moza de abundantes carnes y sonrisa perfecta (como si Geena Davis hubiera nacido con la constitución de Lolita Davidovich), esta mujer no es todo lo popular que debiera, aunque su reciente papel en la nueva etapa de la serie *Radio Cincinnati* (1991-93) la dio a conocer a muchos a través de las televisiones autonómicas. Un portento físico que debutó en *Gwendoline* (1983), un soft francés servido por la misma mano que hizo *Emmanuelle* e *Historia de O*, es decir, Just Jaeckin. Basado en un cómic, la Kitaen no lo enseña todo, pero lo que enseña le quitaría el hipo a un hipopótamo. Esta cinta está buscadísima, precisamente porque en el momento de su estreno pasó bastante desapercibida. Sin embargo, al año siguiente, ya en USA, la Kitaen fue la chica de Tom Hanks en *Despedida de soltero*, de Neal Israel, la típica película de descerebrados y sexo que aquí gozó de mucho éxito. Ella estaba ciertamente sublime. En 1987 llegó su primer integral en *Crystal heart,* con el pringado de Lee Curreri (sí, el pianista de *Fama*). Pronto repetiría, aunque fuera más breve: en *Witchboard. Juego diabólico*, cinta que tuvo una cierta difusión en los videoclubs españoles. Por desnudarse, se

Nastassia Kinski

desnuda hasta en un vídeo del grupo de su marido, concretamente en los clips de las canciones *Here I go again* y *Is this love*. En los 90 se ha centrado más en la TV, interviniendo en series como *Santa Bárbara* (1989-90) o la mencionada *Radio Cincinnati*, además de en un ciclo de películas de *Hércules* para la pequeña pantalla. Si aún no la habéis descubierto, preparaos a disfrutar. Aunque cuidadín: se le rumorean devaneos sexuales con O.J. Simpson.

a pelo

1983 • *Gwendoline (Gwendoline)*, de Just Jaeckin:
1987 • *Crystal heart*:
• *Witchboard. Juego diabólico (Witchboard)*, de Kevin S. Tenney:
• *Whitesnake-Trilogy* (cinta musical):

KNIGHT, SHIRLEY

Crimen a las 7 (1962), de Owen Crump, *El grupo* (1966), de Sidney Lumet, o *Petulia* (1968), de Richard Lester, son algunas de las más populares películas que Shiley Knight interpretó antes de protagonizar *Llueve sobre mi corazón* en un papel escrito especialmente para ella. Dirigida por Francis Ford Coppola, la película incluía un par de desnudos de la actriz. La cinta recibiría además la Concha de Oro en el Festival de San Sebastián. Desde entonces mucho ha llovido, pero la Knight sigue trabajando incansable: de *Amor sin fin* (1981), de Franco Zeffirelli, a *El color de la noche* (1994), el reciente thriller de Richard Rush. Incluso en 1995 volvió a realizar un desnudo, concretamente en el filme para cable *Indictment: the McMartin trial*.

a pelo

1969 • *Llueve sobre mi corazón (The rain people)*, de Francis Ford Coppola:
1995 • *Indictment: the McMartin trial*:

KOSCINA, SYLVIA

Actriz fallecida recientemente, fue la más mítica estrella de los peplum romanos, después de protagonizar *Hércules* (1957), de Pietro Francisci, junto al musculoso Steve Reeves. Siempre muy abierta en el tema de los desnudos, en cuanto la censura fue más permisiva no dudó en mostrar sus hermosas cualidades físicas. A destacar sus paseos en cueros junto a Tony Curtis en la versión más interesante de *Casanova* (1977), la de Franz Antel, claro.

a pelo

1975 • *The house of exorcism*:
• *The slasher*:
1977 • *Casanova (Les treize femmes pour Casanova)*, de Franz Antel:

KRIGE, ALICE

Actriz de rostro muy delgado cuyo carácter imprime a su presencia un atractivo muy peculiar. En 1981 se dio a conocer gracias a *Carros de fuego*, de Hugh Hudson, e *Historia macabra*, basada en la novela *Fantasma*, de Peter Straub. En este filme rodaría un par de escenas desnuda. Lo mismo ocurriría en *Rey David*, la epopeya de Bruce Beresford, donde la Krige se bañaría

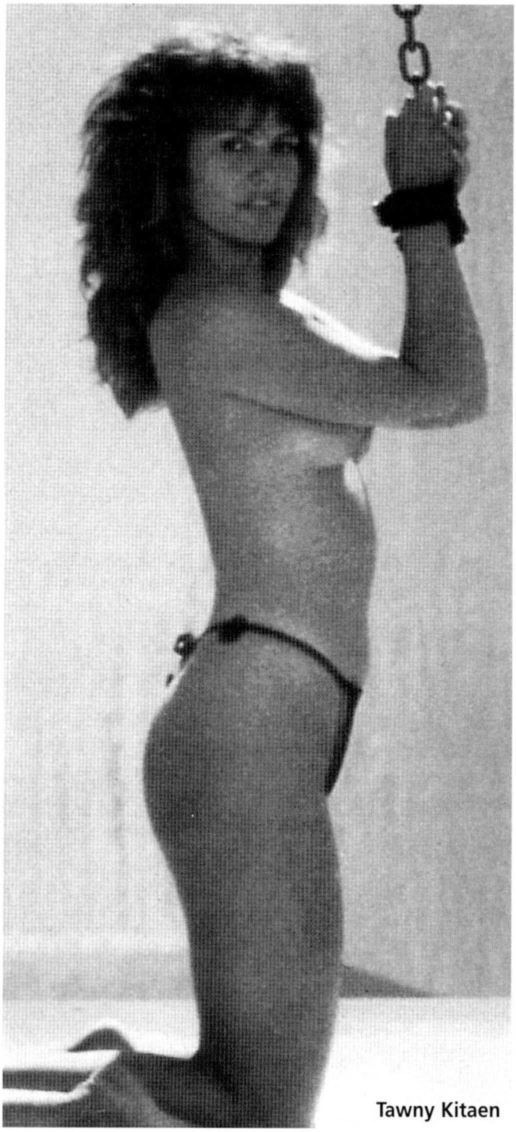

Tawny Kitaen

a pelo mientras el pillo de Richard Gere no perdía un detalle. Desde entonces, no se ha vuelto a desnudar, aunque la pelea que se gasta con la Faye Dunaway en Barfly, el borracho, donde esta le arranca media cabellera, vale también su pelo en oro. A destacar también su protagonismo en *Sonámbulos* (1992), de Mick Garris, donde mantiene una ambigua relación con su hijito.

a pelo

1981 • *Historia macabra (Ghost story)*, de John Irving:
1985 • *Rey David (King David)*, de Bruce Beresford:

Diane Lane

LANE, DIANE

La lobotomizante ex de Christopher Lambert nació en Nueva York el 2 de enero de 1965. Hija del dramaturgo Burt Lane, empezó en el teatro con 6 años, pasando por el off-Broadway y debutando en el cine, de la mano de George Roy Hill, con 13 años: concretamente en *Un pequeño romance* (1979). Tras varios filmes, en 1983 llegó *Rebeldes*, la famosa película de Coppola en la que está reunido prácticamente todo el brat pack que hará suyo el cine yanqui de los 80 y 90. Con Coppola repetirá ese mismo año en *La ley de la calle* y, uno después, en *Cotton Club*. Sin embargo es Walter Hill quien populariza su imagen como cantante pop envuelta en líos en la que probablemente es su mejor película, *Calles de fuego* (1984). La Lane se codea con Michael Paré y Willem Dafoe, y demuestra ser la que más calienta el asfalto, con unas carnes más prietas que nunca. En 1987 decide por fin desnudarse (aunque al parecer ya realizó un desnudo adolescente (?) en la inédita por estas tierras *Ladies and gentlemen, the fabulous Stains*, de 1982), y hay que reconocer que justo entonces entrará en un período poco estelar para su carrera. Sin embargo, ver sus redondos pectorales en *Mano de oro* (en mano de Matt Dillon, por cierto), *Lady Beware*, *Su cuarto deseo* (donde conocería a su futuro marido, Lambert) y *Constantes vitales* bien merece la pena. Esa época está marcada por una cierta dedicación a la serie más B, terreno abonado por su marido y en el que ella no se movía del todo a gusto: aunque alguna de esas películas es realmente buena (especialmente *Jaque al asesino*), sus personajes no pasaban de ser maniquíes visuales. En 1992 consigue participar en *Chaplin* (¡también enseña las tetas y está realmente guapa!), y últimamente, tras su separación de Lambert, parece que ha recuperado el control de su carrera y vuelve a la primera plana de las superproducciones: aunque algo perdida en *Juez Dredd* (1995), su presencia es, como siempre, muy de agradecer. Curiosamente, una de las escenas más eróticas que se recuerdan de ella pertenece a una serie de TV: en *Ángeles caídos*, en un episodio de 1990 que coprotagonizó con Alan Rickman y Laura Dern, destroza su vestido años 40 desgarrándolo por la mitad y quedándose en ropa interior negra: el bamboleo de su cuerpo es más desbastador que cualquier terremoto.

a pelo

1982 • *Ladies and gentlemen, the fabulous Stains*, de Lou Adler.
1987 • *Mano de oro* (*The big town*), de Ben Bolt:
• *Lady Beware* (*Lady Beware*), de Karen Arthur:
1988 • *Su cuarto deseo* (*Priceless beauty*), de Charles Finch:
1989 • *Constantes vitales* (*Vital signs*), de Marisa Silver:
1990 • *Olvidar Kayatsa* (*Descending angel*), de Paul Kagan:
1991 • *Jaque al asesino* (*Knight moves*), de Carl Schenkel:
1992 • *Chaplin* (*Chaplin*), de Richard Attenborough:

LANGE, JESSICA

Nacida en Cloquet, Minnesota, el 20 de abril de 1949, la Lange es una gran actriz que siempre ha dotado de una fuerte carga sexual a todos sus papeles. Poseedora de un rostro nada ortodoxo, pero tremendamente atractivo, pasó de ser chica jarrón (aunque un jarrón precioso: ver *King Kong* (1976), donde el gorila se cuida mucho de desvelar sus pezoncillos; o *Empieza el espectáculo* (1979), de Bob Fosse, donde encarna a la Muerte más bella de la historia del cine) a actriz con temperamento y

Jessica Lange

gran poder de convicción: su polvo con Jack Nicholson en la cocina de *El cartero siempre llama dos veces* está considerado uno de los más cachondos y alucinantes de la gran pantalla; su interpretación de la actriz loca Frances Barber en *Frances* (1982) le valió una nominación al Oscar, estatuilla que conseguiría como secundaria en *Tootsie*, de Sidney Pollack, ese mismo año. Luego ha vuelto a ser nominada por *Country* (1984), de Dick Pearce, *Dulces sueños* (1984), de Karel Reisz, y *La caja de música* (1989), de Costa Gavras. Posteriormente lo conseguiría de nuevo por *Las cosas que nunca mueren*. Tras tener un hijo y separarse del bailarín Mikhail Baryshnikov (quien, por cierto, confesó quedar marcado por ella de por vida), la Lange se unió sentimentalmente con el escritor, dramaturgo y actor Sam Shepard. Su relación, bastante curiosa (ella parece reconocer las continuas infidelidades de su marido con una naturalidad pasmosa), se ha visto reflejada en el cine en filmes como *Norte lejano* (1988), dirigida por Shepard. Respecto a los desnudos, la Lange nunca se ha negado a ellos, aunque siempre le ha tocado en escenas realmente muy ajustadas de guión, por lo que la contemplación de sus encantos se ve desgraciadamente supeditada a una planificación que no está por lo que tiene que estar. Tras el desliz con *King Kong*, y el polvo a fin de cuentas vestido de *El cartero siempre llama dos veces* (del que sí se escapa, por cierto, un poco de vello púbico), *Frances* es la más reveladora del físico de la Lange: su integral levantándose de la bañera es a todas luces decepcionante entre tanta espuma y tanta lejanía de la cámara, pero la escena en que la policía irrumpe en su dormitorio y ella se encierra en el lavabo es, aunque todo transcurra a una rapidez inusitada, un suculento manjar para disfrutarlo con el slow motion en el vídeo, ya que, mal que bien, se le ve todo. A nivel glamouroso, sus mejores escenas están en *Cuando me enamoro*, la única película de la que sinceramente se arrepiente, donde una ya madura Lange se desnuda para Timothy Hutton en la playa a la luz de una hoguera: la maldita luz es insuficiente, pero eso le da más valor a lo que se adivina en dicho desnudo. ¡Uuuf! Actualmente es ya una señora respetable que está para pocos trotes, pero aún nos ha sorprendido con alguno de sus encantos en la mencionada *Las cosas que nunca mueren*.

a pelo

1976 • *King Kong* (*King Kong*), de John Guillermin:
1981 • *El cartero siempre llama dos veces* (*The postman always rings twice*), de Bob Rafelson: ▼
1982 • *Frances* (*Frances*), de Graeme Clifford:
1988 • *Cuando me enamoro* (*Everybody's all american*), de Taylor Hackford:
1991 • *Las cosas que nunca mueren* (*Blue sky*), de Tony Richardson:

LE BROCK, KELLY

Preciosa modelo que con un solo filme consiguió convertirse en el mito erótico de los intrascendentes 80: *La mujer de rojo* puso de moda su cabellera morena y su falda meciéndose al compás del remolino de aire del metro, en una afortunada revisión del mito Marilyn. Aunque la escena que nos interesa es la final, donde ella se desnuda dentro de la cama: para conseguir ver algo cuando sale de ella hay que recurrir al slow motion, pero ¡ahí está, todo lo más íntimo de su ser! La película, que en principio era una modesta producción para lucimiento de Gene Wilder (versión USA de la francesa *Un elefante se equivoca enormemente*), tuvo un inesperado éxito y transformó a Kelly en el objeto de deseo de todo carroza que se preciara, por no hablar de los niños. Niños que sin duda no se perdieron su siguiente película, ya realizada exclusivamente para explotar su sex-appeal: *La mujer explosiva*. Realizada muy a la ligera por John Hugues, el filme puede provocar sonrojo visto hoy día, pero ella está fenomenal, aunque la obligada escena de ducha no contenga ni siquiera un pezoncito. Después, Le Brock se perdió en los brazos de Steven Seagal, que al parecer le propinaba unas palizas de cuidado, y participó en alguno de sus delirios karatecas. Actualmente, ya separados, seguimos sin saber nada de ella, y eso nos duele.

a pelo

1984 • *La mujer de rojo* (*The woman in red*), de Gene Wilder:

LEDOYEN, VIRGINIE

Adorable adolescente que nos quita el sueño en *El ladrón de niños*, coproducción fraco-hispano-italiana con Marcello Mastroianni y Ángela Molina. Pero es Virginie quien permanece en el recuerdo con sus osados desnudos.

a pelo

1991 • *El ladrón de niños* (*Le voleur d'enfants*), de Christian de Chalonge:

LEACHMAN, CLORIS

Veterana actriz que empezó en el cine en los 50 con películas como *El beso mortal* (1955), de Robert Aldrich, y en la TV con series como *Lassie* (1957-58). De su filmografía destacan *Dos hombres y un destino* (1969), de George Roy Hill; *The last picture show* (1971), de Peter Bogdanovich, donde obtendría un Oscar a la mejor actriz de reparto; *Una señorita rebelde* (1974), de Bogdanovich; *El jovencito Frankenstein* (1974) y *Máxima ansiedad* (1977), ambas de Mel Brooks; y, últimamente, en *Rústicos en Dinerolandia* (1993), de Penelope Spheeris. También ha rodado muchas series (*El show de Mary Tyler Moore*) y películas para TV. Se ha desnudado en *Juventud pervertida*, un drama sobre la droga protagonizado por Eli Walach.

a pelo

1970 • *Juventud pervertida* (*The people next door*), de David Greene:
1975 • *Crazy mama*:

LEE, JOIE

La hermana de Spike Lee (son idénticos físicamente) ha participado prácticamente en toda la filmografía de su hermano, pero solo se ha desnudado con Denzel Washington en *Mo' better blues*. También ha intervenido en *Bésame antes de morir* (1991), de James Dearden.

a pelo

1990 • *Cuanto más, mejor* (*Mo' better blues*), de Spike Lee:

LEE, SHERYL

Laura Palmer nos enseñó por qué su pueblo se llamaba Twin Peaks en la película que posteriormente se realizó sobre la inolvidable población. Empezó como cadáver y terminó desnudándose. Esta actriz ya había trabajado con David Lynch en *Corazón salvaje* (1990), pero todo el mundo la recuerda como el pálido rostro sin vida que, rodeado de plástico, emerge a la luz para alterar la vida de una población ya bastante alterada de por sí. Tras *Twin Peaks: Fire walk with me*, volvió a aparecer en nuestras pantallas con *Backbeat*, la crónica de los primeros años de los Beatles, donde además se desnudaría por completo. Posteriormente, ha participado con Mickey Rourke en la recomendable *Tiempo de morir*, estrenada aquí en vídeo.

a pelo

1992 • *Twin Peaks: Fire walk with me*, de David Lynch:
1993 • *Backbeat* (*Backbeat*), de Iain Softley:
• *Red Shoe Diaries: Jake's story*:

LEIGH, JENNIFER JASON

El rostro de Jennifer es puro vicio. Desde que mostró su pelo rojo a *Los señores del acero* en una de las escenas de violación más exhibicionistas y explícitas del cine yanqui, cuenta con miles de seguidores que sueñan con que supere en erotismo su participación en dicha película, algo muy difícil de conseguir, ciertamente. Sus desnudos y el polvo en el baño con Rutger Hauer son de antología. Nacida en Los Ángeles en 1958, Jennifer Lee Morrow es hija de la escritora Barbara Turner y del actor Vic Morrow (aquel que murió en un accidente de helicóptero con un par de niños durante el rodaje de *En los límites de la realidad*, de John Landis). Estudió en el Instituto de Lee Strasberg, debutando en *Los ojos de un extraño* (1981), de Ken Wiedehorn. Allí ya se desnudaba, y también en *Aquel excitante curso*, pero *Los señores del acero* marcó un antes y un después. La Leigh incluye casi siempre una panorámica de sus pechos en todas su películas, pero la cosa no va más allá. Tras la cinta de Verhoeven, tuvo algo de eco su interpretación en *Corazón de medianoche* y *Última salida: Brookyn*. También entró con buen pie en los 90, gracias al éxito de culto de *Miami Blues*, la popularidad de *Llamaradas*, la sordidez de *Hasta el límite*, y, sobre todo, el gran éxito profesional y de público de *Mujer blanca soltera busca*, en la que se vuelve a desnudar con fruición y está más de vicio que nunca. En *Short Cuts* (1993) saca buen partido de ese lado vicioso, aunque solo con la voz: interpreta a una profesional del teléfono erótico. Aún esperamos muchas más sorpresas de ella.

a pelo

1981 • *Los ojos de un extraño* (*Eyes of a stranger*), de Ken Wiederhorn:
1982 • *Aquel excitante curso* (*Fast times at Rigdemont High*), de Amy Heckerling:
1985 • *Los señores del acero* (*Flesh and blood*), de Paul Verhoeven:
1987 • *Sister, sister* (*Sister, sister*), de Bill Condon:
1988 • *Corazón de medianoche* (*Heart of Midnight*), de Matthew Chapman:
1989 • *Última salida: Brooklyn* (*Last exit to Brooklyn*), de Uli Edel:
1990 • *Miami blues* (*Miami blues*), de George Armitage:
1991 • *Llamaradas* (*Backdraft*), de Ron Howard:
• *Crooked hearts*:
• *Hasta el límite* (*Rush*), de Lilly F. Zanuck:
1992 • *Mujer blanca soltera busca* (*Single white female*), de Barbet Schroeder:
1994 • *Mrs. Parker y el círculo vicioso* (*Mrs. Parker and the vicious circle*), de Alan Rudolph:
1995 • *Georgia* (*Georgia*), de Ulu Grosbard:

LENZ, KAY

Guapa actriz, divorciada del actor y cantante David Cassidy, fue un rostro habitual de la TV y el cine de los 70. Curiosamente, el primero que tuvo el honor de desnudarla fue Clint Eastwood, habitualmente tan sobrio, y que en esta ocasión se permitió ser más generoso con los admiradores de la Lenz: ello ocurrió en *Primavera en otoño* (1974), probablemente la película más desconocida de Clint, en la que nuestra joven encarna a una hippie que se enamora de William Holden, por aquel entonces en sus últimas intervenciones cinematográficas. Tras este buen paso, Kay acompañó al entonces también emergente Jan-Michael Vincent en *Infierno en la carretera* (1975), de Jonathan Kaplan; participó en la comedia del Oeste *Botas duras, medias de seda* (1975), de Don Taylor; y se metió de lleno en las dos partes de la famosa serie televisiva *Hombre rico, hombre pobre*. Más películas, como *Violando la ley* (1978), de Charles Dubin; *El pasaje* (1979), de J. Lee Thompson; o *Celda sin número* (1981), de James B. Harris, ponen de manifiesto que no acaba de cuajar como estrella entre el público. En los 80 aún volvería con otro actor devaluado, William Katt, en el modesto éxito de *House, una casa alucinante* (1986), de Steve Miner, pero el resto de sus filmes son bastante grises y en papeles secundarios: *Yo soy la justicia II* (1987), de J. Lee Thompson; *Contra toda ley* (1989), de Michael Crichton; o *Cuando el amor se acaba* (1992), de John Mellecamp, son sus últimas intervenciones destacables hasta ahora.

a pelo

1974 • *Primavera en otoño* (*Breezy*), de Clint Eastwood:
1979 • *El pasaje* (*The passage*), de J. Lee Thompson.
1981 • *Celda sin número* (*Fast walking*), de James B. Harris:

LEWIS, CHARLOTTE

Exuberante belleza que descubrió Roman Polanski en su *Piratas*, y que, después de ponerle el toque sexy a *El chico de oro* (la comedia de Eddie Murphy), no pudo superar las expectativas y acabó realizando series B y películas para cable, eso sí, siempre con cierto aureola de estrella invitada, después de haber protagonizado un bonito reportaje fotográfico para *Playboy*. De rostro exótico y cuerpo explosivo, en la italiana *Teléfono mortal* se pega un baño en ropa interior que corta la respiración, aunque en principio la chica lo está pasando mal: pero cuando se descubre uno de sus pechos, ya es difícil mantener la concentración en la historia. Otra de las escenas sexy con la que nos quedamos es aquella de *El chico de oro* en que se cuelga de una cañería y, tras romperse esta, ella queda empapada, con toda la blusa pegada a su morena piel. Brrrr... Da escalofríos verla.

a pelo

1988 • *Teléfono mortal*, de Ruggero Deodato:
1992 • *El peso de la corrupción* (*Storyville*), de Mark Frost:
• *Sketch artist* (cable):

Jennifer Jason Leigh

Juliette Lewis

1993 • *Excessive force:*
• *Red Shoe Diaries: Midnight bells:*
• *Grabación mortal* (*Lipstick camera*), de Mike Bonifer:

LEWIS, JULIETTE

Nacida en Los Ángeles el 21 de junio de 1973, Juliette Lewis se hizo famosa por una sola escena: encarnando a la menor que el malvado Robert de Niro seducía en *El cabo del miedo* (1991), el filme de Martin Scorsese por el que la nominaron a un Oscar como mejor actriz secundaria. La sutil ambigüedad de dicha escena, unida al rostro de guarrindonga que la Lewis ya posee por sí misma, hacen de dicho momento uno de los mejores del filme, si no el mejor. Juliette Lewis es hija de Geoffrey Lewis, aquel actor que siempre salía en las pelis más gárrulas de Clint Eastwood (sobre todo en los 70) y que luego se ha dejado ver en filmes de todo tipo (hasta en *Doble impacto*, con Van Damme). Curiosamente, la Lewis goza ya de una corta pero interesante carrera: tras debutar en 1988, ha aparecido en títulos tan dispares como la divertida *Socorro, ya es Navidad* (1989), de Jeremiah S. Chechik, con el sin par Chevy Chase; la mencionada *El cabo del miedo*; *Maridos y mujeres* (1992), de Woody Allen, quien era seducido por ella en avance de lo que le ocurriría (o había ocurrido) en la vida real con su ahijada; o *Quién ama a Gilbert Grape* (1993), de Lasse Halstrom. Luego se estrenaron casi simultáneamente dos filmes tan en apariencia similares como *Kalifornia* y *Asesinos natos*: en ambos enseña una teta, aunque más claramente en el primero de ellos, despidiéndose de su amorcito (también por entonces en la vida real) Brad Pitt. Pero en ninguna película nos muestr tanto como en *Días extraños*, con la Bigelow cortando en la última milésima de segundo su rasgadura de bragas. Atención: la Lewis es de lo más interesante que pulula por el cine USA de los 90.

a pelo
1993 • *Kalifornia* (*Kalifornia*), de Dominic Sena:
1994 • *Asesinos natos* (*Born natural killers*), de Oliver Stone:

LLOYD, EMILY

Nacida en Londres el 29 de septiembre de 1970, procedente de una familia de actores de teatro, Emily Lloyd debutó con éxito en *Si estuvieras aquí*, donde hacía de adolescente caliente. Luego, ha participado en filmes como *Recuerdos de guerra* (1989), de Norman Jewison, junto a Bruce Willis, *Mi rebelde Cookie* (1989), de Susan Seidelman, o *El río de la vida* (1992), de Robert Redford. De belleza regordeta y muy americana, últimamente fue noticia por rechazar el papel de *Tank Girl* en la producción del mismo título de Rachel Talalay. También se resiste a desnudarse.

a pelo
1987 • *Si estuvieras aquí* (*Wish you were here*), de David Leland:

LOCKE, SONDRA

La compañera sentimental de *El jinete pálido* Clint Eastwood le gana en palidez y nació en Shelbyville, Tenessee, el 28 de mayo

Emily Lloyd

de 1947. Inició su carrera en el teatro, debutando en 1968 en el filme *El corazón es un cazador solitario*, de Robert Ellis Miller, que le valdría una nominación al Oscar. Luego participó en productos televisivos y, ya liada con Eastwood, le acompañó en filmes tan divertidos como *El fuera de la ley*, donde unos bandidos desnudaban su delgaducho cuerpo para violarla en una escena bastante cruda, antes de que el héroe interviniera; *Ruta suicida*, donde volvían a desnudarla unos motarras para violarla, antes de que el héroe interviniera; etc. etc. Con el tiempo, y tras poner fin de manera bastante expeditiva a su relación con Clint, la Locke ha intentado iniciar una carrera independiente como directora, encargándose de la realización de productos como *Ratboy* (1986) e *Impulso*, protagonizada por Theresa Russell.

a pelo
1973 • *Suzanne*, de Michael Barry:
1976 • *El fuera de la ley* (*The outlaw Josey Wales*), de Clint Eastwood:
1977 • *Death game, the seducers*:
• *Ruta suicida* (*The gauntlet*), de Clint Eastwood:

LOCKLIN, LORYN

Rubita que ha aparecido en dos producciones de comercialidad asegurada: *Millonario al instante*, comedia con los habituales James Belushi y Charles Grodin, y *Fortaleza infernal*, donde encarna a la mujer de Christopher Lambert: con este protagoniza, por cierto, una curiosa escena de amor donde por una vez lo más destacado son los huevos del actor, difuminados por la luz y la vellosidad rubia de los mismos. No sabemos más de ella.

a pelo
1990 • *Millonario al instante* (*Taking care of business*), de Arthur Hiller:
1993 • *Fortaleza infernal* (*Fortress*), de Stuart Gordon:

LONG, NIA

La atractiva Lisa de *El príncipe de Bel-Air* también ha hecho sus pinitos en el cine, concretamente en la sólida *Los chicos del barrio*, de John Singleton, y *Made in America*, de Richard Benjamin. En la primera de ella tiene escena de cama y todo, con lo cual salimos ganando una teta, la izquierda.

a pelo
1991 • *Los chicos del barrio* (*Boyz n the hood*), de John Singleton:

LONG, SHELLEY

Excelente y simpática actriz de comedia con un carisma sumamente original, Shelley Long es recordada por todo el público como la intelectual y pudorosa Diane de la serie *Cheers*. En cine empezó con películas como *Pequeño círculo de amigos* (1980), de Rob Cohen; *Cavernícola* (1981), de Carl Gottlieb; *Diferencias irreconciliables* (1984), de Charles Shyer; o la que en aquel momento tuvo más éxito de todas, *Esta casa es una ruina* (1986), con Tom Hanks. A finales de los 80 intentó amortizar sin éxito su popularidad televisiva con el protagonismo absoluto de comedias de humor blanco como *La tropa de Beverly Hills*. Aunque también interpretó películas imposibles

Shelley

de ver con desagrado, como *No le digas que soy yo* (1990), de Malcolm Mowbray, donde le acompañaban actores tan entrañables como Steve Guttenberg o Jami Gertz. Pese a ello, no ha sido hasta 1994 que la Long parece haber reencarrilado su estrella cinematográfica, más integrada en proyectos no necesariamente centrados en su personaje: este es el caso de *La tribu de los Brady*, un éxito de taquilla que probablemente tiene su acierto en haber sabido realizar un remake irónico de un clásico de la tele yanqui utilizando a actores que han sido ellos mismo carne de TV toda su vida. Hablando de carne, la Long ha enseñado algo en *Hello again!*, una comedia, cómo no, inédita en España (¡maldición!).

a pelo
1987 • *Hello again!*:

LÓPEZ, CHARO

Nacida en Salamanca el 28 de octubre de 1943, Rosario López Piñuelas es una de las actrices más admiradas del cine español. Poseedora de un rostro enigmático y poderosamente seductor, se la ha llegado a definir como una Ava Gardner cañí. Compaginó sus estudios de Filosofía y letras con obras de teatro que le llevaron a pasar por el TEU, la Escuela Oficial de Cine y el Teatro Español. Durante los setenta participó en varios títulos de los llamados de destape, aunque su mayor popularidad llegó con la serie de TV *Los gozos y las sombras*. Desde entonces, continúa alternando el cine con el teatro y la TV. Por *La colmena* (1982), de Mario Camus, consiguió el premio a la mejor actriz en el Festival de Berlín. En plena madurez física y mental, en *Lo más natural* enseña su esplendoroso cuerpo de forma íntegra, abriendo y cerrando la película en una piscina: para bañarse en ella los primeros minutos, para parir los últimos, en una propuesta no por «naturalista» menos atrevida.

a pelo
1976 • *El límite del amor*, de Rafael Romero Marchent:
1977 • *Luto riguroso*, de José Ramón Larraz:
1980 • *Historias de mujeres*, de Mauricio Wallerstein:
1990 • *Lo más natural*, de Josefina Molina:

Charo López

Kelly Lynch

Andie McDowell

LUNGHI, CHERIE

La madre de Victor Frankenstein en la versión rodada en 1994 por Kenneth Brannagh es una ya consumada actriz británica que nos brindó un par de desnudos en sendas importantes producciones históricas: *Excalibur* y *Rey David*. Después, ha participado en otras películas de prestigio, como *La misión* (1986), de Roland Joffé.

a pelo
1981 • *Excalibur* (*Excalibur*), de John Boorman:
1985 • *Rey David* (*King David*), de Bruce Beresford:

LYNCH, KELLY

Nacida en La Jolla, California, en 1959, Kelly Lynch es una de esas actrices interesantes que no acaban de encontrar su lugar en la industria. Dotada de un físico sumamente atractivo, esta rubia espigada se crió en Minneapolis, iniciándose en el teatro, y ejerciendo luego como modelo para la agencia Elite. Después de trabajar tres años en las pasarelas de Nueva York, estudió arte dramático y empezó su carrera interpretativa en la TV, en series como *Corrupción en Miami*. Su gran oportunidad le llegaría con *Cocktail* (1988), al lado de Tom Cruise, pero fue 1989 su año: *Drugstore cowboy*, de Gus Van Sant, le proporcionaba su primer papel protagonista junto a Matt Dillon; y *Roadhouse*, junto a Patrick Swayze, le facilitaba una popularidad nunca conseguida hasta entonces. En dicho filme intentó tapar insuficientemente su cuerpo con una sábana, regalándonos una bella imagen de su trasero; curiosamente, Swayze también dejaba ver el suyo en la misma película. En *37 horas desesperadas*, Michael Cimino no dejó pasar la oportunidad de desnudar sus pechos en dos ocasiones, las dos veces pillándonos por sorpresa: al principio del filme, en un paseo en principio inofensivo por la calle, a plena luz del día; luego, con unos agentes colocándole un micrófono oculto (en ese momento, bastante a la vista). Sin embargo, era aquel un papel muy poco relevante, y la última vez que hemos visto a la Lynch en forma ha sido en *La pequeña pícara* (1991), de John Hugues, una película, ay, para todos los públicos. Su único desnudo frontal lo ha protagonizado en *Warm summer rain*.

a pelo
1987 • *El autoestopista* (TV):
1989 • *Roadhouse* (*Roadhouse*), de Rowdy Herrington:
• *Warm summer rain*, de Joe Gayton:
1990 • *37 horas desesperadas* (*Desperate Hours*), de Michael Cimino:

MACGRAW, ALI

Nacida en Pound Ridge, Nueva York, el 1 de abril de 1938, la MacGraw fue antes modelo, colaboradora en la revista *Harper's Bazar* y maquilladora que actriz. Graduada en Historia del Arte, debutó en el cine con *Sindicato de asesinos* (1968), de David Lowell Rich, pero fue *Love Story* (1969), de Arthur Hiller, y su conflictivo pero apasionado matrimonio con Steve McQueen los que le dieron fama. Precisamente el otro momento grande de esta extraña belleza morena es acompañando a su marido en *La huida*, donde tiene alguna escena de dormitorio poco subida de tono, pero siempre muy natural. Tras morir su marido a principios de los 80, se dedicó exclusivamente a su carrera como modelo y a la TV. En pantalla grande nunca ha protagonizado un desnudo integral.

a pelo
1969 • *Complicidad sexual* (*Goodbye Columbus*), de Larry Pearce:
1972 • *La huida* (*The getaway*), de Sam Peckinpah:
1980 • *Dime lo que quieras* (*Just tell me what you want*), de Sidney Lumet:

MACLAINE, SHIRLEY

Shirley Beatty, hermana de Warren, nació el 24 de abril de 1934 en Richmond, Virginia. Estudió en el Washinton School Ballet y trabajó en musicales de Broadway, hasta que consiguió debutar en el cine en 1955, en *Pero... ¿quién mató a Harry?*, de Alfred Hitchcock. Consiguió un Oscar por *La fuerza del cariño* (1983), tras ser nominada por *Como un torrente* (1958), de Vicente Minnelli, *El apartamento* (1960), de Billy Wilder, *Irma la dulce* (1963), de Billy Wilder, y *Paso decisivo* (1977), de Herbert Ross. Pelirroja y muy dada a las ciencias ocultas, ha publicado un par de biografías y solo ha enseñado sus pechos en *Desperate characters*, en una escena con Kenneth Mars. En la mencionada *La fuerza del cariño* es posible contemplar su teta derecha, si paras la imagen en el vídeo. Patético, pero...

a pelo
1971 • *Desperate characters*, de Frak D. Gilroy:
1983 • *La fuerza del cariño* (Terms of endearment), de James L. Brooks:

MACPHERSON, ELLE

Una de las pocas top-models del momento que ha conseguido dar una imagen de belleza y simpatía sin necesidad de hacer grandes esfuerzos o aparentar lo que no es. Además, su debut cinematográfico lo ha hecho desnuda en la mayor parte del metraje, sí, pero también con una abundancia de carnes nada políticamente correctas. Eso sí, está impresionante. *Sirenas* no pasará a la Historia del Cine, pero la Macpherson quizá pase a la Historia del Desnudo.

a pelo
1994 • *Sirenas* (*Sirens*), de John Duigan:

MADIGAN, AMY

Actual esposa de Ed Harris y una de las actrices más desaprovechadas de la década de los 80, la Madigan será recordada seguramente por el fuerte carácter que imprime a sus personajes, como el de dura en *Calles de fuego* (1984), de Walter Hill, o el de valiente esposa de Kevin Costner en *Campo de sueños* (1989), de Phil Alden Robinson. Aunque hacía tiempo que sus títulos iban directamente a los videoclubs, últimamente parece que vuelve a las grandes pantallas en papeles igualmente secundarios pero sólidos, como el de *La mitad oscura* (1988), de George A. Romero. Se ha desnudado varias veces, en una ocasión en compañía de su marido, en *Alamo Bay*, y la última con Keanu Reeves en *El príncipe de Pennsylvania*. Su atípica y rural belleza debería ser más explotada.

a pelo

1982 • *Love child:*
1985 • *Alamo Bay/La bahía del odio* (*Alamo bay*), de Louis Malle:
1987 • *La mujer de hierro* (*Nowhere to hide*), de Mario Azzopardi:
1988 • *El príncipe de Pennsylvania* (*The prince of Pennsylvania*):

MADONNA

Louise Veronica Ciccone no tiene un pelo de tonta. Nacida en Bay City, Michigan, el 16 de agosto de 1959, esta chica empezó desde bien abajo: estudió danza en la Universidad de Michigan y en el Alvin Ailey Dance Theatre de Nueva York. En 1981 rodó *A certain sacrifice*, una película soft ahora buscadísima. En 1985, en pleno reinado musical, protagonizó junto a Rosanna Arquette *Buscando a Susan desesperadamente*, el filme de Susan Seidelman que las popularizó a ambas. Después de filmes hechos para su lucimiento como *Shangai Surprise* (1986), de Jim Goddard, y *¿Quién es esa chica?* (1987), de James Foley, y tras un azaroso y accidentado matrimonio con Sean Penn, la Ciccone volvió en los 90 con más fuerza, al menos en cuanto al cine respecta. En *Dick Tracy* (1990), de Warren Beatty, desafió todas las leyes morales que rodean las películas aptas y se enfundó una malla trasparente que dejaba sus encantos bien a la vista. Tras ese primer paso, echó el resto con *En la cama con Madonna*, el supuesto documental del escándalo, donde ya enseñaba desnudas del todo sus tetas. Paralelamente, fue atreviéndose a más con sus videoclips musicales (en *Papa don't preach* es posible capturar un pezón con la parada de imagen), al mismo tiempo que preparaba su definitivamente descocado libro *Sex*. En 1992 protagonizó otra película destinada a ensalzarla como sex-symbol: *El cuerpo del delito*, donde se desnudaba para goce de Willem Dafoe. Su estatus actual la ha acercado al cine independiente, y lo último en las pantallas (aquí en vídeo) es *Dangerous game*, un filme con el director de culto Abel Ferrara donde sus desnudos son ya naturales, lejos del glamour erótico que buscaba anteriormente. Polémicas aparte, pocas estrellas se han podido permitir el lujo de mostrarse como son sin caer en picado, y el suyo es un caso único, ya que son mucho más fuertes sus escenas eróticas en plena fama que las que rodó cuando era una desconocida. A eso se le llama astucia.

a pelo

1981 • *A certain sacrifice*, de Stephen John Lewicki:
1991 • *En la cama con Madonna* (*Truth or dare*), de Alex Keshishian:
1992 • *El cuerpo del delito* (*Body of evidence*), de Uli Edel:
1993 • *Juego peligroso* (*Dangerous game*), de Abel Ferrara:

MADSEN, VIRGINIA

Nacida en Winnetka, Illinois, la simpática Virginia Madsen ha conseguido buenos resultados interpretativos en todo tipo de producciones, desde la serie B, hasta la TV, pasando claro está por la serie A. Estudió teatro y danza en la Northwestern University, e interpretación en Chicago. Debutó en la popular *Class* (1983), donde por cierto es la chica a la que el botarate de Andrew McCarthy rasga accidentalmente la blusa. Luego participó en *Dune* (1984), de David Lynch, y se desnudó del todo en *Creator*, un extraño filme con Peter O'Toole de prota. En 1987 intervino en *Sin vía de escape*, de Wayne Wang, y en 1988 en *Mr. North*, filme dirigido por su actual marido, Danny Huston. Su cuerpo macizorro, con unas señoras tetas, y un rostro ambiguo y de mirada candente, la han hecho bascular entre personajes de gran energía sexual y mujeres fatales y algo inconscientes. Uno de sus mejores momentos lo conseguirá en *Labios ardientes*, mareándole la perdiz a Don Johnson, y mostrando su cuerpo reluciente en un baño nocturno muy caluroso. Incomprensiblemente, con este papel no subió a la primera fila de Hollywood, pero ella ha seguido contentándonos generosamente: en la resultona *Candyman* nos podemos recrear, entre algo de sangre, eso sí, con unas tetas más inmensas que nunca, mientras se baña. En *Becoming Colette* la podemos disfrutar en la cama junto a Mathilda May, las dos sanas y desnuditas. Como actriz, eleva incluso la media de las producciones televisivas, convirtiendo *Linda* (1993) en uno de los mejores telefilmes de suspense que se han hecho en los 90.

Virginia Madsen

a pelo

1983 • *Class* (*Class*), de Lewis John Carlino:
1985 • *Creator* (*Creator*), de Ivan Passer:
1987 • *El autoestopista* (TV):
• *Long gone* (cable):
1988 • *La muerte no miente* (cable) (*Gotham*), de Lloyd Fonvielle:
1990 • *Labios ardientes* (*The hot spot*), de Dennis Hopper:
1992 • *Becoming Colette*:
• *Candyman, el dominio de la mente* (*Candyman*), de Bernard Rose:
1994 • *Blue tiger* (*Blue tiger*), de Norberto Barba:

MAILLE, CLAUDETTE

La verdadera revelación de la mexicana *Como agua para chocolate* fue esta actriz que recorre en cueros el paisaje y se sube a pelo al caballo de su amante. Esperamos más escenas

Claudette Maille

Mathilda May

calientes como esta, pero, la verdad, ha dejado el listón muy, muy alto.

a pelo
1993 • *Como agua para chocolate*,
de Alfonso Arau:

MANSFIELD, JAYNE

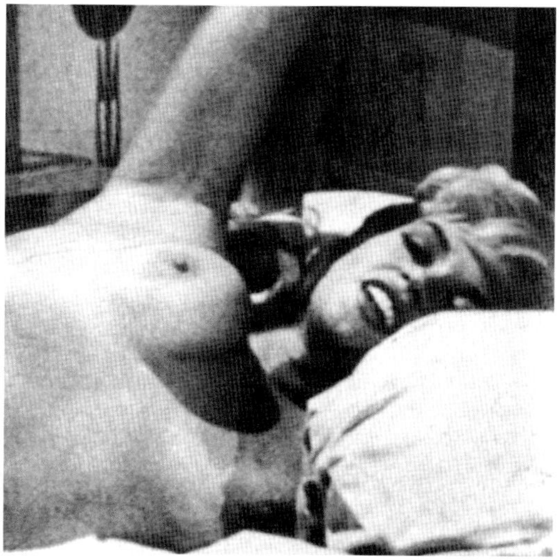

La pionera de la serie B de los 50, Jayne Mansfield, nació en Bryn Marr (Pennsylvania) el 19 de abril de 1993. Rubia y exuberante como hay pocas, aunque parezca mentira estudió Interpretación y Psicología en la universidad de Texas, debutando nada menos que con John Sturges en *La sirena de las aguas verdes* (1954). Pronto caería en la más pura serie B de imagen camp e inocentemente perversa, pero, eso sí, con varias joyas en su haber, como *The girl can't help it* (1956), de Frank Tashlin, o *El ladrón* (1958), de Paul Wendkos: esta última es la mejor adaptación que nunca hemos visto del por otro lado sobrevalorado pero entrañable autor de novela negra Davis Goodis, y está repleta de atrevidos hallazgos visuales. Por ejemplo, en una escena en que un cómplice de la banda de rateros protagonista acosa verbalmente a la Mansfiel y esta intenta zafarse de su mirada lujuriosa, los primeros planos de él se muestran con un desenfoque de... ¡los pechos de ella embutidos en su jersey! Una verdadera gozada desde todos los puntos de vista. En *Promises, promises* ya hay desnudos explícitos, de los cuales podremos disfrutar seguramente algún día por la TV. Tras casarse con Mickey Hargilay, un Mr. Universo, y el director Matt Cimber, con quien rodó su penúltima película, un oscuro accidente de circulación segó su vida mediante una espectacular decapitación que aún hoy forma parte de la historia negra de Hollywood. Hay quien dice que la magia negra tuvo algo que ver...

a pelo
1963 • *Promises, promises*,
de King Donovan:

MARCEAU, SOPHIE

Nacida en París el 17 de noviembre de 1966, Sophie Maupu es una de las recientes estrellas francesas con mayor proyección internacional. Debutó en el cine en 1980 con *La boum*, filme de Claude Pinoteau, quien volvió a contar con ella en *La boum 2*, papel por el que obtuvo un César a la mejor actriz promesa. De belleza casi marmórea, no se ha negado a descubrir su físico, siendo una de sus películas más generosas en ese sentido *Mis noches son más bellas que tus días*, del siempre alerta Andrzej Zulawsky, todo un festival de desnudos imprescindibles. Debutó en el teatro en 1991 con *Eurídice*, y en 1995 entró con buen pie gracias a su papel de reina francesa en *Braveheart*, la epopeya de Mel Gibson.

a pelo
1984 • *L'amour braque*, de Andrzej Zulawsky.
1985 • *Police* (*Police*), de Maurice Pialat:
1988 • *Mis noches son más bellas que tus días* (*Mes nuits son plus belles que vos jours*),
de Andrzej Zulawsky:
1992 • *Fanfan* (*Fanfan*), de Alexandre Jardin:
1995 • *La hija de D'Artagnan* (*La fille de D'Artagnan*):

MARCH, JANE

Bonita y delicada joven de futuro cinematográfico incierto, pero que en su momento fue todo un hallazgo de Jean-Jacques Annaud para dar vida a una Marguerite Duras adolescente en la adaptación de su inadaptable novela *El amante*. Annaud consiguió el milagro (como ya había hecho antes en *El nombre de la rosa*), y *El amante* no solo es una gran película, con una ambientación realmente increíble, sino que va probablemente más allá de lo que la propia escritora quería, quedando patente su fracaso en la vida como renuncia a su amor primero. En cuanto al erotismo, pocas veces la sensación de calor y sensualidad han estado tan palpablemente representadas en la pantalla, gracias también, claro está, a la particular belleza de la March, elegida entre cientos de aspirantes para un papel que borda completamente. La huella que su debut cinematográfico dejó en su personalidad fue tan fuerte que estuvo un par de años sin volver a las pantallas, por miedo a que se la encasillara. Casada con un productor, contraatacó junto a Bruce Willis con un thriller fuertemente erótico: *El color de la noche*, dirigido por otro que tampoco rodaba cine desde hacía prácticamente quince años: Richard Rush. El resultado es ciertamente curioso y desconcertante: un filme que no ha gustado a prácticamente nadie, pero que no deja de ser estimulante por plantear un thriller psicológico (con mucha paranoia por medio y los secundarios más adecuados para ello: Brad Dourif y Lesley Ann Warren) junto a una historia de amor que casi parece francesa (con monólogos estúpidos de Willis cada vez que entra en escena la March). A destacar también los desnudos de ambos, sobre todo en la piscina, y uno de los pocos maquillajes físicos que en la historia del cine consiguen engañar al espectador durante más de dos horas.

a pelo
1991 • *El amante* (*L'amant*),
de Jean-Jacques Annaud:
1994 • *El color de la noche* (*Color of night*),
de Richard Rush:

MARSILLACH, BLANCA

La hija pequeña del actor y director de teatro Alfredo Marsillach ha tenido un futuro cinematográfico semejante al de su hermana, interviniendo en coproducciones con papeles mayormente eróticos. Así, en *Los señores del acero* es la chica a la que golpean con una espada, sufriendo convulsiones mientras podemos disfrutar de su físico expuesto. Sus papeles en películas italianas han sido de mayor protagonismo para ella, y el mismo para sus encantos naturales.

a pelo
1985 • *Los señores del acero* (*Flesh and blood*), de Paul Verhoeven: .
1988 • *La gabbia*, de Giuseppe Patroni:

MARSILLACH, CRISTINA

La hermana de Blanca ha tenido parecido futuro artístico, aunque ha podido protagonizar un par de producciones de cierta relevancia: *Mil veces adiós*, una película maldita donde las haya teniendo en cuenta el jugo que se le hubiera podido sacar al protagonismo del ahora idolatrado Tom Hanks en compañía de nuestra Cristina (rodada en Israel, no tuvo ninguna suerte en taquilla); y *Terror en la ópera*, desfasado festival de bestialidades servidas por el amiguete Dario Argento, más interesado en recoger en primerísimos planos el brillo de un cuchillo atravesado en toda la boca de un pobre despistado que en regocijarse en las formas tiernas e inocentes de Cristinita.

a pelo
1986 • *Mil veces adiós* (*Every time we say goodbye*), de Moshe Mizrahi:
1988 • *La gabbia*, de Giuseppe Patroni:
1989 • *Terror en la ópera*, de Dario Argento:

MARTINES, ALESSANDRA

Un pedazo de mujer que solo hemos podido disfrutar en la entretenida comedia francesa *Todo esto... ¡¿para esto?!* La chica, de una belleza latinamente arrebatadora, aparece con los pechos al aire en varios momentos, para deleitarnos al final con una danza de sus tiempos de bailarina: claro que en esta ocasión lo hace desnuda, frente a todo un tribunal que no sabe si ha sufrido una alucinación colectiva o si solo es que el cielo ha bajado a la Tierra. Colofón inmejorable para una belleza que también ha participado en la más reciente versión de *Los miserables* de Victor Hugo, y en una fantástica miniserie europea para TV.

a pelo
1993 • *Todo esto... ¡¿para esto?!* (*Tout ça... pour ça!*), de Claude Lelouch:

MARTÍNEZ, SONIA

Inolvidable presentadora de la tele española, una de las más simpáticas y dicharacheras de los 80, fue también víctima de uno de los montajes más despreciables de esa década. En los primeros años 80 se dio a conocer presentando un programa infantil de las mañanas sabatinas, *Sabadabada*. Atraída por el cine, rodó a las órdenes de José Antonio de la Loma nada menos que *Perras callejeras*, donde aparecería desnuda en varias escenas, incluso con un integral en una de ellas, aunque nunca lo suficientemente frontal como para encarar claramente su sexo a la cámara. Curiosamente, la película no tuvo excesiva repercusión. Eso sí, cuando Sonia Martínez apareció en la portada de la revista *Interviú* haciendo topless en la playa, todo el mundo puso el grito en el cielo: al parecer el escándalo fue tal que TVE decidió despedir a Sonia de su trabajo como presentadora infantil, por incompatibilidad con el ir enseñando las tetas en revistas para adultos. Lo único que se supo después es que una hundida Sonia Martínez se enganchó a las drogas y adquirió el SIDA, ya ante la total indiferencia de la atención pública. Murió de dicha enfermedad a principios de los 90.

a pelo
1985 • *Perras callejeras*, de José Antonio de la Loma:

MASON, MARSHA

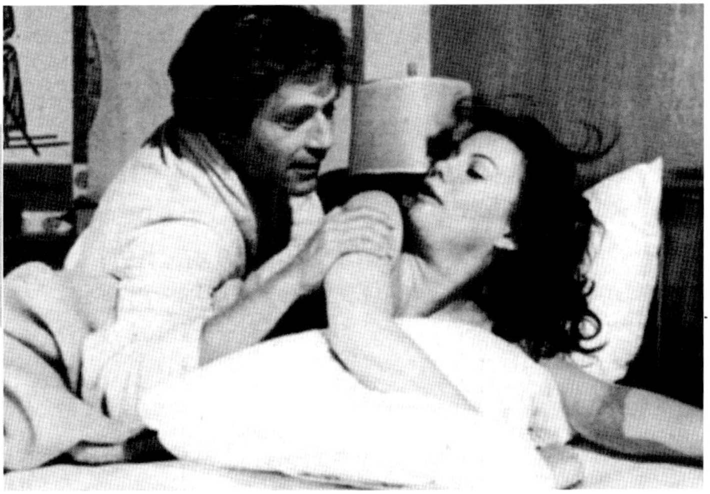

Deliciosa y extrovertida, la Mason tuvo cierto auge en los primeros 70, aunque hoy día aún participa en alguna que otra película como secundaria de lujo. Casada y ya divorciada del dramaturgo Neil Simon, en 1973 coprotagonizó con George Segal una comedia de Paul Mazursky titulada *Blume enamorado*, en la que las escenas de cama son moneda corriente, pero sus pechos no. Ese mismo año se volvió a desnudar en la cama con *Permiso para amar hasta medianoche*, en esta ocasión junto a James Caan. Desde entonces, ha protagonizado la popular en su momento *Las dos vidas de Audrey Rose* (1977), de Robert Wise, así como *La chica del adiós* (1977), de Herbert Rose, *Un detective barato* (1977), de Robert Moore, *Capítulo dos* (1980), de Robert Moore, y *Solo cuando me río* (1981), de Glenn Jordan, todas menos la primera realizadas con guión de

Jane March

Kelly McGillis

Demi Moore

su ex, Neil. En *El sargento de hierro* (1986) se niega a volver con el pobre Clint Eastwood a pesar de lo que este se esfuerza en leer revistas para mujeres con la intención de algún día llegar a entenderlas. En los 90 la hemos podido ver en *Me gustan los líos* (1994), de Charles Shyer, junto a Nick Nolte y Julia Roberts, y en *A la hora señalada* (1996), de John Badham. Y aún está de buen ver.

a pelo
1973 • *Blume enamorado* (*Blume in love*),
de Paul Mazursky:
• *Permiso para amar hasta medianoche* (*Cinderella liberty*), de Mark Rydell:

MASSARI, LEA

La veterana actriz, presente en innumerables películas de producción europea, se desnudó de espaldas a la cámara y de cara a Marcello Mastroianni en *Allonsanfan*, cinta de los hermanos Taviani.

a pelo
1973 • *Allonsanfan* (*Allonsanfan*),
de Paolo y Vittorio Taviani:

MASTRANTONIO, MARIA ELIZABETH

Nacida en Oak Park, Illinois, el 7 de noviembre de 1958, la Mastrantonio ha preferido la discreción a los grandes fastos del estrellato. Aunque en un principio iba para cantante (trabajó en Nashville, Chicago y Broadway en varios musicales), Brian de Palma la hizo debutar en *El precio del poder*, nada menos que al lado de Al Pacino, y ya nada fue lo mismo. Tres años más tarde era nominada al Oscar como mejor actriz secundaria por *El color del dinero*. Su rostro ancho y maduro es aún muy atractivo, pero no ha sacado excesivo partido de su cuerpo. Su mejor escena de desnudo la tiene en *El asesino del calendario*, curiosamente una película dirigida por su actual marido que solo pretendía explotar el lado graciosillo de un Kevin Kline recién lanzado a la fama gracias a *Un pez llamado Wanda*. Las tetas de la Mastrantonio son lo mejor de la película. En 1989, James Cameron la hacía protagonista de una de las más emocionantes escenas de la carrera de ambos, en la que ella revivía de un coma a fuera de ver desgrrada su camiseta (ocurrió en *Abyss*). Mientras en esta película está preciosa y además interpreta muy bien, en *Arenas blancas* hace servir una doble para la escena en la ducha con Willem Dafoe. En realidad podemos ver que una de las tetas que aparecen es suya, a no ser que los efectos informáticos ya permitan pegar su cabeza en el cuerpo que se quiera.

a pelo
1983 • *El precio del poder* (*Scarface*),
de Brian de Palma:
1986 • *El color del dinero* (*The color of money*),
de Martin Scorsese:
1988 • *El asesino del calendario* (*The january man*),
de Pat O'Connor:
1989 • *Abyss* (*The abyss*), de James Cameron:
1992 • *Arenas blancas* (*White sands*),
de Roger Donaldson:

MATAIX, VIRGINIA

Actriz asidua del cine español de finales de los 70, prácticamente siempre caía algún desnudo suyo. A mitad de los 80 volvió a popularizar su imagen, posiblemente más que nunca, gracias a un concurso televisivo. Su rostro delgado, de mirada algo ausente, daba muy bien para roles eróticos. Actualmente parece alejada del cine.

a pelo
1979 • *Cuentos eróticos*,
episodio de Jesús García de Dueñas:
1981 • *El poderoso influjo de la luna*,
de Antonio del Real:

MATHIS, SAMANTHA

Nacida en Nueva York en 1971, la rubita Mathis es otra de las nuevas caras a tener en cuenta en el cine de los 90. Hija de actriz (Bibi Besch) y nieta de actor de teatro (Gusti Huber), Samantha se trasladó a Los Ángeles con 6 años, y en 1988 debutó en la TV dentro de la serie *Aaron's way*. Durante ese año y el siguiente continuaría trabajando en otra serie (*Knightwatch*), hasta que, tras debutar en el cine con *Cold*

Samantha Mathis

sassy tree (1989), de Joan Tewkesbury, ganó su mayor popularidad gracias a *Rebelión en las ondas*, donde le mostraría a Christian Slater sus hermosas peras. Luego ha protagonizado la bonita *Esa cosa llamada amor* (1993), de Peter Bogdanovich, donde compartió cartel con River Phoenix, quien murió poco después del rodaje. También se la ha podido ver en *Super Mario Bros.* (1993), *Mujercitas* (1994),y *Jack y Sarah* (1995).

a pelo
1990 • *Rebelión en las ondas (Pump up the volume)*, de Alan Moyle:

MATLIN, MARLEE

La prota sordomuda de *Hijos de un dios menor* lo tenía muy difícil para conseguir una carrera regular en el cine, pero tampoco le ha ido tan mal. Ganadora de un Oscar a la mejor actriz por el filme mencionado, en el que se pegaba un buen baño con William Hurt, su siguiente papel fue el de esposa de Ed Harris en *Walker* (1988), de Alex Cox, aunque lamentablemente se moría nada más empezar la película. Tras unos años más sin saber de ella, y, aparte de un cameo en *El juego de Hollywood* (1992), de Robert Altman, triunfa en la TV con una serie de abogados.

a pelo
1986 • *Hijos de un dios menor (Children of a lesser god)*, de Randa Haines:
1993 • *Sombras en el silencio (Hear no evil)*, de Robert Greenwald:

MAURA, CARMEN

Nacida en Madrid el 15 de septiembre de 1945, Carmen Maura salta a la fama gracias a la TV, aunque llevaba haciendo cine desde 1969. Ligada a toda la primera etapa de Pedro Almodóvar, su rol de maruja simpática la ha llevado hasta el cine francés con éxito. Tras romper profesionalmente con el realizador manchego, consiguió otra interpretación memorable con *¡Ay Carmela!*, donde enseñó una teta.

a pelo
1988 • *Baton Rouge*, de Rafael Monleón.
1989 • *¡Ay Carmela!*, de Carlos Saura:

MAY, MATHILDA

Hija del guionista Victor Haim, ya había intervenido en algún filme europeo antes de darse a conocer mundialmente como la extraterrestre que nos pone a todos fuera de órbita en *Lifeforce, fuerza vital*. Este papel exigió que permaneciera desnuda durante todo el metraje: el guionista se merecía un Oscar solo por eso, pero no se lo dieron. Después, la May desapareció del mapa, participando en varias coproducciones poco difundidas, hasta que en España volvió a ponerse de moda gracias a *La teta y la luna*, de Bigas Luna: la escena en la que despide un chorro de leche de su pecho es realmente impactante.

a pelo
1985 • *Lifeforce, fuerza vital (Lifeforce)*, de Tobe Hooper:
• *Letters to an unknown lover*:
1992 • *Becoming Colette*:
1994 • *La teta y la luna*, de Bigas Luna:

MAYRON, MELANIE

La Melissa de *Treintaytantos*, la célebre serie americana, tiene una larga carrera a sus espaldas, y alguna vez ha dejado estas al descubierto: para empezar en *Harry y Tonto* (1974), película en la que acompañaba al viejete Art Carney. Pero su desnudo más osado fue en *Amigas*, producción prácticamente llevada a cabo por mujeres que ella protagonizó y en la que nos enseña en otra escena de baño cómo es su cuerpo antes de vestirse. Más tarde ha participado en filmes como *Un mundo aparte* (1976), de Michael Schultz; *Los ídolos también aman* (1976), de Sidney J. Furie; o *Desaparecido* (1982), de Costa Gavras, siempre en papeles secundarios.

a pelo
1974 • *Harry y Tonto*:
1978 • *Las amigas (Girlfriends)*, de Claudia Weills:

MAZAR, DEBI

Actriz que podría ser a Estados Unidos lo que Rossy de Palma es a España, su curioso físico y extravagante look le han valido un hueco como secundaria en numerosas producciones USA actuales. En 1990 ya intervino en *Uno de los nuestros*, de Martin Scorsese, y desde entonces no ha parado: *Los Doors* (1991), de Oliver Stone; *Jungle fever* (1991), de Spike Lee; *El pequeño Tate* (1991), de Jodie Foster; *En la sopa* (1992), de Alexander Rockwell; *Malcolm X* (1992), de Spike Lee; *Toys* (1992), de Barry Levinson; *Balas sobre Broadway* (1994), de Woody Allen... En 1995 dio un divertido toque al look ya delirante de por sí de *Batman forever*, acompañando a una totalmente opuesta Drew Barrymore. Su único desnudo, en una producción con John Cusak.

a pelo
1993 • *Money for nothing*:

MAcCORMACK, CATHERINE

El gran descubrimiento de *Braveheart*, la excelente película de Mel Gibson, fue esta joven actriz de belleza serena y pastoril que confiere al filme toda la base sobre la que está motivada la historia. Todas, absolutamente todas las escenas donde ella aparece son excelentes, tanto por lo acertado de la planificación como por su siempre estimulante presencia. ¡Y encima enseña las tetas!

a pelo
1995 • *Braveheart (Braveheart)*, de Mel Gibson:

McDORMAND, FRANCES

Poseedora de la mandíbula más prominente y provocadora de prominencias del cine de los 90, la McDormand nació en Illinois en 1957 y se graduó en Arte Dramático en la Universidad de Yale, consiguiendo el premio Carol Dye. Debutó en 1984 en *Sangre fácil*, de los hermanos Cohen, alternando el cine y la TV (*Canción triste de Hill Street*): la hemos visto también en *Arizona Baby* (1987), de nuevo de los Cohen; *Arde Mississippi* (1988), de Alan Parker, por cuyo papel como esposa maltratada de Brad Dourif la nominarían a un Oscar; en *Darkman* (1990), de Sam Raimi; ese mismo año también en *Agenda oculta*, de Ken Loach; y, sobre todo, en *Short cuts* (1993), donde Robert Altman vuelve a demostrar lo gran director que es al conseguir desnudarla nada menos que enterita enterita, aunque pestañeas y ni te das cuenta: su desnudo frontal (más bien lateral) anima bastante la película, y más sabiendo que nunca antes nos había mostrado más abajo de esa bella mandíbula.

a pelo
1993 • *Vidas cruzadas* (*Short cuts*), de Robert Altman:

McDOWELL, ANDIE

Rosalie Anderson McDowell nació en Gassney, Carolina del sur, el 21 de abril de 1958. Esta bella modelo y luego actriz estudió en la universidad de Winthrop y más tarde empezó a trabajar en Nueva York. Hugh Hudson fue quien la introdujo en el cine, ofreciéndole el papel coprotagonista de *Greystoke, la leyenda de Tarzán* (1984), aunque luego le quitaría la voz y la haría doblar por otra profesional. La chica, mosqueada, apareció en *St. Elmo, punto de encuentro* (1985), de Joel Schumacher, pero no volvió a intervenir en una película hasta la ensalzada y luego vituperada *Sexo, mentiras y cintas de vídeo* (1989), de Steven Soderbergh, la gran vencedora de ese año en Cannes. Recuperada del disgusto, se ha dedicado por entero al cine, declarando de paso que nunca se desnudará por respeto a sus hijos. Por suerte para nosotros, se dio cuenta de ello algo tarde, y por lo menos podemos disfrutar de su trasero impertinente en *Objeto de deseo*, donde se pasea desnuda bajo la indiferencia de un aburrido John Malkovich. En *Ruby Cairo*, además, se le escapa un pezón. Ah, está muy bien en *Atrapado en el tiempo* (1993), de Harold Ramis, pero por supuesto no se desnuda.

a pelo
1991 • *Objeto de deseo* (*Object of beauty*), de Michael Lyndsay-Hogg:
1992 • *Ruby Cairo* (*Ruby Cairo*), de Graeme Clifford:

McGILLIS, KELLY

La rubensiana protagonista de *Único testigo* cayó más tarde en el olvido del gran público, pero para muchos sigue siendo una cita ineludible de la sensualidad en el cine de los 80. Nacida en Newport Beach, California, el 7 de enero de 1958, la McGillis empezó probando fortuna como modelo, pero suponemos que sus medidas eran demasiado apetecibles y desbordantes para el austero gusto de las pasarelas. Por fin decidió estudiar arte dramático en la Julliard School, y, después de trabajar un tiempo de camarera, logró debutar en *Reuben, Reuben* (1983), de Robert Ellis Miller. Su siguiente trabajo ya fue como la joven amish que seducía y era seducida por Harrison Ford en la mítica *Único testigo*: su estampa desnuda, observada involuntariamente por Ford, se quedó clavada para siempre en nuestras pupilas. Después llegaron los años de gloria: en 1986, *Top gun*, de rubia y enseñándole bien la lección al chulito de Tom Cruise; en 1987, *Made in heaven*, enamorándose en el Cielo de Timothy Hutton; en 1988, *Acusados*, defendiendo a Jodie Foster, y *La casa de Carroll Street*, viviendo un enigma junto a Jeff Daniels. Después, el mayor de los silencios. Ah, pero nos reserva aún más sorpresas: ese mismo año protagonizó un filme de Abel Ferrara, que por aquel entonces no estrenaba en España ni loco. La película se titula *El cazador de gatos*, y, como en todo buen filme independiente, de culto y blablabla que se precie, la actriz ha de salir desnudita del todo: así es. Acompañada por Peter Weller, la McGillis se deja penetrar por la pistola de su marido y nos enseña lo que no nos enseñó como pudorosa amish. En *Grand Isle* (1991), vuelve a quitárselo todo, y los desnudos frontales son vistos mientras ella nada en la playa, desde debajo del agua: en plan tiburón. Tras mostrarse bastante desinteresada de muchos proyectos, últimamente parece que prepara un regreso más sonado, y, esperemos, igual de íntegro.

a pelo
1985 • *Único testigo* (*Witness*), de Peter Weir:
1988 • *El cazador de gatos* (*Cat chaser*), de Abel Ferrara:
1991 • *Grand isle*:

McGOVERN, ELIZABETH

Con su cara de buena chica, la McGovern no ha evitado tampoco los desnudos, aunque en su caso se limiten habitualmente a la zona pectoral. Nacida en Evanston, Illinois, el 18 de julio de 1961, Elizabeth estudió arte dramático en el American Conservatory Theatre de San Francisco y en la Julliard School. Robert Redford la permitió debutar en el cine en su premiada *Gente corriente* (1980). A partir de ahí, bastantes películas de calidad: *Ragtime*, con una escena cuya larga duración nos permitiría contemplar a placer sus pechos; *Érase una vez en América*, donde también mostraría algo cuando Robert de Niro la intenta violar en un momento muy poco sexy; *Adiós a la inocencia*, con Sean Penn; *Falso testigo*, con Steve Guttenberg; y *Johnny el guapo*, el último papel en que se ha desnudado, en la cama con Mickey Rourke. Luego ha participado en *Ejecutivo, ejecutor* (1990), de Jan Eggleson, y *El rey de la colina* (1993), de Steve Soderbergh, pero últimamente parece más desplazada a un segundo plano.

a pelo
1981 • *Ragtime* (*Ragtime*), de Milos Forman:
1984 • *Érase una vez en América* (*Once upon a time in America*), de Sergio Leone:
• *Adiós a la inocencia* (*Racing with the moon*), de Richard Benjamin:
1989 • *Johnny el guapo* (*Johnny Handsome*), de Walter Hill:
1990 • *Women & men: stories of seduction*:

McKEE, LONETTE

Otra de las actrices negras que pueden dar que hablar en los próximos años, a pesar de que su carrera se remonta a mediados de los 70. Intervino, entre otras, en *Cuba* (1979), de Richard Lester; *Cotton Club* (1984), de Francis Coppola; *El gran despilfarro* (1985), de Walter Hill; *Jardines de piedra* (1987), también de Coppola; etc. Tuvo un papel destacado en *Alrededor de la medianoche* (1986), de Bertrand Tabernier, y en *Fiebre salvaje*, de Spike Lee, se acuesta con Wesley Snipes. Tras participar en la siguiente peli de Lee, *Malcolm X*, la McKee fue uno de los rostros familiares de la exitosa serie *Queen* (1993), la saga posterior a *Raíces*, de Alex Hailey.

a pelo
1991 • *Fiebre salvaje* (*Jungle fever*), de Spike Lee:

McNICHOL, KRISTY

Adorable jovencita que debutó en el cine siendo una adolescente: uno de sus papeles más entrañables lo interpretó en *Faldas revoltosas*, desenfadada comedia de colegialas traviesas en la que compartió reparto con unos también jovencitos Tatum O'Neal y ¡Matt Dillon! Le siguieron películas como *Solo cuando me río* (1981), de Glenn Jordan, o *Los piratas* (1982), de Ken Annakin. De una belleza muy personal, casi cómplice, la gracia de Kristy quedaría patente sobre todo en el género de comedia, pero muchos la recuerdan especialmente por *Perro blanco* (1982), recogiendo un can que luego descubrirá está entrenado para matar negros. Ella está muy sexy y en un descuido dejará ver sus tetitas entre el top. En realidad, la visibilidad de sus pechos siempre suele deberse a deslices, ya que no es una actriz muy dada a escenas descocadas. En *Pesadilla sin retorno* ocurre lo mismo, mientras ella se levanta de la cama, y solo en *Two moon junction*, intercambiando camisetas con Sherilyn Fenn, hay una cierta disponibilidad previa a aparecer desnuda. Desde 1989 se ha dedicado sabiamente a explotar sus dotes humorísticas en la magnífica serie *Nido vacío*, haciendo de hija policía del veterano médico encarnado por el hilarante Robert Mulligan.

a pelo
1982 • *Perro blanco* (*White dog*), de Samuel Fuller:
1984 • *Just the way you are*:
1986 • *Pesadilla sin retorno* (*Dream lover*), de Alan J. Pakula:
1988 • *Two moon junction*:

MESTRES, ISABEL

Otra joven actriz que se fogueó en los 70 apareciendo en numerosas películas españolas con desnudo casi obligado. De una belleza sensible, sus papeles solían corresponderse a personajes intelectualmente más aparentes que la mayoría de chicas ligeras de cascos en que solían consistir todos los papeles femeninos de entonces. Eso sí, ella también se desnudaba siempre. Si hubiera que destacar alguna de sus escenas a pelo, sería sin duda el episodio que protagoniza en *Cuentos eróticos*, una de los pocos momentos realmente hard que yo recuerdo en el cine no especializado: prácticamente todo el metraje se lo pasa en la cama con su amante, y este la masturba, folla, etc., hasta practicarle un cunnilingus ¡explícito! Todo por la liberación de las costumbres españolas. Otra cinta que destila buenos sentimientos es *Jugando a papás*, donde se ventilará a José Luis López Vázquez y nos enseñará sus encantos, antes de entrar en el terrible drama moralista que seguramente nos preocupaba a todos. En los 80, tras dejar aparentemente su carrera como actriz, su rostro se hizo popular en la TV española, presentando un espacio sobre la novedades de la cartelera cinematográfica, y nada en su angelical rostro hacía presagiar su terrible pasado.

Myriam Meziéres

a pelo
1976 • *Parranda*, de Gonzalo Suárez:
1978 • *Serenata a la luz de la luna* (*Serenata a la claror de la lluna*), de Carlos Jover y José Salgot:
1979 • *Cuentos eróticos* (varios directores):
• *Jugando a papás*, de J. Coll Espona:
1983 • *Truhanes*, de Miguel Hermoso:

MEZIÉRES, MIRIAM

Una de las caras más viciosas que se han visto en el cine europeo, el nombre de Miriam está para siempre ligado al del cineasta suizo Alain Tanner. Además de mejorar eróticamente con los años, la Meziéres ha sabido explotar muy bien su vena sensual, escribiendo guiones donde se pasa gran parte del tiempo desnuda, o protagonizando espectáculos subidos de tono. Mujer de especial éxito en la España de los 90, sus mejores momentos eróticos son dos: el blanco y negro que la favorece terriblemente de *Una llama en mi corazón*, y el color que nos los sube de *El diario de Lady M*, donde comparte unos polvos de aúpa con Juanjo Puigcorbé y además se hace piercing en sus zonas más íntimas.

a pelo
1987 • *Una llama en mi corazón* (*Une flamme dans mon coeur*):
1992 • *El diario de Lady M*, de Alain Tanner: .

MILES, SARAH

De aspecto un tanto desastrado, Sarah Miles nació en Ingatestone (Gran Bretaña) el 31 de diciembre de 1942, y fue una de las pioneras en hacer destape en Europa. Hermana del

Sarah Miles

director Christopher Miles, estudió en la Real Academia de Arte Dramático de Londres, y luego trabajó en la Compañía Nacional de Teatro. En la excelente *La hija de Ryan* consigue una nominación al Oscar y se desnuda por primera vez. También lo hace con el bonachón de Burt Reynolds en el simpático western *El hombre que amó a Cat Dancing*. Pero su primer y escandaloso integral, del que se habló mucho en la época, lo hizo en compañía de Kris Kristopherson: *Los días impuros del extranjero* unió a ambos actores en explícitas escenas que hoy pocos recuerdan. En 1985 Joseph Losey volvería a desnudarla para la gran pantalla, pero poco después, tras intervenir en filmes como *Esperanza y gloria* y *Pasiones en Kenia* (de 1987 ambas), la Miles se retiraría de momento indefinidamente.

a pelo

1970 • *La hija de Ryan* (*Ryan's daughter*), de David Lean:
1972 • *Lady Caroline Lamb* (*Lady Caroline Lamb*), de Robert Bolt.
1973 • *El hombre que amó a Cat Dancing* (*The man who loved Cat Dancing*), de Richard C. Sarafian:
1976 • *Los días impuros del extranjero* (*The sailor who fell from grace with the sea*), de Lewis John Carlino:
1984 • *Steaming*, de Joseph Losey:

MILES, SYLVIA

Ya en su última madurez, la Miles participó en un film emblemático de los últimos 60, *Cowboy de medianoche*, desnudándose para llevarse corriendo a John Voight a la cama. Pero probablemente mayor sorpresa ofrecería aún su papel en *La centinela*, como amante decadente de Beverly d'Angelo. Su rostro ya otoñal daría un contrapunto inquietante a la lozanía de su compañera. Más adelante, ha intervenido en *La casa de los horrores* (1981), de Tobe Hooper; *Wall street* (1987), de Oliver Stone; *Cruzando la calle* (1988), de Joan Micklin Silver; o *Vida y amores de una diablesa* (1989), de Susan Seidelman.

a pelo

1969 • *Cowboy de medianoche* (*Midnight cowboy*), de John Schlesinger:
1976 • *La centinela* (The sentine*l*), de Michael Winner:

MILLER, MIRTA

Un bello rostro sudamericano que adornó en los 70 las comedias españolas de Alfredo Landa y semejantes, participando en los 80 en softcores ya olvidados y perdidos por las tragaderas de los archivos cinematográficos. Muy infrautilizada, la Miller ha quedado como una hermosa mujer que podía haber dado mucho más de sí, y que finalmente solo era noticia en las revistas del corazón. Más adelante intervino casi como artista invitada de algunas películas de mayor envergadura pero parecidos propósitos, como en *Bolero*, donde su espléndida madurez daba el contrapunto perfecto a la Derek y servía para que el pobre George Kennedy ahogara sus penas y no en licor.

a pelo

1976 • *Alcalde por elección*, de Mariano Ozores:
1977 • *La oscura historia de la prima Montse*, de Jordi Cadena:
1984 • *Bolero* (*Bolero*), de John Derek:

MILLER, PENELOPE ANN

Nacida en Los Ángeles el 13 de enero de 1964, la rubia Penelope ha dado por fin un paso decisivo desnudándose en *Atrapado por su pasado*, después de varios años luchando por alcanzar el estrellato. En este filme encarna a una bailarina con quien Al Pacino se quiere redimir de su carrera criminal. Poco a poco, esta decidida actriz va abriéndose paso en Hollywood (su último acierto fue coprotagonizar *La sombra*, de Russell Mulcahy). Hija del actor y director Mark Miller y de la periodista Bea Ammidown, Penelope estudió danza y arte dramático en el HB Studio. Debutó en el cine en *Aventuras en la gran ciudad* (1987), de Chris Columbus, pero continuó participando en series televisivas y con papeles secundarios en *Más allá de la ambición* y *Las desventuras de un recluta inocente* (ambas de 1988), hasta que Don Johnson la recogió de *Corrupción en Miami* y la apadrinó para que rodara a su lado *Tiro mortal*, aquella divertida peli de John Frankenheimer. Luego: *Despertares* (1990), de Penny Marshall; *El novato*, de Andrew Bergman; *Poli de guardería*, de Ivan Reitman; o *Chaplin* (1992), de Richard Attenborough. Poco a poco está consiguiendo llegar arriba del todo.

a pelo
1993 • *Atrapado por su pasado* (*Carlito's way*), de Brian de Palma:

MILLER, REBECCA

La tentación de Kevin Kline en *Dobles parejas* es en realidad hija del escritor y dramaturgo Arthur Miller, una rubia atractiva que a pesar de cierto protagonismo en esta película que la unió a nombres como el ya mencionado de Kline o el de Kevin Spacey y Mary Elizabeth Manstrantonio, continúa siendo una práctica desconocida del gran público. Aunque por suerte lo que sí ha dado a conocer con esta cinta es su cuerpo, sexy y bien formado, que lamentablemente acabará mal parado por culpa de un Spacey que ya empezaba a perfilar la condición de psicópata que tan buenos resultados le han dado posteriormente. La Miller ha interpretado papeles secundarios en *A propósito de Henry* (1991), de Mike Nichols; *El pepinillo* (1992), de Paul Mazursky; *La fuerza del viento* (1992), de Carroll Ballard; o Mrs. *Parker y el círculo vicioso* (1994), de Alan Parker, pero no se ha desnudado en ninguna de ellas.

a pelo
1992 • *Dobles parejas* (*Consenting adults*), de Alan J. Pakula:

MIOU-MIOU

Irresistible francesita, tan guapa hoy como hace veinte años, ha participado en numerosas películas de su país que, poco a poco, la han ido convirtiendo en un pequeño mito nacional, sobre todo evidente para el resto del mundo a raíz del éxito de *La lectora*, una película con pocos desnudos, pero placenteros por inesperados, y donde el tono general de la narración posee en todo momento una sensualidad muy sugerente: la imagen de su amante leyendo un libro apoyado sobre las nalgas de ella, tendida en el suelo. Los 90 la han confirmado como una de las grandes actrices europeas, con papeles como el de *Milou en mayo* (1989), de Louis Malle, *Germinal* (junto a Depardieu), o *La maté porque era mía* (*Tango* en el título original), de Patrice Leconte. En los 70 ya había trabajado con grandes directores como Alain Tanner (*Jonás*, de 1976). Antes, en 1973, se había dejado hacer de todo por Gérard Depardieu y Patrick Dewaere en *Los rompepelotas*. Y es que su pelo corto y rubio y su rostro cálido son difíciles de olvidar.

a pelo
1973 • *Los rompepelotas* (*Les valseuses*), de Bertrand Blier:
1988 • *La lectora* (*La lectrice*), de Michel Deville:

MIRREN, HELEN

Increíble. Una de las enfants terribles del cine inglés se acaba casando con el único estandarte junto a John Millius del cine fascista-viril americano: Taylor Hackford. Y es que Helen Mirren siempre ha sido un caso. Nacida Ilyena Lydia Mironoff el 26 de julio de 1946, en Chiswick, esta mujer tiene detrás suyo una sólida carrera teatral, siendo especialista en Shakespeare (estudió en el National Youth Theatre y la Royal Shakespeare Company), pero su carrera en el cine siempre ha estado marcada por la polémica y el guarrindongueo, a las órdenes además de los principales expertos en el tema a lo largo de distintas épocas. En 1969 levantaría polvaredas su interpretación prácticamente a pelo en *Age of consent*, poniendo alegres a un viejete James Mason y a todos los públicos cabales. La Mirren está casi irreconocible en esta película: regordeta, con un cuerpo sanote y juvenil, sin la seriedad que luego imprimiría a sus tan inglesas caracterizaciones. Luego llegaría Ken Russell y también la desnudaría para *El mesías salvaje*. Pero el summum llegaría con *Calígula*, aquel softcore del que hasta Tinto Brass renegó. Pues la Mirren también estaba allí, poniendo como un semen-

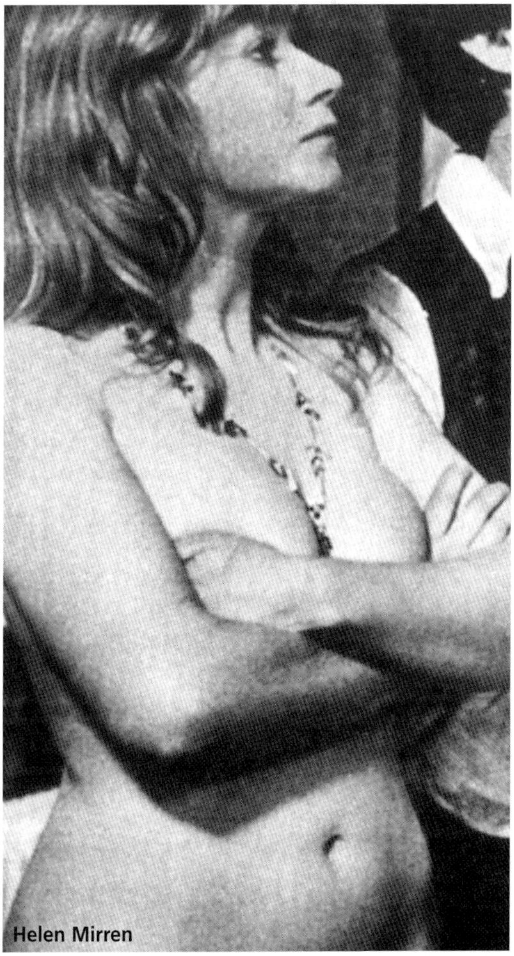
Helen Mirren

tal a Malcom McDowell. Y así hasta 1989, donde le tocó el turno a Peter Greenaway con la que al final resultará que es su mejor película: *El cocinero, el ladrón*, etc., donde Helen le ponía los cuernos a su gordo marido, para luego tener que merendarse a su amante (literalmente). Pero seguramente esta mujer aún nos tiene reservada alguna otra sorpresita en los próximos años. A fin de cuentas, ha conseguido mantener un altísimo prestigio crítico y solo le ha faltado hacer cine X.

a pelo

1968 • *Age of consent*, de Michael Powell:
1972 • *El mesías salvaje* (*Savage Messiah*), de Ken Russell:
1979 • *Calígula* (*Caligula*), de Tinto Brass:
1980 • *Hussy*, de Mathew Chapman:
1981 • *Excalibur* (*Excalibur*), de John Boorman:
1984 • *Cal*, de Pat O'Connor:
1988 • *La isla de Pascali* (*Pascali's island*), de James Dearden:
1989 • *El cocinero, el ladrón, su mujer y su amante* (*The cook, the thief, his wife and her lover*), de Peter Greenaway:
1991 • *Mystery! Cause célèbre* (TV):

MOLINA, ÁNGELA

La hija del gran Antonio Molina forma un capítulo de oro del cine de la transición española, sobre todo por sus juveniles desnudos, donde la moza estaba de toma pan y mójate. Nacida en Madrid el 5 de octubre de 1955, estudió arte dramático, ballet y danza, y su físico cada vez más nervioso y animal hace que sus personajes sean muy poco cerebrales y muy emotivos. Dos grandes momentos con su cuerpo como protagonista total tiene Ángela: el baile nudista que se marca en *Ese oscuro objeto del deseo*, y la violación y atroz muerte que sufre a manos del petimetre protagonista de *Camada negra* (posiblemente la muerte más bestia del cine español, con el permiso de *Los santos inocentes*). Es un poco desagradable esta última escena, pero es de los pocos momentos en que se puede apreciar el cuerpo de la actriz a lo largo y desnudito del todo. En *Luces y sombras* (1988) hay una escena que aparentemente lleva a cabo ella, en la que el prota masculino sueña que le hacen una mamada: la chica no nos da la cara, aunque parece la Molina de todas todas, y el desnudo es integral.

Ángela Molina

a pelo

1974 • *No matarás*, de César F. Ardavín:
1976 • *Las largas vacaciones del 36*, de Jaime Camino:
• *Camada negra*, de Manuel Gutiérrez Aragón:
• *La ciudad quemada*, de Antoni Ribas:
1977 • *Ese oscuro objeto del deseo* (*Cet obscur objet du désire*), de Luis Buñuel:
1979 • *La sabina*, de José Luis Borau:
1985 • *El río de oro*, de Jaime Chávarri:
1986 • *La mitad del cielo*, de Manuel Gutiérrez Aragón:
1988 • *Luces y sombras*, de Jaime Camino:
1991 • *El ladrón de niños* (*Le voleur d'enfants*), de Christian de Challonge:

MOORE, DEMI

Demi Guynes nació en Roswell, Nuevo Mexico, el 11 de noviembre de 1962, y al parecer de jovencita posó desnuda para algunas revistas, ya que quería hacerse famosa y rápido. De ahí suponemos que sacó su mentalidad liberal a la hora de mostrar su cuerpo, en cuya explotación lleva invirtiendo varios años, hasta conseguir convertir dicha actividad en un negocio muy lucrativo (hasta salir «vestida» de pintura y embarazada pero desnuda en sendas portadas de la revista *Vanity Fair*). Hace bien: ella es muy guapa, y aún puede sacar mucha pasta sin que ni siquiera haya aparecido nunca en un desnudo frontal. La cosa empezó cuando obtuvo papel fijo en la serie *Hospital general* (1982-83). En 1984 consiguió otro papel en *Lío en Río*, donde por cierto apenas enseña nada entre tanta melena. Luego llegaría *St. Elmo, punto de encuentro* (1985), y poco a poco su carrera empieza a consolidarse. Por fin, en *¿Qué pasó anoche?* se muestra más generosa con su cuerpo, yendo más allá de lo que ha ido hasta el momento, para disfrute nuestro y de Rob Lowe. En 1987 hace una película de bandidos modernos bastante maja (*Wisdom, el delincuente*) con el que por entonces era su pareja estable, Emilio Estévez, quien también la dirigió. En 1988 tienta de nuevo las mentes bienpensantes desnudándose preñada en *La séptima profecía* (por cierto, ni está realmente embarazada ni está tan gorda: cuestión de efectos de maquillaje). Pero la película que la confirmaría en el estrellato más absoluto es la emocionante *Ghost* (1990), de Jerry Zucker, una peli para todos los públicos que pondría de moda hacer el amor al ritmo de Unchainted melody. Después, más filmes que la mantienen arriba (en *Algunos hombres buenos* (1992), de Rob Reiner, está muy sexy de uniforme), y de repente radicaliza su política al empezar a escoger papeles-escándalo (a la manera de Michael Douglas): en *Proposición indecente* jugaría con la mentira del desnudo con doble, y en *Acoso* se decantaría por la agresividad sexual como modus vivendi de una trepa. Actualmente, ha conseguido una fortísima suma de dinero a cambio de desnudarse de nuevo (y quizá más que nunca) en una película de stripteasers.

a pelo
1984 • *Lío en río* (*Blame it on Rio*), de Stanley Donen:
1984 • *Click, click* (*No small affair*), de Jerry Schatzberg:
1986 • *¿Qué pasó anoche?* (*About last night*), de Howard Zwick:
1988 • *La séptima profecía* (The seventh sign), de Carl Schultz:
1989 • *Nunca fuimos ángeles* (*We're no angels*), de Neil Jordan:
1993 • *Una proposición indecente* (*Indecent proposal*), de Adrian Lyne:
1995 • *La letra escarlata*, de Roland Joffé:
1996 • *Striptease:*

MOORE, JULIANNE

La pelirroja del coño en *Short cuts* es una actriz con mucha ambición y está trabajando duro por ser recordada en otro tipo de papeles muy distintos todos entre sí. Casada con el también actor John Gould Rubin, ya recordábamos haberla visto desnuda en *El cuerpo del delito*, aunque el cuerpo del título en cuestión pertenecía a Madonna, que también lo enseñaba generosamente. Ya vestida, había aparecido en *El gato infernal* (1990), de John Harrison; *La mano que mece la cuna* (1992), de Curtis Hanson; *Benny y Joon* (1992), de Jeremiah Chechik; o *El fugitivo* (1993), de Andrew Davis. Pero es sin duda en *Vidas cruzadas* donde su pelo pelirrojo causa conmoción en el público, al quitarse una falda para plancharla y quedarse tan pancha cuando todos vemos que no lleva nada debajo: hasta su marido en la ficción, Mathew Modine, parece quedarse tan impresionado como nosotros. Después, la Moore agradaría sumamente a los críticos en *Vania en la calle 42* (1994), de Louis Malle, y les haría vomitar en *Nueve meses* y en *Asesinos* (ambas de 1995), pero nosotros siempre nos remitiremos a la escenita de *Short cuts*. Altman, eres grande.

a pelo
1992 • *El cuerpo del delito* (*Body of evidence*), de Uli Edel:
1993 • *Vidas cruzadas* (*Short cuts*), de Robert Altman: ▼

MORANTE, LAURA

Guapa italiana cuya presencia se popularizaría en España tras encarnar a la Duquesa de Alba en la serie de TVE *Goya*. Ella fue la maja desnuda y la vestida, pero todos se acuerdan de la primera. De rostro bien perfilado y mirada penetrante, es una desgracia que el resto de su filmografía no haya cruzado las fronteras de su país, pero al menos tenemos un desnudo anterior: el de *La historia de un hombre ridículo*, filme de Bertolucci donde la Morante luce sus enormes tetas delante del azorado Ugo Tognazzi, además de un fino bigote que, vaya por donde, no le queda nada mal.

a pelo
1981 • *La historia de un hombre ridículo* (*La tragedia di un uomo ridicolo*), de Bernardo Bertolucci:
1986 • *Goya* (serie TVE):

MOREAU, JEANNE

La alternativa seria a Brigitte Bardot en el cine francés pasaba por esta mujer nacida en París el 23 de enero de 1928. Procedente de La Comedie Française, la Moreau, que ha estado casada con los directores Jean-Louis Richard y William Friedkin, ha trabajado además con los mejores de su país y parte del extranjero. Conocida mundialmente por *Los amantes* (1958), de Louis Malle, colaboró en numerosos filmes de François Truffaut, abriéndose uno de ellos (*La novia vestía de negro*) con una foto en blanco y negro de un pecho desnudo. Allí volvería a mostrar sus senos, tarea en la que no se prodigó mucho. Actualmente sigue en buena forma interpretativa, interviniendo como estrella invitada en filmes de la talla de *Nikita* (1990), de Luc Besson, o *Hasta el fin del mundo* (1991), de Wim Wenders.

a pelo
1966 • *Mademoiselle*, de Tony Richardson:
1968 • *La novia vestía de negro* (*La mariée était en noir*), de François Truffaut:

MORENO, RITA

La simpática Anita de *West side story* (ganadora en 1961 de un Oscar a la mejor actriz secundaria por este filme) lleva haciendo cine desde 1950, casi siempre en comedias musicales: sin ir más lejos, nos la podemos encontrar en la también mítica *Cantando bajo la lluvia* (1952), de Stanley Donen. Y aunque todo aquello parece perteneciente a otra época, la Moreno no se ha negado a desnudarse, aunque sea brevemente, en un par de filmes: en *Marlowe, un detective muy privado* (1969), de Paul Bogart, era una bailarina de strip-tease, aunque la época impidió que sus pezones quedaran libres a la vista. Ese mismo año, sin embargo, podríamos disfrutar de uno de ellos, el izquierdo, en *La noche del día siguiente*, mientras se enrollaba no todo lo bien que debiera una sábana alrededor de su garboso cuerpo. Finalmente, Alan Alda desnudó la retaguardia morena en su debut como director, *Las cuatro estaciones*, en un divertido baño. Durante los 80 y los 90 Rita solo ha vuelto al cine muy esporádicamente, centrándose en series televisivas (muchas veces con su amigo Burt Reynolds).

a pelo
1969 • *La noche del día siguiente* (*The night of the following day*), de Hubert Cornfield:
1981 • *Las cuatro estaciones* (*Four seasons*), de Alan Alda:

MORRIS, ANITA

La exuberante Anita fue una de las actrices más solicitadas para papeles donde hubiera que aportar pechuga y mucha simpatía, casi siempre en intervenciones secundarias y breves, pero realizadas con una energía agotadora. Curiosamente, Morris solo se desnudó en una ocasión, en una de sus primeras apariciones (donde tenía doble personaje): se trata de La prostituta feliz, primera adaptación del best-seller de Xaviera Hollander, una joven holandesa (como el propio apellido indica) que hizo la calle en Nueva York y luego hizo su agosto publicando sus experiencias. La prota era Lynn Redgrave, y la Morris nos dejaba los morros babeando gracias a sus poderosas tetas. Más tarde, todos nos familiarizamos con su figura gracias a filmes como *Profesor a mi medida* (1981), de Andrew Bergman; *El hotel New Hampshire* (1984), de Tony Richardson; *Los amantes de María* (1985), de Andrei M. Konchalovsky; *Principiantes* (1986), de Julien Temple, donde estaba realmente espléndida; *Por favor, maten a mi mujer* (1986), de Jim Abrahams, y David y Jerry Zucker); *Aria* (1987), de varios directores; etc.

a pelo
1975 • *La prostituta feliz (The happy hooker)*, de Nicholas Sgarro:

Ornella Muti

MUNT, SILVIA

Excelente actriz catalana de cine y teatro, fue una de las jóvenes participantes en *La orgía*, el mítico filme de Francesc Bellmunt. Sin embargo sería la serie *La plaça del diamant* la que la lanzaría a una popularidad que ella siempre ha sabido llevar con mucha discreción. Después de los delirios orgiásticos, no ha vuelto a desnudarse con asiduidad, aunque en la poco difundida *Los papeles de Aspern* tiene una delicada escena de masturbación. Poco asidua en el cine, la mayoría de las veces aparece como secundaria de lujo (como en *La pasión turca* (1994), de Vicente Aranda), aunque Juanma Bajo Ulloa consiguió que en 1991 protagonizase su primera película como director: *Alas de mariposa*.

a pelo
1977 • *La orgía*, de Francesc Bellmunt:
1992 • *Los papeles de Aspern*, de Jordi Cadena:

MUÑOZ, AMPARO

Uno de los rostros más interesantes del cine español postdictadura, tanto por su belleza como por las duras experiencias que ha vivido y que han dejado huella en su físico, Amparo Muñoz puede jactarse de ser una de las pocas Misses Universo, si no la única, en tener una digna carrera cinematográfica y, sobre todo, ser bastante más que la típica chica de concurso que se pasa al cine a lucir el palmito. Por suerte, eso no significa que Amparo no se haya desnudado, y bien, en el cine español: hay que destacar sobre todo *La mujer del ministro*, del todoterreno Eloy de la Iglesia, una de cuyas escenas nos presenta a nuestra actriz tomando una sauna en compañía femenina, escena que, además de demorarse afortunadamente en la total exposición de su espléndido cuerpo, termina también muy afortunadamente con un curioso recurso: el agua levantando vapor y empañando todita la cámara. El calor es insoportable, tanto que la película tuvo el honor de ser clasificada S... En la cinta de género negro *La reina del mate*, Amparo Muñoz conquistaría a un pobre pringado de Correos, interpretado por Antonio Resines en uno de sus pocos papeles serios, compartiendo también una de las pocas escenas realmente eróticas que Resines ha hecho, con un desnudo casi frontal de ambos. Poco después, Amparo Muñoz se retiraría prácticamente del cine y de la vida pública debido a problemas con las drogas, que afortunadamente sabría superar para volver con renovados bríos en 1996 con una nueva película, interpretada por otro gran superviviente del cine español: Paul Naschy.

a pelo
1974 • *Clara es el precio*, de Vicente Aranda:
1976 • *La otra alcoba*, de Eloy de la Iglesia:
1977 • *Del amor y de la muerte*, de Antonio Giménez Rico.
1978 • *Experiencia extramatrimonial de una esposa*, de Mauro Ivaldi:
1980 • *Las siete cucas*, de Felipe Cazals:
• *Mírame con ojos pornográficos*, de Luis Mª Delgado:
1981 • *La mujer del ministro*, de Eloy de la Iglesia:
1984 • *La reina del mate*, de Fermín Cabal:
1985 • *Lulú de noche*, de Emilio Martínez-Lázaro: ▼

MUTI, ORNELLA

Excelentemente conservada, Ornella Muti es una de las actrices extranjeras más queridas por el público español, al haber estado ligada a numerosas producciones nacionales que la convirtieron en un sex-symbol, objeto de deseo del macho ibérico reprimido. Nacida Francesca Rivelli el 9 de marzo de 1955, en Nápoles, empezó como es habitual en Italia protagonizando fotonovelas. Damiano Damiani le dio su primer papel en *Sola frente a la violencia*, y al siguiente año rodó en España *La casa de las palomas*, de Pedro Masó, a cuyas órdenes protagonizaría varias películas más, muy populares en la época. Pronto se empezó a desnudar, siendo sus escenas eróticas cada vez más audaces y sorprendentes: desde *La última mujer*, donde se mostraba en todo su esplendor para pasmo de Gerard Depardieu (los españoles tuvieron que viajar a la frontera para contemplarla) hasta la más reciente *El amante bilingüe*, donde Vicente Aranda no desaprovecha la oportunidad de contar con ella: uno de sus integrales nos sitúa su pubis en primer plano, para luego percatarse (ella y nosotros) que tiene pegado a este un bonito bigote postizo de su amante (bilingüe). Además, este filme contiene unos polvos acrobáticos con Imanol Arias que es de lo mejorcito que Aranda ha rodado en su vida.

a pelo

1971 • *¿Violación bajo el sol? (Il sole nella pelle)*, de Giorgo Stegani Casorati.
1974 • *Perversa (Appasionata)*, de Gian Luigi Calderone:
1975 • *La última mujer (La dernière femme)*, de Marco Ferreri:
1981 • *Ordinaria locura (Storia di ordinaria follia)*, de Marco Ferreri:
1982 • *The girl from Trieste*:
1983 • *El amor de Swann (Eine liebe von Swann)*, de Volker Schlöndorff:
1987 • *Crónica de una muerte anunciada (Chronique d'une mort annoncée)*, de Francesco Rosi:
1993 • *El amante bilingüe*, de Vicente Aranda:

NEAL, BILLIE

Secundaria en películas bastante populares, como *El asesino del calendario* (1988), de Pat O'Connor; *Nacido el cuatro de julio* (1989), de Oliver Stone; *Asuntos sucios* (1989), de Mike Figgis; *La escalera de Jacob* (1990), de Adrian Lyne; *Pensamientos mortales* (1992), de Alan Rudolph; o *Dobles parejas* (1992), de Alan J. Pakula, solo se ha desnudado en *Bajo el peso de la ley*, del director de culto Jim Jarmusch.

a pelo

1986 • *Bajo el peso de la ley (Down by law)*, de Jim Jarmusch:

NELLIGAN, KATE

Nacida el 16 de marzo de 1951 en London, Ontario, Kate Nelligan estudió en la York University y luego en el Central School of Speech and Drama de Londres. Debutó en el cine con *Una inglesa romántica* (1975), de Joseph Losey, pero el grueso de su carrera está dedicado al teatro, donde ha sido nominada cuatro veces al premio Tony. También consiguió una nominación al Oscar como mejor secundaria por su papel en *El príncipe de las mareas* (1991), de Barbra Streisand. La hemos podido ojear sin mucha ropa en *El ojo de la aguja*, donde se lía con un peligroso Donald Sutherland.

a pelo

1981 • *El ojo de la aguja (Eye of the needle)*, de Richard Marquand:
1991 • *Frankie y Johnny (Frankie and Johnny)*, de Garry Marshall:

NERI, FRANCESCA

Nacida en Trento, la Neri levantó polvareda en España encarnando a la protagonista de *Las edades de Lulú*, la adaptación que Bigas Luna hizo de la popularísima novela de Almudena Grandes. El filme contiene escenitas subidas de tono,

Francesca Neri

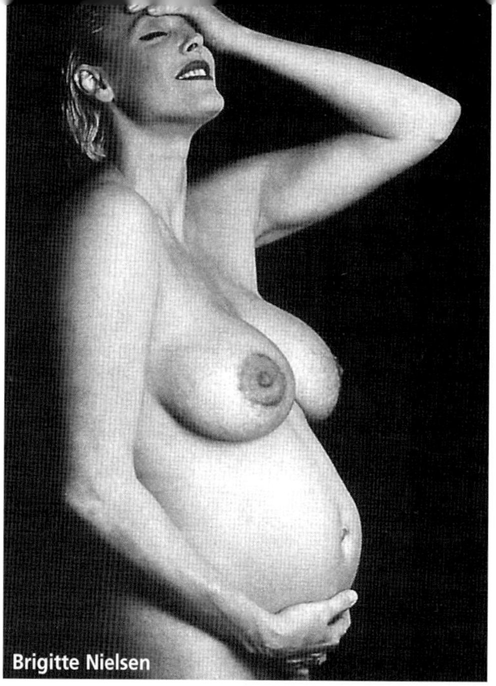
Brigitte Nielsen

como una masturbación con consolador que pone de lo más nervioso o un rasurado total de su vello púbico. Antes de convertir a Óscar Ladoire en un galán del cine español, la Neri había estudiado en el Centro Experimental de Cinematografía de Roma. Debutó en la tele italiana con 22 añitos, y dos años después protagonizaba un filme con Bruno Ganz: *Bankomatt*. Tras su experiencia española se centró en el cine de su país, aunque volvería al nuestro para intervenir junto a Antonio Banderas en una película de Carlos Saura y, de paso, para desnudarse, claro. La película se llama *Dispara*, y aunque tiros hay pocos, sí que tiene lugar una violación de la chica a cargo nada menos que de Coque Malla.

a pelo
1990 • *Las edades de Lulú*, de Bigas Luna:
1993 • *Dispara*, de Carlos Saura:

NICKSON, JULIA

Una de las protagonistas de la serie de ciencia-ficción *Babylon 5*, Julia Nickson resultará familiar a los fans de *Rambo* (intervino en la segunda parte), aunque a nosotros nos gusta más en *K2*, donde aparece desnuda íntegramente para facilitar la dureza de la escalada. También enseña algo en la última entrega de la casa encantada de *Amityville*. Nosotros sí que estamos encantados.

a pelo
1991 • *K2* (*K2*), de Frank Roddam:
1993 • Amityville: a new generation:

NIELSEN, BRIGITTE

Nacida en Copenhage (Dinamarca), el 23 de abril de 1963, Brigitte Nielsen es un glaciar de 1'83 metros de altura. Modelo desde los 16 años, trabajó en París, Nueva York y Milán, donde finalmente se iniciaría en el cine encarnando a *Sonja la Roja*, personaje literario creado por Robert E. Howard, en *El guerrero rojo*. En esta producción de Dino de Laurentiis (también productor de las dos partes de *Conan*) es donde la Nielsen está probablemente más guapa, con melena pelirroja y figura esvelta. En el comienzo de la cinta, cuando es violada y pronuncia su juramento, es posible contemplar entre las ropas destrozadas uno de sus pezones rojos. Como dato anecdótico, Schwarzenegger aparece también en la cinta, aunque curiosamente no encarna a *Conan*, al menos no oficialmente. La Nielsen rodó al año siguiente (1985) *Rocky IV*: ese mismo año se casaría con Stallone, con el que volvería a rodar *Cobra, el brazo fuerte de la ley*. Su última superproducción fue *Superdetective en Hollywood II* (1986), de Tony Scott. Tras el conflictivo divorcio de Sly, se volvió a Italia y comenzó su decadencia: *Dominó* (1989), estrenada aquí directamente en vídeo, es la típica película soft italiana (muy soft en este caso), donde la Nielsen enseña sus grandes pechos con fines exclusivamente onanistas. Desde entonces nos han llegado de tarde en tarde algunos de sus filmes (ya enclavados en la pura serie B), al igual que numerosos reportajes fotográficos de desnudos suyos (algunos de ellos integrales). Lleva años rumoreándose que protagonizaría una producción encarnando a *Hulka*, la superheroína verde de la Marvel, el cual podría ser el papel de su vida, pero al final parece que todo se ha quedado en un reportaje de estudio.

a pelo
1985 • *El guerrero rojo* (*Red Sonja*), de Richard Fleisher:
1989 • *Bye bye baby*, de Enrico Oldoni:
• *Dominó* (*Domino*), de Ivana Massetti:

NIEMI, LISA

La mujer de Patrick Swayze tiene un impresionante desnudo integral en *Sin vía de escape*, película del ahora afamado Wayne Wang (*Smoke*), en presencia de Tom Hulce, aunque su papel no es excesivamente importante. Después de aparecer en *La loca aventura del matrimonio* (1988), de John Hugues, solo ha sido coprotagonista al lado de su marido en la por otra lado poco exitosa *El guerrero del amanecer* (1987), aventura post-apocalíptica de Lance Hool. De momento, no se sabe de su vuelta al cine.

a pelo
1987 • *Sin vía de escape* (*Slam dance*), de Wayne Wang:

NIMRY, NAJWA

Casada actualmente con su descubridor y de momento director exclusivo, el vasco Daniel Calparsoro, Najwa es una chica de apariencia jovial y traviesa, pero sin disimular un fuerte carácter, como queda patente en su interpretación de *Salto al vacío*. Es esta una de las películas que renovaron el enrarecido aire del cine español a mitad de los 90, y la Nimry, además de realizar un magnífico papel protagonista, nos obsequia con un desnudo que sirve para aliviar un poco la fuerte tensión del filme.

a pelo
1994 • *Salto al vacío*, de Daniel Calparsoro:

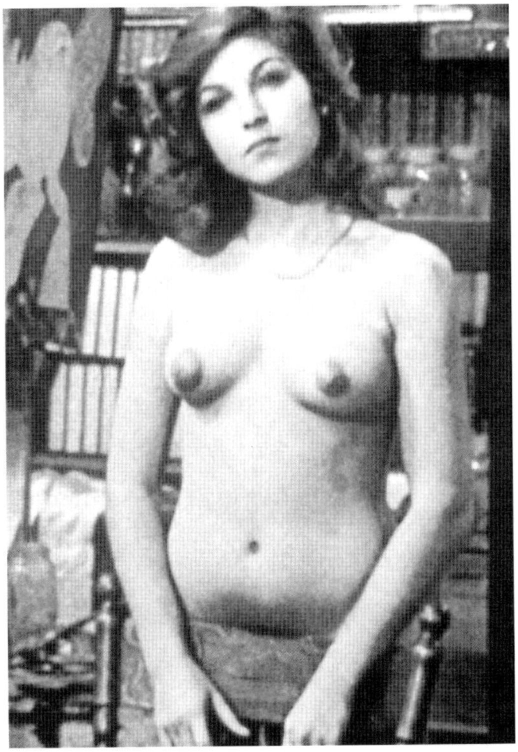

Tatum O'Neal

O'NEAL, TATUM

La hija de Ryan O'Neal parece inmersa en una fuerte crisis personal y profesional tras la separación de su conflictivo marido, el tenista John McEnroe, pero mientras se piensa su regreso a la gran pantalla, nos quedan sus deliciosas películas protagonizadas cuando aún era una cría. Por una vez y sin que sirva de precedente, mostramos preferencia por sus papeles de niña traviesa y asexuada a su prácticamente único desnudo filmado, no demasiado lúcido desde ningún punto de vista. Inolvidable en *Luna de papel* (por la que ganaría en 1973 el Oscar a la mejor actriz secundaria) y en *Nickelodeon* (1976), ambas de Peter Bogdanovich, en 1980 protagonizaría un romance de ficción con un ya otoñal Richard Burton en *Círculo de dos*, desnudándose para él (aunque una silla taparía a nuestros ojos su sexo) y mostrando, entre otras cosas, que uno de sus pezones es sensiblemente mayor que el otro. En *Faldas revoltosas* se le escaparía uno de ellos, aunque aún no hemos podido determinar cuál.

a pelo
1980 • *Círculo de dos* (*Circle of two*), de Jules Dassin:
• *Faldas revoltosas* (*Little darlings*), de Ronald Maxwell:

O'TOOLE, ANNETTE

Rostro bastante familiar en la gran pantalla, sobre todo durante los 70 y primeros 80, la podemos recordar en producciones como *De hombre a hombre* (1977), de Lamont Johnson; *Estirpe indomable* (1978), de Frank Pierson; o *Límite 48 horas* (1982), de Walter Hill, donde era la paciente compañera sentimental del cascarrabias de Nick Nolte. Se desnuda en *El beso de la pantera*, y aunque casi todo el mundo estuviera más pendiente de la Kinski, sus pechos no están nada mal. Los volvería a enseñar en una producción junto al cómico Martin Short. En los 90 se ha prodigado poco, apareciendo en *Amor perseguido* (1990), de Alan Rudolph, y poco más, para centrarse en la producción televisiva, con miniseries como *It*.

a pelo
1982 • *El beso de la pantera* (*Cat people*), de Paul Schrader:
1987 • *Cross my heart*:

OBREGÓN, ANA

La presentadora de TV empezó su carrera en el mundo del espectáculo haciendo cuanto papelito podía para el cine y no en producciones excesivamente ambiciosas. La Obregón se especializó en personajes donde de una manera u otra siempre acababa deslizándose algo de chicha en la pantalla, aunque ella lo intentaba evitar cada vez que podía. Una de las películas más surrealistas que protagonizó en sus primeros tiempos fue *Regreso del más allá*, una de terror rodada casi íntegramente en un chaletito, con muertos en pelotas saliendo de donde menos te lo esperas y, por fin, algunas tetas interesantes que a su pesar tiene que aportar la propia Ana. No exenta de interés tampoco es *Tres mujeres de hoy*, filmada dos años antes, con Norma Duval, Taida Urruzola y nuestra chica revoloteando alrededor del por entonces popular Robin Ellis (¿os acordáis de la serie *Pollack*?). La que más enseñaba era la Duval, pero Ana Obregón protagonizaba un baño nocturno en la piscina con sus encantos al aire que alegraba ciertamente el día. Pero donde se despelota ya considerablemente es en *Goma-2*, del inefable José Antonio de la Loma, capaz de reunir en el mismo reparto a Margaux Hemingway, Lee Van Cleef, Jorge Rivero, Willie Aames y, claro, Anita. Increíble. En cualquier caso, incluye un polvo de esta última digno de verse. Ese mismo año acompañaría a Bo Derek en esa apasionante aventura titulada *Bolero*. Ya a finales de los 80, y cada vez más remisa a desnudarse (cuidando su imagen al máximo), aún podemos atisbar pedacitos de su anatomía en la película basada en la novela de Raúl Núñez, *Sinatra* (aunque en una imagen en la que se supone que está prácticamente muerta) o en *¿Lo sabe el ministro?*, donde hay una excelente escena erótica en la que la única duda estriba en saber si la teta que allí aparece es de Ana o de una doble.

a pelo
1980 • *Tres mujeres de hoy*, de Germán Lorente:
1982 • *Regreso del más allá*, de Juan José Porto:
1984 • *Goma-2*, de José Antonio de la Loma:
• *Bolero* (*Bolero*), de John Derek:
1987 • *Policía*, de Álvaro Sáenz de Heredia.
1988 • *Sinatra*, de Francesc Betriu:
1991 • *¿Lo sabe el ministro?* (*Ho sap el ministre?*), de Josep Maria Forn:

OLIN, LENA

Lena Olin está muy buena. Además, no es la típica sueca, incluso tiene algo de latina: lo suficiente como para que en

1978 encarnara a una gitana que enamoraba nada menos que a Pablo Picasso en la increíblemente real *Las aventuras de Pablo Picasso*, un puro despropósito supuestamente basado en la vida del pintor malagueño, y en el que los actores, todos suecos tiznados, se limitan a balbucir durante todo el metraje palabras sueltas y sin sentido, mezclando castellano e italiano sin ningún pudor. Una cinta cachondísima, en fin, donde además Lena está jovencísima y guapísima. Pronto se ligaría al cine de Ingmar Bergman, participando en películas como *Fanny y Alexander* (1983), *Después del ensayo* (1983), etc. Es una lástima que empezara a explotar su sex-appeal tan tarde, pero merece la pena contemplarla en ropa interior y bombín frente al espejo de *La insoportable levedad del ser*, donde su personaje, Sabina, vuelve a ser el más inolvidable, como ya ocurría en la novela de Milan Kundera. Paul Mazursky la siguió desnudando en *Enemigos, una historia de amor*, pero, cuando todo hacía indicar que esta chica conquistaría los USA, va y su peli con Robert Redford resulta un fracaso en taquilla: hablamos de *Havana* (1990), de Sydney Pollack. Tampoco *Mr. Jones* le hizo ningún favor, al menos nadie se fijó en ella entre tanto bailecito esquizofrénico de Richard Gere, pero afortunadamente *Romeo is bleeding*, estrenada aquí en vídeo, vuelve a explotar con acierto su erotismo. *La noche y su momento* nos ofrece primeros planos de su físico (o al menos esperamos que fuera el suyo), junto a un original plano de su culito por debajo de la sábana.

Lena Olin

a pelo

1988 • *La insoportable levedad del ser* (*The unbereable lightness of being*), de Philip Kaufman:
1989 • *Enemigos, una historia de amor* (*Enemies, a love story*), de Paul Mazursky:
1994 • *Doble juego* (*Romeo is bleeding*), de Peter Medak:
1995 • *La noche y su momento* (*Then night and the moment/la nuit et le moment*), de Anna Maria Tato:

OMAGGIO, MARIA ROSA

La lozana andaluza era en realidad italiana. Protagonista de algunas de las más terribles películas eróticas españolas de la transición, es toda una experiencia psicotrónica visionar el ciclo de *Visanteta*, donde para ver carne te tenías que tragar unos versos procedentes de otro mundo. Por desgracias personales, la Omaggio se retiró prematuramente del cine, dejando eso sí un gran recuerdo de su físico.

a pelo

1976 • *La lozana andaluza*, de Vicente Escribá:
1978 • *El virgo de Visanteta*, de Vicente Escribá:
1979 • *Visanteta, estate quieta*, de Vicente Escribá:

ORMOND, JULIA

La revelación sin duda de 1995, esta actriz posee un rostro difícil de olvidar, de belleza diáfana y honesta. Aunque ya había aparecido en producciones europeas como *The baby of Macon* (1993), del inefable Peter Greenaway, o *Nostradamus* (1993), donde además enseña un pecho, es con *Leyendas de pasión*, *El primer caballero* y *Sabrina* donde se da realmente a conocer y arrasa como nueva estrella de Hollywood. Aunque corre el riesgo de convertirse en la típica chica para filmes

Julia Ormond

románticos que no enseña ni el tobillo, sabremos esperar y comprobarlo.

a pelo
1993 • *Nostradamus (Nostradamus)*, de Roger Christian:
1994 • *Leyendas de pasión* (Legends of the fall), de Edward Zwick:

OTIS, CARRÉ

La modelo que se junta y se separa cada poco del bueno de Mickey Rourke solo ha protagonizado un filme, *Orquídea salvaje*, donde comparte un polvo (salvaje, sí) con su novio, demostrando de paso que físicamente es casi perfecta. Puede que la película sea aún más irrelevante que *Nueve semanas y media*, pero al menos hay más carne, que es lo que cuenta, y además la Otis se desnuda progresivamente, dejando lo mejor para el final, como tiene que ser.

a pelo
1990 • *Orquídea salvaje* (*Wild orchid*), de Zalman King:

PACULA, JOANNA

Rubia cañón que se ha desnudado generosamente en producciones de todo tipo, la conocimos por primera vez en *Gorky Park*, aquel thriller tan bien ambientado en el que se revolcaba en la cama con William Hurt. Tras unos años sin saber de ella, volvió con *Muerte antes que deshonor* (1987), de Terry J. Leonard, y *El beso* (1988), producción fantástica de origen canadiense donde sus pechos volverían a ser protagonistas de varias escenas. Lo errante de su trayectoria hace que de pronto salga con Steven Seagal en *Señalado por la muerte* (1990), de Dwight H. Little, para al año siguiente protagonizar junto a Julian Sands la italiana *La villa de los viernes* (1991), basada en una novela de Alberto Moravia y, por lo tanto, repleta de tías en pelotas. El filme es un festival de desnudos de la Pacula. Últimamente ha coincidido con Billy Zane en *El silencio de los Borregos* (1993), de Ezio Greggio, y *Tombstone* (1993), de George Pan Cosmatos.

a pelo
1983 • *Gorky Park* (*Gorky Park*), de Michael Apted:
1986 • *Not quite paradise*:
1988 • *El beso* (*The kiss*), de Pen Densham:
1991 • *La villa de los viernes* (*La villa del venerdí*), de Mauro Bolognini:
1992 • *Every breath*:
1995 • *Last gasp*:

PADRAO, ANA

Guapa actriz protagonista de *Una extraña en casa*, producción canadiense, estrenada en España directamente en vídeo, que no es sino un derivado de *La mano que mece la cuna*, pero donde al menos hay más sexo de por medio: como mínimo dos polvos de la canguro con el afortunado (al menos en ese momento) marido.

a pelo
1994 • *Una extraña en casa* (*Au pair*), de Heinrich Dahms:

PALTROW, GWYNETH

La actual novia de Brad Pitt, hija de la actriz Blythe Danner y del productor y director Bruce Paltrow, es una simpática joven que en los 90 está dando una pasos cada vez más firmes para convertirse en toda una estrella. Tras encarnar a Wendy en el *Hook* (1991) de Spielberg, en el 93 intervino en *Flesh and bone*, junto a Meg Ryan, y en *Malicia*, el thriller de Harold Becker. En 1994 llegaría *La señora Parker y el círculo vicioso* y por fin un desnudo de sus pechos, metida en la cama de Mathew Broderick. El 95 no solo la ha unido a Pitt, sino que ha sido durante el rodaje de la terrible y magnífica *Seven*.

a pelo
1993 • *Flesh and bone*:
1994 • *La señora Parker y el círculo vicioso* (*Mrs. Parker and the vicious circle*), de Alan Rudolph:

PARADIS, VANESSA

La cantante y actriz, ex novia de Lenny Kravitz, está dando unos lentos pero seguros pasos en la cinematografía de su país para convertirse en una estrella del cine galo. De momento, protagoniza como una nueva diva el filme *Elisa* (1995). Pero, años antes, ya había intervenido en *Noces blanques*, una película que sabe sacar bastante partido de su cuerpo.

a pelo
1990 • *Noces blanques*.
1994 • *Elisa* (*Elisa*), de Jean Becker:

PAREDES, MARISA

Actriz española que ha subido como la espuma en la profesión gracias a su complicidad con el director manchego Pedro Almodóvar: *Tacones lejanos* (1992) la consagró, y *La flor de mi secreto* (1995) ha sido nuevamente un bombazo y un trampolín para esta mujer de rostro inquietante que había desarrollado hasta el momento una eficaz carrera como secundaria, carrera que, a pesar de ello, poco le permitía prever su inesperado lanzamiento en la madurez de su vida. Entre ambos títulos mencionados ha protagonizado algún otro, como por ejemplo *Tierno verano de lujuria y azoteas*, donde no rehúye el más glamouroso desnudo frontal.

a pelo
1992 • *Tierno verano de lujuria y azoteas*, de Jaime Chávarri:

PARILLAUD, ANNE

De belleza muy personal, la mujer de Luc Besson nació en París el 6 de mayo de 1960. De niña estudió ballet clásico y a los 16 años empezó con la interpretación. Ha trabajado en teatro (junto a Jeanne Moreau, por ejemplo), ha hecho varias series de TV francesas e italianas, pero sin duda el papel que la lanzaría es el de *Nikita* (1990), dirigida por su marido. Tras probar suerte en el cine de Hollywood con *Sangre fresca* (donde por cierto John Landis la desnuda que es un primor), parece que

Vanessa Paradis

Anne Parilland

ha vuelto definitivamente al cine francés. Su última película hasta ahora es un thriller con Béatrice Dalle, donde seguramente ambas estarán de muerte. Como siempre, nosotros seremos los últimos en enterarnos. *Patricia* (1984), por su parte, contiene miles de desnudos suyos, y además hay bacalao. Anteriormente, había aparecido en *Girls* (1979), de Just Jaeckin, donde seguramente también enseñaba lo suyo.

a pelo

1980 • *Patricia, einmal himmel und züruck*, de Hubert Frank:
1981 • *Por la piel de un policía* (*Pour la peau d'un flic*), de Alain Delon.
1991 • *Nikita, difícil de matar* (*Nikita*), de Luc Besson:
1992 • *Sangre fresca* (*Innocent blood*), de John Landis:
• *Map of the human heart*, de Vincent Ward:
1995 • *A la folie*:

PARKER, MARY-LOUISE

Los *Tomates verdes fritos* (1991) popularizaron también a esta joven actriz yanqui nacida en 1961. Mary-Louise Parker se inició en el teatro, donde conseguiría una nominación al Tony, otra a la Drama Desk y el premio Theatre World por su papel en la obra de Broadway *Hechizo de un beso*. En 1989 debutó en el cine con *Signs of life*, de John David Coles, adquiriendo mayor eco su siguiente filme, *Compañeros inseparables* (1990), de Norman René. Al contrario que su compañera de *Tomates verdes fritos*, Mary Stuart Materson, Mary-Louise sí se ha desnudado, al menos mínimamente, en *Grand Canyon*. Está siendo bien acogida por el público, sobre todo el femenino, con pelis como *Solo ellas, los chicos a un lado* (1994), de Herbert Ross, o *Balas sobre Broadway* (1994), de Woody Allen.

a pelo

1991 • *Grand Canyon* (*Grand Canyon*), de Lawrence Kasdan:
1993 • *Desnudo en Nueva York* (*Naked in New York*), de Daniel Algrant:

PASTOR, ROSANA

Popular en estos momentos gracias a su intervención en la aplaudida película de Ken Loach sobre la Guerra Civil Española, *Tierra y libertad*, Rosana Pastor no es una desconocida. Lleva años trabajando en diferentes películas, casi ciempre en papeles secundarios, alguno no exento de glamour. En *Un negro con un saxo* mantiene una tórrida relación con Patxi Bisquert, desnudándose a sus ojos en el garaje de su casa.

a pelo

1988 • *Un negro con un saxo* (*Un negre amb un saxo*), de Francesc Bellmunt:

PATITZ, TATJANA

Otra top-model que se apunta al cine, aunque en su caso es tan coherente que enseña tetas y al minuto siguiente se la cargan, en lo que constituye lo mejor con diferencia de *Sol naciente*.

a pelo

1993 • *Sol naciente* (*Rising sun*), de Philip Kaufman:

PAUL, ALEXANDRA

Simpática y guapa actriz cuya presencia en buenos títulos comerciales no ha tenido la relevancia que se merecía. Aquí la pudimos ver por primera vez en *Christine* (1983), el filme de terror de John Carpenter. En 1985 acompañó a David Grant y Kevin Costner en *American flyers* (emitida por TV muy a menudo), desnudándose por vez primera. Claro que eso no sería nada comparado con *Ocho millones de maneras de morir* (1986), donde protagonizaría un desnudo integral que haría mirar embobado hasta al Jeff Bridges más perdedor. Posteriormente ha continuado desnudándose con asiduidad, pero en 1992 alterna su presencia en la pantalla grande con un papel fijo en la serie *Vigilantes de la playa*.

a pelo

• *El autoestopista* (TV):
1985 • *American flyers*, de John Badham:
1986 • *Ocho millones de maneras de morir* (*8 million ways to die*), de Hal Ashby:
1990 • *Millions*:
1992 • *Sunset grill*:

PEÑA, CANDELA

Otro de los lanzamientos de la española *Días contados*. Candela cautivó con su encanto, pero no solo interpretativo. Como era de rigor, tuvo que desnudarse, en una escena de baño con Ruth Gabriel. Después se ha ganado fama de actriz echada «p'alante» y dicharachera, confirmando su buen momento con *Hola, ¿estás sola?* (1995), de Iciair Bollaín.

a pelo

1994 • *Días contados*, de Imanol Uribe:

PEÑA, ELIZABETH

Otra latina con cierta estabilidad en su carrera hollywodiense, ha sido una presencia familiar en muchas de las películas de los 80, empezando por *Todos rieron* (1981), de Peter Bogdanovich, y pasando por *Un loco suelto en Hollywood* (1986), de Paul Mazursky. En 1987 se estrenó *La Bamba*, filme de gran éxito entre los gringos y en el que aparecería tomándose una ducha mientras unos chicos la espían. Tras intervenir en *Acero azul* (1989), de Kathryn Bigelow, *La escalera de Jacob* volvería a ofrecerle un cierto protagonismo, compartiendo buenos momentos epidérmicos con Tim Robbins. Actualmente compagina su trabajo en el cine con películas para TV y cable.

a pelo

1987 • *La bamba* (*La bamba*), de Luis Valdez:
1990 • *La escalera de Jacob* (*Jacob ladder*), de Adrian Lyne:
1994 • *Across the moon*:

PEÑALVER, DIANA

Durante mucho tiempo fue la chica para todo en el cine español, en papeles muy breves y sin demasiadas posibilidades dramáticas. Y entonces... de repente, una película y una serie popularizan su campechana figura: la película es *Braindead, tu madre se ha comido a mi perro* (1992), probablemente la mejor película gore que se ha hecho nunca, gracias al virtuosismo cinematográfico de Peter Jackson. La Peñalver empieza dándole un toque exótico a la hábilmente realizada producción, para acabar bañada en sangre durante la mayor parte del metraje. La serie *Chicas de hoy en día* la lanzó a ella y a la ya veterana Carme Conesa de cara al gran público. La Peñalver se ha desnudado cuando era necesario, y es escalofriante verla especialmente en *Tiempo de silencio*, donde encarna a una chica que va a abortar, mostrándose frontalmente todas sus interioridades sexuales, tanto en la mesa de la chabola en la que vive como más tarde en el depósito de cadáveres. Su futuro cinematográfico es una incógnita, pero claramente esperanzador.

a pelo

1986 • *Tiempo de silencio*, de Vicente Aranda:

PÉREZ, ROSIE

La cachonda Rosie nació en Brooklyn, Nueva York, el 6 de septiembre de 1964. Tiene una boca más grande que la de Whoopi Goldberg y veinte veces más sexy. Es puro sexo negro, y lo ha demostrado un par de veces en las pantallas. Esta chica empezó como bailarina y coreógrafa. Poco a poco, se fue atreviendo con el cine, y ahora no solo es de las actrices negras más majas, sino de las mejores. Debutó en *Haz lo que debas*, la polémica película de Spike Lee, y está claro que para nosotros es lo mejor de ella. Aunque donde está fantástica de verdad es en *Noche en la Tierra*, de Jim Jarmusch, y *Los blancos no saben meterla*, de Ron Shelton. En la primera interviene en el episodio que se desarrolla en Nueva York, y llena nuestros oídos de tantas procacidades y tacos que solo con su voz nos pone a cien: por una vez en este libro, recomendamos insistentemente que se escuche la versión original. Respecto a *Los blancos no saben meterla*, contradice el dicho y encarna a la novia de Woody Harrelson. Además de estar superdivertidísima, la chica aparece más sexy que nunca, con una camiseta blanca debajo de la cual se le puede ver prácticamente todo: es difícil seguir el mínimo argumento en las escenas en que ella aparece así. Además, se quita la camiseta un par de veces. Posteriormente, la han nominado al Oscar como mejor secundaria por *Sin miedo a la vida* (1994), de Peter Weir, y pronto será *Perdita Durango* a las órdenes de Álex de la Iglesia.

a pelo

1989 • *Haz lo que debas* (*Do the right thing*), de Spike Lee:
1992 • *Los blancos no saben meterla* (*White men can't jump*), de Ron Shelton:

PERKINS, ELIZABETH

La picapedrera de Elisabeth Perkins nació en Queens, el barrio de Nueva York, en 1961. Criada en Vermont, su madre es concertista de piano. Estudió en la Goodman School of Drama de Chicago, luego pasó a Broadway, y de allí a Hollywood. Debutó en *¿Qué pasó anoche?*, de Edward Zwick, y seguramente muchos se acordarán de ella como la chica de *Big* (1988), el filme de Penny Marshall con Tom Hanks. En 1991 se lanza al ruedo y nos enseña las tetas en *Él dijo, ella dijo*, metiéndose en la ducha con Kevin Bacon. Actualmente echa pestes de las actrices que utilizan su cuerpo en la pantalla para ganar popularidad, pero a pesar de ello nos gusta. Ah, y el no va más de la popularidad lo ha conseguido haciendo de Vilma

Rosie Pérez

Elizabeth Perkins

en *Los Picapiedra* (1994), donde no se desnuda, pero tampoco es que sea muy shakespiriana la cosa...

a pelo
1991 • *Él dijo, ella dijo (He said, she said)*, de Ken Kwapis y Marisa Silver:

PERRINE, VALERIE

La novia de Lex Luthor nació en Galveston, Texas, el 3 de septiembre de 1944. De joven iba de hippy por la vida, así que lógicamente acabó viviendo de la asistencia social. Como la cosa no daba para mucho, se metió de stripteaser en Las Vegas, y se desnudó para *Playboy*, una de cuyas fotos se podía ver por cierto en su primer papel cinematográfico: *Matadero cinco* (1972), donde además volvió a desnudarse in person. En *Lenny* (1974) dejó ver de nuevo sus pechos, esta vez acompañando a Dustin Hoffman. Más tarde se dio cuenta de que además no lo hacía mal como actriz, y en sus siguientes filmes ni siquiera enseña un pezón. Las dos primeras entregas de *Superman* la hicieron bastante más conocida del gran público, pero luego cayó en el olvido, y últimamente sus películas no se estrenan en España ni locas (excepto *Hitman* —1991—), del gran Aaron Norris, que tiene el aliciente de estar protagonizada por su hermanísimo, el bueno de Chuck).

a pelo
1972 • *Matadero cinco (Slaughterhouse five)*, de George Roy Hill:
The last american hero, de Lamont Johnson.
1974 • *Lenny (Lenny)*, de Bob Fosse:

PETTY, LORI

La prota de *Tank Girl* va lenta pero segura en su profesión: tras comenzar tímidamente en filmes como *Cadillac man*, de Roger Donaldson, dio el salto cuando le ofrecieron el principal papel femenino de *Le llaman Bodhi*. Además de estar muy atractiva con su pelo negro bien cortito, es el único filme con una escena suya de desnudo, aunque no sea frontal. Después fue una de las elegidas en el despampanante reparto de *Ellas dan el golpe*, cuyo éxito en USA fue mucho mayor que en España (y es que aquí las pelis de béisbol...). Tampoco tendría mayor suerte con sus siguientes películas: *Liberad a Willy* estaba reservada a los más pequeños, y *Justicia poética* (1993), la esperada segunda película de John Singleton, ni siquiera se estrenó en las pantallas españolas. Finalmente, la llegada de *Tank Girl*, filme de Penelope Spheeris con una trayectoria en taquilla muy irregular pero que ha tenido un eco considerable, ha supuesto que la Petty ocupe cientos de páginas en todo tipo de revistas, asociada a una moda, mezcla de lesbianismo y punk, que supuestamente abandera *Tank Girl*.

a pelo
1991 • *Le llaman Bodhi (Point break)*, de Kathryn Bigelow:

PFEIFFER, MICHELLE

Nacida en Santa Ana, California, el 8 de junio de 1957, Michelle Pfeiffer es una actriz de frágil apariencia, pero pocas carreras han tenido una trayectoria ascendente tan regular y decidida como la suya. Estudió teatro en el instituto, en Fountain Valley, trabajó de cajera en un supermercado, y ganó el título de Miss Condado de Orange. Apareció entonces en pequeños papeles de TV y películas de serie B (fue la prota de *Grease 2* en 1982), aunque empezó a adquirir cierta relevancia como la esposa cocainómana de Al Pacino en *El precio de el poder* (1983), de Brian de Palma. Al año siguiente ya protagonizaba junto a Jeff Godblum *Cuando llega la noche*, filme en el que inesperadamente realizaba un desnudo doméstico: cruzando puertas de habitación a habitación. Naturalmente, el director no podía ser otro que John Landis. Poco a poco, la rubia actriz fue triunfando: *Lady Halcón*, de Richard Donner (1985); *Las brujas de Eastwick*, de George Miller (1987); *Casada con todos*, de Jonathan Demme (1988)... *Las amistades peligrosas* (1988) fue otro título importante, al conseguir una nominación al Oscar como mejor secundaria. Ese mismo año estrenaría la infravalorada *Conexión tequila*, dirigida por el habitualmente guionista Robert Towne (*Chinatown*), un ejemplo de cine negro a la antigua donde la Pfeiffer volvía a desnudarse fugazmente para tomar un baño con Mel Gibson. Curiosamente, esta película pasó bastante desapercibida, pero en 1989 otro título

Michelle Pfeiffer

suyo, *Los fabulosos Baker Boys*, de Steve Kloves, se convertía en película de culto gracias a su presencia y a la de los hermanos Jeff y Beau Bridges. Más: en *Frankie y Johnny* (1991), de Garry Marshall, le robaba el papel a quien lo había desempeñado con éxito en el teatro (Kathy Bates, que nunca entendería qué tenía de cotidiana y vulgar aquella belleza rubia), compartiendo gemidos en una buena escena de cama con, de nuevo, Al Pacino. Pero en los 90 sonaron más fuerte sus maullidos de lujuria como Catwoman en la primera secuela de Batman: *Batman vuelve* (1992), de Tim Burton. Su cuerpo enfundado en látex y sus lametones a un atontado Michael Keaton causaron furor, y se habló de que le darían una película solo para su personaje. En 1993 la nominaron al Oscar como mejor actriz por *Por encima de todo*, de Jonathan Kaplan, filme que en España pasó prácticamente desapercibido seguramente por el cambio físico que presentaba su personaje. Últimamente raciona sus filmes a uno por año: en 1994 acompañó a Jack Nicholson en *Lobo*, y en 1995 ha contraatacado con *Dangerous minds*, un proyecto en el que participa como productora, controlando cada vez más sus pasos en el cine. No esperamos que se vuelva a desnudar, al menos no tan inconscientemente como en *Cuando llega la noche*, pero nos fascina un detalle de ella: sus cada más afilados rasgos, confiriéndole en la madurez una belleza y una mirada acerada, segura de sí misma y preciosa que ni nos atrevíamos a soñar diez años antes. Nos esperan grandes momentos.

a pelo

1985 • *Cuando llega la noche* (*Into the night*), de John Landis:

1988 • *Conexión tequila* (*Tequila sunrise*), de Robert Towne:

PHILIPS, MICHELLE

La cantante de Mamas and the Papas, ex de Dennis Hopper, ha llevado una más o menos regular carrera como actriz, iniciada a principios de los 70 con títulos como *The last movie* (1971), de Peter Bogdanovich, o *Dillinger* (1973), de John Milius. También ha participado en *Lazos de sangre* (1979), de Terence Young; *Cosecha salvaje* (1981), de Robert Collins; *Días rebeldes* (1986), de Albert Magnoli; etc. En 1977 intervino en *Valentino*, biografía realizada por Ken Russell sobre el mítico artista (encarnado por Rudolf Nureyev), donde la actriz protagonizaría el único desnudo integral de toda su carrera.

a pelo

1977 • *Valentino* (*Valentino*), de Ken Russell:

PLUMMER, AMANDA

Lanzada al estrellato gracias a su papel de la atracadora Honey Bunny en *Pulp fiction*, Amanda Plummer es una actriz fuertemente marcada por sus rasgos físicos. Hija de actores (Christopher Plummer y Tammy Grimes), su experiencia en el medio abarca todos los 80: ha aparecido en muchísimas películas, entre ellas *El mundo según Garp* (1982), de George Roy Hill; *El hotel New Hampshire* (1984), de Tony Richardson; *Joe contra el volcán* (1990), de John Patrick Stanley; *El rey pescador* (1991), de Terry Gilliam; *Freejack* (1992), de Stephen Hopkins; *La tienda* (1993), de Fraser Heston; etc. A destacar últimamente, además de su excelente intervención en *Pulp fiction* que casi la ha elevado a actriz de culto, su papel como

Michelle Philips

Kelly Preston

POWER, ROMINA

Antes de compartir gorgoritos con su marido Al Bano, la hija de Tyrone era un mujer fatal que se desnudó en la gran pantalla nada menos que a las órdenes de Jesús Franco. El evento sucedió en *Justine*, y es otro de esos títulos de oro del cine caspa. Para descubrir la otra cara de Romina (y otras cosas).

a pelo
1968 • Justine, de Jesús Franco.

POWERS, STEFANIE

Estupenda señora que amenizaba las tardes y las noches televisivas con varias series. A destacar dos: *Palo y astilla*, y *Hart y Hart*, donde tenía como compañero de correrías a Robert Wagner. En los 70 protagonizó alguna película, y su atractiva juventud era carne de desnudo, pero esta preciosa pelirroja no estuvo nunca muy dispuesta a enseñar demasiado. Aunque en *Crescendo* (1969), de Alan Gibson, tiene alguna escena de cama con sobresalto incluido, prácticamente no se ve nada que no tenga que verse. Su único desnudo potable es muy difícil de encontrar. Actualmente la Powers sigue siendo una estrella de la TV USA.

a pelo
1976 • *Little Moon & Judd McGraw*:

PRESTON, KELLY

La guapísima mujer de John Travolta tiene varias razones para ser querida por el público de los 90: no solo porque seguramente es la razón principal de la rehabilitación personal y profesional de su marido, sino porque ella misma ya forma parte de la cara más blanca y desenfadada del cine de los 80. De nombre real Kelly Palzis, uno de sus primeros papeles fue en *Al filo de la medianoche* (1982), también de las primeras películas protagonizadas por Charles Bronson y servidas por el incondicional J. Lee Thompson que jugaban abiertamente al policíaco fascista y simpático. También la vimos en *Christine* (1983), de John Carpenter, una de esas adaptaciones irregulares pero inolvidables de la obra de Stephen King. Pero es que además era la rubia mala de *Admiradora secreta* (1985), aquella película de amores estudiantiles tan de los 80: la Preston conseguía que todos la odiáramos profundamente, mientras nuestro corazón latía cada vez más rápido por la buena (y morena) de Lori Laughlin, ahora olvidada. ¡Kelly era hermana de Nancy Travis en *Una novia sin igual*. Por cierto, en *La leyenda de Bill Doolin*, remoto western humorístico que coprotagonizó nada menos que con Burt Lancaster, Rod Steiger y Diane Lane, son prácticamente visibles sus tetas.

a pelo
1980 • *La leyenda de Bill Doolin* (*Cattle Annie and Little Britches*), de Lamont Johnson:

tan mala en esa película que hasta enseñaba las tetas! Al año siguiente, interpretó uno de los pocos papeles fuertes de su vida como la pobre joven secuestrada y finalmente asesinada con el fin de hacer chantaje a un respetable Roy Scheider en *52, vive o muere*: también tenía sus buenas escenas de desnudos. Luego formó parte de *SOS Equipo azul* (1985), de Harry Winer, y volvía a coincidir con C. Thomas Howell (el prota de *Admiradora*) en *Un tigre en la almohada* (1988), con una alucinante escena en que este le pedía en el coche que se abriera la blusa para atisbar sus pechos con la linterna... ¡Guau! Pero sin duda muchos repararon en ella gracias a *Los gemelos golpean dos veces* (1988), de Ivan Reitman: pocas veces ha estado tan atractiva y simpática como en esta comedia en la que hace de pareja ideal de Arnold Schwarzenegger, proporcionándole de paso el orgasmo más salvaje de su vida (y el primero). En los 90 le hemos perdido un poco la pista, pero posiblemente sea ahora un buen momento para que suba tan alto como su marido. ¡Se lo merece!

a pelo

1985 • *Mischief*:
• *Admiradora secreta* (*Secret admirer*), de David Greenwalt:
1986 • *52 vive o muere* (*52 pick-up*), de John Frankenheimer:
1988 • *Spellbinder*:
• *Un tigre en la almohada* (*A tiger's tale*), de Peter Douglas:
1994 • *A sangre fría* (*Double cross*), de Michael Keusch:

Victoria Principal

PRINCIPAL, VICTORIA

La Pamela de *Dallas* (1978 a ¡1989!) inició su carrera en la pantalla grande, llegando a ser nada menos que coprotagonista junto a Paul Newman de *El juez de la horca* (1972), de John Huston. También participó en *Terremoto* (1974), una película muy movida de Mark Robson, así como en *Cien maneras de amar* (1976), de Norman Panama. Precisamente 1976 fue su último año en el cine, pero en el 72 había rodado una peli titulada *The naked ape* y financiada por la revista *Playboy* en la que se adaptaba un best-seller de la época, *El mono desnudo*. En este filme, muy buscado tanto en USA como aquí por todos los fans, la chica nos enseña sus principales razones para cantar victoria.

a pelo

1972 • *The naked ape*:

QUINLAN, KATHLEEN

Rostro familiar en numerosas películas USA, incluida la reciente *Apolo 13*, esta actriz inició su carrera a mediados de los 70. En 1977 protagonizó la producción de Roger Corman *Nunca te prometí un jardín de rosas*, sobre las vicisitudes de una adolescente recluida en un centro psiquiátrico. Allí le podremos ver las tetas. Como protagonista repitió en el melodrama *La promesa* (1979), de Gilbert Cates, y nada menos que con el realizador Stanley Kramer en *Más allá del amor* (1979). Sidney Poitier la dirige también en la comedia *Hanky Panky* (1982), y al año siguiente participa en el filme de episodios *En los límites de la realidad*. Protagonista junto a Sam Waterston de *Señal de alarma* (1985), de Hal Barwood, tuvo mayor repercusión su desnudo integral como amante de Jim Morrison en *Los Doors*. Tras varias películas para cable, ha vuelto a la pantalla grande con renovados bríos.

a pelo

1977 • *Nunca te prometí un jardín de rosas* (*I never promise you a rose garden*), de Anthony Page:
1983 • *The last winter*:
1991 • *Los Doors* (*The Doors*), de Oliver Stone:
1994 • *Trial by jury*:

RAINES, CRISTINA

Guapísima actriz de los años 70 que en España no se haría popular hasta protagonizar junto a Mark Harmon la serie *Flamingo road* (1981- 82). Antes también había aparecido en *Centennial* y en numerosas películas: entre otras, *Dulce y peligrosa* (1973), de Andy Sidaris; *Nashville* (1975), de Robert Altman; *La ruleta rusa* (1975), de Lou Lombardo... Pero sin duda su dulcísimo rostro será recordado por dos producciones: la primera de ellas, *Los duelistas* (1977), maravillosa ópera prima de Ridley Scott donde la Raines está tan radiante que uno entiende las ganas de vivir de Keith Carradine ante el continuo acoso del pesado de Harvey Keitel; y *La centinela* (1977), filme de terror que protagonizó y donde su sensualidad está tan a flor de piel que es posible vislumbrar algo de su siempre celosamente vigilada anatomía. Retirada voluntariamente del cine, no sabemos por qué no nos alegra con su regreso.

a pelo
1977 • *La centinela* (*The sentinel*), de Michael Winner:

RAMON, EULÀLIA

Una de las actrices más atractivas, lozanas y simpáticas del cine español actual, esta catalana inició su carrera en series de TV (sus desnudos en alguna de ellas deben estar perdidos en la vorágine de los archivos), y, aunque ha participado en numerosas películas, no ha tenido la oportunidad de protagonizar demasiadas: en este sentido, *Las cartas de Alou* es su filme más celebrado. Respecto a sus desnudos, atención a *Garum (fantástica contradicción)*: tal como indica el título, todo es contradictorio en esta historia, pero a nadie se le ocurre quejarse ante la cantidad de desnudos que ello provoca en sus intérpretes femeninas. ¡Viva el nonsense! La Ramon produce ataques al corazón, montando a pelo un caballo en plena naturaleza. Una fiesta para los sentidos. Eulàlia está emparejada actualmente con el director Carlos Saura, lo cual nos hace abrigar esperanzas de que este la convierta en protagonista de su próxima película, con lo cual probablemente caiga algún desnudo que otro.

a pelo
1983 • *Últimas tardes con Teresa*, de Gonzalo Herralde:
1988 • *Garum (fantástica contradicción)*, de Tomás Muñoz:
1991 • *El rey pasmado*, de Imanol Uribe:

RAMPLING, CHARLOTTE

Casada con el músico Jean Michel Jarre, la Rampling adquirió notoriedad gracias a las polémicas escenas sexuales de *Portero de noche*, película mítica de los 70 que coprotagonizó con Dick Bogarde y por la que siempre se la recordará en Europa. Allí encarnaba a una judía que se reencontraba con su antiguo verdugo nazi, estableciéndose entre los dos una ambigua y sadomasoquista relación. Como muchas de las películas de aquella época, hoy no pueden ser vistas sin un cierto complejo de culpabilidad al no diferenciarse muy bien dónde termina la denuncia y empieza el comercio visual de carne. Nacida el 5 de febrero de 1956 en Sturmer (Gran Bretaña), se inició en el mundo de los musicales junto a su hermana Sara para luego hacerse cover-girl en Londres. Estudió arte dramático en la Royal Court School y, por fin, consiguió debutar en la casi de

Charlotte Rampling

culto *El knack y cómo conseguirlo* (1964), de Richard Lester. Durante los 60 y 70 se dedicó activamente al cine, trabajando en filmes británicos, alemanes, italianos (*La caída de los dioses*, 1969, de Visconti) y americanos (*Vanishing point*, 1970, de Richard C. Sarafian). Con los setenta llegan sus más sonados y abundantes desnudos, recordándose especialmente su look en la hortera *Zardoz*, o su mirada casi drogada en *Adiós muñeca*. Con los 80 llegó una diversificación aún mayor de su trabajo, y cada vez en películas de menor eco. La que mayor difusión alcanzó fue *El corazón del ángel*, donde le arrancaban el suyo, y cuyo desnudo precisamente por eso no es de excesivo grato recuerdo. Ese mismo año (1986) estrenó *Max, mi amor*, de Nagisha Oshima, y *Máscara*, de Patrick Conrad, pero en los 90 nadie sabe prácticamente de ella, cinematográficamente hablando.

a pelo
1973 • *Giordano Bruno*, de Giuliano Montaldo:
• *Portero de noche* (*Il portiere di notte*), de Liliana Cavani:
• *Zardoz* (*Zardoz*), de John Boorman:
• *Caravana hacia la aventura* (*Caravan to Vaccares*), de Geoffrey Reeve:
1975 • *Adiós, muñeca* (*Farewell my lovely*), de Dick Richards.
• *Foxtrot*, de Arturo Ripstein.
1977 • *Un taxi malva* (*Un taxi mauve*), de Yves Boisset.
1986 • *El corazón del ángel* (*Angel heart*), de Alan Parker:
• *Máscara* (*Mask*), de Patrick Conrad:

REDGRAVE, LYNN

La hermana de Vanessa, Reina en *Todo lo que siempre quiso saber del sexo pero no se atrevía a preguntar* (1972), de Woody Allen, o Xaviera Hollander en *La prostituta feliz* (1975), de Nicholas Sgarro, ha tenido numerosas intervenciones estelares en series como *Centennial* o en películas para la tele como la nueva versión de *¿Qué fue de Baby Jane?*

a pelo
1989 • *Getting it right*:

REDGRAVE, VANESSA

La bestia parda del cine británico nació el 30 de enero de 1937 en Londres. Hija del actor Michael Redgrave y casada con el ya fallecido director Tony Richardson, tiene dos hijas, Natasha y Joely, que también son actrices. Por cierto, tiene otro hijo de su relación con nada menos que Franco Nero. La Redgrave estudió arte dramático en la Central School of Speech and Drama de Londres y fue una gran figura de la Royal Shakespeare Company. Consiguió un premio en Cannes por *Morgan, un caso clínico*, filme dirigido por Karel Reisz en 1959, y ha sido nominada al Oscar cuatro veces, consiguiendo uno a la mejor secundaria por *Julia* (1976), de Fred Zinnemann, categoría donde repetiría nominación por *Regreso a Howard's End* (1993), de James Ivory. Esta mujer no para, tiene mucha mala leche y está siempre dando caña con sus ideas comunistas. En 1968 fue célebre su papel de *Isadora*, donde volvía a estar a las órdenes de Karel Reisz, y se desnudaba tímida aunque satisfactoriamente para la época. En la inédita *Out of season* ejecuta un desnudo integral. Que nosotros sepamos, en los 70 enseña algo en *Agatha* y *Yanquis*, dos películas de cierta repercusión en su momento. El resto de sus desnudos son prácticamente desconocidos aquí. Como dato anecdótico, decir que en 1970 protagonizó dos películas de Tinto Brass, suponemos que ahora inencontrables: *Al margen de la sociedad* y *La vacanza*.

a pelo
1968 • *Isadora* (*Isadora*), de Karel Reisz:
1975 • *Out of season*, de Alan Bridges:
1979 • *Agatha* (*Agatha*), de Michael Apted:
• *Yanquis* (*Yanks*), de John Schlesinger:
1985 • *Steaming*, de Joseph Losey:
1988 • *Pasión devoradora* (*Consuming passions*):
1990 • *Orpheus descending*:

REED, PAMELA

La compañera de Schwarzenegger en *Poli de guardería* (1990), de Ivan Reitman, la ex de Robin Williams en *Cadillac Man* (1990), de Roger Donaldson, la esposa del piloto entregado a su trabajo en *Elegidos para la gloria* (1983), de Philip Kaufman... Pamela Reed suele encarnar la mujer de físico común pero con la que siempre se puede contar. Dotada especialmente para la comedia, ha participado en numerosas series humorísticas para TV, y últimamente es una secundaria muy socorrida (la hemos visto también en *Ciudadano Bob Roberts* —1992—, de Tim Robbins, y *Junior* —1994—, de Ivan Reitman). Su único desnudo fue en una de sus primeras películas, *Forajidos de leyenda*, dando la espalda al espectador y el resto a David Carradine.

a pelo
1980 • *Forajidos de leyenda* (*The long riders*), de Walter Hill:

REEVES, SASKIA

Revelación del actual cine inglés, Saskia ha protagonizado la comedia *Antonia y Jane*, y el drama erótico *Con mis ojos cerrados*. En esta segunda, sus desnudos son más osados y disfrutables. Antes se la había podido ver en *La novia de diciembre* (1990), de Thadeus O'Sullivan, interpretando a una mujer que vive con dos hermanos, pero no hay un mísero desnudo.

a pelo
1991 • *Antonia y Jane* (*Antonia & Jane*), de Beeban Kidron:
• *Con mis ojos cerrados* (*Close my eyes*), de Stephen Poliakoff:

REY, BÁRBARA

Reverdecidos los laureles con su triunfal regreso a TVE, Bárbara Rey demuestra ser no solo una de las más hermosas actrices con que contó el cine español de los 70, sino una atractiva mujer que podía haber aspirado a más si el cine de la época no hubiera sido tan poco ambicioso. Protagonista de numerosos softcores de la transición, se retiró del negocio para casarse con el domador de leones Ángel Cristo. Separada de él años después, ha vuelto por la puerta grande presentando un musical en la tele, y recuperando de paso una popularidad que nunca había perdido. Aunque es posible verla desnuda del todo en numerosas películas, nos quedamos con su cuerpo tranparentado bajo la túnica que viste en *Las delicias de los verdes años*, para soponcio de Paco Algora, actor con el que coincidió en varias producciones.

a pelo
1976 • *La viuda andaluza*, de Francesc Betriu:
• *Las delicias de los verdes años*, de Antonio Mercero:
• *La muerte ronda a Mónica*:
1977 • *Desnuda ante el espejo*, de Hubert Frank.
• *Rostros*, de Juan I. Galván:
• *Me siento extraña*, de Enrique Martí Maqueda.
1978 • *El periscopio*, de José Ramón Larraz:
• *Historia de Eva*, de Domenico Cattarinich:
• *Puerco mundo*, de Sergio Bergonzelli:

REYES, IVONNE

La guapísima actriz venezolana, conocida en España gracias a sus enérgicas presentaciones de concursos y variedades en las privadas españolas, ya ha debutado en el cine patrio. Y en una película que parece sacada del baúl de los recuerdos: *La sal de la vida*, donde su cometido es enseñar pechuga como en los viejos tiempos. No diremos que no.

a pelo
1995 • *La sal de la vida*:

RICHARDSON, JOELY

Hermana de Natasha, e hija de Vanessa Redgrave y del ya fallecido Tony Richardson, Joely está escogiendo bien sus papeles en el cine británico y estadounidense. Tras trabajar a las órdenes

Miranda Richardson

de su padre en *El hotel New Hampshire* (1984), se desnudó al año siguiente en *Wetherby, un pasado en sombras*, aunque sin duda las escenas más atrevidas las interpretó en *Conspiración de mujeres*, del siempre perverso Peter Greenaway. Ha intervenido asimismo en *Rafi, un rey de peso* (1991), de David S. Ward; *Resplandor en la oscuridad* (1991), de David Seltzer; y la aquí aún inédita *I'll do anything*, comedia de James L. Brooks con Nick Nolte cuyo descalabro comercial fue debido en parte a la inclusión de numerosos números musicales y luego, fulminantemente, a su precipitada eliminación. En dicha película, la Richardson tiene un breve desnudo frontal que seguramente sería de lo poco que decidieron conservar.

a pelo

1985 • *Wetherby, un pasado en sombras* (*Wetherby*), de David Hare:
1988 • *Conspiración de mujeres* (*Drowning by numbers*), de Peter Greenaway:
1994 • *I'll do anything*, de James L. Brooks:

RICHARDSON, MIRANDA

Pequeñita pero matona, Miranda nació en Lancashire (Gran Bretaña) en 1958. Estudió arte dramático en la Universidad de Bristol y se introdujo en la profesión teatral y la TV de su país. En España es especialmente conocida por haber participado en la primera aventura internacional de Fernando Trueba, *El sueño del mono loco* (1990), aunque su revelación ya había llegado en 1985 con *Bailar con un extraño*, donde, acompañado de Ruper Everett, enseña varias veces en la cama una teta, siempre la izquierda. En *La noche y su momento* también se le acaba saliendo el pezón. Ha participado además en la maravillosa *El imperio del sol* (1987) de Steven Spielberg, y en *Juego de lágrimas* (1992), de Neil Jordan. Ha sido nominada al Oscar como mejor secundaria por *Herida* (1992), de Louis Malle.

a pelo

1985 • *Bailar con un extraño* (*Dance with a stranger*), de Mike Newell:
1992 • *Herida* (*Damage*), de Louis Malle:
1995 • *La noche y su momento* (*The night and the moment/ La nuit et le moment*), de Anna Maria Tato:

RICHARDSON, NATASHA

La actual esposa de Liam Neeson (ambos coincidieron en el rodaje de *Nell* (1994), de Michael Apted) es también hija de Vanessa Redgrave y Tony Richardson. Uno de sus primeros papeles fue en *Gothic* (1986), de Ken Russell, y desde entonces ha ido ganando prestigio y popularidad hasta su buen momento actual. Paul Schrader la ha desnudado en dos ocasiones: en *Patty Hearst*, en la que ella encarnaba a la célebre sufridora del síndrome de Estocolmo; y *El placer de los extraños* (1991), un perverso cuento que aquí fue a parar directamente a los videoclubs. Como *El cuento de la doncella*, por otra parte, filme donde la Richardson vuelve a desnudar sus encantos para alegría de Aidan Quinn. Con *Nell* y *El pico de las viudas*, su carrera se está consolidando a nivel internacional.

a pelo

1989 • *Patty Hearst*, de Paul Schrader:
1990 • *El cuento de la doncella* (*A handmaid's tale*), de Volker Schlöndorff:
1991 • *El placer de los extraños* (*The comfort of strangers*), de Paul Schrader:
1992 • *Past midnight* (cable):

RICHARDSON, SALLI

Tras pequeños papeles en filmes como *Más pelas* (1992), de Peter McDonald, a esta bella señorita se la beneficia Mario Van Peebles en su western negro *Posse*. De momento, aunque su carrera es demasiado corta y el resto de sus títulos prácticamente desconocidos, es este un buen comienzo que hace esperanzador su futuro.

a pelo
1993 • *Posse* (*Posse*), de Mario Van Peebles:

RINGWALD, MOLLY

Nacida en Sacramento, California, el 14 de febrero de 1968, Molly Ringwald irá siempre ligada a toda una manera de entender el cine en los 80, gracias a John Hugues y a sus discípulos. En nuestro recuerdo siempre será *La chica de rosa*, o la más pija de *El club de los cinco*. A los 4 años la pelirroja Molly ya cantaba en la orquesta de su padre, la Great Pacific Jazz Band. Con 14 intervenía en *La tempestad* (1982), de Paul Mazursky, y conseguía una nominación al Globo de Oro. Luego tocó la gloria en las películas antes mencionadas, dirigidas por Howard Deutch y el propio Hugues, respectivamente. Siempre fue muy modosita, y en este libro tendría que ir en la lista de las pendientes de desnudo, pero en 1995 nos dio la sorpresa: en *Atracción peligrosa* vuelve haciendo de mala y, por fin nos enseña sus por cierto preciosas tetas. El filme, probablemente realizado para cable, es el típico de psicópata enamorada del prota que no piensa perdonarle que haya tenido una aventurilla con ella y luego la quiera dejar como si nada hubiera pasado. Sin embargo, Molly está guapa y más delgada de lo habitual, aunque se le nota un poco desorientada sobre su nueva situación como actriz. Es de agradecer sin embargo su desnudo, en una escena de amor con su futura víctima, un despreocupado Patrick McGaw. La cámara se coloca en el sitio justo para captar bien el volumen de unos pechos de órdago. Bien por ella, pero esperemos que tenga más suerte en sus proyectos futuros.

a pelo
1995 • *Atracción peligrosa* (*Malicious*):

ROBERTS, JULIA

El listillo de Craig Hosoda (autor de *The Bare Facts*) apunta acelerado que en *Pretty woman* Julia Roberts utilizaba una doble, sí, pero solo en las escenas iniciales del filme, cuando ella se viste de puta tan glamourosamente. O sea que hay una escenita de cama con Richard Gere donde lo que se ve es de Julia: exactamente la punta de la teta izquierda y prácticamente toda la derecha. Para probar su teoría, el compañero Hosoda echa mano de un detalle inadvertible hasta para el más curtido: una venita que siempre le sale a la Roberts en la frente. ¡¡¡Es ella!!! Así que ya lo sabéis: Julia Roberts sí sale desnuda en *Pretty woman*. Es más: es la única película donde sale desnuda. Nacida en Smyrna, Georgia, el 28 de octubre de 1967, la hermana de Eric Roberts debutó en 1986 con *Blood red*, pero no fue hasta *Mystic Pizza* (1988), de Donald Petrie, que alcanzó cierta popularidad. En 1989 fue nominada al Oscar como mejor secundaria por *Magnolias de acero*, de Herbert Ross, y en 1990 llegó el delirio total con ese cuento de hadas que coprotagonizó junto al místico Gere. *Pretty woman* hizo de ella una actriz que se gana odios y pasiones a partes iguales, y que a cada nuevo filme despierta nuevas militancias y antimilitancias. El caso es que, por uno u otro motivo, casi siempre ha estado por encima de sus películas: *Línea mortal* (1990), de Joel Schumacher; *Durmiendo con su enemigo* (1991), de Joseph Ruben; *Elegir un amor* (1991), de nuevo de Schumacher; la polémica *Hook* (1991), de Steven Spielberg; *El informe pelícano* (1993), de Alan J. Pakula; *Algo de que hablar* (1995), de Lasse Halstrom... Una cosa es segura: ni el amigo Robert Altman, tan buen director que dicen que es, consiguió que se desnudara ni que enseñara un mísero pezón en *Pret-a-porter* (1994), a pesar de que se pasa toda la película retozando en la cama con Tim Robbins. Eso sí, con la sábana siempre bien pegadita al cuerpo, no sea que se escape algo. La chica no tiene un pelo de tonta y sabe lo que se cotiza... ¿¡Pero esto qué es!? ¿¡Es que ya no produce ningún efecto decir que estamos haciendo cultura!? ¡Que se retire el Altman ese, hombre...!

a pelo
1990 • *Pretty woman* (*Pretty woman*),
de Garry Marshall:

ROBERTS, TANYA

Perdida definitivamente en el marasmo de la serie B, Tanya Roberts fue por encima de todo la chica de la mejor obra de fantasía heroica que dicho apartado dio en los 80: *El señor de las bestias*. Por no faltar en esta barata y simpatiquísima película, no faltaban ni un buen par de tetas. Y ahí entraba la señorita Roberts, enseñándolas orgullosa en un lago en el que se baña con primor y acompañada de otra fémina. Guapa y exuberante, nacida en Nueva York el 15 de octubre de 1954, la verdad es que esta mujer intentó con ganas llegar a lo más

Tanya Roberts

Julia Roberts

alto, pero la suerte no estuvo demasiado de su lado: creció en el Bronx, se casó con un viejete que la sacó de allí y la llevó a Canadá, a los siete meses se separaron (no se sabe si por motivos muy drásticos), y ella se volvió a Nueva York: estudió danza, trabajó en TV y teatro, se casó con un actor (Barry Roberts), y se metió en la academia de Lee Strasberg. Tanto esfuerzo por fin dio algún resultado: la ficharon como uno de los nuevos *Ángeles de Charlie* durante la temporada 1980-81. En España *El señor de las Bestias* (1982) la convirtió en un mito de videoclub, pero sus siguientes papeles no hicieron más que insistir en la que ya había hecho: en 1984 protagoniza *Sheena, reina de la jungla* (aquel personaje que encarnó en TV la inolvidable Irish McCalla), de la mano del especialista en mitos populares John Guillermin, pero la película es un fracaso económicamente, a pesar de que ella se pasa la mayor parte del filme desnuda del todo. En 1985 le llega una nueva oportunidad con *Panorama para matar*, el último filme de James Bond con el bueno de Roger Moore, pero Grace Jones le roba toda la atención. A partir de ahí silencio, y su regreso es por la puerta de atrás: serie B de la más cutre y de estreno directo en vídeo o en noches olvidadas de Tele 5. Eso sí, carne enseña la que quiera.

a pelo

1982 • *El señor de las bestias* (*The Beastmaster*), de Don Coscarelli:
1984 • *Sheena, reina de la jungla* (*Sheena, queen of the jungle*), de John Guillermin:
1988 • *Purgatory*:
1990 • *Los ojos de la noche* (*Night eyes*), de Jag Mudhra:
1991 • *Inner Sanctum*, de Fred Olen Ray:
• *Legal tender*, de Jag Mudhra:
• *Padre de alquiler*, de Michael De Luise:
1992 • *Sins of desire*, de Jim Wynorski:
1993 • *Deep down*:

ROGERS, MIMI

Nacida en Coral Gables, Florida, en 1956, la guapa Mimi Rogers supone un caso parecido al de Lorraine Bracco. Es bastante apreciada por un sector de la crítica, pero ella ya no es ninguna jovencita y tampoco cuenta con un título que le haya dado excesiva fama entre el gran público (se la conoce sobre todo por su matrimonio y posterior divorcio de Tom Cruise). Después de vivir en numerosas ciudades americanas debido al continuo traslado familiar que exigía el oficio de su padre (ingeniero), la Rogers se dio a conocer con la serie de TV *Muñecas de papel* (1984). Por aquella misma época debutó en el cine, donde no ha tenido una trayectoria demasiado memorable: 1987 pudo haber sido su año con *La sombra del testigo*, de Ridley Scott, donde se dejaba vigilar y otras cosas por Tom Berenger, y *El reportero de la calle 42*, de Jerry Schatzberg, junto a Christopher Reeve. Su excesiva frialdad y quizá el hecho de no enseñar en sus películas ni un centímetro de su bella piel le han proporcionado pocos papeles interesantes: en *37 horas desesperadas* (1990) pudo trabajar a las órdenes de Michael Cimino, pero precisamente en un filme que ni siquiera se ha convertido en título de culto. Luego ha caído alguna serie B (*Peligrosamente unidos*, 1991, de Lewis Teague), algún título de renombre como secundaria (*The doors*, 1991, de Oliver Stone; *Arenas blancas*, de Roger Donaldson), hasta que hace poco decidió desnudarse en *Playboy*, en unas fotos en blanco y negro donde casi no se la reconoce: ha tenido tan mala suerte esta mujer que ni ese reportaje tuvo casi eco (en la edición española de la revista ni se publicó). Su único desnudo en cine es en *El despertar de Sharon*.

a pelo

1991 • *El despertar de Sharon* (*The rapture*), de Michael Tolkin:

ROJO, MARÍA

Otra popular actriz mexicana, protagonista de *Danzón* (1991), de María Novaro, la Rojo ha participado también en alguna producción USA, y lo máximo que hemos podido ver de ella, de momento, son las tetas.

a pelo

1974 • *Candy stripe nurses*:
1981 • *María de mi corazón*, de Héctor Bonilla:

ROME, SYDNE

Muy popular en España tras un romance con Julio Iglesias, la cantante y actriz Sydne Rome protagonizó en 1972 la comedia *¿Qué?*, de Roman Polanski, un cúmulo de sinsentidos que, como era habitual en aquella década, acababan provocando que la chica se quedara en paños no solo menores, sino inexistentes. Por allí andaba también Marcello Mastroianni, pero por una vez toda la atención se la llevó ella. La Rome volvió a interpretar esporádicamente alguna película, pero ninguna tuvo la repercusión de aquella. Actualmente parece desaparecida del mapa.

a pelo

1972 • *¿Qué?* (*Che?*), de Roman Polanski:
1974 • *Creezy, mujer objeto* (*La race des seigneurs*), de Pierre Granier-Deferre:
1981 • *Looping* (*Looping*), de Walter Gockmayre.

ROSE, GABRIELLE

Una de las actrices fetiche del director Atom Egoyan, le acompañó en dos producciones canadienses, alternándolo con papeles en el cine americano, como *El padrastro* (1987), de Joseph Reuben, o *Timecop*, de Peter Hyams, junto al simpaticote de Van Damme. En una de sus películas con Egoyan, *Guiones cambiados*, se masturba mientras observa en un monitor a su amante, que tampoco se queda manco, en una escena muy bien resuelta.

a pelo

1987 • *La vida en vídeo (Family viewing)*, de Atom Egoyan:
1989 • *Guiones cambiados (Speaking parts)*, de Atom Egoyan:

ROSE, JAMIE

Guapísima rubia habitual de la TV americana, donde tuvo papel fijo en varias series durante los 80, entre ellas *Falcon Crest* (era Victoria Gioberti), su participación en cine ha sido más bien anecdótica. Se la puede encontrar en *Los rompecorazones*, compartiendo cama con Peter Coyote y Nick Mancuso, y también haciendo de cadáver *En la cuerda floja*. Lo cual no da para mucho. Su filmografía actual se limita a series B.

a pelo

1980 • *Just before dawn*:
1984 • *Los rompecorazones (Heartbreakers)*, de Bobby Roth:
• *En la cuerda floja*, de Richard Tuggle:
1985 • *Rebel love*:

ROSS, KATHARINE

Esta simpática actriz, esposa del también simpático Sam Elliot, obtuvo bastante popularidad en los años 60 y 70, pero luego cayó discretamente en el olvido sin que ello parezca haberle supuesto ningún trauma. Nacida en Los Ángeles el 29 de enero de 1942, estuvo tres años por todo el país representando la obra teatral *Esperando a Godot*. A finales de los 60 debuta en el cine, consiguiendo una nominación al Oscar como mejor secundaria por *El graduado* (1967), de Mike Nichols. Dos años después vuelve a dar en la diana con otro título grato de aquella época: *Dos hombres y un destino*, de George Roy Hill. Ese mismo año se desnuda casi imperceptiblemente en *El valle del fugitivo*, western con connotaciones muy políticas de Abraham Polonsky, uno de los profesionales hundidos por la Caza de Brujas de McCarthy. Después habrá que esperar a mitad de los 70 para volver a oír hablar de ella: *El viaje de los malditos* (1976) cuenta con su presencia, al igual que *Betsy, la saga de los Hardeman*. Un título memorable es sin duda *El legado*, otra buena película, dentro de su modestia, de Richard Marquand, donde la chica se lleva unos sustos de órdago en compañía precisamente de su marido, muy cachas por aquella época. Título mítico para la infancia maltratada de muchos aficionados, sería de los últimos donde la Ross tendría protagonismo. En cualquier caso, sus desnudos son muy circunstanciales y poco disfrutables, pero en fin... menos da una piedra.

a pelo

1969 • *El valle del fugitivo (Tell them Willie Boy is here)*, de Abraham Polansky:
1972 • *Solo matan a su dueño (They only kill their master)*, de James Goldstone:
1978 • *Betsy, la saga de los Hardeman (Betsy)*, de Daniel Petrie: .

ROSSELLINI, ISABELLA

La hija de Ingrid Bergman y Roberto Rossellini tiene ya solo con ese origen un halo de romanticismo que no se ha sacado de encima ni a patadas, a pesar de haber recibido recientemente una y gorda: la de la marca de cosméticos

Isabella Rossellini

Lancome, para la que estuvo trabajando durante muchísimos años. Hay que decir en su favor que Isabella está realmente a la altura de sus progenitores: es bella y tiene clase. Nacida en Roma el 18 de junio de 1952, estudió en el Finch College y en la New York School for Social Research de Nueva York. Modelo, traductora, periodista de TV y actriz, en esta última faceta no se ha logrado despegar sin embargo de ese halo que siempre ha flotado por encima de sus personajes: tras debutar en *Nina* (1976), de Vicente Minnelli, obtuvo cierto éxito ya en los 80 con *Noches de sol* (1986), de Taylor Hackford, pero es indudablemente *Terciopelo azul* la que la marca en la retina del espectador/a. Filme de culto que de nuevo la liga a otra fuerte personalidad del cine (en este caso el director David Lynch, aunque al parecer se ha recuperado mucho mejor ella que él de la ruptura de su relación), la Rossellini se nos desnuda entera en presencia de Kyle MacLachlan y del viejo zorro de Dennis Hopper. Es también memorable su participación en *Un toque de infidelidad* (1989), de Joel Schumacher, y el buen tono que consiguió con sus breves apariciones en *La muerte os sienta tan bien* (1992), de Robert Zemeckis (donde está increíblemente sexy con sus pechos prácticamente a la vista), y *Wyatt Earp* (1994), de Lawrence Kasdan.

a pelo

1986 • *Terciopelo azul (Blue velvet)*, de David Lynch:
1991 • *Peligrosamente unidos* (cable) *(The lies of the twins)*, de Tim Hunter:
1994 • *El inocente (The innocent)*, de John Schlesinger.

ROUSSEL, MYRIEM

Yo te saludo, María, el filme de Jean-Luc Godard que desató una polémica entre los católicos semejante a la que años después crearía Scorsese con *La última tentación de Cristo*, estaba protagonizada por esta joven, Myriem Roussel, de la que actualmente todo el mundo se ha olvidado. Ella es María, naturalmente, y la película está repleta de sus desnudos.

a pelo

1985 • *Yo te saludo, María (Je vous salue, Marie)*, de Jean-Luc Godard:

RUSSELL, THERESA

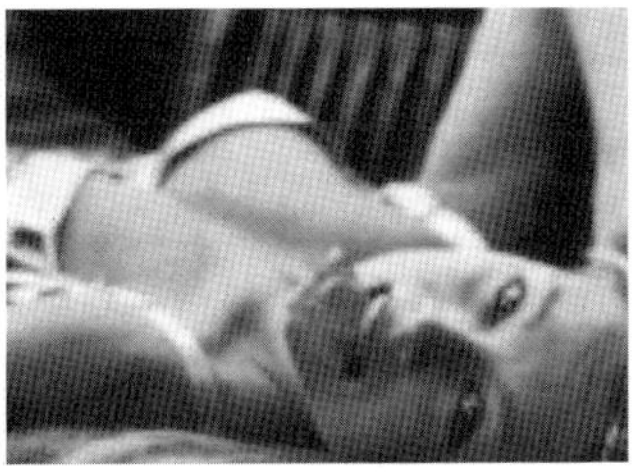

Theresa Paup, nacida en San Diego (California) el 20 de marzo de 1957, pudo haber sido la nueva Lauren Bacall, sobre todo a raíz del tirón comercial de *El caso de la viuda negra*, el papel donde ha estado más sexy, pero su excesivamente errática carrera no le han hecho ganarse las simpatías del gran público. Tras estudiar en la Burbank High School y en el Lee Strasberg, y hacer de modelo durante una temporada, la Russell debuta en 1976 con *El último magnate*, de Elia Kazan. Casada con el raro de Nicholas Roeg, hay que reconocer que su físico no es excesivamente modélico, pero tampoco lo son los cutre-desnudos que le deparó su marido: en *Contratiempo* mete su cuerpo en los peores momentos, con escenas paralelas de una traqueotomía que es un asco. En fin, mucho artista y mucha tontería (con el Art Garfunkel por ahí haciendo también el zángano y follándosela mientras ella está inconsciente), pero para el primer desnudo integral de su mujer el tipo se podía haber lucido más. Tampoco le pedimos que se ponga en plan John Derek, pero Bob Rafelson también la desnudó en la mencionada *...Viuda Negra* y no quedó nada mal. Roeg volvería a jugar con el físico de su mujer en *Eureka*, al lado nada menos que de Rutger Hauer y Gene Hackman. En 1987 podremos disfrutar al fin de la sensualidad de la Russell en su justa medida, seduciendo hasta a Debra Winger y obsequiándonos con un erótico baño nocturno. *El caso de la viuda negra* fue un sorprendente éxito para ella (solo había vuelto a tener cierto eco su interpretación el *El filo de la navaja*, 1984, de John Byrum), pero por desinterés o excesiva fe en su esposo, la Russell prefirió seguir interpretando papeles que no la favorecían en absoluto: es el caso de *Puta*, una película de Ken Russell que aquí fue directamente a vídeo, y en donde los desnudos también son chillonamente feístas. Nosotros, por una vez, nos quedamos con otra película donde no se desnuda, pero da bien la réplica a un duro Burt Reynolds en una cinta que mereció mejor suerte: *Contra toda ley* (1990), de Michel Crichton.

a pelo

1978 • *Libertad condicional (Straight time)*, de Ulu Grosbard:
1979 • *Contratiempo (Bad timing: a sensual obsession)*, de Nicholas Roeg:
1982 • *Eureka*, de Nicholas Roeg:
1987 • *El caso de la viuda negra (Black widow)*, de Bob Rafelson:
1989 • *Impulso (Impulse)*, de Sondra Locke:
1990 • *Cold heaven*:
1991 • *Puta (Whore)*, de Ken Russell:

RYAN, MEG

Aunque últimamente la gente está un poco pesadita con esta mujer, queriéndotela vender como la chica perfecta, felizmente casada con otro actor, Dennis «sonrisa-de-Alien» Quaid y repleta de simpatía y fe en la vida, nosotros sabemos que cuando mejor está la Ryan es cuando hace de niña mala: en *Los Doors*, además de llevar un colocón de mucho cuidado, llega a enseñarnos una teta entera. Eso es mucho para esta chica nacida en Fairfield, Connecticut, el 19 de noviembre de 1961. Aunque estudió periodismo en la Universidad de Nueva York, su debut en el cine llegó muy pronto: en *Ricas y famosas* (1981), de la mano de George Cukor. Conoció a su actual marido en la muy entretenida *El chip prodigioso* (1987), de Joe Dante, y con él ha repetido en la aquí inédita *Flesh and bone*, donde enseña otra vez la misma teta (la derecha). *El chip prodigioso* fue realmente el filme que la lanzó como gran actriz de comedia con su punto tierno, aunque no fue nada comparado con *Cuando Harry encontró a Sally* (1989), la excelente película de Rob Reiner donde Ryan escenificaría la mejor escena de orgasmo fingido nunca realizada. Luego acompañaría a Tom Hanks en la extraña y exótica *Joe contra el volcán* (1990), de John Patrick Shanley, volviendo a reencontrarse con él en *Algo para recordar* (1992), un filme que arrasó en taquilla. Gracias a él la Ryan se ha puesto de moda definitivamente y ahora es el ideal de millones de parejas que acuden al cine a babear y a dirigirse miradas de cordero degollado. *Cuando un hombre ama a una mujer* viene a confirmarlo.

a pelo

1988 • *Tierra prometida (Promised land)*, de Michael Hoffman:
1991 • *Los Doors (The Doors)*, de Oliver Stone:
1993 • *Flesh and bone*, de Steve Kloves:

SÄGEBRECHT, MARIANNE

Actriz fetiche de Percy Adlon durante los 80, la obesa Marianne se ha desnudado para él en dos ocasiones. Posteriormente, ha participado en películas como *La guerra de los Rose* (1989), de Danny de Vito, y hasta en la española *La vida láctea* (1992), de Juan Estelrich Jr.

a pelo

1984 • *Sugarbaby (Sugarbaby)*, de Percy Adlon:
1987 • *Bagdad Café (Bagdad cafe)*, de Percy Adlon:

SAINZ, TINA

Graciosa y pequeñita actriz que alegró como secundaria muchas de las películas españolas de la transición en papeles de comedia o dramáticos, aunque en algunas ocasiones sorprendió con un inesperado tono erótico: así ocurre en *Miedo a salir de noche*, una visionaria película de Eloy de la Iglesia donde nuestra chica seduce a Pepe Sacristán y hasta llega a meterse en la ducha con él. En *La casa del paraíso*, por su parte, volverá a descubrir sus pechos. En los últimos 80 abandonó casi definitivamente el cine, apareciendo esporádicamente en productos como *La estanquera de Vallecas* (del mismo Eloy de la Iglesia).

a pelo

1979 • *Miedo a salir de noche*, de Eloy de la Iglesia:
1980 • *La casa del paraíso*, de Santiago San Miguel:

SAMPIETRO, MERCEDES

Desaprovechada en el cine español y actriz fetiche de Pilar Miró, Mercedes Sampietro es una mujer que hasta en su juventud tenía apariencia de madurez. Aunque actualmente ha conseguido un estatus más justo gracias a su aparición en la serie televisiva *Juntas pero no revueltas*, nosotros preferimos su carrera cinematográfica, en títulos como *Gary Cooper que estás en los cielos* o *El pájaro de la felicidad* (ambas de la Miró): en la segunda, sufrirá una violación pajeril (es decir, unos tipos la obligarán a desnudarse mientras se pajean) en una escena bastante dura, y luego la volveremos a ver desnuda en la ducha, frotándose el sexo con fuerza. Sin llegar a los niveles de explicitud de esta cinta, es curioso sin embargo contemplar a la Sampietro en una producción tan casposa como *El ser*, película del parapsicólogo Sebastián d'Arbó repleta de fenómenos sobrenaturales y algún detalle agradable como nuestra protagonista quitándose la bata para acostarse.

a pelo

1981 • *Gary Cooper que estás en los cielos*, de Pilar Miró.
1982 • *El ser*, de Sebastián d'Arbó:
1993 • *El pájaro de la felicidad*, de Pilar Miró: ▼

SANDA, DOMINIQUE

Estereotipo de chica burguesa de conducta casquivana, Dominique Varaigne nació el 11 de marzo de 1951 en París, y al parecer su infancia fue muy parecida a la imagen que refleja: de familia fanáticamente católica, se enfrentó a ellos para casarse y poder estudiar bellas artes. Se hizo modelo y paseó su belleza por varios filmes franceses e italianos durante los 70. Fue de las actrices que se desnudaban sin complejos, obteniendo un premio en Cannes por su trabajo en *La herencia Ferramonti*. En la primera mitad de los 80 continuó haciendo películas, pero desde entonces poco más se sabe de ella.

a pelo

1969 • *Erste liebe*, de Maximilian Schell.
• *El conformista* (*Il conformista*), de Bernardo Bertolucci:
1970 • *El jardín de los Finzi Contini* (*Il giardino dei Finzi Contini*), de Vittorio de Sica:
1972 • *Sueños prohibidos* (*Imposible object*), de John Frankenheimer:
1973 • *Steppenwolf*, de Fred Haines:
1975 • *La herencia Ferramonti* (*L'heritage*), de Mauro Bolognini:
• *1900* (*Novecento*), de Bernardo Bertolucci:
1977 • *Más allá del bien y del mal* (*Aldila del bene e del male*), de Liliana Cavani.
1979 • *Cabo Blanco* (*Cabo Blanco*), de J. Lee Thompson:

SANDRELLI, STEFANIA

Una de las grandes del cine italiano, la Sandrelli gozaba de un status privilegiado en los 80 (gracias a directores como Bertolucci, con quien hizo *El conformista* y *Novecento*) cuando dicidió arriesgarlo todo y lanzarse de cabeza a protagonizar una película nada menos que de Tinto Brass: el resultado, *La*

Aitana Sánchez Gijón

llave secreta, una joya porque se mire por donde se mire lo único que se ve es la Sandrelli, que llena la pantalla. Sus desnudos más atrevidos están aquí, aunque no son los únicos: al año siguiente rodaría junto a Ben Cross *Atracción letal*, otro soft-core menos extenuante, pero con sus buenas imágenes. Merecedor de estima llega a ser también el despelote realizado en la española *La verdad sobre el caso Savolta*, con Ovidi Montlor sin saber por dónde empezar. Stefania continúa paseando sin pudor su peculiar belleza, más acentuada si cabe con la edad, y de vez en cuando reverdece laureles como cuando visitó España para intervenir en *Jamón, jamón*, de Bigas Luna.

a pelo

1970 • *El conformista (Il conformista)*, de Bernardo Bertolucci:
1975 • *Profecía de un delito*, de Claude Chabrol:
1977 • *Yo soy mía*, de Sofia Scandurra.
1978 • *Vicios de verano (Dove vai in vacanza?)*, de Mauro Bolognini, Luciano Salce y Alberto Sordi:
1979 • *La verdad sobre el caso Savolta*, de Antonio Drove:
1983 • *La llave secreta (La chiave)*, de Tinto Brass:
1984 • *Atracción letal (L'attenzione)*, de Giovanni Soldati:
1987 • *Según Poncio Pilato*, de Luigi Magni:

SÁNCHEZ GIJÓN, AITANA

A la cabeza de las nuevas actrices españolas está la señorita Aitana, poseedora de uno de los mejores cuerpos cinematográficos que se han visto en años, y de un rostro sumamente atractivo. Cuando trabajó en *Bajarse al moro* era prácticamente una desconocida para los espectadores, pero ya dio muestras de un atrevimiento físico que en seguida ganó adeptos: el desnudo frontal que protagoniza cuando el piso es asaltado por los drogatas es una maravilla. A lo largo de su carrera se ha quitado la ropa con discreción pero con asiduidad, siendo uno de sus mejores momentos el contenido en la por muchos desconocida *Viento de cólera*, película en la que se lava en el río (sus pechos lucen bellísimos), y donde además sufre una violación que deja muy expuesto su lindo trasero. Es protagonista también de *Habanera*, donde se pasa gran parte del tiempo en un camisón de lo más transparente, casada además con el gran Abel Folk. Aitana ha cruzado con éxito el charco hasta Estados Unidos para protagonizar la segunda película de Alfonso Arau, *Un paseo por las nubes*, al lado del guaperas Keanu Reeves, pero sigue haciendo cine español y mostrando su debilidad por el teatro, medio en el que ha pasado muchísimos años, creando su propia compañía.

a pelo

1988 • *Bajarse al moro*, de Fernando Colomo:
• *Viento de cólera*, de Pedro de la Sota:
1992 • *El laberinto griego*, de Rafael Alcázar:
• *Habanera*, de Antoni Verdaguer:
1995 • *Baltasar el castrado*, de Juan Miñón.

SÁNCHEZ, MARTA

La ex cantante de Olé Olé se desnudó para *Interviú* (enseñándolo todo menos el trasero), y en su debut cinematográfico también se atrevió a dar el do de pecho con sus trajes transparentes. No sabemos si piensa volver al cine en breve, pero sería de desear que en su próximo filme enseñara ese tesoro tan guardado.

a pelo

1992 • *Supernova*, de Juan Miñón:

SAN JOSÉ, MARÍA LUISA

Actriz mítica de los años setenta en España, María Luisa San José demostró con esfuerzo ser mucho más que la típica protagonista de comedias de destape, retirándose prácticamente en los 80 para volver una década después a la TV, disfrutando de un merecido prestigio. Memorable como la hermana espabilada de Ana Belén en la divertida *Emilia... parada y fonda*, es una mujer que en cualquier momento puede regresar a la gran pantalla en su muy interesante madurez. Los desnudos recogidos en *Las mujeres de mi vida* pertenecen a su etapa en el cine de destape.

a pelo

1976 • *Emilia... parada y fonda*:
1976 • *Más fina que las gallinas*, de Jesús Yagüe:
1978 • *El diputado*, de Eloy de la Iglesia.
1979 • *Tierra de rastrojos*, de Antonio Gonzalo:
1992 • *Las mujeres de mi vida* (TV), de Fernando Fernán Gómez:

SANTANA, BEATRIZ

La hija del famoso tenista también hizo sus pinitos en el cine tras un afortunado debut en la pequeña pantalla, presentando un programa de variedades. Sumamente atractiva, no tuvo demasiada suerte en la pantalla grande con *Cautivos de la sombra*, inesperado retorno en plenos 90 al policíaco sexplotation de mensaje ambiguo y sensacionalista que tan bien bordara Eloy de la Iglesia. La película va de lo que sospecháis: putas buenas que no hacen más que desnudarse, con violaciones que no se sabe si son denuncias sociales o simples excusas para enfocar chicha con más justificación (bueno, en realidad sí se sabe). Sus desnudos están bien: uno en la ducha, prácticamente frontal, y otro en la playa, también frontal, saliendo del agua junto a Neus Asensi. Una joya trash a recuperar en el videoclub.

a pelo

1993 • *Cautivos de la sombra*, de Javier Elorrieta:

SARANDON, SUSAN

Susan Tomaling nació en Nueva York el 4 de octubre de 1946. Estudió arte dramático en la Universidad Católica de Washington y se unió al grupo teatral Garrick Players. Dicen que ella no iba para actriz, pero la escogieron para un papel en una audición cuando únicamente acudía acompañando a su entonces esposo, el actor Chris Sarandon (bastante olvidado actualmente: el violador de *Lipstick*; el vampiro de *Noche de miedo*; *La princesa prometida* lo estaba con él). La Sarandon es una buena actriz, y también ha proporcionado buenos momentos de sensualidad a algunos de sus papeles. A pesar de ser una belleza muy particular (sus ojos saltones podrían rivalizar con los de Bette Davis), muchos la recuerdan aún posando con sus pechos desnudos para Keith Carradine en *La pequeña* o frotándose con limón frente a la ventana en *Atlantic City*. Estas son dos películas suyas muy conocidas, pero en los 80 y 90 ha

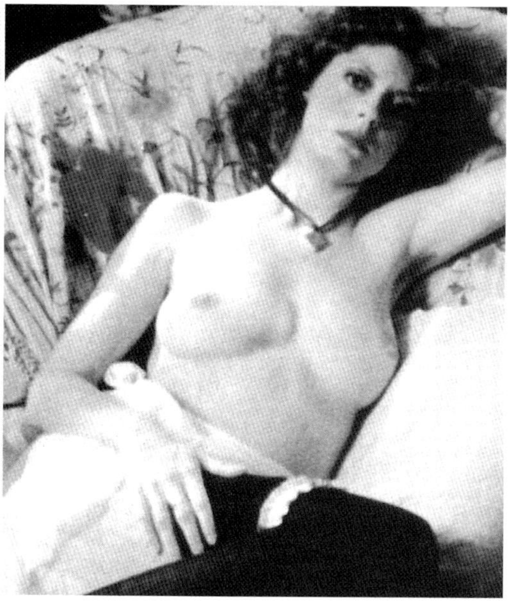

Susan Sarandon

mantenido muy bien el tipo, y también lo ha enseñado bastante: así lo hace en *Tempestad*, una película bastante olvidada donde tenía a una jovencísima Molly Ringwald de compañera de reparto; *El ansia*, donde en su escena de amor con Catherine Deneuve al menos no se deja doblar; *Los búfalos de Durham*, que incluye un sensual baño con Kevin Costner, por aquella época aún «aprendiendo el oficio»; *Pasión sin barreras*, donde se liga sin complejos a James Spader y demuestra lo en forma que estaba a sus 44 años; la ya mítica *Thelma y Louise* (1991), de Ridley Scott, donde abandona a Michael Madsen y se echa a la carretera con su mejor amiga, protagonizando de paso un filme con el que muchas mujeres se identificaron (buen tanto); y, últimamente, ha estado estupenda en *El aceite de la vida* (1992), donde los desnudos no venían muy a cuento y por eso no los había, pero donde sí se demuestra con creces que el señor George Miller es un pedazo de director capaz de impresionar con cualquier género. Mientras, la Sarandon mantiene una relación bastante estable con Tim Robbins. De momento tienen dos hijos, y ha intervenido en sus dos primeros trabajos como director: la fenomenal *Ciudadano Bob Roberts* (1992) y *Pena de muerte* (1996).

a pelo

1970 • *Joe, ciudadano americano* (*Joe*), de John G. Avildsen:
1977 • *El otro lado de la medianoche* (*The other side of midnight*), de Charles Jarrott:
• *La pequeña* (*Pretty baby*), de Louis Malle:
1978 • *Estirpe indomable* (*King of the gypsies*), de Frank Pierson:
1981 • *Atlantic City* (*Atlantic City*), de Louis Malle:
1982 • *Tempestad* (*Tempest*), de Paul Mazursky:
1983 • *El ansia* (*The hunger*), de Tony Scott:
1988 • *Los búfalos de Durham* (*Bull Durham*), de Ron Shelton:
• *Los enredos de la vida* (*Sweet hearts dance*), de Robert Greenwald:
1990 • *Pasión sin barreras* (*White palace*), de Luis Mandoki:

SARELLE, LEILANI

La señora Ferrer (de Miguel, el hijo de José Ferrer, él también un excelente actor) está en las retinas de todos mayormente por su papel de bollera amiga de Sharon Stone en *Instinto básico* (1992), de Paul Verhoeven. Antes la podemos recordar como la malísima de *Shag, ritmo en los talones*, de Zelda Barron, ganando concursos sureños de belleza por sus descarados andares de puta. Pero donde le sacó verdadero partido a su exuberante cuerpo fue en *La cosecha*, título de culto de entre la más reciente hornada de thrillers que coprotagonizó al lado de su marido y que contiene unas escenitas de sexo muy potentes.

a pelo

1992 • *La cosecha* (*The harvest*), de David Marconi:
1993 • *Barbarians at the gate* (cable):

SASTRE, INÉS

Lo mejor que ha hecho Carlos Saura en toda su carrera fue descubrir a esta preciosa chica para protagonizar su *Eldorado* como hija del terrible Lope de Aguirre (Omero Antonutti). En aquel entonces solo contaba trece años, y nos enamoró a todos con su oscura mirada y sus delicadas formas. Después de casi una década exclusivamente dedicada al mundo de las pasarelas, 1995 marca el regreso de Inés al cine, de la mano de Michelangelo Antonioni y Wim Wenders, directores ambos de suficiente prestigio como para que nuestra niña, por fin, se nos desnude. Bien...

a pelo

1995 • *Más allá de las nubes*, de Michelangelo Antonioni:

SAVOY, TERESA ANN

Seguramente la actriz de rostro más interesante que popularizó Tinto Brass, ha protagonizado dos de los filmes más populares del director: *Calígula*, donde encarna a la hermana del loco de Malcolm McDowell, y *Salón Kitty*, en la que está realmente turbadora como burguesa metida a puta del régimen nazi. Lamentablemente, desde esa época no sabemos qué fue de ella...

a pelo

1974 • *Padre putativo* (*Lefaroda padre*), de Alberto Lattuada.
1976 • *Salón Kitty* (*Salon Kitty*), de Tinto Brass:
1980 • *Calígula* (*Caligula*), de Tinto Brass:
• *La bambina*, de Alberto Lattuada.

SCACCHI, GRETA

No sé qué tiene Greta Scacchi que un montón de críticos ponen los ojos en blanco cada vez que hablan de ella. Es una rubita muy maja, sí, nacida en Milán el 18 de febrero de 1960, y se ha desnudado en la mayoría de películas donde ha intervenido. Ah, ¿era eso? ¡Haber empezado por ahí! La chica es hija de bailarina inglesa y de marchante de arte italiano. Se crió en Perth, Australia, estudió en la Wester Australia University, y compaginó el teatro con la traducción. En Inglaterra estuvo tres años en el Old Vic Theatre. Debutó con 22 añitos en *Oriente y Occidente*, y ahí ya desplegó sus cualidades físicas. Luego participó en *El chico de la Coca Cola*, cinta australiana protagonizada por Eric Roberts y estrenada aquí directamente en la TV, donde nuestra chica protagonizó un integral. Más popular empezó a hacerse en Europa gracias a *Buenos días, Babilonia*, el filme de los Taviani, donde solo mostró las tetas en una escena de amor al aire libre. Ese mismo año protagonizó con Peter Coyote *Un hombre enamorado*, y luego *Pasiones en Kenia*, melodrama que tuvo en España cierta repercusión. Sin embargo, todos los filmes que hizo no supusieron nada al lado de su polvo con Harrison Ford en *Presunto inocente*. Esa escena valió para que muchísimo público supiera por primera vez quién era esta actriz. Al año siguiente (1991) dio otro buen paso adelante con el inesperado éxito de *La noche de los cristales rotos*, un eficaz thriller de suspense que no tenía nada que ver con el surgimiento de los nazis pero que explotaba muy bien el atractivo de un prota amnésico.

a pelo

1982 • *Oriente y Occidente* (*Heat and dust*), de James Ivory:
1985 • *El chico de la Coca Cola* (*The Coca Cola kid*), de Dusan Makavejev:
1985 • *The ebony tower*:
1987 • *Buenos días, Babilonia* (*Good morning, Babilonia*), de Paolo y Vittorio Taviani:
• *Un hombre enamorado* (*Un homme Amoureux*), de Diane Kurys:
• *Pasiones en Kenia* (*White mischief*), de Michael Radford:
1990 • *Presunto inocente* (*Presumed innocent*), de Alan J. Pakula:
1991 • *Fuegos internos* (*Fires within*), de Gilliam Armstron:
• *La noche de los cristales rotos* (*Shattered*), de Wolfgang Petersen:
• *Playa de las tortugas* (*Turtle beach*), de Stephen Wallace:

SCHNEIDER, MARIA

Completamente alejada del medio por problemas con las drogas, la Schneider fue de las criaturas más bonitas del cine de los 70 cuando protagonizó junto a Marlon Brando ese canto agónico que es *El último tango en París*. Aunque todo el mundo recuerda la, por otro lado, no explícita escena de la mantequilla, a nosotros nos impresionó más en un desnudo integral mientras Brando le pasa la esponja por todo su cuerpo. Más tarde, la bien alimentada Maria tendría a Jack Nicholson de partenaire en *El reportero* (1975), de Michelangelo Antonioni, filmada en su mayor parte en Barcelona (hasta aparece un jovencísimo directivo del Barça), y donde la vemos tendida

Maria Schneider

desnuda en la cama, pero desde un plano tan lejano que no merece la pena. Después de unas pocas películas más, siempre en el cine europeo, las drogas la apartaron bruscamente del cine, no sin antes estropear lamentablemente su extraordinario físico.

a pelo

1972 • *El último tango en París* (*Ultimo tango a Parigi*), de Bernardo Bertolucci:
1974 • *El reportero* (*The passenger*), de Michelangelo Antonioni:
1977 • *Yo soy mía*, de Sofia Scandurra.

SCHNEIDER, ROMY

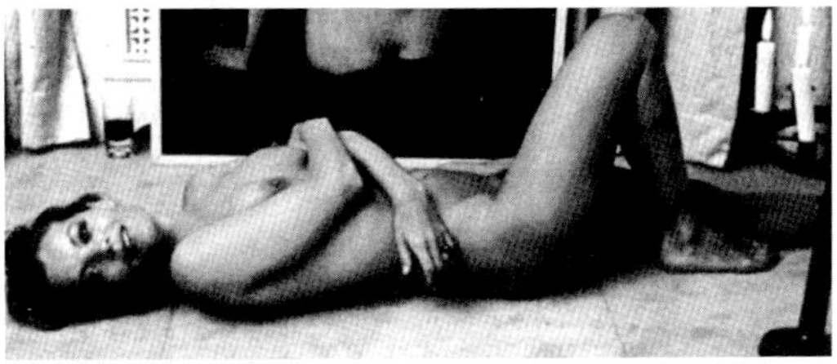

Una de las experiencias más alucinantes que se pueden experimentar es comparar una película de *Sissi* con alguna de las que Romy Schneider protagonizó en los años 70. El contraste es extremo y muy difícil de superar. Nacida en Viena el 23 de septiembre de 1938, Rosemarie Albach-Retty era hija de actores. Interrumpió sus estudios de dibujo y pintura en Colonia al ser elegida casualmente en un casting para intervenir en un filme: *Lilas blancas* (1953), de Hans Deppe. En 1955 llegaría la primera entrega de la trilogía de *Sissi*, y durante esa década sería difícil de sacarse de la cabeza su imagen dulce rodeada de fastos palaciegos. Como una Romy ya adulta estaba harta de tanta sensiblería y tanto pasteleo, se metió de cabeza en el cine francés, y ahí empezó a cambiar su imagen. Participó en *A pleno sol* (1959), la película de René Clement donde un apolíneo Alain Delon (con quien ella ya había coincidido el año anterior en *Amoríos*, y que sin duda sería el hombre de su vida) daba vida a Ripley, el amoral personaje de Patricia Highsmith. Luego vino *Boccaccio 70* (1961), de Luchino Vistonti, donde mostraba su larga espalda desnuda. En 1968 hizo *La piscina*, de nuevo con Alain Delon, en la que para muchos es su película más ardiente y erótica. Realmente sexy está en la terrible

Jane Seymour

Assumpta Serna

Cybill Sepherd

Kyra Sedgwick

Emmanuelle Seigner

El trío infernal, una película repleta de macabros asesinatos donde, sin embargo, ella luce con una luz muy especial, junto al siempre excelente Michel Piccoli. Ese mismo año, 1974, el bueno de Andrzerj Zulawski la volvería a desnudar en *Lo importante es amar*, masturbándose a pesar de contar con la presencia del cachas de Fabio Testi. En cualquier caso, todo el mundo tiene un momento tierno cuando se la recuerda, nacida virgen en el cine y muerta por sus propias manos en la vida real.

a pelo

1968 • *La piscina* (*La piscine*), de Jacques Deray.
1974 • *El trío infernal* (*Le trio infernal*), de Francis Girod:
• *Lo importante es amar* (*L'important c'est d'aimer*), de Andrzej Zulawski:
• *Inocentes con manos sucias* (*Les innocents aux mains sales*), de Claude Chabrol:

SCHYGULLA, HANNA

Nacida en Kattowicz, Polonia, el 25 de diciembre de 1943, la Schygulla está ligada para siempre al director Rainer Werner Fassbinder, quien realizó la mayor parte de sus películas con ella como protagonista, desde *Los dioses de la peste* (1969). En *El matrimonio de Maria Braun* (1978) luciría su cuerpo con mayor despreocupación, pero en realidad es *Historia de Piera* donde mejor partido saca de su cuerpo: es muy divertida la escena en la ducha dándole la espalda a Marcello Mastroianni, e inolvidable el histórico desnudo a dúo en la playa con Isabelle Huppert, por aquel entonces en el punto álgido de su atractivo físico. Por esta película le concederían además el premio a la mejor actriz en Cannes. Con Marco Ferreri volvería a repetir colaboración y desnudo en *El futuro es mujer*, pero toda la atención se la llevaba en esta ocasión una preñada Ornella Muti. Ha seguido trabajando con la mayor parte de los directores europeos más prestigiosos (también se la puede encontrar en *Delta Force* (1986), de Menahem Golam, por aquello de cambiar de aires), y últimamente ha rodado un filme donde acertadamente encarna a la madre de Julie Delpy, pues ambas son increíblemente parecidas físicamente.

a pelo

1978 • *El matrimonio de Maria Braun* (*Die ehe der Maria Braun*), de R. W. Fassbinder:
1982 • *Historia de Piera* (*Storia de Piera*), de Marco Ferreri:
1984 • *El futuro es mujer* (*Il futuro e donna*), de Marco Ferreri:
1986 • *Forever Lulu*, de Arnos Kollek:

SCIORRA, ANNABELLA

Esta modosita actriz de ambiguo apellido nació en Brooklyn, Nueva York, en 1963, y se puede decir que empezó desde abajo: fue camarera, secretaria y tendera antes de conseguir hacerse actriz de mérito. Estudió en el HB Studio y la America Academy of Dramatic Arts, debutando en 1988 en *True love*, de Nancy Savoca. Su rostro empezó a hacerse familiar en España gracias a *Asuntos sucios* (1989), de Mike Figgis, o *Cadillac Man* (1990), de Roger Donaldson, donde curiosamente encarnaba a la exuberante novia del papanatas de Tim Robbins, quien la liaba de mala manera por celoso. También se la pudo ver en *El misterio Von Bülow* (1990), de Barbet Schroeder, en *Colegas a la fuerza* (1990), de John Badham, y en *Jungle fever* (1991), de Spike Lee. Pero sin duda el papel que la marcó ha sido el de sufrida madre amorosa en *La mano que mece la cuna*, etc. En este filme ella se reserva las dos escenas más brillantes: la primera, tendida en la mesa del ginecólogo mientras este se dedica a faenas no exclusivamente profesionales, en un giro genial de la trama, un momento sumamente original (y de paso enseña una teta); y la segunda, cuando le da un ataque y se queda prácticamente «muerta» a ojos del espectador: pocas veces alguien ha representado de forma tan impresionante un momento así: la muerte parece ir tomando forma en su rostro de manera insoportable. ¡Chapeau! La Sciorra intentó sacar partido a su éxito como actriz protagonizando al año siguiente un thriller erótico, donde explotaba su rol de mujer convencional y reprimida: *Susurros en la oscuridad*. Sin embargo, aunque llegaba a desnudarse tímidamente, la cinta no ofrecía muchos más atractivos y no cuajó excesivamente entre el público. Sus siguientes filmes tampoco han tenido mayor repercusión, pero la animamos desde aquí a que prosiga su carrera en tonos más explosivos, que no se le daban mal.

a pelo

1991 • *La mano que mece la cuna... es la mano que domina el mundo* (*The hand that rocks the craddle*), de Curtis Hanson:
1992 • *Susurros en la oscuridad* (*Whispers in the dark*), de Christopher Crowe:

SCOTT-THOMAS, KRISTIN

Guapa y sugerente actriz de finos rasgos, una especie de Silvia Munt a la inglesa, Kristin es probablemente un rostro popular para muchos al haber aparecido en dos ocasiones al lado de Hugh Grant en dos películas de considerable éxito: *Lunas de hiel*, de Roman Polanski, y *Cuatro bodas y un funeral* (1994), de Mike Newell. También la hemos podido ver en producciones tan curiosas como *La vida secreta de Ian Fleming* (1990), de Ferdinand Fairbax, acompañando al hijo de Sean Connery, quien da vida al creador literario del agente 007. Desde entonces, su mejor papel ha sido probablemente el de *Ángeles e insectos* (1994), de Philip Haas. Aunque se ha desnudado íntegramente en alguna producción televisiva, en *Lunas de hiel* también se le escapa una rápida exhibición de su cuerpo. Se aconseja no parpadear.

a pelo

1992 • *Lunas de hiel* (*Bitter moon*), de Roman Polanski:
• *Masterpiece theatre: Body & soul* (TV):
1995 • *Un été inoubiable*:

SEBERG, JEAN

La guapísima Jean Seberg estuvo muy ligada al cine europeo, pero era yanqui: nació en Marshall Town, Iowa, el 13 de noviembre de 1938. En 1957 fue elegida entre tres mil aspirantes para encarnar a Juana de Arco en el filme de Otto Preminger. El cine francés la acogió como era debido, y todos la recordamos por *Al final de la escapada* (1959), de Jean-Luc Godard, primera versión de *Sin aliento*. Posiblemente ninguna actriz lució mejor que ella el pelo corto, y, aunque sus desnudos aún están bastante perdidos en su extensa filmografía, algo queda: en la película de título más viril que nunca se haya filmado, *Macho Callahan*, se nos muestra tal como es, aunque de espaldas a nuestros ojos. Desgraciadamente, la Seberg falleció a los 41 años. Como dato anecdótico, el director español Juan Antonio Bardem tuvo la oportunidad de dirigirla en *La corrupción de Chris Miller* (1972).

a pelo
1970 • *Macho Callahan* (*Macho Callahan*), de Bernard L. Kowalski:
1971 • *Matar* (*Kill*), de Romain Gary:

SEDGWICK, KYRA

La mujer de Kevin Bacon es una actriz de extraños rasgos: una boca grande, pelo claro y ojos oscurísimos, todo el conjunto le da una apariencia tan turbadora como estimulante. Aunque hasta ahora la práctica totalidad de sus papeles eran secundarios, ha destacado extraordinariamente como la desenvuelta hermana de Julia Roberts en *Algo de que hablar* (1995), de Lasse Halstrom: la patada en los huevos que le propina a Dennis Quaid es sin duda lo mejor de la película. Antes la hemos podido ver en cintas nada desdeñables como *Tai-Pan* (1986), de Daryl Duke; *Kansas* (1988), de David Stevens; *Nacido el cuatro de julio* (1989), de Oliver Stone; *Esperando a Mr. Bridge* (1990), de James Ivory; *Solteros* (1992), de Cameron Crowe; etc. Para desnudarse ha esperado la ocasión de coincidir con su marido, en un filme estrenado en España directamente en vídeo pero fácilmente localizable: *Pirómanos*. Su futuro profesional se adivina muy, muy prometedor.

a pelo
1991 • *Pirómanos* (*Pyrates*), de Noah Stern:

SEIGNER, EMMANUELLE

Su nombre está ligado por ahora al de Roman Polanski, con quien comparte su vida y sus películas, pues ha sido él quien le ha proporcionado hasta ahora sus dos mejores oportunidades en el cine, y de momento no parece que la joven tenga intenciones de independizar su carrera. Aunque ya había aparecido en alguna coproducción europea, es Polanski quien populariza su rostro al situarla nada menos que al lado de Harrison Ford en *Frenético*, un filme de suspense donde la Seigner está radiante de belleza y se marca un bailecito en la disco a ritmo del *Libertango* (*I've seen that face before*) de Grace Jones. Pero si en *Frenético* la chica había estado hasta cierto punto comedida y con cara de buena, en *Lunas de hiel* dará rienda suelta a todo el vicio y la guarrería que su rostro es capaz de expresar (y no es poco). Por cierto, el bailecito que en esta ocasión se marca frente a Peter Coyote es mucho más depravado y disfrutable que el de *Frenético*, por cuanto la Seigner lleva un vaporoso vestido debajo del cual no hay absolutamente nada... excepto ella. Pero mucho más descarada todavía es la escena en que a la hora del desayuno no se le ocurre nada mejor que verter la leche en sus pechos y restregárselos con ella: la pinta de guarrindonda que tiene en esos momentos es difícil de contemplar en una película no clasificada X. Y por si fuera poco le da su merecido al Henry Miller de pacotilla que encarna Coyote.

a pelo
1988 • *Frenético* (*Frantic*), de Roman Polanski:
1992 • *Lunas de hiel* (*Bitter moon*), de Roman Polanski:
1994 • *La sonrisa* (*Le sourire*), de Claude Miller:

SERNA, ASSUMPTA

Pionera del desnudo (que no del destape) español, la Serna, cuyo testigo actual ha recogido con sabiduría Maribel Verdú, escandalizó a propios y extraños cuando le dio por participar en *La orgía*, típica actividad de estudiantes de teatro de la época, y que la obligó a cambiar su apellido artístico al actual para que su familia, muy burguesa ella, no tuviera que darse por aludida ante las amistades. Después de un comienzo tan inmejorable, superarse era difícil, pero Assumpta le siguió dando al asunto y lo consiguió: en 1979 repitió con Bellmunt en *Salut i força al canut*, en un breve pero jugoso papel de argentina liberada que pasea por la casa de otro con solo un jersey encima... y nada debajo; en *El jardín secreto*, donde por cierto está guapísima con un look a lo new wave muy de la época, lleva a la pantalla diversos juegos eróticos, destacando una escena buenísima en la que se masturba desnuda frente a la puerta de un extraño, en el descansillo de la escalera, para tener que escapar apresuradamente en el ascensor cuando baja un atónito vecino; y en *Círculo de pasiones* se la tira su propio padre, nada menos que Max Von Sydow, en escenas tan escabrosas que al parecer cortaron la mitad de ellas: entre otras, hay una comida de bragueta a Giulano Gemma; en *Coto de caza* utilizan la típica excusa de la violación y la supuesta denuncia de izquierdas para abrirla de patas, metiéndole alcohol en el coño y encendiéndolo con un leño ardiendo; y en *Matador*, seguramente su mejor película y una de nuestras preferidas de Almodóvar (si no la que más), mantiene un amor fou con Nacho Martínez, que pasea una rosa por su sexo hasta que ella le clava a su vez una buena puntillada... Es, en fin, una carrera llena de aciertos, con algunas de las escenas más atrevidas del cine español. Por si fuera poco, ella fue realmente la pionera en hacer fortuna en Hollywood, largándose a finales de los 80 para intervenir en varios episodios de *Falcon Crest* y en una escenita no muy afortunada de *Orquídea salvaje*. Actualmente parece un poco perdida profesionalmente, pero por el contrario su vida privada proyecta mucha más estabilidad.

a pelo
1977 • *La orgía* (*L'orgia*), de Francesc Bellmunt:
1979 • *Salut i força al canut*, de Francesc Bellmunt:
1982 • *Círculo de pasiones* (*Le cercle des passions*), de Claude D'Anna:
1983 • *Coto de caza*, de Jorge Grau:
1984 • *El jardín secreto*, de Carlos Suárez:
1986 • *Matador*, de Pedro Almodóvar:
1990 • *Orquídea salvaje* (*Wild orchid*), de Zalman King:
1993 • *Nostradamus*, de Roger Christian:

SERRANO, JULIETA

Esta mujer era una secundaria eficaz en numerosas películas españolas hasta que Almodóvar le ofreció una oportunidad de lucimiento que no desaprovechó en *Mujeres al borde de un ataque de nervios*, aunque luego ha vuelto a caer en un cierto segundo plano. En la sorprendente *Cuentos eróticos* vemos su faceta más desconocida, ya que incluye desnudo con comida de coño incluida.

Anna Nicole Smith

Elke Sommer

a pelo
1979 • *Cuentos eróticos* (episodio de Josefina Molina):

SEVERANCE, JOAN

Modelo de prometedora carrera cinematográfica que ha acabado siendo carne de la serie B más erótica. Fue la chica de la ducha en *No me chilles que no te veo,* aquella comedia con Gene Wilder y Richard Pryor que resultó un pelotazo en taquilla (así como una de los pocos títulos rebautizados en castellano que mantienen o incluso incrementan la gracia del original). También apareció en *Tres camas para un soltero* (1988), de Will MacKenzie, o en *Dos pájaros de un tiro* (1990), de John Badham, así como en la serie de TV *Wiseguy* (1988). Ya en los 90 cayó en las películas de videoclub, donde los desnudos son mucho menos estimulantes por previsibles, compartiendo créditos con nombres como Jack Scalia, Jeff Conaway o los lamentablemente devaluados Billy Zane y C. Thomas Howell. La chica está como un tren y se desnuda más de lo habitual, incluso en este tipo de producciones, seguramente de fácil localización en el videoclub de la esquina. También aparece muy a menudo en la revista *Playboy*.

a pelo
1989 • *No me chilles, que no te veo* (1989), de Arthur Hiller:
1990 • *Write to kill*:
1991 • *Illicit behaviour*:
• *Another pair of aces* (cable):
1992 • *Almost pregnant*, de Michael De Luise:
• *Lake consequences*:
• *Red shoe diaries: Safe sex* (cable):
1993 • *Criminal passion*:
1994 • *Payback*:
1995 • *Roger Corman presents:*
• *Black scorpion* (cable):

SEVILLA, CARMEN

La genial presentadora del Telecupón ha sido una de las mujeres más hermosas del cine y el folklore españoles. María del Carmen García Galisteo nació en Sevilla, claro, el 16 de octubre de 1930. Fue una niña prodigio cantando y bailando flamenco, debutando en 1947 en *Serenata española*, de Juan de Orduña. Al año siguiente sería muy popular su colaboración con el más macho de los machos, Jorge Negrete, en la divertida *Jalisco canta en Sevilla*, de Fernando de Fuentes. Pero lo mejor, después de años y años de cintas folclóricas, nos espera en los 70, donde la Sevilla, sencilla y echá p'alante siempre, protagonizó algunas películas un poquito atrevidillas con su espléndida madurez. En *Sex o no sex* (1974) se nos ofrecía como un apetitoso plato que ni nosotros ni Pepe Sacristán nos veíamos con capacidad física de digerir. Y aunque se desnudó en algunos títulos hoy solo localizables con ayuda del azar, es muy recordado su papel de mujer fatal en *La loba y la paloma*, donde su exuberancia y poderío nos ponía enfermos a todos, incluido al que curiosamente iba de estrella en la función, Donald Pleasance. Cuando una persona es tan sincera y cachonda como la Carmensita (y además estuvo tan buena), ¿quién sino un cretino se podría burlar? ¡Yo la quiero de abuela!

a pelo
1971 • *El techo de cristal*, de Eloy de la Iglesia:
1972 • *No es bueno que el hombre esté solo*:
1973 • *La loba y la paloma*, de Gonzalo Suárez:
1974 • *Sex o no sex*, de Julio Diamante:

SEYMOUR, JANE

La doctora Quinn ha trabajado mucho para lograr ser una estrella de la TV, pero antes también consiguió forjar una nada desdeñable carrera cinematográfica que como mínimo hizo su rostro de ojos verde y castaño (como David Bowie) sumamente popular para el espectador. Casada actualmente con el actor, director y productor James Keach (hermano de Stacy), la Seymour empezó su andadura en producciones inglesas de la categoría de *El joven Winston* (1972), de Richard Attenborough, consiguiendo ser además chica Bond en *Vive y deja morir* (1973), de Guy Hamilton, la primera de Roger Moore como 007. En 1977 se convierte en la chica de *Simbad y el ojo del tigre*, protagonizando, por cierto, un insólito desnudo mientras se baña en la orilla del río con Taryn Power, para ser sorprendida por un horrible cavernícola: ¡increíble para ser una apta! En 1980 tuvo la suerte de coprotagonizar con Christopher Reeve *En algún lugar del tiempo*, película de culto que aun hoy cuenta con miles de fans incondicionales y que dirigió Jeannot Szwarc basándose en una novela del genial Richard Matheson. En 1984 llegó *Lassiter*, y su desnudo más potente hasta el momento, encima de Tom Selleck. Pero lo más curioso es su participación en la española *El túnel* (1987), película maldita de Antonio Drove que la reunió con Peter Weller. Como todo cine español que se precie, la Seymour no podía irse sin

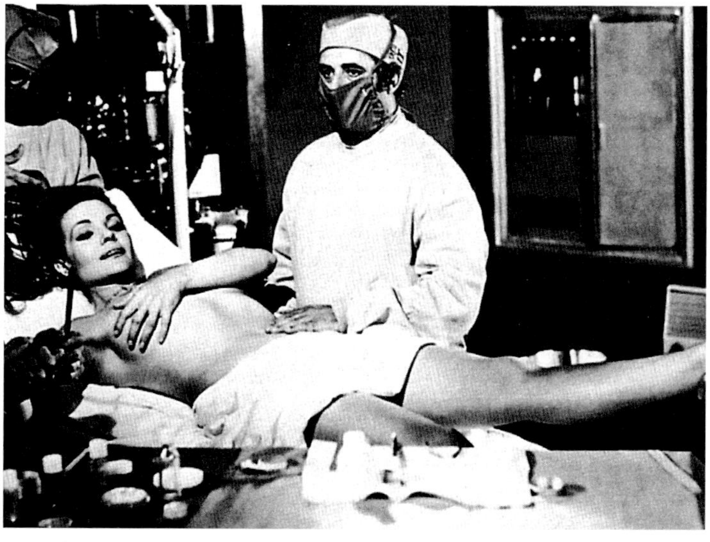
Carmen Sevilla

soltar prenda, aunque aquí solo fuera la que cubría sus pechos. Aunque no ha abandonado del todo el cine, no hay duda de que son sus películas y series para TV como *Capitanes y reyes* (1976), *Al este del Edén* (1981), y, sobre todo, esa *Doctora Quinn* que encarna desde 1992 la que le ha proporcionado fama y dinero. Curioso pues que no haya rehuido el desnudo, y que lo haya llevado a cabo siempre con tanta naturalidad y, casi, inocencia infantil.

a pelo

1977 • *Simbad y el ojo del tigre* (*Sinbad and the eye of the tiger*), de Sam Wanamaker:
1984 • *Lassiter* (*Lassiter*), de Roger Young:
1987 • *El túnel*, de Antonio Drove:

SHAVER, HELEN

Actriz canadiense de madura y algo psicótica belleza, empezó a mitad de los 70 con diversos papeles en filmes desconocidos por estos lares, hasta que en 1978 coincidió con Peter Fonda en la camionera *High-Ballin'*, una coproducción de los canadienses con sus primos yanquis, aquí rebautizada *Convoy II* aunque no tuviera ninguna relación con la película de Peckinpah. Después, realizó su primer y en principio único desnudo integral en *Mujeres de treinta años*, junto a un jovencito Tom Berenger que conseguía así su primer papel protagonista (amén de también desnudarse). Le seguirán títulos como *Terror en Amityville* (1979), de Stuart Rosenberg, o el curioso western *Harry Tracy, el último forajido* (1982), de William A. Graham. Su pelo cortito pasearía bastante aireado en *Clave Omega* (paradójicamente, esta vez sí, de Peckinpah: su última película), y entraría en una buena racha que duraría hasta finales de los 80: *La mejor defensa, el ataque* (1984), de Williard Huyck; *El color del dinero* (1986), de Martin Scorsese; y, sobre todo, *Media hora más contigo* y *Los creyentes* son títulos que saben sacar partido de su belleza. En el filme de Donna Deltch con una historia de lesbianismo que la haría una muy caliente compañera de cama de Patricia Charbonneau, y en el de John Schlesinger intentando consolar a Martin Sheen y sufriendo los estragos del Vudú en su propia carne. En los 90 se le ha perdido bastante la pista, debido a que se ha dedicado más a la TV con series y películas para el medio.

a pelo

1978 • *Mujeres de treinta años* (*In praise of older women*), de George Kaczender:
1983 • *Clave Omega* (*The Osterman weekend*), de Sam Peckinpah:
1985 • *Media hora más contigo* (*Desert hearts*), de Donna Deltch:
• *Secretos indiscretos* (*Men's club*), de Peter Medak:
• *Zona de guerra: el parque* (*The park is mine*), de Steve Hilliard (cable):
1987 • *Los creyentes* (*The believers*), de John Schlesinger:
1988 • *Innocent victim*:

SHAW, FIONA

Protagonista femenina de la muy estimable *Las montañas de la luna*, tiene sus buenos momentos eróticos dejando que Patrick Bergin se la depile (literalmente). Después de eso, la hemos podido ver en *Mi pie izquierdo* (1989), de Jim Sheridan; *Tres hombres y una pequeña dama* (1990), de Emile Ardolino; Super Mario Bros. (1993), de Rocky Morton y Annabel Janken; etc.

a pelo

1989 • *Las montañas de la luna* (*Mountains of the moon*), de Bob Rafelson:

SHEEDY, ALLY

Ally Sheedy es otro amor de los 80. Junto a Molly Ringwald fue la gran estrella del cine de John Hughes, y la que más nos enamoró con su rebeldía y su caspa en *El club de los cinco* (1985), sin duda la película más testimonial con que contará la llamada Generación X cuando quiera encontrar sus verdaderos orígenes. Nacida en Nueva York el 13 de junio de 1962, Alexandra Sheedy era bailarina infantil en el American Ballet Theatre. Con doce años escribió un libro, *She was nice to mice*, y colaboró con artículos en el *New York Times* y otras publicaciones. Tras estudiar Drama en la Universidad del Sur de California, debutó en películas para TV y en 1983 protagoniza con Sean Penn *Bad boys*, un filme donde podríamos ver una de sus tetas, algo difícil de conseguir con esta actriz, cuyos desnudos son todos visto y no visto. Aunque todo el mundo la recordará ese año por *Juegos de guerra*, de John Badham, aquella peli que tanto nos molaba en el cole y que supuso también el lanzamiento de Mathew Broderick. En 1984 Ally vuelve a la carga con *Oxford Blues*, de Robert Boris, acompañando esta vez a Rob Lowe. Pero es 1985 su año: estrena la mencionada *El club de los cinco* y *St. Elmo, punto de encuentro*, otro filme generacional de Joel Schumacher. Al año siguiente vuelve a estar en la primera fila del estrellato juvenil con *Cortocircuito*, la comedia de John Badham. A partir de ahí, no se sabrá más de ella prácticamente hasta entrados los 90, donde la recuperamos en la entrañable *Yo, tú y mamá*, interpretando al nuevo amor del maravilloso John Candy. Curiosamente, esta sencilla y disfrutable cinta estaba dirigida por el aplicado discípulo de Hugues, Chris Columbus. Hughes, suponemos que por cariño, le ofreció un cameo en su rompetaquillas *Solo en casa 2* (1992): ella aparecería unos segundos como la encargada de billetes en el aeropuerto, y su sola presencia vale por toda la película. Últimamente, a pesar de que cuenta con productora propia (Nice to mice Productions), su carrera se ha desperdigado mucho entre películas para TV y series B (alguna en compañía de otro errante de *El club de los cinco*: Judd Nelson), pero aún tenemos esperanzas de que alguien nos la recupere. Su rostro, entre pícaro e introvertido, es demasiado bello para echarlo a perder.

a pelo

1983 • *Bad boys* (*Bad boys*), de Rick Rosenthal:
1986 • *Ciudad peligrosa* (*Blue city*), de Michelle Manning:
1987 • *Maid to order*, de Amy Jones:

SHEPHERD, CYBILL

La gruñona detective de Luz de luna, la nariz más cómica y deseable del planeta, nació el 18 de febrero de 1950 en Memphis, Tennessee, estado del que consiguió el título de Miss Joven en 1965. Su gran descubridor fue quien la desnudó por primera y única vez en el cine: Peter Bogdanovich. Atención,

Talisa Soto

Sharon Sone

solo la podréis ver en excitante blanco y negro. *The last picture show* es una película impresionante donde la Shepherd acompaña. La joven debutante de malhumorado gesto se quitó la ropa en una escena de guateque donde todos sus participantes están desnudos, disfrutando de la piscina cubierta. Entre ellos podréis ver además a un jovenzuelo Randy Quaid. Ella también se desnudará para tirarse desde el trampolín. Después, volveremos a verla a pelo en una escena de cama con Jeff Bridges. Después de este filme, nada. La Sepherd se dedicó a la vida de modelo y cantante (tiene varios discos de jazz), y su carrera como actriz sería bastante discreta: solo destacaría en *Taxi Driver* (1976), de Scorsese. Dos momentos recomendables más: su recuperación como actriz, curiosamente desde la TV, en la inolvidable *Luz de luna*, carne de mitómanos precoces; y su sexy vuelta, 19 años después, al pueblo de *The last picture show*: en *Texasville* (1990), Peter Bogdanovich recuperó a prácticamente todo el reparto de aquella película y echó un vistazo a lo que había sido de todos aquellos personajes. Un experimento casi único en la historia del cine que, además, funciona de maravilla, y donde lo único que no se repite son los desnudos de Cybill. Actualmente, nuestra mujercita ejerce de estrella reciclada, triunfando en una nueva serie de TV y como modelo de belleza ya madura.

a pelo
1971 • *La última película* (*The last picture show*), de Peter Bogdanovich:

SHERIDAN, NICOLLETTE

Divorciada del también actor Harry Hamlin, esta rubita fue el leitmotiv de *Juegos de amor en la Universidad* (1985), donde John Cusak se pasaba toda la película soñando con ella en unas excitantes imágenes de la chica en bikini: ¡y es que es el prototipo ideal de rubia californiana! En *Qué ruina de función* (¡siete años después!), la excelente comedia de Peter Bogdanovich que aquí se estrenó en vídeo, se pasa prácticamente todo el metraje en ropa interior y perdiendo lentillas. Su carrera es lamentablemente intermitente, prodigándose mucho más en la TV, aunque ahora que se ha divorciado de Hamlin puede que empiece una nueva vida y de paso una carrera ascendente. Con su ex, por cierto, protagonizó una película para cable que atesora las únicas imágenes que existen de sus pechos desnudos.

a pelo
1990 • *Deceptions*:

SHIELDS, BROOKE

Brooke Shields estuvo a punto de sucumbir bajo el peso de su fama como niña prodigio y, aunque su carrera cinematográfica está practicamente en punto muerto (después de una aparición estelar en el filme paródico *Freaked*), parece que ella al menos ha encontrado cierta calma en el tempestuoso mundo de Hollywood. Nacida en Nueva York el 31 de mayo de 1965, su madre la hizo posar desnuda a los diez años en unas fotos que harían las delicias de cualquier pedófilo. Más o menos lo mismo que *La pequeña*, filme donde la niña pasea su palmito para regocijo de muchos enfermos, algo que repetiría en el filme inédito en España *Just you and me*, de Leonard Stern. Lo curioso del caso es que todo lo que enseñó de cría nos lo ha vetado de adolescente, ya que el resto de su desnudos, como los tan famosos de *El lago azul* (1980), corrieron a cargo de dobles: lo mismo para *Amor sin fin* (1981), de Franco Zeffirelli. Luego la hemos visto ya crecidita en alguna coproducción, pero ni ella se ha mojado (excepto en una escena de *Sahara* (1984), de Andrew V. McLaglen, donde se mete en una cascada a humedecer la camiseta) ni el público la ha seguido con excesiva atención: como caso curioso, una de las pocas películas que ha protagonizado, *Brenda Starr*, se rodó en 1986 para estrenarse ¡seis años después! En cualquier caso, a ella no parece que le vaya mal ahora, con una relación estable con el tenista André Agassi.

a pelo
1978 • *La pequeña* (*Pretty baby*), de Louis Malle:
1979 • *Just you and me kid*, de Leonard Stern:

SHUE, ELIZABETH

Hermana del actor Andrew Shue, la bizca y atractiva Elizabeth fue otra promesa del brat pack de los 80, protagonizando filmes tan característicos como *Karate kid* (1984), de John Avildsen, o *Aventuras en la gran ciudad* (1987), del ínclito Chris Columbus. Muchos la recordarán por su papel en *Cocktail*, quitándose el top del bañador delante de Tom Cruise, en medio de una cascada. También intervino en *Ella siempre dice sí* (1991), de Jerry Rees o *Escándalo en el plató* (1991), de Michael Hoffman. Nuestra película favorita con Shue es *Link*, aquel divertido thriller con Terence Stamp y un orangurán asesino al que, además, le da por espiar a nuestra heroína mientras se baña. ¡Qué buen gusto! Por cierto, parte de ese desnudo lo realizó una doble, pero algo queda de Elisabeth. Últimamente ha saltado a la primera plana con *Leaving Las Vegas*, depués de tantos años.

a pelo
1986 • *Link* (*Link*), de Richard Franklin:
1994 • *Radio inside*: .
• *Blind justice* (cable):
1995 • *Leaving Las Vegas* (*Leaving Las Vegas*), de Mike Figgis:

SILKE, ALICIA

La nueva cara joven de 1996. Tremendamente sexual y adicta al piercing, esta chica de ascendencia alemana hizo teatro y bebutó en *Orquesta Club Virginia*, antes de que Julio Medem la descubriera para su ambiciosa *Tierra*. De apariencia hippie y presencia fresca, es una de las grandes esperanzas del erotismo patrio.

a pelo
1995 • *Tierra*, de Julio Medem:
1996 • *Hola, ¿estás sola?*, de Iciar Bollaín.

SILVERSTONE, ALICIA

La enfant terrible del actual cine yanqui, protagonista en el 94 de un puñado de vídeos sexies de Aerosmith, fue en el 93 la perseguidora coñazo de Cary Elwes en *Veneno en la piel*, otra de psicópata obsesiva. La gracia aquí estriba en que Alicia parece una mocosita y que sus desnudos son un caos: mientras da la impresión que en una escena Alicia enseñe en un descuido un poco de vello púbico (pero que la tecnología de mi vídeo ha sido incapaz de precisar), el supuesto desnudo de ella en la habitación mientras Elwes la observa metido en el armario es un puro cachondeo. La escena alterna tomas de sus supuestas nalgas con otras en que lleva nada disimuladamente unas bragas azules. Y lo más es cuando también atisbamos que sus pechos, supuestamente al aire, están embadurnados de pasta para que no se le vean. Y encima lo más seguro es que los primeros planos de su culo es de una doble. ¡Anda ya!

a pelo
1993 • *Veneno en la piel* (*The crush*), de Alan Saphiro:

SINGER, LORI

La violoncelista de *Fama* es, además, hermana de Marc Singer (sí, el de *El señor de las bestias*): a mí que se me parecía más a Kevin Bacon. De suerte irregular en el cine, ha puesto al menos tal empeño en su esfuerzo por construir una buena carrera que probablemente ahora le esté empezando a dar buenos y suculentos frutos. Tras coincidir con ¡sí! el gran Bacon en *Fotloose* (1983), de Herbert Ross, entró en racha e intervino en otras películas notables como *El juego del halcón* (1984), de John Schlesinger, o *El hombre con un zapato rojo* (1985), comedia de Stan Dragoti protagonizada por Tom Hanks. Su mejor película llegó entonces con *Inquietudes*, la modélica cinta de género negro que marcó el punto más alto en la carrera de Alan Rudolph, emparejando a Lori con Kris Kristoferson: allí tendría su primera escena de cama, pudiéndose apreciar por fin uno de los senos de su espigado y fibroso cuerpo. Su primer integral, se produce en una película titulada *Made in Usa*. Mientras, comienzan coqueteos con películas de menor presupuesto, como la inesperadamente exitosa *Warlock el brujo* (1989), de Steve Miner, y su apuesta definitiva por el desnudo: en Sunset grill comparte sudorosos momentos amatorios con Peter Weller, y en *Vidas cruzadas* se desviste con naturalidad para tomar un baño en la piscina, mientras Christopher Penn y el resto del público no pierden detalle. En 1994 ayudó al malparado Mickey Rourke en su trigésimo intento de rehacer su carrera con la sencilla y abiertamente nostálgica *La leyenda de un rebelde*, estrenada en España directamente en videoclub: no faltan tampoco en ella los polvos apasionados y carne de la cada vez más flaca Lori.

a pelo
1986 • *Inquietudes* (*Trouble in mind*), de Alan Rudolph:
1987 • *Summer heat*, de Michie Gleason:
1988 • *Made in USA*, de Ken Friedman:
1992 • *Sunset grill*, de Kevin Connor:
1992 • *Vidas cruzadas* (*Short cuts*):
1994 • *La leyenda de un rebelde* (*The last ride*), de Michael Karbelnikoff:

SKYE, IONE

Ione Skye Litch es hija de Donovan, el célebre cantante de los 60, y actualmente está casada con Adam Horovitz, del grupo Beastie Boys (vaya cambio). Ha aparecido en películas bastante estimulantes del panorama independiente y se ha desnudado con alegría. Hasta ahora la hemos podido ver en *Seducir a Raquel*, adaptación de una novela de Martin Amis por el hijo de Richard Harris, Damian. Esta película es un festival de las tetas de Ione, aunque en *Área de servicio* tampoco se queda corta. Ese mismo año participó en *Wayne's World* (1992), de Penelope Spheeris. Uno de los futuros valores del cine USA, que también enseña los pechos en *Four Rooms*.

a pelo
1989 • *Seducir a Rachel* (*The Rachel papers*), de Damian Harris:
1992 • *Área de servicio* (*Gas food lodgin*), de Allison Anders:
1994 • *Chicas en prisión* (*Rebel highway: girls in prison*) (cable):
1995 • Four Rooms (episodio de Allison Anders):

SLATER, HELEN

La protagonista de *Supergirl* (1984) tuvo que ver cómo su estrella iba cayendo después de que toda la prensa especializada hablara de ella como la gran esperanza blanca de la generación de jóvenes actores. Tras su protagonismo en la película de Jeannot Swarc, casi nadie volvió a hablar de ella, a pesar de participar con bastante protagonismo en filmes tan populares como *Por favor, maten a mi mujer* (1986) o *El secreto de mi éxito* (1987), de Herbert Ross. Su primera teta se la enseñó a Patrick Dempsey en *Juntos pero no revueltos*. Después de eso, más papeles en comedias como *Cowboys de ciudad* (1991), de Ron Underwood, y poco a poco se va sintiendo más cómoda con menos ropa, volviendo a mostrar sus pechos pero esta vez a machotes como Billy Zane y Michael Madsen. Su carrera sigue siendo, pues, discreta, pero regular y mucho más atractiva.

a pelo
1988 • *Juntos pero no revueltos* (*Happy together*), de Mek Damski:
1992 • *Betrayal of the dove*:
1993 • *La casa de la colina* (*A house in the hills*):

SMITH, ANNA NICOLE

La modelo más mineralizada y supervitaminada de la historia, célebre por sus desnudos para *Playboy* y sus fotos para la marca de tejanos *Guess*, ha tenido sus tientos con el cine, y la cosa no está mal: sus papeles son, claro, totalmente anecdóticos, pero las películas tienen la gracia de *Agárralo como puedas 33 y 1/3: El insulto final* (1993), de Peter Segal, y *El gran salto* (1994), de los hermanos Cohen. Casada con un anciano multimillonario y viuda al año, la joven Smith no está pasando sin embargo por buenos momentos, ingresando en un centro de desintoxicación. De momento, la decadencia asoma peligrosamente con su participación en 1995 en una serie B junto a Michael Nouri donde hay, sí, carne desnuda. Pero para eso ya preferimos el vídeo que le dedicó *Playboy*. Sea como sea, fue de las mujeres más avasalladoramente atractivas que han dado los 90.

a pelo
1995 • *To the limit*:

SMITH, MAGGIE

Ganadora de un Oscar a la mejor actriz por *Los mejores años de Miss Brodie* (1969), de Ronald Neame, la espigada y aristocrática Maggie Smith repetiría estatuilla en 1978, esta vez a la mejor secundaria, por su papel en *California suite*, donde curiosamente dejaría ver uno de sus pechos mientras se cambia en la habitación. Hemos visto su rostro en filmes tan

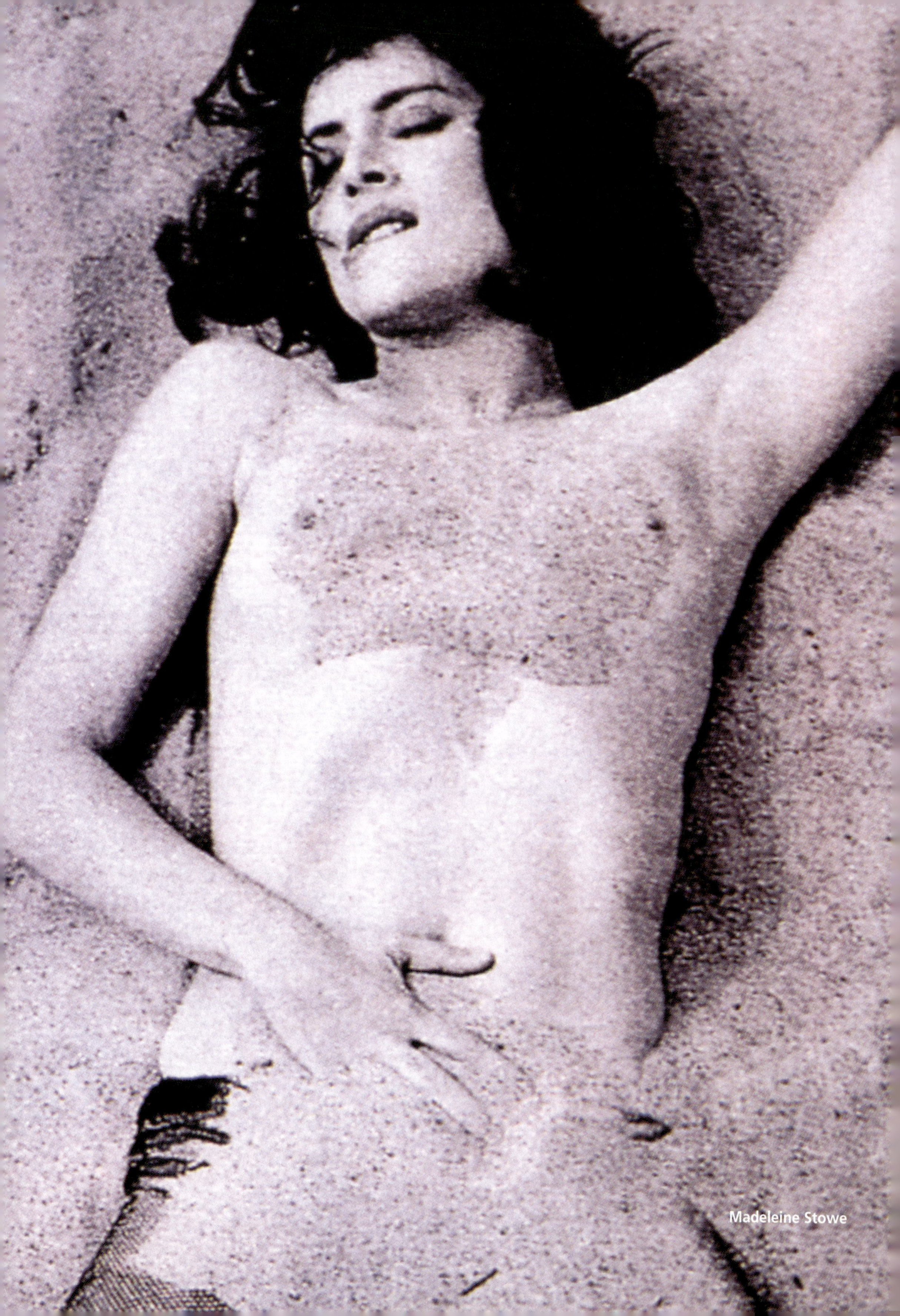

Madeleine Stowe

Emma Thompson

dispares como *Furia de titanes* (1980), de Desmond Davis; *Quartet* (1981) y *Una habitación con vistas* (1986), de James Ivory; *La solitaria pasión de Judith Hearne* (1987), de Jack Clayton; *Hook* (1991), de Steven Spielberg; e incluso las dos entregas de *Sister Act*.

a pelo

1978 • *California suite* (*California suite*), de Herbert Ross:

SNODGRESS, CARRIE

Fue la mujer seducida involuntariamente por Clint Eastwood en *El jinete pálido* (1985). También ha aparecido en filmes tan dispares como *La ley de Murphy* (1986), de J. Lee Thompson o *La furia* (1978), de Brian de Palma. Antes, en 1979, protagonizó junto a Richard Benjamin y Frank Langella una película titulada *Diario de una esposa desesperada*, donde se conservan sus únicos desnudos.

a pelo

1970 • *Diario de una esposa desesperada* (*Diary of a mad housewife*), de Frank Perry:

SOLER LEAL, AMPARO

Nacida en Madrid el 23 de agosto de 1933, Amparo proviene de una familia de actores, debutando ella en el teatro a los trece años y teniendo una carrera continuada y exitosa. Durante los años 60 funda una compañía propia, abandonando el teatro en 1975 para dedicarse exclusivamente al cine. Ha estado casada con Adolfo Marsillach (su marido actual es el productor Alfredo Matas). En los 70, con la entrada de los nuevos tiempos, ella también se apuntó a los desnudos: así, es sorprendente verla afrontando un integral en *Retrato de familia*, de Antonio Giménez Rico.

a pelo

1976 • *Retrato de familia*, de Antonio Giménez Rico:

1979 • *El crimen de Cuenca*, de Pilar Miró:

SOMMER, ELKE

La mujer de Peter Sellers gozó de mucha popularidad en Europa, y se ha desnudado desde los años 60. *El diablo se lleva a los muertos* es una coproducción hispano-italiana de Mario Bava, y la acción se desarrolla curiosamente en Toledo. De vez en cuando la Sommer hace alguna aparición inesperada en el cine actual, pero ya muy esporádicamente.

a pelo

1962 • *Sweet ecstasy*:

1968 • *Los héroes* (*The invencible six*), de Jean Negulesco:

1973 • *El diablo se lleva a los muertos/La casa del exorcismo*, de Mario Bava:

1978 • *Left for dead*:

SOTO, TALISA

Una de las actrices latinas más guapas de la nueva hornada, una especie de Inés Sastre tropical, la conocimos como chica Bond en *007: con licencia para matar* (1989), de John Glenn. De físico muy exótico, en 1992 intervino en *Contra toda ley*, filme en el que tuvo de compañeros de reparto a Sam Neill y ¡Cristina Higueras! Con Neill tenía un polvo en el que prácticamente sus pechos quedan expuestos, pero tan desenfocados que es como si nada. Otra aparición en *Los reyes del mambo* (1992), de Arne Glimcher, y tras unas cuantas películas para TV, la incluyen sabiamente en *Don Juan de Marco*: en un descuido, a la señorita se le podrá atisbar una teta mientras se sienta sobre el afortunado Johnny Depp. Le queda mucho por ofrecer a esta joven, y seguro que bueno.

a pelo

1992 • *Contra toda ley* (*Hostage*), de Robert Young:

1995 • *Don Juan de Marco*:

SPACEK, SISSY

Nacida en Quitman, Texas, el 25 de diciembre de 1949, Mary Elisabeth Spacek será para siempre *Carrie*, la heroína del filme de Brian de Palma basado en la primera novela de Stephen King, un papel por la que la nominaron al Oscar, y que se abre con el sueño de cualquier voyeur: una escena en los vestuarios femeninos, y al ralentí. Ese desnudo de Sissy no tiene parangón, aunque años antes ya había mostrado bastante de su cuerpo, y bien, en otra buena película: *Carne viva*, donde era víctima del comercio de su persona como si de ganado se tratase y acababa siendo acogida por el duro Lee Marvin, en inmejorable forma. Allí además luciría un vestidito verde de los que marcan historia y todo el pecho. Pelirroja a más no poder, es prima de los actores Rip Torn y Geraldine Page. Estudió con el mítico Lee Strasberg, y sus primeros papeles fueron los mejores: además de los ya mencionados, acompañó a un cabreado Martin Sheen en la ya mítica *Malas tierras* (1973), de Terrence Malick. Luego llegaron tres nominaciones más al Oscar: *Desaparecido* (1982), de Costa Gavras; *Cuando el río crece* (1984), de Mark Rydell; y *Crímenes del corazón* (1986), de Bruce Beresford. Y también un Oscar como mejor actriz por *Quiero ser libre* (1980), de Michael Apted. En su madurez continúa teniendo ese aire indefenso que tantos quebraderos de cabeza provocaron en *Carrie*.

a pelo

1972 • *Carne viva* (*Prime cut*), de Michael Ritchie:

1976 • *Carrie* (*Carrie*), de Brian de Palma:

1977 • *Bienvenido a Los Ángeles* (*Welcome to L.A.*), de Alan Rudolph:

STAUNTON, IMELDA

La Jane de *Antonia y Jane*, la Margaret de *Mucho ruido y pocas nueces* (1993), y la Mary de *Los amigos de Peter* (1992) es esta actriz que ha tenido un considerable acierto en la elección de sus últimos papeles. Además de haberse ligado al reparto habitual del exitoso Kenneth Brannagh, también ha intervenido en *Citizen X*, una producción para TV con Donald Sutherland y Stephen Rea que ganó en 1995 el Premio a la mejor película del Festival de Sitges. Imelda ha dejado ver uno de sus pechos en la mencionada *Antonia y Jane*.

a pelo

1991 • *Antonia y Jane* (*Antonia and Jane*), de Beeban Kidron:

STEENBURGEN, MARY

Nacida en Newport, Arkansas, en 1953, Mary Steenburgen

marchó a Nueva York para estudiar en la Sandford Meisner Playhouse, manteniéndose gracias a trabajos esporádicos como camarera o cajera. En 1977 se presentó a un casting para *Camino del sur*, de Jack Nicholson: a este le gustó y, tras una prueba de cámara, le concedió el papel. En 1979 volvió a tener éxito con *Los pasajeros del tiempo*, una comedia sobre Jack el destripador y *La máquina del tiempo* de H. G. Wells que gozó de cierto prestigio y popularidad en su momento. Allí conoció al que sería su marido, Malcolm McDowell (?). Al año siguiente, se desnudó en *Melvin y Howard*, y de paso consiguió un Oscar a la mejor actriz secundaria. Desde entonces ha sido una eficaz secundaria para varias películas, especializándose últimamente en las comedias amables, como *Dulce hogar, a veces* (1989), de Ron Howard, o *Regreso al futuro 3* (1990), de Robert Zemeckis, donde enamoraba al entrañable profesor encarnado por Christopher Lloyd. Da la impresión de ser una mujer sumamente agradable y sencilla, pero su matrimonio con McDowell y su más reciente boda con Ted Danson nos hace sospechar que debe guardar un punto paranoico muy a tener en cuenta.

a pelo

1980 • *Melvin y Howard (Melvin and Howard)*, de Jonathan Demme:

STEVENS, STELLA

La madre de Andrew Stevens (¡sí!) fue una popular actriz y modelo de los 60, a la que se le puede recordar especialmente junto a Jerry Lewis en *El profesor chiflado* (1963), o irrumpiendo en la pacífica vida de Jason Robards en *La balada de Cable Hogue* (1970): inolvidable es la secuencia del baño en el tonel, y cómo tiene que salir apresuradamente de él ante la inmediata llegada de la diligencia. También es memorable su desnudo en *Operación masacre*, nada menos que al lado de Jim Brown. Posteriormente ha ido dosificando mucho sus papeles en el cine, encontrándose más cómoda en series televisivas como *Santa Bárbara* o *Flamingo Road*, donde domina con su simpatía y su saber estar. Últimamente ha intervenido también en películas de serie B como las que hace su hijo, por ejemplo *El último aviso*, en la que pone tanto entusiasmo en un magreo que se le sale un pezoncete.

a pelo

1970 • *La balada de Cable Hogue (The ballad of Cable Hogue)*:

1972 • *Operación masacre (Slaghter)*, de Jack Starrett:

1990 • *El último aviso (Last call)*:

STONE, SHARON

La sex symbol por antonomasia de la primera mitad de los 90 (actualmente parece que dejará con gusto desempeñar ese papel a Linda Fiorentino) nació en Meadville, Pennsylvania, el 10 de marzo de 1958. Empezó como modelo para la agencia Ford, y debutó con un pequeño papel en *Recuerdos* (1980), de Woody Allen, pero aún tendría que recorrer un largo camino por los sinuosos senderos de la serie B antes de probar las mieles del éxito. Desde el primer momento fue consciente de que su cuerpo era un medio idóneo para llamar la atención, y lo ha utilizado a conciencia desde 1984, año de *Diferencias irreconciliables*, filme que rodó junto a Ryan O'Neal y donde inmortalizó por vez primera sus tetas. Aquí se la empezó a ver sin embargo con el moderado éxito de *Las minas del rey Salomón* (1985), un refrito del sagaz J. Lee Thompson que se apuntaba al carro de *Indiana Jones* saqueando la novela de H. Rider Hagard, con el amiguete Richard Chamberlain. Algunos ya repararon en el físico de la jovencita rubia que le acompañaba. La cosa no debió ir mal, porque ambos repitieron en *Quatermain en la ciudad perdida del oro*, donde por cierto se le puede ver, con dificultad, eso sí, algo de su personalidad más interna en una escena cambiándose en la parte trasera del coche. En 1987 le toca la inevitable ronda por una de las secuelas de *Loca academia de policía*, la 4, dirigida por Jim Drake. Y es que al menos de la serie B le tocó lo más simpáti-

Stella Stevens

co y variado: luego nada menos que *Acción Jackson*, con el amigo-negro-de-los-blancos Carl Weathers, y *Por encima de la ley*, el primer filme con Steve Seagal de prota y dirigido por el hoy aclamado Andrew Davis, probablemente lo más digno que había hecho la Stone hasta entonces, aunque se muera pronto. Pero por fin la podemos ver en la que ella considera su peor película: la imposible *Sangre y arena*, de Javier Elorrieta, una nueva versión de la novela de Blasco Ibáñez en la que enseña sus pectorales como es habitual en todo filme español que se precie. La tuvimos aquí rodando dicha película justo antes de que empezara a despuntar como estrella: en *Desafío total*, encarnando a la neumática esposa de un obrero corriente y vulgar (?) que interpretaba Arnold Schwarzenegger: la rubita lo hizo genial, pero también hay que reconocer que a su breve papel le tocaba lo más jugoso del guión y que su rival morena jugaba con desventaja (curiosamente le dieron el papel a la ya veterana Rachel Ticotin). Aun así, 1991 la vería todavía rodando películas olvidables que luego todas las teles se han apresurado a recuperar y rentabilizar por el repentino éxito de la moza en *Instinto básico* (1992), el juguete que Paul Verhoeven preparó para ella en complicidad con el guionista Joe Ezterhas. Su cruce de piernas es uno de esos momentos inmortales del erotismo cinematográfico (como el levantamiento de faldas de Marilyn en la boca del metro), y, la verdad, la Stone estaba guapísima, tanto cambiándose de ropa (sobre todo), como aguantando airosa unos primeros planos que la mostraban muy natural, con apenas maquillaje y unas pequitas adorables. Realmente hoy día está inmejorable físicamente, como ha vuelto a demostrar en *Sliver*, con buenas escenas de cama junto a William Baldwin, o en esa fantasmal película que le ha hecho Sam Raimi, donde vuelve a arrasar (a pesar de su ceño). Caliente, caliente. Últimamente se ha dado cuenta de que tendrá que ir pensando en forjarse una carrera sólida como actriz si no quiere acabar de nuevo en la serie B enseñando por décima vez la misma teta, y ya se ha colado en *Casino*, de Martin Scorsese.

a pelo

1984 • *Diferencias irreconciliables* (*Irreconciliable differences*), de Charles Shyer:
1986 • *Quatermain en la ciudad perdida del oro* (*Allan Quatermain and the lost city of gold*), de Gary Nelson: ▼
1987 • *Cold steel*, de Dorothy Ann Puzzo:
1988 • *Acción Jackson* (*Action Jackson*), de Craig R. Baxley:
1989 • *Sangre y arena*, de Javier Elorrieta:
1990 • *Scissors*, de Frank de Felitta:
• *Desafío total* (*Total recall*), de Paul Verhoeven:
1991 • *El año de las armas* (*Year of the gun*), de John Frankenheimer:
1992 • *Instinto básico* (*Basic instint*), de Paul Verhoeven:
1993 • *Sliver* (*Sliver*), de Philip Noyce:
1994 • *Entre dos mujeres* (*Intersection*), de Mark Rydell:
• *El especialista* (*The specialist*), de Luis Llosa:
1995 • *Rápida y mortal* (*The quick and the dead*), de Sam Raimi:

STOWE, MADELEINE

La morena chica de ojos lánguidos nació en Eagle Rock, California, el 18 de agosto de 1958. Su padre es yanqui y su madre de Costa Rica. Quería ser concertista de piano, pero primero estudió periodismo y luego se dejó atraer por el teatro en el grupo Solari Theatre de Beverly Hills. Su debut en el cine nos dejó a todos impresionados: fue en *Procedimiento ilegal*, aquella cojonuda comedia de John Badham donde Richard Dreyfuss y Emilio Estévez tenía que vigilar noche y día a una chica desde la casa de enfrente. Pues bien, ella era la chica, y, aunque muy fugazmente, algo dejaba ver que nos ponía a todos cardíacos. Luego no supimos más de ella, con excepción de *Tres camas para un soltero* (1989), de Will McKenzie, otra desenfadada comedia para lucimiento de Mark Harmon, hasta el estreno de la excepcional *Revenge*. Esta película, dirigida por Tony Scott, posee varios elementos magistrales. El reparto está ajustadísimo, con Kevin Costner en su mejor momento, y Anthony Quinn en el mejor papel que ha conseguido en quince años. Y el filme incluye una escena que a nuestro parecer desprende tanta química como para volar un edificio entero: el encuentro entre Costner y la Stowe en la cocina, mientras él corta nervioso unas frutas, lo tira todo, ambos lo recogen, se rozan las manos, el aire parece estallar de la tensión... Pura maravilla. ¡Y sin un desnudo! Luego sí habría algo de carne, pero la verdad, el final de *Revenge* es tan duro y poco complaciente con la media hollywodiense, que aunque no se le viera nada a Madeleine (y lo que se le ve no es tanto), esta película seguiría siendo la mejor que ha hecho nunca. Aunque ese mismo año participó en la estimable *The two jakes*, la continuación de *Chinatown*, bien dirigida por el propio Jack Nicholson, con quien además comparte un accidentado polvo ante las cámaras que merece mucho la pena ver. 1992 volvería a ser un buen año para ella, con el estreno de *El último mohicano*, de Michael Mann, y *Falsa seducción*, de Jonathan Kaplan, donde lo mejor son sus desnudos en la cama con Kurt Russell. Y 1993: *Sola en la penumbra* le acercaría a Aidan Quinn. Ese mismo año participó en *Short cuts*, la película que devolvió a Robert Altman a la actualidad cinematográfica en medio de grandes alabanzas: y ella se desnuda en la película, sí, pero, como siempre, es un desnudo parcial, o sea, no frontal, posando para un retrato que le hace su hermana. Esta, interpretada por Julianne Moore, también se desnuda: concretamente, protagoniza el polémico episodio en que se quita la falda delante de su marido y este ve asombrado que no lleva nada debajo, continuando la conversación como si nada. Pues bien, todo sería perfecto si en una entrevista la Stowe no hubiera confesado que en principio su papel previsto era el de su hermana, es decir, el de Julianne Moore. Y la chica, que, ay, no tiene nada de tonta, añadió que lo había cambiado porque no entendía a qué venía aquel desnudo frontal, y que ni siquiera Robert Altman la había convencido. Tanto prestigio crítico y tanta tontería para que luego no sea capaz de convencer a quien debía haber hecho ese papel desde el principio. ¡¿Pero os imagináis la de infartos que se hubieran producido en los cines si la falda se la quita Madeleine Stowe?! Por suerte ya se ha estrenado *China Moon*, rodada también en 1993 y con un desnudo integral del que ella se arrepiente actualmente.

a pelo

1987 • *Procedimiento ilegal* (*Stakeout*), de John Badham:
1989 • *Tropical snow*, de Ciro Duran:
1990 • *Revenge* (*Revenge*), de Tony Scott:

Dorothy Stratten

- *The two Jakes* (*The two Jakes*), de Jack Nicholson:

1992 • *Falsa seducción* (*Unlawful entry*), de Jonathan Kaplan:

1993 • *Sola en la penumbra* (*Blink*), de Michael Apted:

- *Vidas cruzadas* (*Short cuts*), de Robert Altman:
- *Luna de porcelana* (*China moon*), de John Bailey:

STRATTEN, DOROTHY

La joven playmate asesinada por su celoso ex novio tuvo una breve carrera cinematográfica, consiguiendo participar en cintas tan agradables como *Todos rieron* (1981), de Peter Bogdanovich, a la sazón su compañero sentimental por aquel entonces. Dos años antes había protagonizado *Autumn born*, título en el que se desnuda, aunque aquí es más conocida *Galaxina* (1980), parodia de la ciencia ficción dirigida por William Sachs donde no enseña nada. En cualquier caso, para contemplar su cuerpo lo mejor son las explosivas fotos de *Playboy*.

a pelo

1979 • *Autumn born*:

STREEP, MERYL

Meryl Streep se ha redimido. Tras unos años 90 en que el éxito la esquivaba y en que a nadie parecía caerle bien, ha resurgido de las cenizas con esplendor en *Los puentes de Madison*, un filme donde arrasa y hay que reconocer su gran clase (aunque el papel lo fuese a hacer en principio, ay, Barbara Hershey). Meryl nació en Summit, Nueva Jersey, el 22 de junio de 1949. Estudió en el Vassar College, Letras y Arte Dramático en la Universidad, y en la Yale School of Drama. La serie *Holocausto* la lanzó a la fama, y luego supo sacarle buen partido a sus cuidadas interpretaciones: participó en *El cazador* (1978), el gran filme de Michael Cimino por la que la nominarían al Oscar como mejor secundaria, y fue muy popular de nuevo gracias a *Kramer contra Kramer* (1979), de Robert Benton (por la que se llevaría un Oscar como mejor secundaria), *La mujer del teniente francés* (1981), de Karel Reisz (una nominación), y *La decisión de Sophie* (1982), por la que ganaría otro Oscar como mejor actriz. Ha sido también nominada por *Silkwood*, *Memorias de África* (1985), de Sidney Pollack, *Tallo de hierro* (1987), de Héctor Babenco, y *Un grito en la oscuridad*. Es lógico pues que todo el mundo le pillara manía con tanta nominación. Sin embargo, desde finales de los 80 cayó en un cierto olvido, y ni su tanteo con la comedia la hizo recuperar el favor del público. Un nuevo cambio de imagen y en 1994 contraatacó como la dura protagonista de *Río salvaje*, donde se atreve a más que nunca. Y, tras un desnudo en *La casa de los expíritus* que seguramente procede de una doble, llegamos a 1995 y a su papel de ama de casa italiana en *Los puentes de Madison*: preciosa la escena en que desata su vestido para recibir en su cuerpo la refrescante brisa nocturna, tan fugaz como sus desnudos.

a pelo

1982 • *Bajo sospecha* (*Still of the night*), de Robert Benton:
1984 • *Silkwood* (*Silkwood*), de Mike Nichols:
1988 • *Un grito en la oscuridad* (*A cry in the dark*), de Fred Schepisi:
1994 • *Río salvaje* (*Wild river*), de Curtis Hanson.
1995 • *Los puentes de Madison* (*The bridges of Madison County*), de Clint Eastwood:

SUÁREZ, EMMA

La actriz española con mayor proyección actual junto a Ana Álvarez, aunque su bello físico la haga parecer más joven de lo que en realidad es: nacida en Madrid el 25 de junio de 1964, tiene tras de sí una larga y sólida carrera en teatro, cine y TV. Debutó en 1979 con *Memorias de Leticia Valle*, de Miguel Ángel Rivas, y desde entonces no ha parado. Se nos ha desnudado mucho y bien. En *Marbella, un golpe de cinco estrellas*, le hace ver las ídem a un desconcertado Rod Taylor a golpe de teta. A finales de los 80 compartió dos títulos con Antonio Banderas en los que muestra su físico a placer, sobre todo en la primera de ellas: *La blanca paloma* y *Contra el viento*. Otra escena divertida es el polvo que comparte con Jorge Sanz en *Orquesta Club Virginia* con la portada de Robert Crumb para el primer disco de Janis Joplin como fondo. Todo un homenaje a una época. Pero es sin duda su encuentro con Julio Medem el que le proporcionaría sus mejores momentos en la pantalla, tanto en *Vacas* (guapísima con un tono morenito en la piel) como en *La ardilla roja*, donde al parecer utilizó una doble para la sorpresiva secuencia en que le pilla la mano al niño con los muslos. Actualmente está en el comienzo de lo que puede ser su mejor momento profesional.

a pelo

1985 • *Marbella, un golpe de cinco estrellas*, de Miguel Hermoso:
1989 • *La blanca paloma*, de Juan Miñón:
1990 • *Contra el viento*, de Francisco Periñán:
1992 • *Orquesta club Virginia*, de Manuel Iborra:
1993 • *La ardilla roja*, de Julio Medem:
1995 • Tierra, de Julio Medem.

SUKOWA, BARBARA

Actriz alemana ligada durante los años 80 a la filmografía de la directora Margarethe Von Trotta, en 1987 coprotagonizó *El siciliano* junto a Christopher Lambert. Dirigida por Michael Cimino, aquí está incluido su más conocido desnudo, recostada en la bañera. De rostro preciso como el de una muñeca de porcelana, últimamente ha aparecido en títulos de culto como *Europa* (1991), de Lars Von Trier, o *M. Butterfly* (1993), de David Cronenberg. En sus tiempos con la Von Trotta protagonizó varios desnudos carcelarios: en *Las hermanas alemanas* intercambiaba su jersey con el de su hermana cuando esta iba a visitarla a la cárcel, dejando a la vista sus pechos; en *Rosa Luxemburgo*, biografía de la famosa activista política, era sometida a un registro en la prisión que iba un poco más allá, y esta vez era su coño y el culo los que quedaban expuestos. Su rostro es algo cómico debido a su redondeada nariz, pero tiene mucho morbo.

a pelo

1981 • *Las hermanas alemanas* (*Die bleieme Zeit*), de Margarethe Von Trotta:
1986 • *Rosa Luxemburgo*, de Margarethe Von Trotta:
1987 • *El siciliano* (*The sicilian*), de Michael Cimino:

SWINTON, TILDA

La andrógina Tilda había participado en películas inglesas tan poco comerciales como *Caravaggio* (1985) o *Eduardo II* (1991), ambas del fallecido Derek Jarman, antes de que saltara a una elistista pero aun así considerable popularidad gracias a su interpretación de *Orlando*, filme de culto donde los equívocos sexuales son continuos: hasta su desnudo integral frente a un espejo no acaba de parecer definitivo.

a pelo

1992 • *Orlando* (*Orlando*), de Sally Potter:

TANDY, JESSICA

Fallecida en 1995, fue profético y muy de agradecer que en su último filme la veterana Jessica Tandy se despelotara para darse un baño en *Freda y Camilla*. Ligada para siempre a su marido Hume Cronyn, tiene una larga carrera tras de sí en el teatro y en el Hollywood más clásico (empezando por *Ambiciosa* (1947), de Otto Preminger), pero su rostro se popularizó mucho más en los 80, gracias a numerosas producciones Spielberg donde ella apareció: *Cocoon* (1985), de Ron Howard, o *Nuestros maravillosos aliados* (1987), de Matthew Robbins, rodadas ambas junto a su marido. En 1989 ganó el Oscar a la mejor actriz por su papel en *Paseando a Miss Daisy* (1989), de Bruce Beresford, donde tenía nada menos que a Morgan Freeman de chófer. Su último gran éxito fue *Tomates verdes fritos* (1991), de Jon Avnet, antes de embarcarse en esta película que ha conseguido lo que pocos actores de su edad están dispuestos a ofrecer: su desnudo.

a pelo

1994 • *Freda y Camilla* (*Camilla*), de Deepa Mehta:

TATE, SHARON

La exuberante actriz asesinada por Charles Manson en 1969 no tuvo demasiado tiempo para ofrecer su talento: en 1967 protagonizó junto a su marido Roman Polanski la comedia *El baile de los vampiros*, donde su baño con espuma mientras el vampiro la acecha es sexy a más no poder. También intervino en *El valle de las muñecas*, donde de nuevo se pueden vislumbrar brevemente sus pechos. Sus apariciones cinematográficas fueron así, tan breves, que ni siquiera se pudo convertir en un mito después de muerta.

a pelo

1967 • *El baile de los vampiros* (*The fearless vampire killers*), de Roman Polanski:

Lea Thompson

•*El valle de las muñecas* (*The valley of the dolls*), de Mark Robson:

TAYLOR, LILI

Simpática y pequeñaja actriz que ha destacado fuertemente en los últimos filmes de Robert Altman (*Short cuts* y *Pret-à-porter*), la estadounidense Lily Taylor nació en 1974 y ha trabajado en teatro, cine y TV por igual. *Mystic pizza* (1988), de Donald Petrie, fue, al igual que para Julia Roberts, su tarjeta de presentación. También ha participado en *Nacido el cuatro de julio* (1989), de Oliver Stone, desnudándose por vez primera en la casi desconocida *El despertar de un ángel*, donde acompañaba a Sam Shepard y Delmot Mulroney. Desde entonces, solo ha vuelto a enseñar las tetas en *Household Saints* (1992).

a pelo
1990 • *El despertar de un ángel* (*Bright angel*), de Michael Fields:
1992 • *Household saints*:

THOMPSON, EMMA

La ya ex-esposa de Kennet Brannagh nació en Londres en 1960. Hija de la actriz Phyllida Law, su éxito fue casi simultáneo con la obtención de un Oscar como mejor actriz por su papel en *Regreso a Howard's End* (1992), de James Ivory. En *Un tipo de altura* echa un polvo con Jeff Goldblum que sinceramente recomendamos desde estas páginas: no solo está rodado con un gran sentido del humor, sino que además la Thompson se desnuda considerablemente, lo cual es toda una sorpresa. Aparte de eso, sus cualidades de actriz han aparecido en numerosas películas de su ex (*Enrique V*, 1989; *Morir todavía*, 1991; *Los amigos de Peter*, 1992; *Mucho ruido y pocas nueces*, 1993), y sin él parece que tampoco le va nada mal. Ha tenido un considerable éxito con *Carrington* y ahora escribe también guiones (*Sentido y sensibilidad*).

a pelo
1988 • *Un tipo de altura* (*The tall guy*), de Mel Smith:
1995 • *Carrington* (*Carrington*):

THOMPSON, LEA

Esta tierna actriz nació en Rochester, Minnesota, el 31 de mayo de 1961, y debutó en varios anuncios de Burger King. Al parecer la niña era una fiera con el ballet, y de ahí pasó a la interpretación. Debutó en *La clave del éxito*, una película ya mítica por haberla reunido con Tom Cruise en uno de sus primeros papeles protagonistas, y, sobre todo, por el desnudo integral que ambos compartieron. Curioso que un filme tan típico de la época (sobre la superación personal en la juventud a través de un deporte) mostrase una escena tan atrevida. Ella está preciosa, pero el resto de sus filmes no consiguieron consagrarla como estrella: aparece en las tres partes de *Regreso al futuro* (¡es la madre de Michael!); en *Amanecer rojo* (1984), de John Milius; en *Howard el pato* (1986), de Willard Huyck; en *Una maravilla con clase* (1986), de su futuro marido Howard Deutsch; hasta en *Daniel el travieso* (1993), de Nick Castle. Pero parece que actualmente está algo perdida, aunque en *Rústicos en Dinerolandia* (1993) cambia sorprendentemente de registro y nos ofrece un retrato de putón maduro genial y muy sexy.

a pelo
1983 • *La clave del éxito* (*All the right moves*), de Michael Chapman:
1988 • *Casual sex?*, de Geneviéve Robert:

THOMSON, ANNA LEVINE

Curioso el caso de esta actriz, de rostro no excesivamente glamouroso (incluso tiene cierto parecido con Bette Davis), porque de un poco para acá está apareciendo en buenísimas películas, sea o no importante su papel. Llamó la atención de todo el mundo como la prostituta a la que rajan la cara en *Sin perdón* (1992), de Clint Eastwood. Después volvió a aparecer en las trepidantes *Amor a quemarropa* (1993), de Tony Scott, y *El cuervo* (1993), de Alex Proyas, donde encarna a la madre puta y yonqui de la niña de la película. Antes, en 1988, ya se había desnudado: sería en *White hot*, filme que la reunió con Robby Benson y (uf) Tawny Kitaen. Posteriormente ha vuelto a repetir la experiencia en dos filmes de poco presupuesto, e incluso se ha permitido el utilizar una doble en uno de ellos (solo en algunas tomas). Ojo a esta chica.

a pelo
1988 • *White hot*:
1994 • *Hand gun*:
• *Outside the law*:

THORN, FRANKIE

Es la monja violada de *Bad lieutenant* y la causa de que Harvey Keitel arme la de dios es cristo. Una chica preciosa, protagonista de una de las escenas más fuertes del cine de los 90

(¡sacrilegio!), aunque en su siguiente película haya cambiado al mencionado Keitel por Lorenzo Lamas.

a pelo

1992 • *Bad lieutenant* (*Bad lieutenant*), de Abel Ferrara:
1993 • *Bad blood*:

THULIN, INGRID

Una de las actrices más ligadas al cine de Ingmar Bergman, la Thulin no ha rehusado el desnudo, como en *Gritos y susurros*, película que en España se estrenó censurada: en una de las escenas la actriz se desnuda para meterse en la cama, aunque lleva algo que impide la visión de su coño. Antes ya había mostrado sus tetas en *La caída de los dioses*. En 1983 le tocó volver a enseñar los pechos en *Después del ensayo*, iniciativa muy loable pero que se hubiera podido repetir con la también allí presente Lena Olin.

a pelo

1970 • *La caída de los dioses* (*La caduta degli dei*), de Luchino Visconti:
1972 • *Gritos y susurros* (*Viskningar och rop*), de Ingmar Bergman:
1983 • *Después del ensayo*, de Ingmar Bergman:

THURMAN, UMA

La gran triunfadora del año 1995 fue Uma Thurman con el espectacular éxito de *Pulp fiction*, de Quentin Tarantino. Nacida en Boston el 29 de abril de 1970, es hija del primer yanqui ordenado monje budista tibetano por el Dalai Lama y de una modelo. Tras ejercer ella misma de modelo y estudiar interpretación en la Professional Children's School de Nueva York, realizó pequeños papeles hasta que cortó la respiración de medio mundo saliendo de las aguas como Venus en *Las aventuras del Barón Münchausen*. Pero nadie sabría quién era en realidad aquella chica hasta *Las amistades peligrosas*, como la amante más joven de John Malkovich. En *Donde está el corazón* se nos muestra a pelo pero pintada en una decepcionante aunque muy divertida escena (pero ya podían haberla mostrado de cuerpo entero, y no solo de cintura para arriba...). *Henry y June* (1990) fue otro título para el escándalo, y ella continuaba siendo la tercera en discordia, como en *Análisis final* (1991), de Phil Joanou. Poco después le llegarían mejores oportunidades de mostrar sus dotes en *La chica del gángster*, compartiendo lecho con Robert de Niro, y en *Jennifer 8*, lo mismo pero con Andy Garcia, y con una doble haciendo las escenas comprometidas. Pero es con *Pulp fiction* cuando se desata el delirio. Es el momento ideal para esta mujer, a la que estamos seguros de que no le importa desnudarse.

a pelo

1988 • *Las aventuras del Barón Münchausen* (*The adventures of Baron Münchausen*), de Terry Gilliam:
• *Las amistades peligrosas* (*Dangerous liaisons*), de Stephen Frears:
1990 • *Donde está el corazón* (*Where the heart is*), de John Boorman:
1993 • *La chica del gángster* (*Mad dog and glory*), de John McNaughton:

TICOTIN, RACHEL

Es curioso el caso de Rachel Ticotin: es una mujer que desde un primer momento podría haber alcanzado el estrellato absoluto. En vez de eso, ha ido apareciendo intermitentemente en el cine, pero siempre manteniendo una especie de estatus de «belleza morena», a pesar de ser una desconocida para la gran mayoría del público. Sus inicios se remontan a 1981, donde era la chica conflictiva que se lía con Paul Newman en *Distrito apache*. Después no la volvemos a ver hasta *Estado crítico* (1987), una comedia de Michael Apted con Richard Pryor. Pero lo sorprendente es que diez años después la elijan como oponente morena de la rubia y recién llegada Sharon Stone en *Desafío total* (1990), de Paul Verhoeven. Lamentablemente, la ex de David Caruso pasó inadvertida en este filme en favor de Sharon Stone. Aunque no le debió ir mal, porque es ahora en los 90 cuando ha demostrado una mayor actividad: *Un buen policía* (1991), de Heywood Gould; *Un día de furia* (1993), de Joel Schumacher; o *Don Juan de Marco* (donde por cierto da toda la impresión de que utiliza una doble en un breve desnudo) son algunas de sus más recientes acreditaciones. No ha vuelto a desnudarse desde *Distrito Apache*.

a pelo

1981 • *Distrito Apache* (*Fort Apache, the Bronx*), de Daniel Petrie:

TILLY, JENNIFER

Un caso parecido al de Patricia Arquette pero a nivel más minoritario es el que le ha sucedido a la hermana grandota de Meg Tilly. Mientras su hermana no ha podido consolidar su carrera como estrella después de un comienzo prometedor, Jennifer ha ido colándose poco a poco como una muy eficaz actriz secundaria en varias comedias de éxito, y es sin duda lo mejor de *The getaway*, donde acaba ganándole la partida al

Jennifer Tilly

pesadito de Michael Madsen, follándole más que siendo follada. Un auténtico huracán de mujer, nacido en Harbor City, California, el 10 de septiembre de 1968. Tras aparecer en numerosas series de TV, debutó en el cine con *Click click* (1984), de Jerry Schatzberg. Pronto empieza a aparecer en películas con cierto renombre, como *El hotel de los fantasmas* (1988), de Neil Jordan; *Los fabulosos Baker Boys* (1989), de Steve Kloves; *Los Doors* (1990), de Oliver Stone... En 1992 rueda *La sombra del lobo*, donde hace el amor con su entonces compañero sentimental Lou Diamond Philips. Esa vena erótica la ha sabido explotar muy bien últimamente, consiguiendo estar hilarante en *Made in America* (1993), donde encarna a la incansable amante de un apurado Ted Danson, ofreciéndole unas piruetas desnuda que quitan el hipo. Ese mismo año fue nominada al Oscar como mejor actriz secundaria por *Balas sobre Broadway*, y sin duda su próximo paso en el cine dará mucho que hablar.

a pelo
1992 • *La sombra del lobo* (*Shadow of the wolf*), de Jacques Dorfman:
1993 • *The getaway* (*The getaway*), de Roger Donaldson:
• *Made in America* (*Made in America*), de Richard Benjamin:

TILLY, MEG

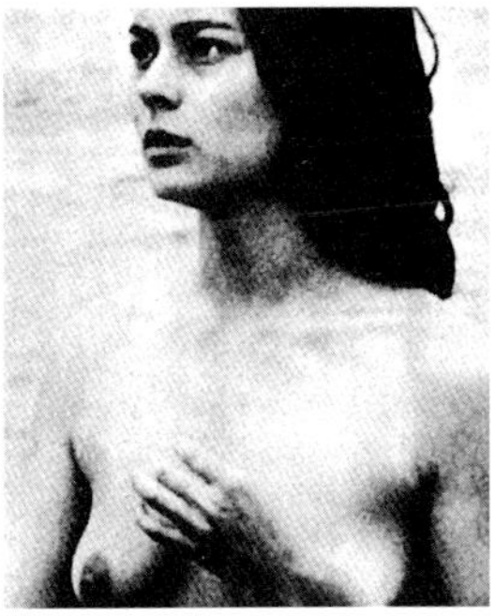

La hermana de Jennifer nació también en California en 1960, aunque creció en Canadá. Después de estudiar Danza en Nueva York, consigue un pequeño papel en la famosa *Fama* (1980) de Alan Parker. Luego se traslada a Los Ángeles, hace algo de TV, y en 1983 llega su oportunidad con *Reencuentro*, de Lawrence Kasdan, y *Psicosis II*, de Richard Franklin. También llega nuestra primera decepción: las excitantes escenas de desnudo en esta última película están ejecutadas por una doble. El único filme donde al parecer sí se muestra tal como vino al mundo (¡y del todo!) es *The girl in a swing*. Como actriz obtuvo una nominación al Oscar como mejor actriz por *Agnes de Dios* (1985), de Norman Jewison, y también consiguió cierta fama con *Mascarada para un crimen* (1988), de Bob Swaim, y *Valmont* (1989), de Milos Forman. Por cierto, está impresionante, terroríficamente hablando, como ladrona de cuerpos en *Body Snatchers* (1993), la tercera versión de la historia que rodó hace nada Abel Ferrara, y donde también utilizó doble.

a pelo
1988 • *The girl in a swing*, de Gordon Hessler:

TORTOSA, SILVIA

Silvia Eulalia Catalina Tortosa López nació en Barcelona el 8 de marzo de 1947. Estudia en la Escuela de Artes Suntuarias Massana y en el Instituto de Teatro, debutando sobre un escenario a los 15 años. Fue de las actrices de cine y TV que intentó ir más allá del estereotipo de chica guapa que proveía por aquella época el cine de destape, y lo curioso es que su mayor gesta fue levantar un rara avis del erotismo español: *La señora*, todo un éxito en el momento de su estreno. Es una película que no contiene demasiados desnudos, pero solo por la originalidad de la propuesta ya merece la pena: entre otras cosas por ver al «señor» entregando a la protagonista un dedal con su semen ante la repugnancia que le provoca todo contacto físico... Últimamente la Tortosa parece bastante alejada de las cámaras.

a pelo
1987 • *La señora* (*La senyora*), de Jordi Cadena:

TRAVIS, NANCY

Esta guapa chica nacida en Astoria, Queens, Nueva York, el 21 de septiembre de 1961, empieza poco a poco a destacar por méritos propios. Debutó en el cine con *Tres hombres y un bebé* (1987), de Leonard Nimoy, pero es al año siguiente cuando realmente nos fijamos en ella, gracias a *Casada con todos*, donde se desnuda tan ricamente. Luego volvemos a toparnos con su agradable presencia en *Asuntos internos*, y desde entonces no se ha vuelto a desnudar. Fue protagonista femenina de *Secuestrada* (1993), de George Sluizer, aunque en esa ocasión Sandra Bullock le robó toda la atención, pero ella la volvió a recuperar con *Una novia sin igual*, de Thomas Schlamme, donde hacía dudar a su prometido Mike Myers de sus intenciones. En los próximos años puede acabar de rematar.

a pelo
1988 • *Casada con todos* (*Married to the mob*), de Jonathan Demme:
1990 • *Asuntos sucios* (*Internal affairs*), de Mike Figgis:

TREIL, LAURENCE

Deslumbrante modelo y actriz de elegante y sensual físico, su cuerpo delgado e insinuante se ha paseado que nosotros

Laurence Treil

sepamos por dos películas: la primera fue *La mujer salvaje*, una entretenida cinta francesa que en España gozó de una cierta difusión, en gran medida gracias a las sugerentes dosis de erotismo que tenía la historia: Lawrence Treil encarnaba a la «vouivre», un espíritu femenino de las aguas. Naturalmente, se pasaba en cueros toda la película, pero realmente está muy conseguido el clima de misterio y sensualidad que se quiere dar a sus apariciones: Lambert Wilson caerá rendido a los pies de esta mujer, protagonista de algunos de los desnudos más bellos y, sí, salvajes, del cine de los 80. Sin que supiéramos más de ella, el videoclub nos la volvió a traer años después como protagonista de un modesto thriller, acompañada de dos buenos actores que entonces vivían de la serie B: Judd Nelson (bueno, este aún vive de ella) y Pierce Brosnan. La película se titulaba *Obsesión al límite*, y reconociendo que se trata de un thriller erótico como muchos otros, es curioso que sea bastante más explícito en sus desnudos que la mayoría de sus semejantes. Probablemente ello es debido a la propia Treil, quien no para de quitarse la ropa en todo el metraje, protagonizando dos desnudos frontales, uno delirante del todo: en una sesión fotográfica, con un cachas negro y uno blanco a lo lados. Nos gustaba más el toque salvaje de su anterior filme, aquí demasiado pulido, pero ambos son suficientemente estimulantes como para esperar impacientes una nueva entrega de su presencia.

a pelo
1988 • *La mujer salvaje* (*La vouivre*),
de Georges Wilson:
1991 • *Obsesión al límite* (*Entangled*),
de Max Fisher:

TRIGGER, SARAH

Actriz que se ha dado a conocer recientemente con papeles secundarios como los de *Gran Cañón* (1991), de Lawrence Kasdan, o *Cementerio de animales II* (1993), de Mary Lambert. En *Un lugar llamado paraíso* desnudaba sus pechos mientras los niños protagonistas la espían, pero su mejor escena erótica llegaría con *El riesgo del vértigo*, película del sobrino de Coppola donde la actriz se tirará nada menos que a Michael Biehn. De momento, está pisando fuerte y los desnudos no parecen ser un obstáculo para ella.

a pelo
1989 • *Fellow traveller*:
1991 • *Un lugar llamado paraíso* (*Paradise*),
de Mary Agnes Donoghue:
1993 • *El riesgo del vértigo* (*Deadfall*),
de Christopher Coppola:
1994 • *Don't do it*:

TRIGTIGNANT, MARIE

Hija de Jean Louis Trigtignant, la joven Marie desea seguir los pasos de su padre. En 1990 protagonizó la película *Noche de verano en la ciudad*, en la que se pasa prácticamente todo el metraje desnuda junto a su amante, ya que todo el filme se desarrolla en un piso. El actor no es otro que el ahora célebre Jean-Hugues Anglade (ver *Killing zoe*), especialista en pernoctar con mujeres bellas (ver *Betty Blue*). Marie tiene un cuerpo y un rostro muy francés, y sale airosa de la experiencia.

a pelo
1990 • *Noche de verano en la ciudad* (*Nuir d'été en ville*),
de Michel Deville:

TRIPPLEHORN, JEANNE

La otra revelación de *Instinto básico* fue esta actriz que, si bien no despertó la misma admiración que el huracán Stone, sí está amortizando a largo plazo su buena presencia en dicha película. De momento ya ha compartido cartel con Kevin Costner en *Waterworld* (1995), la gran epopeya de Kevin Reynolds, llegando incluso a utilizar una doble para la escena en que se desnuda y se ofrece al despistado héroe. Habrá pues que recurrir a su primer éxito, ese *Instinto básico* en que era violada salvajemente por un precipitado Michael Douglas. La Tripplehorn posee un rostro irregular pero tremendamente atractivo, gracias en gran medida a esa enorme boca roja que tan bien resaltaba en el filme de Verhoeven. Después volvió a aparecer en *La tapadera* (1993), de Sydney Pollack, *Bocados de realidad* (1994), de Ben Stiller, y esa espectacular *Waterworld* que seguramente la lanzará hacia nuevos y excitantes proyectos.

a pelo
1992 • *Instinto básico* (*Basic instint*),
de Paul Verhoeven:

TURNER, JANINE

La prota de *Médico en Alaska* volvió al cine después de su éxito con esta serie para acompañar a Sylvester Stallone en *Máximo riesgo* (1993), de Renny Harlin, y no estuvo nada mal. Antes ya había aparecido en *Magnolias de acero* (1989), de Herbert Ross, o *Tai-Pan* (1986), de Daryl Kuke. Lo que pocos saben es que Janine encarnó a la novia que el protagonista de *Atracción diabólica* dejaba por la mañana tirada en la cama para irse a hacer footing (justo antes del accidente fatal con el camión que le dejaría paralítico). Aunque en esa escena prácticamente no se puede apreciar nada de la Turner, quede constancia de ella por si en un futuro lejano no tenemos nada más interesante.

a pelo
1988 • *Atracción diabólica* (*Monkey shines*),
de George A. Romero:

TURNER, KATHLEEN

La psicópata más entrañable del cine nació en Springfiel, Missouri, el 19 de junio de 1954. Ha pasado de ser la sex symbol de los 80 más deseada por el sector progre a una maruja que se ríe de todos y de su propia imagen. Hija de diplomático, estudió arte dramático en la Universidad de Missouri y en la Central School of Speech and Drama de Londres. Se inició en la TV interviniendo en spots y en alguna serie (*The doctors*) hasta que se da a conocer de forma rotunda en la espléndida *Fuego en el cuerpo*. Sus escenas íntimas con William Hurt calentaron la platea y para muchos nació allí mismo una estrella. Aunque esos mismos que la glorificaron debieron tirarse de los pelos cuando contemplaron su siguiente papel: nada menos que de putón hija de ídem en *Un genio con dos cerebros*, un despropósito lleno de chistes delirantes que el doblaje acabó de situar en el absurdo más surrealista: ver a Steve Martin haciendo malabarismos con unas mandarinas y cantando «Mi carro» de Manolo Escobar para demostrarle a un urbano que no

Kathleen Turner

conduce borracho es de antología. O cuando se descubre que el peligroso criminal cuya identidad nos ocultaban con tanto suspense es nada menos que un tipo que seguramente será famoso en Estados Unidos. Eso sí, ella tampoco está nada mal. *La pasión de China Blue* nos la devuelve más apetitosa y putona que nunca, ideal para las paranoias mentales de Ken Russell. Y es que la Turner arrasaba: desde ese acertado toque clásico de la aventura recuperado en *Tras el corazón verde*, de Robert Zemeckis, hasta *El honor de los Prizzi*, nada se resistía a su encanto. Incluso en *Julia y Julia* nos sacaba de vez en cuando del sopor a golpe de teta. Pronto empezó a engordar y a pasar de ocultarlo. Es a partir de *La guerra de los Rose*, una de las películas con más mala leche de la historia del cine, que nos muestra su otra cara: la de maruja desorbitada, cabrona y rencorosa, asfixiando a su pobre marido con las piernas desnudas (escena en la que, por cierto, se ve más de lo que se preveía). Michael Douglas, en honor a la verdad, sabe estar a la altura. Mientras el intento de la Turner por recuperar el rol sensual de antiguos títulos fracasaba estrepitosamente (*Detective con medias de seda*, de Jeff Kanew), su nueva imagen campechana y malpensada conquistaba nuestros corazones: *Los asesinatos de mamá* (1995), de John Waters, así lo confirma.

a pelo

1981 • *Fuego en el cuerpo* (*Body heat*), de Lawrence Kasdan:
1983 • *El hombre con dos cerebros* (*The man with two brains*), de Carl Reiner:
1984 • *En busca del águila* (*A breed apart*) (cable), de Philippe Mora:
• *La pasión de China Blue* (*Crimes of passion*), de Ken Russell:
1985 • *El honor de los Prizzi* (*Prizzi's honor*), de John Huston:
1987 • *Julia y Julia* (*Julia and Julia*), de Peter del Monte:
1989 • *La guerra de los Rose* (*The war of the Roses*), de Danny de Vito: ▼

TWIGGY

La famosa modelo de los años 60, de nombre real Lesley Hornby, ha participado esporádicamente en varios filmes, como *El novio* (1971), filme de Ken Russell que protagonizó, o *Madame Sousatzka* (1988), de John Schlesinger. En 1993 intervino en uno de los episodios de *Body bags*, la película que John Carpenter dirigió para la TV por cable, y en la que Twiggy tiene un leve descuido: en una escena en que Mark Hammill está subido encima de ella, es posible atisbar retazos de su pubis. Vaya, vaya...

a pelo

1993 • *Body Bags* (*John Carpenter's body bags*) (cable), de John Carpenter: ▼

ULLMANN, LIV

Otra actriz sumamente relacionada con el cine de Ingmar Bergman, trabajos que ha alternado con otras películas de producción europea. Sería Anthony Harvey quien nos mostrara uno de los pechos de la guapa actriz en *Las cosas de Richard*, un melodrama morboso de sobrio estilo.

a pelo
1980 • *Las cosas de Richard* (*Richard's things*), de Anthony Harvey:

UNGER, DEBORAH

Poseedora de uno de las miradas más viciosas del cine actual, Deborah llegó del cine australiano para protagonizar en USA el thriller erótico *Susurros en la oscuridad*, encargándose de escandalizar a Annabella Sciorra con su abierta sexualidad. Dos años después, fue el nuevo amor de Christopher Lambert en la tercera entrega de *Los inmortales*. Todas sus intervenciones hasta ahora son de un fuerte componente sexual.

a pelo
1992 • *Susurros en la oscuridad* (*Whispers in the dark*), de Christopher Crowe:
1994 • *Los inmortales III* (*Highlander III: The final dimension*):

VACCARO, BRENDA

Otra actriz que acabó como estrella de la TV y haciendo de artista invitada en producciones de reparto coral lo más amables posibles, aunque en sus principios Brenda Vaccaro, al igual que Sylvia Miles, también se tiraba a John Voight en *Cowboy de medianoche*. En los 70 participó en filmes como *Una vez no basta* (1975), de Guy Green, o *Aeropuerto 77* (1977), de Jerry Jameson, dando de vez en cuando la sorpresa, como en la canadiense *House by the lake*, donde volvía a enseñar los pechos. Desde entonces no ha habido más sexo, solo *Estos zorros locos, locos, locos* (1981), de Peter Medak; *Supergirl* (1984), de Jeannot Swarzc; etc. Últimamente ha aparecido en *Corazón de medianoche* (1988), de Matthew Chapman.

a pelo
1969 • *Cowboy de medianoche* (*Midnight cowboy*), de John Schlesinger:
1977 • *Fin de semana sangriento* (*House by the lake*), de William Fruet:

VALDIVIESO, MARU

Guapa chica que, aunque todo el mundo asocia a las revistas del corazón y la vida «social», también probó suerte con el cine, concretamente con una adaptación de una novela de Vázquez Figueroa. El encargado de dirigirla fue el yanqui Monte Hellman, y seguramente por eso Maru solo enseña las tetas. Atención a Michael Madsen, que ya ponía las cejas como siempre.

a pelo
1988 • *La iguana*, de Monte Hellman:

VAN DE VEN, MONIQUE

La guapa Monique Van de Ven será siempre recordada como la desenfadada protagonista de *Delicias turcas*, a la larga un filme de los 70 casi tan mítico a su manera como *El último tango en París* de Bertolucci, exponente del liberalismo sexual holandés. De una belleza también fresca y exuberante como la de Maria Schneider, Monique repetiría experiencia con Verhoeven y Rutger Hauer en *Keetje Tippel*. En los 80 alguno de sus trabajos volvió a traspasar fronteras, como *Amsterdamned, misterio en los canales* (1987), de Dick Maas.

a pelo
1972 • *Delicias turcas* (*Turks fruit*), de Paul Verhoeven:
1974 • *Keetje Tippel* (*Keetje Tippel*), de Paul Verhoeven:

VANITY

Otra de las musas de Prince en los años 80, la cantante Vanity se llama en realidad Denise Matthews. En 1980 protagonizó el filme canadiense *Isla virgen* con el nombre de D. D. Winters. Dicho filme es una fantasía alucinante sobre una mujer que despierta en una isla con la sola compañía de su amante, hasta que descubre la existencia de un gorila... comienza entonces la lucha entre mono y hombre por la chica. La película es demencial, pero Vanity se pasa todo el tiempo desnuda, siendo un verdadero disfrute para los sentidos y convirtiendo a *Isla virgen* en una pieza de coleccionista. Ya en los USA, protagonizó aquella divertida mezcla de break y artes marciales titulada *El último dragón* (1985), de Michael Schultz, y volvería a desnudarse como la strip-teaser amiga de Kelly Preston en *52 vive o muere*, y en la cama con Craig T. Nelson en *Acción Jackson*. Convertida en una asidua de la serie B, parece que también ha abandonado definitivamente el mundo de la música.

a pelo
1980 • *La isla virgen* (*Tanya's island*), de Alfred Sole:
1986 • *52 vive o muere* (*52 pick-up*), de John Frankenheimer:
• *Never too young to die*:
1988 • *Acción Jackson* (*Action Jackson*), de Craig R. Baxley:
1991 • *Tales from the crypt: Dead wait* (TV):

VARGAS, VALENTINA

Fue la bella muchacha ante la cual Christian Slater debía decidir si quedarse con ella o seguir la vía del conocimiento con su maestro en *El nombre de la rosa*. Nosotros aún no sabemos cuál era la elección correcta, solo sabemos que la Vargas posee muchísimos atractivos, además de un rostro sumamente expresivo. Tras enseñarle a Slater el placer del contacto sexual, volvimos a encontrarnos con ella, años después, en *Calle sin retorno*, una película de Sam Fuller rodada en régimen de coproducción franco-portugués, y donde Valentina era la mujer fatal que traía la perdición de Keith Carradine, abriéndose la cinta con un desnudo frontal suyo que permanece imborrable en el recuerdo. Pasa el tiempo, y sabemos que ahora se ha convertido en actriz de culto para los fans del fantasti-

Vanity

que, tras rodar una nueva parte de *Hellraiser* con muchísimo maquillaje encima. Definitivamente situada en el mercado de la serie B, eso no impide que de vez en cuando vuelva sus ojos al cine europeo.

a pelo

1986 • *El nombre de la rosa* (*Le nom de la rose*), de Jean-Jacques Annaud:
1991 • *Calle sin retorno* (*Sans espoir de retour*), de Samuel Fuller:
1992 • *The tigress*:

VEGA, ISELA

Probablemente la actriz mexicana más internacional de los 70, Isela Vega es sobre todo conocida en Estados Unidos por haber protagonizado *¡Quiero la cabeza de Alfredo García!*, una de las mejores películas de Peckinpah, junto a Warren Oates, donde además tenía sus buenas escenas eróticas. Y es que eso no era algo nuevo para Isela, como bien saben los espectadores españoles, en cuyo país rodó varias películas, siempre con un desnudo a la primera de cambio. Fue la mamá de *Las mujeres de Jeremías*, una de las películas erótico-folclóricas que se rodaron en coproducción entre México y España (como *Las siete cucas*), e incluso llegó a participar en un filme de nuestro enfant más terrible: Eloy de la Iglesia. Fue en *Navajeros*, e Isela no solo se desnudaba, sino que además también hacía el chimpancé en una escena a todas luces desconcertante.

a pelo

1974 • *¡Quiero la cabeza de Alfredo García!* (*Bring me the head of Alfredo García*), de Sam Peckinpah:
1976 • *Drum* (*Drum*), de Steve Carver:
1977 • *Acto de posesión*, de Javier Aguirre.
1978 • *Oro rojo*, de Alberto Vázquez Figueroa:
1980 • *Las mujeres de Jeremías*, de Ramón Fernández:
• *Las siete cucas*, de Felipe Cazals:
• *Navajeros*, de Eloy de la Iglesia:
• *Celestina*, de Miguel Sabido:

VENORA, DIANE

La mujer de Charlie Parker en *Bird*, la biografía que Clint Eastwood dirigió sobre el trompetista de jazz, es una actriz muy apreciada en algunos sectores de la crítica, que se lamenta de que no se prodigue como debería. La verdad es que es difícil seguirle la pista: en 1984 encarnó a Gloria Swanson en *Cotton Club*, de Francis Coppola, y en 1985 reaparecería en la canadiense *Decisión final*. Allí enseñaría uno de sus pechos, algo que nunca más se volvería a repetir, hasta el momento. Tras intervenir en *F/X Efectos especiales* (1986), de Robert Mandel, sería ya en *Bird* donde atraería todas las miradas. Actualmente está algo alejada del cine, concentrada en uno de los papeles fijos de la serie de médicos *Chicago hope*.

a pelo

1985 • *Decisión final* (*Terminal choice*), de Sheldon Larry:

VERDÚ, MARIBEL

Maribel Verdú es la gran heredera de Assumpta Serna en el desnudo del cine español. Nacida en Madrid el 2 de octubre de 1970, debutó en *27 horas* (1986), de Montxo Armendáriz. Proveniente de una familia al parecer muy liberal, se desnudaba aun siendo menor de edad, y es célebre una fotografía para *Interviú* en la que posaba inocentemente como una niña indefensa con el pubis al aire. De ese mismo año se nos quedó grabada la entrañable *El año de las luces*, de Fernando Trueba, donde encarnó al primer amor de un adolescente Jorge Sanz. Sus tetas eran condimento indispensable del cine de la época: *La estanquera de Vallecas*, *El señor de los Llanos*, *Barcelona connection*... Curiosamente, siempre le solía dar a sus papeles un aire inocente. Uno de sus primeros integrales, y de los más explosivos, lo protagoniza en *Sinatra*, basada en la novela de Raúl Núñez, donde se encapricha de Alfredo Landa y quiere a toda costa tener un hijo suyo: el desnudo es curioso, porque empieza por abajo y acaba por arriba. Igual que en *Amantes*, seguramente el filme que le ha dado mayor fama y donde la crítica reconocía por fin el meritorio esfuerzo realizado por la joven. En 1992 forma parte de la triunfadora troupe de *Belle Epoque*, y esta vez observamos con alivio que también es por méritos interpretativos, pues en todo su metraje solo enseña la aureola de la teta izquierda. Pero ella sigue sin arredrarse ante nada, y ese mismo año protagonizó *La mujer y el pelele*, una película para TV de Mario Camus en la que la actriz escenificaba ¡tres polvos seguidos! También contiene uno de sus mejores desnudos integrales, bailando flamenco rodeada de indeseables, a lo *Ese oscuro objeto del deseo*. Tanto en *Huevos de oro* como en el resto de sus últimos filmes continúa siendo abanderada del desnudo, lo cual puede poner a más de uno al borde de un ataque. Y es que esta chica es puro sexo.

a pelo

1987 • *La estanquera de Vallecas*, de Eloy de la Iglesia:
• *El señor de los Llanos*, de Santiago San Miguel:
• *Barcelona connection*, de Miguel Iglesias Bonns:
1988 • *Sinatra*, de Francesc Betriu:
• *Soldadito español*, de Antonio Giménez Rico:
1990 • *Amantes*, de Vicente Aranda:
1991 • *Salsa rosa*, de Manuel Gómez Pereira:
1992 • *El beso del sueño*:
• *La mujer y el pelele* (Tv), de Mario Camus:
1993 • *Huevos de oro*, de Bigas Luna:
• *Tres palabras*, de Antonio Giménez Rico:
• *Al otro lado del túnel*, de Jaime de Armiñán:

VERNON, KATE

Hija del actor John Vernon, a Kate hemos podido verla en *La chica de rosa* (1986), de Howard Deutch, o *Malcolm X* (1992), de Spike Lee. Actualmente se desnuda con asiduidad, como en el filme que protagonizó junto a Lou Diamond Philips.

a pelo

1984 • *Roadhouse 66*, de John Mark Robinson:
1988 • *Hostile takeover*:
1993 • *Corazón de amante, manos de asesino* (*Dangerous touch*), de Lou Diamond Philips:
1994 • *Soft deceit*:
1995 • *Bloodknot* (cable):

Victoria Vetri

VETRI, VICTORIA

Una de las playmates más recordadas de los años 60, Angela Dorian fue la despampanante protagonista de *Cuando los dinosaurios dominaban la Tierra* (1970), de Val Guest, una entretenidísima película donde sus pechos sujetos a presión parecían a punto de estallar a cada momento. Antes, la Vetri había tenido una breve pero interesante intervención en *La semilla del diablo* (1968), como la vecina que Mia Farrow conoce y cuya misteriosa y repentina muerte es achacada rápidamente a un improbable suicidio. Sus desnudos en cine son aquí imposibles de conseguir, pero hay numerosos números de *Playboy* que de vez en cuando nos regalan la vista con sus maravillosas formas.

a pelo
1972 • *Group marriage*:
1973 • *Invasion of the Bee Girls*:

WALLACE STONE, DEE

Casada con el actor Christopher Stone, Dee es un rostro muy familiar en populares filmes de los 80: *Aullidos* (1981), de Joe Dante; *E.T. el extraterrestre* (1982), de Steven Spielberg; *Cujo* (1983), de Lewis Teague; *Critters* (1986), de Stephen Herek... En 1979 intervino en *10, la mujer perfecta*, y aunque casi nadie se dio cuenta, ofreció un desnudo, de espaldas, sí, pero desnudo al fin y al cabo.

a pelo
1979 • *Diez, la mujer perfecta* (*10*), de Blake Edwards:
1986 • *Shadow play*:

WALLERSTEIN, MARCELLA

Guapísima actriz mexicana conocida por ser, hasta el momento, la última encarnación del personaje erótico Emmannuelle. Si Marcella aparece aquí es porque comenzó en el cine (y quiere volver a él) convencional. De hecho, en España la hemos podido disfrutar en *Una chica entre un millón*, pero sin duda ha sido *Emmanuelle* quien ha popularizado su rostro, en una versión realizada por Francis Leroi directamente para vídeo, y con al menos seis títulos distintos (y de hora y media) editados en España (ya están de saldo). Para nosotros es la actriz más guapa que ha dado vida a *Emmanuelle*. Esperamos volver a verla.

a pelo
1992 • *Emmanuelle forever* de Francis Leroi:

WALTERS, JULIE

Protagonista de *Servicios muy personales*, la sátira de Terry Jones sobre la sociedad británica y sus prostíbulos, Julie Walters ha trabajado en filmes británicos de la categoría de *Ábrete de orejas* (1987), de Stephen Frears, o junto a Phil Collins en *Buster, el robo del siglo* (1988), de David Green. En 1985 protagonizó un desnudo integral en *She'll be wearin pink pyjamas*.

a pelo
1985 • *She'll be wearing pink pyjamas*:
1987 • *Servicios muy personales* (*Personal services*), de Terry Jones:

WARD, RACHEL

Hija de un Conde (de Dudley), la británica Rachel Ward nació en Londres en 1957. Desde los 16 años trabaja con éxito como modelo, iniciando a principios de los 80 una tímida colaboración con el cine en películas baratas de terror. Será Burt Reynolds quien le dé su primera buena oportunidad en *La brigada de Sharky* (1981). Su mejor momento llega en 1983, gracias a la popularidad conseguida con la serie *El pájaro espino*, y al papel coprotagonista junto a Jeff Bridges de *Contra todo riesgo*, filme que tuvo una cierta repercusión en su momento. Sin embargo, a pesar de su innata clase y distinguida belleza, sus siguientes filmes caerán en el olvido instantáneo. Respecto a sus desnudos, han sido mínimos: en películas como *Night School* o *After dark, my sweet*, donde sus pechos pueden llegar a ser vistos siempre accidentalmente. En *Contra todo riesgo* está super sexy y guapa, lástima que la película sea como muchas que proliferaron en los 80: de las que prometen mucho y no enseñan nada. A duras penas disfrutamos de su culito respingón. Para el caso, es casi preferible un título para cable como *Doble juego*, en la que le acompañaba otro viejo conocido de la pequeña pantalla: Bruce Boxleitner. En esta película, la Ward tiene un ardiente encuentro en la ducha con el amigo Bruce, y es casi palpablemente posible atisbar uno de sus pechos. Luego, sufrirá una violación durante la cual, esta vez sí, podremos ver breve pero consistentemente su teta derecha. Algo es algo. Ah, está casada con Bryan Brown.

a pelo
1980 • *Night school*:
1984 • *Contra todo riesgo* (*Against all odds*), de Taylor Hackford:
1990 • *After dark, my sweet*, de James Foley:
1992 • *Doble juego* (*Double jeopardy*), de Larry Schiller:

WARNER, JULIE

La atractiva coprotagonista de *Doc Hollywood* es una auténtica desconocida en España. Apenas sabemos de ella que apareció brevemente en la *Línea mortal* (1990) de Joel Schumacher, y poco más. El resto de su filmografía permanece aquí en la más completa oscuridad. Es una lástima, porque esta chica tiene madera de estrella. De una sensualidad muy cercana a la de Valerie Kaprisky, posee sin embargo una vertiente más extrovertida que encajó perfectamente con su personaje del filme de Michael Caton Jones: en él encarnaba a una campechana pueblerina que acababa conquistando el corazón de Michael J. Fox. La escena en que este la conoce es de antología: él despertándose frente al río y ella apareciendo de entre las aguas, desnuda y mojada. Otra escena memorable es aquella en que a Julie le da por marcar territorio a meadas. La secuencia no solo es insólita en una comedia tan familiar como esta, sino que además supone el momento más entrañable de la película y de su papel. ¡Queremos volverla a ver!

a pelo

1991 • *Doc Hollywood* (*Doc Hollywood*), de Michael Caton-Jones:

WATSON, ALBERTA

Actriz canadiense, otra de las revelaciones de *Mujeres de 30 años* (y otra de las que se desnudaron en ella), Alberta Watson aparecería en más producciones de su país a lo largo de los 70 y 80, como *Asalto al poder* (1978), de Martyn Burke, o *Ultimátum* (1982), de James Glickenhaus. Pero sin duda su película más importante fue *El torreón*, un filme fantástico de culto dirigido por el ahora reputado Michael Mann. En él tendría una escena de amor con el protagonista, Scott Glenn, que la volvería a presentar desnuda. Tras otras películas de difusión mínima, la Watson ha entrado en los 90 repitiendo un desnudo integral.

a pelo

1978 • *Mujeres de treinta años* (*In praise of older woman*), de George Kaczender:
1978 • *Asalto al poder* (*Power play*), de Martyn Burke:
1983 • *El torreón* (*The keep*), de Michael Mann:
1994 • *Spanking the monkey*:

WEAVER, SIGOURNEY

Desconcertante mujer que puede pasar de deslumbrar a horrorizar de una película a otra. Nacida en Nueva York el 8 de octubre de 1949, es hija de un ejecutivo de la NBC. Estudió en Stanford y en la Yale School of Drama, actuó en el Off-Broadway, y debutó en *Annie Hall* (1977), de Woody Allen, haciendo de cita suya en un cine, aunque casi ni se la ve porque es un plano general. En 1979 *Alien* la lanzó a la fama y la hizo acreedora de una nominación al Oscar, siendo su striptease solitario en el desenlace de la película uno de los pocos momentos eróticos con los que cuenta la ciencia-ficción. Volvió a tener éxito en *El año que vivimos peligrosamente* (1982), y volvería a ser nominada al Oscar por *Gorilas en la niebla* (1987), de Michael Apted, y *Armas de mujer* (1988), de Mike Nichols. Estos éxitos no le impedirían apuntarse a las secuelas de *Alien*, aunque más de una vez había abominado del encasillamiento que le podía conllevar la serie. Así, resucitó como Ripley en la fantástica *Aliens, el regreso* (1986), para muchos la mejor película de James Cameron, y *Alien 3* (1992), de David Fincher. A nivel erótico, está muy sexy en las dos partes de *Cazafantasmas* (1984 y 1989), ambas de Ivan Reitman, pero los desnudos los reservó para *La calle de la media luna*, un extraño filme con Michael Caine en donde no se puede decir que el tono sea excesivamente glamouroso, pero la carne es la carne, y toda la de Sigourney queda bastante a la vista tras el cristal de la ducha. Desde entonces, ha mostrado alguna teta, pero poca cosa más. Va camino de hacer la cuarta de *Alien*.

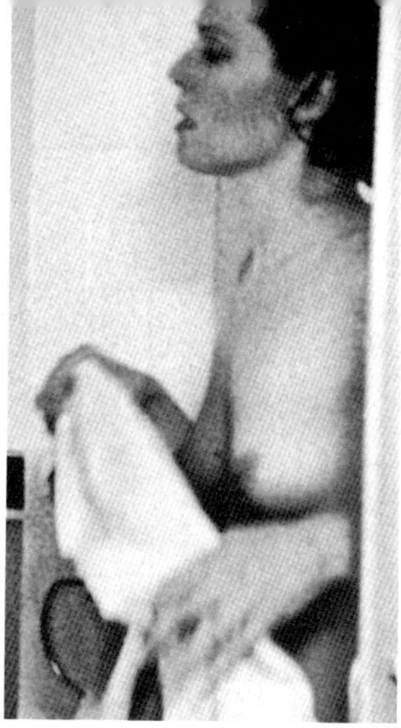

a pelo

1986 • *La calle de la media luna* (*Half moon Street*), de Bob Swaim:
• *Une femme ou deux*, de Daniel Vigne:
1994 • *La muerte y la doncella* (*Death and the maiden*), de Roman Polanski:

WEBB, CHLOE

¿Os imagináis a la misma mujer como novia de Sid Vicious y Danny de Vito? Pues sí, existe, se llama Chloe Webb y en 1986 protagonizó con Gary Oldman la película *Sid y Nancy*, en la que Alex Cox contaba la extraña relación de dicha pareja. Después, Chloe se desnudó en *El vientre del arquitecto*, y de ahí pasó al cine USA para encarnar a la novia buenaza de un gamberro Danny de Vito en *Los gemelos golpean dos veces* (1988), de Ivan Reitman. Repitió género en *Black ghost* (1989), de James D. Parriot, y últimamente ha aparecido en filmes tan distintos como *Una mujer peligrosa* (1993) y *Love affair* (1994), la fracasada película que ha supuesto la vuelta de la pareja Warren Beatty-Annette Bening.

a pelo

1986 • *Sid y Nancy* (*Sid and Nancy*), de Alex Cox:
1987 • *El vientre del arquitecto* (*The belly of an architect*), de Peter Greenaway:
1994 • *Tales of the city* (TV):

WELCH, TAHNEE

La hija de Rachel no ha seguido los pasos de su madre y ha decidido desnudarse en sus películas. La verdad es que cuando estaba más apetitosa era en *Cocoon* (1985), con aquel polvo celestial que le pegaba al descuidado Steve Guttenberg, pero, después de alternar en *Falcon Crest* un par de años (1987-89), nada mejor que un poco de cine europeo para enseñar tetamen. Y nosotros a disfrutar de ello.

Tahnee Welch

a pelo

1985 • *Cocoon* (*Cocoon*), de Ron Howard:
1987 • *Lethal obsession*, de Peter Patzack:
1993 • *Night train to Venice*, de Carlo M. Quinteiro:

WHITTON, MARGARET

Cara familiar en películas recientes como *El hombre sin rostro* (1993), de Mel Gibson, o *Una mujer en la liga* (1988), de David S. Ward, 1987 fue nuestro año favorito de Margaret Whitton, ya que nos obsequió en dos filmes con sendos desnudos: en *El secreto de mi éxito* está de lo más sugerente quitándose el bañador en la piscina, pero es que en *Tallo de hierro* ya el desnudo es total.

a pelo

1987 • *Tallo de hierro* (*Ironweed*), de Héctor Babenco:
• *El secreto de mi éxito* (*The secret of my succes*), de Herbert Ross:

WILLIAMS, CYNDA

El éxito de *Un paso en falso* (1992), el trepidante filme de género negro que supusiera la revelación de su director Carl Franklin, también atrajo las miradas hacia su joven protagonista, Cynda Williams. Esta actriz ya había llamado la atención en *Cuanto más mejor*, la película de Spike Lee con Denzel Washington tirándose dos tías y confundiendo siempre los nombres de ambas. Cynda era una de esas amantes, cuya relación sexual con Denzel propiciaría la mejor de las escenas, en la que el protagonista escucha en tiempo imaginariamente simultáneo los reproches de sus dos amantes, para finalmente mirar a cámara apesadumbrado. Por cierto, los pechos de Cynda también quedan muy bien inmortalizados en el filme.

a pelo

1990 • *Cuanto más, mejor* (*Mo' better blues*), de Spike Lee:

WILLIAMS, JOBETH

Ha protagonizado uno de los desnudos más divertidos y bien hechos del cine comercial moderno: en *Kramer contra Kramer*, levantándose de la cama con Dustin Hoffman y saliendo al pasillo para encontrarse de bruces con el hijo del mencionado Hoffman. El director no nos escatima la escena con planos cortos, y el resultado es fenomenal, tanto en el sentido humorístico como en el erótico: la mujer, al ver al niño, se intenta tapar sus pechos (lo tapa todo menos los pezones) y su sexo, con lo cual tenemos en realidad un frontal hurtado a base de manos, pero excelente al fin y al cabo. JoBeth Williams nació en Houston, Texas, en 1953. Estudió Literatura en la Brown University de Providence y comenzó en la interpretación con varias series de TV a mediados de los 70. *Kramer contra Kramer* fue su debut, pero desde entonces ha participado en filmes tan conocidos como *Polstergeist* (1982), de Tobe Hopper; *Reencuentro* (1983), de Lawrence Kasdan; *Welcome home* (1989), de Franklin J. Schaffner; *Una rubia muy dudosa* (1991), de Blake Edwards; etc. Volvería a desnudarse en la aquí fugaz *Teachers* (*Profesores de hoy*), persiguiendo a Nick Nolte.

a pelo

1979 • *Kramer contra Kramer* (*Kramer vs. Kramer*), de Robert Benton:
1984 • *Teachers, profesores de hoy* (*Teachers*), de Arthur Hiller:
1993 • *Chantilly lace* (cable):

WINCHESTER, MAUDE

Maude era la chica que permitía a Mathew Modine tocar sus pechos en la extraordinaria *Birdy*. Aunque ha sido la única vez que se ha desnudado, también la hemos podido ver en *Verano del 76* (1991), de Lucas Reiner (¡los protagonistas eran Leif Garrett y David Cassidy!); *Drácula* (1992), de Coppola; *Algunos hombres buenos* (1992) y *Un muchacho llamado Norte* (1994), ambas de Rob Reiner...

a pelo

1984 • *Birdy* (*Birdy*), de Alan Parker:

WINGER, DEBRA

Nacida en Cleveland, Ohio, el 17 de mayo de 1955, esta mujer es un poco rara: estudió en la Universidad Estatal de California y luego se enroló nada menos que en el ¡ejército israelí! Pasó allí tres años. Después quedó en coma en un accidente en un parque de atracciones, y eso cambió su vida. Se dedicó a la interpretación, pasó por la TV y llegó por fin a la pantalla grande. Debra Winger se ha desnudado desde su debut en el cine en 1976, pero si bien en sus comienzos lo hizo dentro de filmes tremendamente comerciales, últimamente lo ha hecho al tiempo que se desarrollaba como actriz con intereses al parecer muy al margen de los gustos mayoritarios. Así, es posible encontrar escenitas picantes en su primera película, *Fantasías sexuales*, hasta la que le dio la fama, *Oficial y caballero*, al lado nada menos que de Richard Gere. Pero luego, sus desnudos tendrán que ser buscados en películas tan intelectuales como *El cielo protector* o *Una mujer peligrosa*. Sea como sea, la Winger actual no se preocupa demasiado por su aspecto exterior en sus películas, y es de las pocas actrices que enseñan el bigote si su personaje lo requiere. Por ello también hay que reconocer que sus desnudos en las dos últimas películas mencionadas son muy poco estimulantes, pero sí atrevidos: los primeros planos son frecuentes en la primera, y en la segunda hace de retrasada que se masturba con frenesí. Por cierto, estuvo casada con Timothy Hutton.

a pelo

1976 • *Fantasías sexuales* (*Slumber Party '57*), de William A. Levey:
1982 • *Oficial y caballero* (*An officer and a gentleman*), de Taylor Hackford:
1984 • *El asesinato de Mike* (*Mike's murder*), de James Bridges:
1989 • *Todo el mundo gana* (*Everybody wins*), de Karel Reisz:
1990 • *El cielo protector* (*The sheltering sky*), de Bernardo Bertolucci:
1993 • *Una mujer peligrosa* (*A dangerous woman*), de Stephen Gyllenhaal:
• *Fuego salvaje* (*Wilder napalm*), de Glenn Gordon Caron:

WORONOV, MARY

Actualmente en plantilla de la serie *Babylon 5*, la Woronov es una veterana actriz que ha pasado por todo tipo de películas, desde las más cutres series B a superproducciones hollywodienses. Ha sido siempre fiel al director Paul Bartel, quien también ha hecho todo tipo de filmes. Ya la podíamos disfrutar en *La carrera de la muerte del año 2000*, para después ver un desnudo integral suyo en *Doble riesgo*, y finalmente sus pechos en *Escenas de la lucha de sexos en Beverly Hills*. Últimamente ha aparecido en *Dick Tracy* (1990), de Warren Beatty, y varias producciones de diversa calaña.

a pelo

1970 • *Kemek*.
1973 • *Sugar cookies*:
1975 • *La carrera de la muerte del año 2000* (*Death race 2000*), de Paul Bartel:
1981 • *Doble riesgo* (*Angel of H.E.A.T.*), de Myrl A. Schreibman:
1982 • *¿Y si nos comemos a Raul?* (*Eating Raoul*), de Paul Bartel:
1989 • *Escenas de la lucha de sexos en Beverly Hills* (*Scenes from the class struggle in Beverly Hills*), de Paul Bartel:

WRIGHT, AMY

Fue la novia de la boda de *El cazador* (1978), de Michael Cimino. Asistió al *Terror en Amityville* (1979), de Stuart Rosenberg. Fue una de las chicas de *El relevo* (1979), la gran película de Peter Yates. Coprotagonizó una de las últimas películas de John Huston, *Sangre sabia* (1979). Volvería a coincidir con John Savage en el *Max' bar* (1980), de Richard Donner. Participaría en *Recuerdos* (1980), el filme ingmarbergniano de Woody Allen. Aguantó a *El turista accidental* (1988), de Lawrence Kasdan. Presenció cómo Goldie Hawn era *Engañada* (1991), de Damian Harris. Y lo mejor de todo, se desnudó en *Las amigas*, que para eso están.

a pelo

• *Las amigas* (*Girlfriends*), de Claudia Weills:

WRIGHT, JENNY

De 1982 a 1984, Jenny Wright se quitó la ropa en tres ocasiones seguidas: en *El muro* de Pink Floyd, *El mundo según Garp* y en *The wild life*. Pero no sería hasta años después, tras participar en filmes como *St. Elmo, punto de encuentro* (1985), de Joel Schumacher, o *Ejecutivo ejecutor* (1990), de Jan Egleson, cuando en los 90 Jenny volvería a conquistar con sus desnudos: en la entretenida *Intrépidos forajidos*, secuela de *Arma joven*, se iba a pelo de la ciudad y a lomos de un caballo; y en *El cortador de césped* seducía al subnormal más guapo del cine de los 90, Jeff Fahey. ¿Por qué nadie le da a esta señorita un papel más extenso?

a pelo

1982 • *Pink Floyd, el muro* (*Pink Floyd. The wall*), de Alan Parker:
• *El mundo según Garp* (*The world according to Garp*), de George Roy Hill:
1984 • *The wild life*, de Art Linson:
1990 • *Intrépidos forajidos* (*Young guns II*), de Geoff Murphy:
1992 • *El cortador de césped* (*The lawnmower man*), de Brett Leonard:

WRIGHT, ROBIN

La Princesa prometida nació en Dallas, Texas, el 8 de abril de 1966. Popularísima a raíz de la serie de TV *Santa Bárbara*, la verdad es que no podía haber elegido mejor debut en el cine que encarnando a Buttercup en esa maravillosa película de Rob Reiner: está preciosa, y pocas veces la aventura y la fantasía se han recuperado de manera tan genuina e inteligente para la gran pantalla. Después se lio con otra debilidad nuestra, Sean Penn, con el que tiene dos hijos, y, lógico, se despendoló lo suficiente para protagonizar con él unas buenas escenas de amor (aunque algo oscuras) en la entretenida *El clan de los irlandeses*. En su siguiente película enseñaría el trasero, acompañándole el prometedor Jason Patric (*Denial*). Sus siguientes filmes han sido respectivamente un fracaso y un exitazo: *Toys*

(1992), de Barry Levinson, y *Forrest Gump* (1994), de Robert Zemeckis, en la que por cierto interpreta una célebre escena desnuda. Es pues el momento idóneo para que Robin Wright consiga por fin llegar a primera línea del estrellato. De momento, el segundo filme de su novio, *The crossing guard*, permanece inédito en nuestras carteleras.

a pelo
1990 • *El clan de los irlandeses* (*State of grace*), de Phil Joanou:
1991 • *Denial*, de Erin Dignam:
1994 • *Forrest Gump* (*Forrest Gump*), de Robert Zemeckis:

YATES, CASSIE

Actriz que ha participado en un puñado de buenas películas, como *El expreso de Corea*, donde compartía cama con Tommy Lee Jones; *Convoy*, donde compartía trasera del camión con Kris Kristofferson; *F.I.S.T.* (1978), para muchos el mejor filme con Sylvester Stallone; *Clave Omega*, la última película de Peckinpah; *Ilegalmente tuyo* (1984), de Peter Bogdanovich... También ha participado en series de TV como *Hombre rico, hombre pobre* (segunda parte) o *Dinastía*. En los 90 se le ha perdido totalmente el rastro.

a pelo
1977 • *El expreso de Corea* (*Rolling thunder*), de John Flynn:
1978 • *Convoy* (*Convoy*), de Sam Peckinpah:
1983 • *Clave Omega* (*The Osterman weekend*), de Sam Peckinpah:

Robin Wright

YORK, SUSANNAH

Atractiva actriz inglesa que lleva en el cine desde los años 60, durante los que intervino en, entre otras, *Whisky y gloria* (1960), de Ronald Neame o la celebérrima *Tom Jones* (1963), de Tony Richardson. Ya a finales de esa década se atrevió con el desnudo, aunque como siempre será el viejo zorro de Robert Altman quien se llevaría su primer integral, en la película *Images*, fábula onírica basada en una historia de la propia Susannah. En los 70 participó además en *Salvaje y peligrosa* (1971), de Brian G. Hutton; *Un toque de suerte* (1975), de Christopher Miles, un filme romántico en el que tiene como pareja a ¡Roger Moore!; la estupenda *Testigo silencioso*, con Elliot Gould y Christopher Plummer; etc. Fue la mamá de *Superman* en la primera entrega de la serie (1978); acompañó a Charlton Heston en *El despertar* (1980), de Mike Newell; y se reencontró con Elliot Gould en *Volver al amor* (1980), de Steven Paul. Interesada por el ejercicio creativo del guión, no se ha retirado definitivamente del cine, pero sus apariciones son cada vez más contadas.

a pelo
1968 • *The killing of sister George*, de Robert Aldrich:
1972 • *Images* (*Images*), de Robert Altman: .
1976 • *The adventures of Eliza Fraser*:
1977 • *El grito* (*The shout*), de Jerzy Skolimowski:
1978 • *Testigo silencioso* (*Silent partner*), de Daryl Duke:

YOUNG, KAREN

La pecosa Karen está casada con el director Tom Noonan, y sus primeras películas, en los primeros 80, son prácticamente desconocidas en España. En 1985 participa en *Birdy*, de Alan Parker, y en el 86 tiene la suerte de asomar su bello rostro en *Nueve semanas y media*, de Adrian Lyne. Le siguieron más papeles anodinos en *Acorralado en Las Vegas* (1986), de Dick Richards y con Burt Reynolds como protagonista, y en *Tiburón, la venganza* (1987), de Joseph Sargent. Pero las cosas empezaron a cambiar, consiguiendo meterse en títulos mucho más sugestivos para ella: *Trilogía de Nueva York* (1988), de Paul Bogart, fue el primero, y a este le siguió la magnífica *Ley criminal* (1989), el mejor filme de Martin Campbell, donde la Young se ve envuelta en el peligroso juego que establece el psicópata Kevin Bacon con su abogado Gary Oldman. La peli incluiría una buena escena de cama entre el segundo y Karen. En 1989 compartiría otra cama con Roy Scheider en *Juego de noche*, y ya en 1991 protagonizaría el drama *El niño que gritó puta*, encarnando a la madre del conflictivo Harley Cross. Ya en su primera escena la Young se baja el jersey ante las provocaciones del niño y sus amigos, enseñando uno de sus bellos pechos.

a pelo
1983 • *Deep in the heart*:
1989 • *Ley criminal* (*Criminal law*), de Martin Campbell:
• *Juego de noche* (*Night games*), de Peter Masterson:
1991 • *El niño que gritó puta* (*The boy who cried bitch*), de Juan José Campanella:

YOUNG, SEAN

Sean Young

La carrera de Sean Young empezó de forma inmejorable, pero parece que poco a poco la están relegando a la serie B y los productos televisivos. ¿Será por ese cacareado mal carácter que atesora? En todo caso, eso no tiene que ver con su trabajo, donde no solo demuestra que es una buena actriz, sino que además posee una extraña belleza que no ha ocultado cuando era necesario. Nacida en Louisville, Kectucky, el 20 de noviembre de 1959, estudió danza y trabajó como modelo, debutando en el cine con *Jane Austen in Manhattan* (1980), de James Ivory. Aunque alguno ya se fijó en ella en *El pelotón chiflado* (1981), de Ivan Reitman, fue sin duda su papel de replicante en *Blade runner* (1982), de Ridley Scott, la que le hizo entrar en los corazones de millones de espectadores. Luego vino otra comedia como *Los locos del bisturí* (1982), de Garry Marshall, y varios papeles inocuos más. No fue hasta la segunda mitad de los 80 que la Young pareció dispuesta a explotar con mayor dosis de erotismo su sex-appeal: el inesperado éxito de *No hay salida* se debió en gran parte a su breve presencia, y al polvo en la limusina que dejó atontado a Kevin Costner para el resto de la película. Fueron aquellos sus mejores años. Luego llegó otra aparente película fuerte con James Woods de pareja, y lo fuerte fue que este la denunciara por acoso sexual. A partir de ahí, su estrella se fue apagando, aunque aún tendría momentos de gloria con *Un beso antes de morir* (por partida doble), y, eróticamente hablando, sobre todo con *Crímenes de amor*. Es este filme una especie de panfleto feminista que al final solo destaca por lo que aparentemente denuncia: la utilización machista de la mujer como objeto pasivo de placer. Patrick Bergin hace de fotógrafo que convence a chicas desprevenidas para que posen para él y luego abusa de ellas. Ese mismo juego inicia con Sean Young. Por suerte para el espectador, las escenas fuertes no las realizan las primeras chicas y luego llega la heroína y se acaba la historia. No, la Young se moja (literalmente), protagonizando insólitos desnudos integrales con una bañera como único refugio. Insistimos: su físico es muy poco ortodoxo, pero para nosotros está espléndida. Al igual que en *Seducción peligrosa*, una película para cable donde acompaña al vejete Michael Caine: el filme cae en tantos tópicos que acaba siendo delicioso, y ella pone un toque sexy excepcional.

a pelo

1987 • *No hay salida* (*No way out*), de Roger Donaldson:
1988 • *Impulso sensual* (*The boost*), de Harold Becker:
1990 • *Pájaros de fuego* (*Fire birds*), de David Greene:
1991 • *Un beso antes de morir* (*A kiss before dying*), de James Dearden:
• *Crímenes de amor* (*Love crimes*), de Lizzie Borden:
1992 • *Seducción peligrosa* (cable) (*Blue ice*), de Russell Mulcahy:
• *El rostro de la muerte* (*Sketch artist*), de Phedon Papamichael:
1994 • *Even cowgirls get the blues* (*Even cowgirls get the blues*), de Gus Van Sant:

ZADORA, PIA

La ya casi olvidada Pia Zadora fue en los años 80 una bastante popular cantante pop (¿recordáis su dúo con Germaine Jackson?) que, en sus papeles cinematográficos, se atrevió a bastante más de lo que se podía esperar de una figura de su tipo (como dato curioso, debutó de niña con el filme de culto *Santa Claus conquers the martians*). Luciendo espléndidamente su crita de gochona, en *Butterfly* compartía cartel con Stacy Keach y Orson Welles, y tenía unos desnudos que volvían loco a su padre. El mismo director, Matt Cimber, volvería a dirigirla y a desnudarla en *Fuera de juego*, con Telly Savallas de partenaire. Finalmente, Pia terminaría su aventura erótica en *Chica solitaria*, con un joven Ray Liotta metiéndole una manguera en sus partes, para apartarse temporalmente del cine y volver esporádicamente en intervenciones especiales, como las de *Hairspray* (1988), de John Waters, o *Agárralo como puedas 33 y 1/3: el insulto final* (1993), donde se interpretaría a sí misma.

a pelo

1982 • *La marca de la mariposa* (*Butterfly*), de Matt Cimber:
• *Fuera de juego* (*Nevada heat*), de Matt Cimber:
1983 • Chica solitaria (*The lonely lady*), de Peter Sasdy: .

ZÚÑIGA, DAPHNE

La joven Daphne parece haberse resignado definitivamente a conseguir la popularidad en la TV (*Melrose Place*), después de haberlo intentado varios años en el cine. Nacida en San Francisco en 1963, estudió en el American Conservatory Theatre de su ciudad y en la UCLA, después de un tiempo viviendo en Vancouver. En el cine debutó con *The dorm that dripped* blood (1981), de Jeffrey Obrow y Stephen Carpenter, pero aquí nadie sabe de ella hasta *Juegos de amor en la Universidad* (1985), la joya del subgénero de universitarios dirigida por Rob Reiner. En este filme ella está realmente simpática, aunque pocos la relacionaron con su oscuro y atrevido papel de *Vínculos de sangre*, un éxito inesperado en nuestro país (probablemente por lo latino de su personaje y de la situación: un cura, Tom Berenger, arrastrado al erotismo y la perdición por una bailarina mexicana). Después de eso participó en *La mosca 2* (1989), de Chris Walas, y pudimos disfrutar de su culo por un largo rato en *Jóvenes intrépidos*, pero finalmente ha sido *Melrose Place* quien le ha proporcionado el éxito tan largamente buscado.

a pelo

1988 • *Vínculos de sangre* (*Last rites*), de Donald P. Bellisario:
1989 • *Jóvenes intrépidos* (*Staying together*), de Lee Grant:

Pia Zadora

¡Actrices que deberían desnudarse antes de que sea demasiado tarde!

Trini Alvarado: es la nueva promesa latina. Siempre hay posibilidades.

Kathy Baker: la protagonista de *Picket Fences*, la vecina putona que sedujo a *Eduardo Manostijeras*, tiene un rostro tan atractivo que nos haría un favor a todos si se desnudara, pero a estas alturas ya lo vemos más negro.

Sandra Bullock: con esta sí que lo llevamos claro. Pero el día que se desnude, se colapsan los cines.

Joan Cusack: si no quiere verse encasillada de por vida como la chica graciosa de las comedias, la Cusack haría bien en cambiar de género, protagonizando un thriller erótico, o algo así.

Cher: ha hecho tantos cambios en su cuerpo que debería enseñarlo para ver qué piensa la opinión pública.

Rossy de Palma: ella es capaz de eso y más.

Cameron Díaz: la novia de *La Máscara*... no tengo palabras...

Kirsten Dust: la pequeña chupasangres de *Entrevista con el vampiro* tiene una mirada tan madura, que pronto tomará una decisión consecuente.

Carrie Fisher: la princesa Leia debería despojarse de sus hábitos reales para que comprobemos de una vez por todas si realmente es humana.

Whoopi Goldberg: al paso que va, pronto aparecerá junto a Miliki y Rita Irasema para presentar el Cola Cao.

Famke Janssen: la mala de *Goldeneye* es demasiado inteligente como para exigirle un desnudo, y demasiado hermosa como para dejar pasar la ocasión de hacerlo.

Mary Stuart Masterson: entre *Benny y Joon* y *Tomates verdes fritos*, no vemos muchas probabilidades de que esta mujer se desnude, a no ser que alguien la convenza de que será una escena «sensible».

Sarah Jessica Parker: tiene una nariz de órdago, pero al contrario que a la mayoría, a ella le queda bien. No tenemos ni idea de por qué no se desnuda.

Amanda Pays: la compañera de *Flash* es el amor platónico de miles de estudiantes de instituto. Por ahora no parece decidida a volver a salir de la televisión...

Wynona Ryder

Paulina Porizcova: la guapa modelo que debutó en *Su coartada* con Tom Selleck no ha vuelto a dar señales cinematográficas de vida. Con lo bien que había empezado.

Christina Ricci: atención a cómo crece Christina.

René Russo: por desgracia, tiene suficiente atractivo como para triunfar vestida.

Wynona Ryder: esta no se desnuda ni que la maten.

Laura San Giacomo: hace tiempo que no se sabe nada de la protagonista de *Sexo, mentiras y cintas de vídeo*. Podría haber sido un pequeño sex symbol.

Kristy Swanson: es guapísima pero inexplicablemente aún no goza de la suficiente popularidad. En *Semillas de rencor* ya se atreve con el lesbianismo, parece que va de actriz seria. Esta se desnudará.

Marisa Tomei: hacía tiempo que en una película una escena no se cortaba justo cuando la chica enseña sus pechos al novio (*Corazón indomable*). Tomei opta por el Hollywood más clásico, aquel donde no se revela nada, nada.

Rachel Welch: la mejor. Ha sido capaz de preservar su imagen durante treinta años sin tener que someterse a modas ni presiones. Un mito viviente, y probablemente porque nunca se ha desnudado.

Joanne Whalley Kilmer: igual que Escarlata iba siempre acompañada de su chacha, está actriz no se desplaza al plató sin su doble físico.

Diane Wiest: sí, a mí me hubiera gustado ver desnuda a esta mujer de sonrisa irresistible, sobre todo en *Eduardo Manostijeras*.

Stephanie Zimbalist: es la Stephanie Powers de los 90. Tras *Remington Steele* sigue aguantando mecha en la TV. No se desnudará, pero hubiera sido bonito.

...y **Minerva Piquero**: ¡pues claro!

ellos

el apéndice

Keanu Reeves. Foto: Greg Gorman

AAMES, WILLIAM

El rubito de *Con ocho basta* se dedicó durante los 80 a participar en numerosos subproductos en la línea *Porky's*, hasta que su cara ya no le sonaba a nadie. Eso sí, tuvo la suerte de desnudarse con Phoebe Cates en la pequeña joya *Paradise*.

a pelo
1981 • *Paradise* (*Paradise*), de Stuart Gillard:

ANDERSON, KEVIN

No es un actor excesivamente popular en nuestro país, pero el americano Kevin Anderson (Gurney, Illinois, 12 de enero de 1960) tiene buenos tantos a su favor tras protagonizar con Richard Gere *Más allá de la ambición*, de Gary Sinise. Su aura de actor cuidadoso no impidió que se levantara en bolas (literalmente) de la cama, en *El hombre equivocado*. Era él, seguro.

a pelo
1994 • *El hombre equivocado* (*The wrong man*), de Jim McBride:

ANGLADE, JEAN-HUGHES

El amiguete francés, conocido sobre todo como protagonista de *Betty Blue* y *Killing zoe* (es el amigo psicópata de Eric Stoltz) es de los pocos actores que no tiene muchos problemas para rodar desnudo la mayor parte de un metraje.

a pelo
1985 • *Betty Blue* (*37o 2 le matin*), de Jean-Jacques Beineix:
1990 • *Noche de verano en la ciudad* (*Nuit d'été en ville*), de Michel Deville:

ARIAS, IMANOL

El actor del Atlantis leonés, Riaño, se agarra a su sonrisa porque sabe que es su mayor atractivo: el brillo en los ojos que esta provoca desarma a cualquiera. Se desnuda de forma más o menos habitual, como con las torturas de *El lute* (la de la cuerda en los testículos es al rito franquista lo que la de las tetillas de *Un hombre llamado Caballo* al rito indio). Aunque él parece empeñado en demostrar que *Todos los hombres son iguales*: ¿lo que asoma por debajo cuando está sentado en la cama es lo que creemos que es? Se requieren expertos.

a pelo
1983 • *La muerte de Mikel*, de Imanol Uribe:
1986 • *Tiempo de silencio*, de Vicente Aranda:
1987 • *El Lute*, de Vicente Aranda:
1992 • *El amante bilingüe*, de Vicente Aranda.
1993 • *Intruso*, de Vicente Aranda:

ATKINS, CHRISTOPHER

El prota de *El lago azul* le gana en desnudos a su imitador en *Paradise*, Aames. Aunque su carrera últimamente está bastante apagada, él sigue desnudándose para alegría de los ojos femeninos.

a pelo
1980 • *El lago azul* (*Blue lagoon*), de Randall Kleiser:
1983 • *A ninght in heaven*, de John G. Avildsen:
1992 • *Dracula's rising*:
• *Wet and wild summer!*:

BACON, KEVIN

Uno de los mejores actores de su generación, Bacon comienza ahora a recoger los frutos de su trabajo, después de numerosos años teniendo que demostrar que era algo más que el chico guapo de la peli de turno para adolescentes. Sus comienzos fueron duros: en *Viernes 13* es uno de los adolescentes acosados por Jason, y se le puede ver el culo. Después tendremos que esperar a que esté en compañía de su mujer para que vuelva a enseñarnos algo (*Pirómanos*), y de ahí ya al despelote total, por el que más de uno (y supongo que una) ha pedido el Oscar para él (*Homicidio en primer grado*).

a pelo
1980 • *Viernes 13* (*Friday the 13th*), de Sean S. Cuningham:
1991 • *Pirómanos* (*Pyrates*), de Noah Stern:
1994 • *Homicidio en primer grado* (*Murder in the first*), de Marc Rocco:

BALDWIN, ALEC

Alec es un caso raro: es un actor buenísimo cuando hace de malo, pero es del montón cuando hace de bueno. No importa, el chico tiene buen físico y últimamente no le importa hacer gala de él delante de las cámaras. El año 1993 lo desnudó en dos ocasiones: junto a su mujer en la ignorada nueva versión de *La huida*, y en *Malicia*, un thriller también bastante raramente recibido.

a pelo
1993 • *The getaway* (*The getaway*), de Roger Donaldson:
• *Malicia* (*Malice*), de Harold Becker:
1995 • *Caza legal* (*Fair game*), de Andew Sipes:

BALDWIN, WILLIAM

El hermano más guapo de Alec (y probablemente el que más éxito está consiguiendo en los 90) tiene un bonito cuerpo, y últimamente le va la marcha: en *Llamaradas* se lo montaba con Jennifer Jason Leigh en el camión cisterna, y en *Sliver* ponía a tono a una Sharon Stone apamplanada. Buen chico.

a pelo
1991 • *Llamaradas* (*Backdraft*), de Ron Howard:
1993 • *Acosada* (*Sliver*), de Philip Noyce:
1993 • *Three of hearts*:

BANDERA, MANUEL

El guapísimo Manuel, la otra bandera del cine español que inexplicablemente no ha tenido el éxito merecido entre el público (¿será por demasiado afectado?), enseñó pluma y carne en *Las cosas del querer*, además de componer su personaje con emoción y entrega. También protagoniza una escena de mariconeo con desnudo casi integral.

a pelo
1989 • *Las cosas del querer*, de Jaime Chávarri:
1993 • *Cautivos de la sombra*, de Javier Elorrieta:

BANDERAS, ANTONIO

Nuestro hombre en Hollywood se ha desnudado con asiduidad, como suele ser habitual en el cine español. Supuestamente, en su carrera americana dosificará más sus escenas explícitas, pero como aquí le conocíamos de antes, eso que salimos ganando.

a pelo

1985 • *La corte del faraón*, de José Luis García Sánchez:
1986 • *La ley del deseo*, de Pedro Almodóvar.
1988 • *Bajarse al moro*, de Fernando Colomo:
1989 • *La blanca paloma*, de Juan Miñón:
1990 • *Átame*, de Pedro Almodóvar:
1992 • *Los reyes del mambo* (*The mambo kings*), de Arne Glimcher:

BARDEM, JAVIER

La revelación de *Jamón, jamón*, el Robert de Niro español, nos regaló además en su debut como protagonista un bello desnudo nocturno con toreo de vaquilla incluido. Una de las escenas a pelo más bonitas del último cine español. Otra preciosa escena fue su breve pero jugosa intervención en el inicio de *El amante bilingüe*, donde juega al yo-yo con un zapato colgado de ... pues eso.

a pelo

1992 • *Jamón, jamón*, de Bigas Luna:

BEAN, SEAN

El atractivo irlandés intenta abrirse camino en el cine USA haciendo papeles secundarios como villano de lujo: así lo hizo en *Juego de patriotas* y en la primera aventura de Pierce Brosnan como James Bond: *Goldeneye*. Antes, Sean había protagonizado un filme de bastante éxito en España, *Lunes tormentoso*, donde seducía y remataba en la cama a Melanie Griffith con los acordes de un desfile como fondo sonoro.

a pelo

1988 • *Lunes tormentoso* (*Stormy monday*), de Mike Figgis:

BEATTY, WARREN

El amigo Warren no se escapó al ojo femenino, y, aunque su imagen se corresponde actualmente con el típico galán envarado, la verdad es que en los 70 uno de sus mayores éxitos fue una comedia donde hacía de peluquero de señoras, eso sí, muy viril en el fondo. Allí vimos lo que en persona han visto al parecer más de mil mujeres.

a pelo

1975 • *Shampoo* (*Shampoo*), de Hal Ashby:

BELUSHI, JAMES

El hermano del fallecido John ha tenido más suerte en el cine de lo que en un principio se podía prever, alternando la comedia con los papeles de duro más o menos chistoso. Recientemente enseñó el culo en una produccion para cable.

a pelo

1994 • *Parallel lives*:

BERENGER, TOM

Una especie de Paul Newman de piel cobriza y con más carnes, el gran Tom Berenger ha deambulado por el cine con más o menos fortuna y bastante irregularidad, pero siempre es agradable contar con su presencia. Su primer papel protagonista, *Mujeres de 30 años*, le pilló bastante jovencito, por lo que sus frecuentes desnudos integrales son más agradecidos por el sector femenino que su algo amojamado, pero sincero, despelote en la incomprendida *Jugando en los campos del señor*.

a pelo

1978 • *Mujeres de 30 años* (*In praise of older women*), de George Kaczender:
1991 • *Jugando en los campos del señor* (*At play in the fields of the Lord*), de Héctor Babenco:

BERGIN, PATRICK

Tras ser lanzado como una nueva estrella irlandesa al protagonizar *Las montañas de la luna*, últimamente Patrick Bergin parece que tiene que conformarse, como su colega Sean Bean, con papeles secundarios. En *Crímenes de amor* se camela con la cámara a las chicas, y tiene un encontronazo con Sean Young.

a pelo

1991 • *Crímenes de amor* (*Love crimes*), de Lizzie Borden:
1994 • *Double cross*:

BERNSEN, CORBIN

El abogado conquistador de *La ley de Los Ángele*s ha tenido tímidas incursiones en el cine. La de mayor éxito fue *Una mujer en la liga*, donde no faltaría la escena del equipo en el vestuario. Es un actor mejor de lo que ha podido demostrar.

a pelo

1988 • *Una mujer en la liga* (*Major league*), de David S. Ward:

BIEHN, MICHAEL

Otro actor con no demasiada fortuna en el cine, a pesar de estar apadrinado por un genio como James Cameron. Protagonizó *Terminator*, pero todo el mundo salía hablando de Schwarzenegger. Luego, Cameron solo le proporcionó papeles secundarios (estaba cojonudo en *Abyss*), que es lo que habitualmente realiza ya dentro de la serie Á. Una verdadera lástima. Se le puede ver en *Beat it*, el videoclip de Michael Jackson, liderando una de las bandas.

a pelo

1978 • *Coach*, de Bud Townsend:
1984 • *Terminator* (*The terminator*), de James Cameron:
1991 • *K2* (*K2*), de Frank Roddam:
1993 • *Deadfall*:

BISQUERT, PATXI

El protagonista de *Tasio* vivió una dura experiencia *Un negro con un saxo*, cuando unos maleantes le pusieron un cuchillo bajo el miembro.

a pelo
1988 • *Un negro con un saxo*, de Francesc Bellmunt:

BOWIE, DAVID

El mítico cantante coquetea con el cine de vez en cuando, dispuesto a todo, ya sea con papeles de ambigüedad sexual poco ambigua, o enseñando su cuerpecito pequeño pero matón.

a pelo
1976 • *El hombre que cayó a la Tierra* (*The man who fell to Earth*), de Nicholas Roeg:

BOXLEITNER, BRUCE

El inolvidable protagonista juvenil de la serie *La conquista del Oeste* ha quedado también relegado a la pequeña pantalla. En *Doble juego*, película de cable, tiene que vérselas con una impresionante Rachel Ward, aunque él también pone bastante de su parte.

a pelo
• *Doble juego* (*Double jeopardy*), de Larry Schiller:

BRANNAGH, KENNETH

El ahora afamado actor y director de cine obtuvo sus primeros papeles en filmes donde su presencia era lo de menos. En *Temporada alta* tiene de compañera a Jacqueline Bisset, por lo que enseña más de lo que luce en *Frankenstein*, y de forma más natural.

a pelo
1988 • *Temporada alta* (*High season*), de Claire People:

BRANDO, MARLON

El gran Brando echó el resto con *El último tango en París*, y, aunque en realidad los desnudos no le atañían prácticamente a él, su imagen abrazado a Maria Schneider ha pasado ya a la historia del cine. Un tipo tan grande como sus películas.

a pelo
1972 • *El último tango en París* (*Ultimo tango a Pariggi*), de Bernardo Bertolucci:

BRIDGES, BEAU

El simpático hermano de Jeff, siempre a la sombra de su hermano en cuanto a popularidad se refiere, ha sabido llevar su carrera sin demasiados agobios e incluso con un temprano desnudo.

a pelo
1969 • *Los locos años de Chicago* (*Gaily, gaily*), de Norman Jewison:

BRIDGES, JEFF

Más popular actualmente que su padre (Lloyd Bridges) en su buena época, Jeff siempre ha sido bastante narcisista. Muchos le recuerdan aún como *Starman*, e incluso antes había rodado a pelo ya alguna escena.

a pelo
1975 • *Vidas sin barrera* (*Rancho Deluxe*), de Frank Perry:
1979 • *Winter kills*:
1984 • *Starman* (*Starman*), de John Carpenter:

BRODERICK, MATHEW

El gran Mathew es probablemente el mejor actor del brat pack de los 80, mucho más interesado en la interpretación que en ser una estrella. No tiene el carisma de Kevin Bacon, pero lo supera con su increíble capacidad artística. La bofetada que recibe de su padre en *Negocios de familia* es la mejor que se ha visto nunca entre dos hombres.

a pelo
1992 • *Out on a limb*:
1994 • *El balneario de Battle Creek* (*The road to Wellville*), de Alan Parker:

BROSNAN, PIERCE

El gran Brosnan ha conseguido devolverle a James Bond su antiguo esplendor, al menos en cuanto a imagen respecta. Viudo de una chica Bond, estuvo toda una década protagonizando productos de segunda fila hasta conseguir verse preparado para el papel del agente 007. Antes, había sido la revelación y el secreto del éxito de la serie *Remington Steele*. Se le abre un gran camino por delante.

a pelo
1985 • *Nómadas* (*Nomads*), de John McTiernan:
1992 • *Live wire*, de Christian Duguay:

BROWN, BRYAN

Un buen actor australiano que, tras un sorprendente triunfo en Hollywood como protagonista de *FX Efectos mortales* y coprotagonista en *Cocktail*, fue viendo cómo su estrella se apagaba. No debe importarle mucho, pues está casado con Rachel Ward.

a pelo
1981 • *El suicidio de Lisa Blaine* (*The winter of our dreams*), de John Duigan:

BUSCEMI, STEVE

Actor fetiche de Tarantino, es uno de los nuevos rostros con más credibilidad entre los aficionados al cine independiente. Aunque durante los 80 participó en numerosas películas, fue *Reservoir dogs* la que hizo sonar más que nunca su nombre como *Señor Rosa*. Últimamente te lo encuentras hasta *En la sopa*, y en esta concretamente, desnudo.

a pelo
1992 • *En la sopa* (*In the soup*), de Alexander Rockwell:

CAGE, NICHOLAS

La carrera del sobrino de Coppola ha evolucionado del total histerismo a la precisión y el reconocimiento del público. Quedan lejos los tiempos de *Birdy* y muy cerca los de *Leaving Las Vegas*, pero entremedio aún hay tiempo de ver esa rareza llamada *Zandalee*, donde se le escapó un desnudo, no tan atrevido, eso sí, como el de su compañero Judge Reinhold.

a pelo
1991 • *Zandalee, en el límite del deseo* (*Zandalee*), de Sam Pillsbury:

CARRADINE, DAVID

Parece mentira, pero Kung Fu no siempre vistió karategi en la pantalla. En *El tren de Berta* se desnudó para estar con su mujer Barbara Hershey (se entiende). Desde que ella lo dejó no ha vuelto a ser el mismo. Lo curioso son los directores a los que les ha enseñado el culo: Scorsese y José Luis Borau.

a pelo
1972 • *El tren de Berta* (*Boxcar Bertha*), de Martin Scorsese:
1984 • *Río abajo*, de José Luis Borau:

CARRADINE, KEITH

El hermano de David ha acabado siendo un nombre mítico del cine independiente USA de los 70 y 80. Eso sí, no ha tenido mucha suerte en el cine comercial, excepto con *Los duelistas*, la gran opera prima de Ridley Scott. De extraño atractivo, su cuerpo puede ser apreciado en numerosas películas, aunque nunca de frente.

a pelo
1975 • *Nashville* (*Nashville*), de Robert Altman:
1978 • *An almost perfect affair*, de Michael Ritchie:
1988 • *Los modernos* (*The moderns*), de Alan Rudolph:
1990 • *Deuda saldada* (*Pay-off*) (cable), de Andrew Lane:

CARRADINE, ROBERT

Su carrera en el cine es muy triste, desde el momento en que su personaje más popular ha sido el de *La revancha de los novatos*, que ha ido repitiendo en sucesivas y progresivamente peores secuelas. Hacer de estudiante novato con 45 años encima puede ser muy duro. ¿Entendéis por qué nos cae tan simpático?

a pelo
1976 • *Las chicas del pom pom* (*The Pom-Pom girls*), de Joseph Ruben:

CARREY, JIM

El gran Carrey, heredero por méritos propios de la herencia cómica legada por Jerry Lewis, ha conseguido elevar sin embargo la calidad de sus producciones comparadas con las de su maestro. Un tipo que saca así de sus casillas a los críticos tiene que ser bueno. Y este tío sirve para papeles dramáticos. Al tiempo

a pelo
1993 • *Ace Ventura, un detective diferente* (*Ace Ventura: Pet detective*), de Tom Shadyac:

CARUSO, DAVID

Hasta ahora, el pelirrojo e infraalimentado David solo se ha desnudado en la serie que le lanzó a la fama, *Policías de Nueva York*.

a pelo
1993 • *Policías de Nueva York* (*NYPD Blue*) (TV):

CASANOVAS, ÁLEX

Este actor catalán tuvo una buena escena con Verónica Forqué en *Kika*, sacándole fotos mientras follaban.

a pelo
1994 • *Kika*, de Pedro Almodóvar:

CLEESE, JOHN

Este gran cómico fue miembro de la mítica formación Monty Python, pero en solitario ha demostrado ser un enorme guionista y actor, además de ser físicamente el mejor dotado. En 1974 rodó desnudo el mediometraje *Romance with a double bass*, cargando con una reina metida en una funda de bajo durante todo el metraje. Y en su obra maestra, *Un pez llamado Wanda*, uno de los gags más afortunados lo protagoniza mientras se desnuda cantando en ruso.

a pelo
1974 • *Idilio con un contrabajo* (*Romance with a double bass*), de Robert Young (mediometraje):
1983 • *El sentido de la vida* (*Monty Python's the meaning of life*), de Terry Jones:
1988 • *Un pez llamado Wanda* (*A fish called Wanda*), de Charles Chrichton:

CONNERY, SEAN

No hay nadie a quien Sean Connery le caiga mal (en eso aún le gana a Harrison Ford), pero hay que reconocer que este actor de magnética presencia no ha dado una a derechas casi desde la tercera parte de *Indiana Jones* (mira si es casualidad). El viejo más atractivo del mundo del cine solo se desnudó una vez, en la mítica *El hombre que pudo reinar*.

a pelo
1975 • *El hombre que pudo reinar* (*The man who would be a king*), de John Huston:

COSTNER, KEVIN

Uno de los grandes actores del cine moderno, el bueno de Kevin encarnó durante los 80 el prototipo de americano integral: mezcla de James Stewart y Gary Cooper (del primero heredó cierto parecido físico, sobre todo en los 80; del segundo, su capacidad de transmitir una calmada seguridad con su presencia), Kevin fue de los actores que en la pasada década cultivó los desnudos traseros. Todas sus fans recuerdan extasiadas sus nalgas en filmes como *Bailando con lobos* o *Revenge*. Tras sufrir una conspiración de la prensa especializada, que quería verlo hundido, la jugada no le salió tan mal con la espléndida *Waterworld*: desde la violación de *Infierno de cobardes*, un servidor no había visto al héroe del filme tratar tan rudamente a las mujeres. El palo con el remo a la Trippelhorn es de antología. Ah, en *Robin Hood* se desnuda un doble (el agua estaba demasiado fría).

a pelo
1985 • *American flyers*, de John Badham:
1990 • *Bailando con lobos* (*Dancing with wolves*), de Kevin Costner:

• *Revenge* (*Revenge*), de Tony Scott:

COYOTE, PETER

Lanzado tardíamente al estrellato, el marido de Beverly d'Angelo tuvo su mejor papel como el escritor amargado de *Lunas de hiel*.

a pelo

1994 • *Lunas de hiel* (*Bitter moon*), de Roman Polanski:

CRUISE, TOM

Nunca ha sido tomado en serio por la crítica, pero es difícil no acordarse de él como fanático cadete en *Taps, más allá del honor*, como veterano del Vietnam en *Nacido el cuatro de julio*, o como Lestat en *Entrevista con el vampiro*. Su desnudo frontal con Lea Thompson en *La clave del éxito* es el más famoso de los protagonizados por el brat pack.

a pelo

1981 • *Taps, más allá del honor* (*Taps*), de Harold Becker:
1983 • *La clave del éxito* (*All the right moves*), de Michael Chapman:
1989 • *Nacido el cuatro de julio* (*Born on the fourth of july*), de Oliver Stone:

DAFOE, WILLEM

Otro de los grandes actores de los 80. Con una de las mandíbulas más desencajadamente atractivas del cine, Willem podría muy bien haber interpretado un *Gremlin* de carne y hueso si se lo propusiera, pero en vez de eso ha hecho de Cristo en la maravillosa película de Scorsese. Sus desnudos son abundantes y siempre bienvenidos, aunque en los 90 se prodiga menos de lo que sería de agradecer.

a pelo

1980 • *The loveless* (*The loveless*), de Kathryn Bigelow y Monty Montgomery:
1984 • *Taberna salvaje* (*Roadhouse 66*), de John Mark Robinson:
1985 • *Vivir y morir en Los Ángeles* (*To live and die en L.A*), de William Friedkin:
1988 • *La última tentación de Cristo* (*The last temptation of Christ*), de Martin Scorsese:
1991 • *Posibilidad de escape* (*Light sleeper*), de Paul Schrader:
1992 • *El cuerpo del delito* (*Body of evidence*), de Uli Edel:

DANIELS, JEFF

Sin tanta suerte en el drama como en la comedia, el simpático Jeff Daniels se desnudó en *Algo salvaje* con la imparable Lulú encarnada por Melanie Griffith. Su carrera ha visto cómo se le abrían nuevas posibilidades artísticas con su excelente interpretación de *Dos tontos muy tontos*.

a pelo

1986 • *Algo salvaje* (*Something wild*), de Johnathan Demme:
1991 • *Ladrón de corazones* (*Love hurts*), de Bud Yorkin:

DAVIDSON, JAYE

El travesti de *Juego de lágrimas* le pega a Stephen Rea el susto de su vida en la mejor escena de la película: la bata cae y con él su secreto, mientras el protagonista sufre una terrible sacudida en el estómago que le hará vomitar seguidamente. Eso es amor. Y encima, la cámara no oculta nada.

a pelo

1992 • *Juego de lágrimas* (*The crying game*), de Neil Jordan:

DAY-LEWIS, DANIEL

El conquistador de *La insoportable levedad del ser*, el duro montañero de *El último mohicano*, también se ha desnudado, en su caso en una modesta comedia. Alabado sea en el nombre del padre.

a pelo

1988 • *Un señorito en Nueva York* (*Stars and bars*), de Pat O'Connor:

DELON, ALAIN

El galán más guapo del cine francés practicó el nudismo en madurez dentro de la estimulante *Tratamiento de shock*.

a pelo

1972 • *Tratamiento de shock* (*Traitement de choc*), de Alain Jessua:

DE NIRO, ROBERT

Muchos actores se han desnudado, pero ninguno como De Niro. Bueno, quizá solo Depardieu. Ambos compartieron la escena sexual más fuerte que se haya podido ver en un filme no X: una masturbación a dos manos por parte de una puta, recogida en sus inicios (es un suponer) por la cámara de Bertolucci. El filme era *1900* y dicen que Robert se ha arrepentido muchas veces de haber llevado a cabo aquella escena. Depardieu no dice nada, suponemos que pasará de todo.

a pelo

1970 • *Mamá sangrienta* (*Bloody mama*), de Roger Corman:
1975 • *Novecento* (*1900*), de Bernardo Bertolucci:
1978 • *El cazador* (*The deer hunter*), de Michael Cimino:

DEMPSEY, PATRICK

El chaval que ha triunfado en los videoclubs de toda España (pocos filmes suyos han ido a la pantalla grande) no rehúye los desnudos. De expresión algo atolandrada pero físico poderoso, es el cebo ideal para señoras mayores y con debilidad por los jovencitos que no saben dónde se meten (o la).

a pelo

1986 • *Meatballs III*, de George Mendeluk:
1988 • *Some girls*, de Michael Hoffman:
1993 • *Ladrón de bancos* (*Bank robber*):

DENNEHY, BRIAN

Brian está cuadrado, pero literalmente: parece que mide

lo mismo de ancho que de alto. De presencia popular tanto en la serie A como en la más patética película para TV, fue *El vientre del arquitecto*, para desgracia de los estetas.

a pelo

1987 • *El vientre del arquitecto* (*The belly of an architect*), de Peter Greenaway:

DEPARDIEU, GÉRARD

Actor de apariencia muy apegada a la tierra, Gérard hace fácil lo difícil: que un tipo con su barriga sea una estrella tanto en Europa como en los USA es para dejar asombrado a cualquiera. Muy guapo en su juventud, se ha desnudado con asiduidad y sin complejos, como tiene que ser.

a pelo

1973 • *Los rompepelotas* (*Les valseuses*), de Bertrand Blier:
1975 • *Novecento* (*1900*), de Bernardo Bertolucci:
• *La última mujer* (*L'ultima donna*), de Marco Ferreri:
1979 • *Loulou* (*Loulou*), de Maurice Pialat:
1983 • *La luna en el arroyo* (*La lune dans le caniveau*), de Jean Jacques Beinex:
1985 • *Traje de etiqueta* (*Tenue de soirée*), de Bertrand Blier:

DICAPRIO, LEONARDO

Su carcajada en *Quién ama a Gilbert Grape* se ha hecho para muchos inolvidable. Este guapo chaval se está llevando de calle a las fans, y además no está eligiendo mal sus papeles. Y no ha llovido demasiado desde su debut en *Critters 3* (1991). Quién lo iba a decir. Por cierto, últimamente ya se desnuda.

a pelo

1995 • *Diario de un rebelde* (*The basketball diaries*), de Scott Kalvert:

DORF, STEPHEN

Uno de los nuevos lanzamientos del cine actual, tras foguearse en series de TV, Stephen Dorff ha conseguido protagonizar filmes como *La fuerza de uno* o *Backbeat*. Ha enseñado brevemente el culo en *S.F.W.*

a pelo

1994 • *S.F.W.*:

DOUGLAS, KIRK

El viejo zorro, el actor más narcisista del cine americano, un verdadero prodigio de vitalidad y energía, no ha visto el momento de enseñar el culo a poco que se lo han permitido. Desde los 70 su trasero ha sido marca de fábrica, incluso en filmes donde ya estaba bastante anciano, como *Otra ciudad, otra ley*. Y es que Kirk siempre ha hecho lo que ha querido y se jacta de ello.

a pelo

1969 • *El compromiso* (*The arrengement*), de Elia Kazan:
1970 • *El día de los tramposos* (*There was a crooked man*), de Joseph L. Mankiewicz:
1978 • *Holocausto 2000* (*Holocaust 2000*), de Alberto de Martino:
1980 • *Saturno 3* (*Saturn 3*), de Stanley Donen:
1986 • *Otra ciudad, otra ley* (*Tough guys*), de Jeff Kanew:

DOUGLAS, MICHAEL

El hijo de Kirk también ha seguido los pasos de su padre en cuanto al desnudo cinematográfico se refiere, escogiendo cuanto papel polémico cae en sus manos. Su mejor interpretación ha sido en *Un día de furia*, pero donde enseña chicha (y bastante) es en sus dos mayores éxitos, dos supuestos escándalos eróticos del cine moderno.

a pelo

1987 • *Atracción fatal* (*Fatal attraction*), de Adrian Lyne:
1992 • *Instinto básico* (*Basic instint*), de Paul Verhoeven:

DOURIF, BRAD

El gran Brad, arquetipo del enfermo mental de ficción, se ha tenido que conformar con hacer el mismo papel durante años y años, pero sin duda el mejor fue el que le dio a conocer: *Alguien voló sobre el nido del cuco*, adaptación de una de las mejores novelas del siglo XX en la que es posible verlo como sus padres lo trajeron al mundo.

a pelo

1975 • *Alguien voló sobre el nido del cuco* (*One flew over the cuckoo's nest*), de Milos Forman:

DUCHOWNY, DAVID

El bueno del agente Mulder ha demostrado que su carisma es mucho más explotable en la pequeña pantalla que en el cine, pero en este ha dado también buenas pruebas de sensualidad cuando era prácticamente un desconocido para el espectador español. Él era el seductor que llama por teléfono en *Julia tiene dos amantes*, y el compañero bueno de Brad Pitt en *Kalifornia*.

a pelo

1990 • *Julia tiene dos amantes* (*Julia has two lovers*), de Bashar Shibib:
1991 • *The rapture*, de Michael Tolkin:
1993 • *Kalifornia* (*Kalifornia*), de Dominic Sena:

DUVALL, ROBERT

El más sólido secundario USA del cine actual junto a Gene Hackman es uno de los actores que mejor sonríe, pero su atrevimiento ha llegado hasta el punto de desnudarse: ha elegido para ello la compañía de Richard Harris en un filme no estrenado en España en pantalla grande.

a pelo

1993 • *Wrestling Ernest Hemingway*:

EASTWOOD, CLINT

Uno de los mejores actores y directores del cine moderno, auténtico maestro de cómo hacer natural cualquier género por artificioso o difícil que parezca: *Sin perdón* o *Los puentes de Madison* son dos grandes ejemplos. De físico pétreo, ingresó desnudo en Alcatraz, pero muchos aseguran que nosotros vimos un doble.

a pelo
1979 • *La fuga de Alcatraz* (*Escape from Alcatraz*), de Don Siegel:
1984 • *En la cuerda floja* (*Tightrope*), de Richard Tuggle:

ELLIOT, SAM

Buen secundario que podía haber tenido más suerte en su carrera, el viril y guapo Sam se desnudó para ir a tomar una ducha en *El legado*, pero el agua se le pone muy caliente. Natural.

a pelo
1978 • *El legado* (*The legacy*), de Richard Marquand:

ELWES, CARY

Es probablemente el actor más guapo y desaprovechado de los que surgieron en los años 80. Hijo del pintor Dominic Elwes, Cary es el prototipo de galán del cine de espadachines: su papel en *La princesa prometida* es uno de los mayores aciertos de casting de los últimos años (aunque tener que protagonizar el *Robin Hood* cómico de Mel Brooks no dice mucho del futuro de su carrera).

a pelo
1987 • *Lady Jane* (*Lady Jane*), de Trevor Nunn:
1993 • *Veneno en la piel* (*The crush*), de Alan Saphiro:

ESTÉVEZ, EMILIO

El hijo inquieto de Martin Sheen es un aplicado director y productor, pero como actor no acaba de encontrar su lugar en la industria. Los desnudos los ha reservado para las dos partes de *Arma joven*, donde encarna a un Billy el Niño algo ido de la olla.

a pelo
1988 • *Arma joven* (*Young guns*), de Christopher Cain:
1990 • *Intrépidos forajidos* (*Young guns II*), de Geoff Murphy:
1993 • *Loaded Weapon I*:

EVERETT, RUPERT

El modelo y actor Rupert Everett, encarnación real de los personajes de cómic *Corto Maltés* y *Dylan Dog*, ha tenido una trayectoria algo errante pero muy interesante. Su físico lo ha lucido en mayor medida dentro de *El placer de los extraños*.

a pelo
1990 • *El placer de los extraños* (*The comfort of strangers*), de Paul Schrader:

FAHEY, JEFF

Actor que vive a caballo entre la serie A y la B, y con productora propia, Fahey no es el típico guaperas aunque sus mayores éxitos los siga consiguiendo desde el vídeo.

a pelo
1987 • *Backfire, ambición mortal* (*Backfire*), de Gilbert Cates:
1992 • *Sketch artist* (cable):
1993 • *Woman of desire*, de Robert Ginty:
• *The hit list* (cable):

FALK, PETER

Colombo también ha llegado a desnudarse para el cine. No sé si eso es o no una gran noticia para las aficionadas a los cuerpos Danone, pero siempre va bien la desinhibición.

a pelo
1990 • *In the spirit*, de Sandra Seacat:

FELDMAN, COREY

El chaval de *Los goonies*, *Cuenta conmigo* y *Jóvenes ocultos* también tuvo su descenso a los infiernos con el mundo de las drogas, pero a diferencia de River Phoenix consiguió sobrevivir. En una de sus pelis de serie B con las que se alimenta actualmente también enseña algo más que la cara.

a pelo
1992 • *Blown away*, de Brenton Spencer:

FERRER, MIGUEL

Uno de los mejores secundarios surgidos del cine de los 80, el hijo de José Ferrer se dio a conocer como el empresario cabrón de *Robocop*, llegando a protagonizar *La cosecha*, donde se desnuda junto a su esposa Leilani Sarelle.

a pelo
1992 • *La cosecha* (*The harvest*), de David Marconi:

FINNEY, ALBERT

El veterano actor inglés se ha desnudado en *Bajo el volcán*, una de los últimas obras que rodó John Huston. Claro que lo hizo bajo los efectos del alcohol.

a pelo
1984 • *Bajo el volcán* (*Under the volcano*), de John Huston:

FLORES, ANTONIO

El fallecido cantante participó en algunas películas a lo largo de su corta pero intensa vida. En una de las últimas, *Chechu y familia*, es el novio macarra de la criada de la casa, y acaba en pelotas subido a un árbol.

a pelo
1982 • *Colegas*, de Eloy de la Iglesia:
1992 • *Chechu y familia*, de Álvaro Sáenz de Heredia:

FONDA, PETER

El padre de Bridget no ha tenido una carrera demasiado brillante. Todos le recuerdan por *Easy Rider*, pero dos años antes ya había protagonizado otro viaje psicodélico de la mano de Roger Corman: fue en *The trip*, donde además el chico se desnuda.

a pelo

1967 • *The trip*, de Roger Corman:

1993 • *Molly & Gina*:

FOX, EDWARD

Siempre le confunden con su hermano, pero Edward fue el frío protagonista de *Chacal*. Hace tiempo que no se sabe de él.

a pelo

1973 • *Chacal* (*Day of the jackal*), de Fred Zinnemann:

FOX, JAMES

El hermano de William también se ha desnudado, y más, en otro filme mítico de los 70: *Performance*, donde compartía reparto con Mick Jagger. Y eso que los hermanitos parecen dos típicos ingleses envarados.

a pelo

1970 • *Performance* (*Performance*), de Donald Cammell y Nicholas Roeg:

FOX, MICHAEL J.

El bueno de Michael parece que está logrando resituarse en Hollywood como secundario de lujo: mejor eso que quedar toda la vida ligado a un prototipo adolescente del que él ha sido el primero en querer huir. De momento ya accede a desnudarse, y eso es buena señal.

a pelo

1993 • *Greedy*:

FRANZ, DENNIS

La auténtica revelación de *Policías de Nueva York* también ha pasado por la ducha de la comisaría para exhibir su poco atlético cuerpo (pero mucho más auténtico que el de la mayoría).

a pelo

1994 • *Policía de Nueva York* (*NYPD*) (TV):

GALLAGHER, PETER

El guapetón de Peter, después de años de oscuras interpretaciones, comienza a ganarse un puesto entre las preferencias del público. El novio inventado de Sandra Bullock en *Mientras dormías* se desnudó, al igual que Daryl Hannah, en *Un amor de verano*, aunque él se atrevió con un frontal y todo.

a pelo

1982 • *Un amor de verano* (*Summer lovers*), de Randal Kleiser:

1995 • *The Undeneath* (*The Untherneath*), de Steve Soderbergh:

GALIARDO, JUAN LUIS

Tras una oscura etapa rodeada de problemas personales, el galán Juan Luis Galiardo reapareció en los años 80 con la serie de TV *Turno de oficio*, que le devolvió la gloria perdida. Rejuvenecidos los laureles, tampoco le ha hecho ascos al desnudo.

a pelo

1990 • *Don Juan, mi querido fantasma*, de Antonio Mercero:

1995 • Suspiros de España (y Portugal), de José Luis García Sánchez:

GARFUNKEL, ART

El amigo Garfunkel aparece de tarde en tarde en el cine, después de su oscuro abandono del dúo que formaba con Paul Simon. En *Contratiempo* se tiraba a una inconsciente Theresa Russell y, claro, no lo hacía vestido.

a pelo

1980 • *Contratiempo* (*Bad timing: a sensual obsession*), de Nicholas Roeg:

GERE, RICHARD

El putón más atractivo del cine, Richard Gere, se ganó a pulso su fama de exhibicionista durante los años 80 con filmes como *American gigoló* o *Vivir sin aliento*, que hasta el momento sigue siendo su mejor título. A pesar de un buen comienzo en los 90 con *Asuntos sucios*, no acaba de encontrar su lugar como tipo-maduro-y-relleno-de-zen.

a pelo

1977 • *Buscando al señor Goodbar* (*Looking for Mr. Goodbar*), de Richard Brooks:

1980 • *American gigoló* (*American gigolo*), de Paul Schrader:

1982 • *Cónsul honorario* (*The honorary consul*), de John MacKenzie:

1983 • *Vivir sin aliento* (*Breathless*), de Jim McBride:

1992 • *Análisis final* (*Final analysis*), de Phil Joanou:

GIBSON, MEL

Gibson no solo ha demostrado ser un gran actor, sino, para sorpresa de todos, un mejor director. En cualquier caso, delante de las cámaras es difícil hacer olvidar ese *Mad Max* que encarnó, convirtiéndolo en ídolo de millones de gays leather. Sin embargo, sus desnudos los reservó para otros títulos.

a pelo

1981 • *Gallipoli* (*Gallipoli*), de Peter Weir:

1987 • *Arma letal* (*Lethal weapon*), de Richard Donner:

1990 • *Dos pájaros a tiro* (*Bird on a wire*), de John Badham:

1992 • *Eternamente joven* (*Forever young*), de Steve Miner:

GLENN, SCOTT

El rudo protagonista de *Silverado* y *Elegidos para la gloria* proviene de los marines (¿acaso alguien lo dudaba?) y, tras conseguir un estatus de secundario eficaz en los 90 (gracias sobre todo a *El silencio de los corderos* y *Llamaradas*), muchos empiezan ahora a fijarse en este atractivo cachas que siempre ha desempeñado papeles de virilidad intachable.

a pelo

1970 • *Un bebé para mi esposa* (*The baby maker*), de James Bridges:

1994 • *Night of the running man*:
• *Past tense* (cable):

GOLDBLUM, JEFF

El altísimo actor americano, famoso sobre todo por sus papeles en *La mosca* y *Parque jurásico* (y por haberse divorciado de Geena Davis), se desnudó prácticamente en su debut, la típica peli de Charles Bronson donde el cometido de Jeff era muy secundario.

a pelo
1974 • *El justiciero de la ciudad* (*Death wish*), de Michael Winner:
1990 • *Un tipo de altura* (*The tall guy*), de Mel Smith:

GÓMEZ, CARMELO

Actor leonés últimamente en la palestra, tras sus papeles en *Días contados* y *Tierra*, siempre a medias entre el chicarrón gárrulo y el intelectual vitalista.

a pelo
• *Tierra*, de Julio Medem:

GOODING JR., CUBA

El protagonista de *Los chicos del barrio* sigue luchando por hacerse un hueco entre las nuevas estrellas de los 90. Tras un prometedor comienzo, ha conseguido además participar en filmes como *Algunos hombres buenos*, protagonizando varios títulos para cable. Está bastante cachas.

a pelo
1991 • *Los chicos del barrio* (*Boyz n the hood*), de John Singleton:

GRANT, RICHARD E.

La genial locaza de *El gran halcón* y *Pret-à-porter*, que ahora intenta cambiar de registro con sus nuevos títulos, tuvo también su momento para el desliz epidérmico.

a pelo
1988 • *Cómo triunfar en publicidad* (*How to get ahead in advertising*), de Bruce Robinson:

GRAVES, RUPERT

El actor fetiche de James Ivory se ha desnudado muy claramente en dos de sus más famosas películas.

a pelo
1986 • *Una habitación con vistas* (*A room with a view*), de James Ivory:
1987 • *Maurice* (*Maurice*), de James Ivory: .

GUILLÉN, FERNANDO

El apuesto y maduro galán del cine español encarnó a un decadente don Juan en la versión que sobre el mito aportara en los 90 Gonzalo Suárez, haciéndole huir en pelotas de más de una situación comprometida.

a pelo
1990 • *¿Qué te juegas, Mari Pili?* (*Què t'hi jugues, Mari Pili?*), de Ventura Pons:
1991 • *Don Juan en los Infiernos*, de Gonzalo Suárez:

GUTTENBERG, STEVE

El bueno de Steve sigue deambulando por todo tipo de pelis, a pesar de demostrar que no es solo un actor de comedia barata. En 1987 protagonizó su mejor filme, *Falso testigo*, una excelente historia donde testificar por su amante casi le cuesta la cárcel y la vida. Y además nos enseña hasta las lentillas.

a pelo
1983 • *The man who wasn't there*, de Bruce Malmuth:
1987 • *Falso testigo* (*The bedroom window*), de Curtis Hanson:

HAIM, COREY

Otro joven actor de trayectoria parecida a la de Corey Feldman, tanto en títulos (*Jóvenes ocultos*) como en problemas con las drogas. Incluso se han desnudado en la misma película.

a pelo
1992 • *Blown away*, de Brenton Spencer:

HAMILL, MARK

Luke Skywalker ha pasado con más pena que gloria los 80 y, a la espera de que George Lucas resucite la saga de *La guerra de las galaxias*, nos tendremos que conformar con *Body bags*, donde el rubito se muestra tal como es.

a pelo
1993 • *Body bags* (cable) (*John Carpenter's body bags*), de John Carpenter:

HARMON, MARK

Un actor de innegables cualidades interpretativas que solo ahora parecen estar descubriendo los productores, Harmon es un buen actor de comedia, pero impresiona mucho más cuando cambia al registro dramático, encarnando psicópatas o tipos duros. Desconcertante como pocos, solo le hemos podido ver el culo en una producción para cable junto a Mimi Rogers.

a pelo
1990 • *Seducción mortal* (*The fourth story*), de Ivan Passer:

HARRELSON, WOODY

El camarero de *Cheers* parece decidido a encarnar papeles cuanto más macarras mejor. Después de su simpático personaje en *Los blancos no saben meterla*, su psicópata de *Asesinos natos* ha levantado numerosas ampollas, tantas que la mitad de los críticos de todo el mundo le odian a muerte.

a pelo
1992 • *Los blancos no saben meterla* (*White men can't jump*), de Ron Shelton:
1994 • *The cowboy way*:

HARRIS, ED

Junto a Bruce Willis es la calva más viril del cine americano. Especializado en papeles con carácter, el marido de Amy

Madigan se ha desnudado con asiduidad, e incluso ha afrontado tranquilamente el frontal.

a pelo

1981 • *Los caballeros de la moto* (*Knightriders*), de George A. Romero:

1984 • *Chicas en pie de guerra* (*Swing shifts*), de Jonathan Demme:

1993 • *Luna de porcelana* (*China moon*), de John Bailey:

1994 • *Just cause*:

HARRIS, RICHARD

El borracho más digno de la historia del cine, Richard Harris es sobre todo recordado por el enorme éxito obtenido con la saga de *Un hombre llamado caballo*: la imagen de Harris siendo izado con dos cuerdas atadas a las tetillas es una de las escenas más terribles y populares del cine del los 70 (o una de las más eróticas, vaya usted a saber). ¡Encima se pasa la mitad de la película desnudo!

a pelo

1970 • *Un hombre llamado caballo* (*A man called horse*), de Elliot Silverstein:

1980 • *Experiencia mortal* (*Your ticket is no longer valid*), de George Kalzenden:

1993 • *Wrestling Ernest Hemingway*:

HASSELHOFF, DAVID

Atención, el guaperas de *El coche fantástico* y *Los vigilantes de la playa* rodó en 1976 un filme inédito en España donde enseña todas las vergüenzas. Avisados y avisadas estáis.

a pelo

1976 • *Revenge of the cheerladers*:

HAUER, RUTGER

El bello holandés no da pie con bola desde hace tiempo, pero su replicante de *Blade runner* sigue siendo inolvidable. En el sentido erótico, también pasará a la historia por *Delicias turcas*, uno de los filmes más explícitos que se han visto en cuanto a desnudos masculinos (por supuesto, los suyos).

a pelo

1972 • *Delicias turcas* (*Turks fruit*), de Paul Verhoeven:

1974 • *Keetje Tippel* (*Keetje Tippel*), de Paul Verhoeven:

1985 • *Los señores del acero* (*Flesh and blood*), de Paul Verhoeven:

1993 • *Blind side* (cable):

HEARD, JOHN

El padre de Macaulay Culkin en *Solo en casa* también ha tenido otros cometidos cinematográficos bastante más adultos. Entre otros, el de salvar a Nastassja Kinski de la maldición que la convierte en pantera (y beneficiársela de paso).

a pelo

1977 • *Between the lines*, de Joan Micklin Silver:

1982 • *El beso de la pantera* (*Cat people*), de Paul Schrader:

HESTON, CHARLTON

Uno de los físicos más impresionantes que ha dado el cine americano, y posiblemente el más viril de todos (aunque en la línea «esposo fiel»; en gamberro le gana Kirk Douglas), Heston es desconcertante pero tremendamente honesto en su carrera: orgulloso de sus ideas de extrema derecha, ha contribuido sin embargo a levantar proyectos tan poco reaccionarios como las inolvidables *El planeta de los simios*, *Sed de mal*, *El señor de la guerra*, etc., así como las apocalípticas *El último hombre vivo* o *Cuando el destino nos alcance*. Individualista hasta el final, es el mayor ejemplo vivo de que los extremos se tocan. Su poderosa figura tomó protagonismo total en su primera confrontación con los simios. No hay color...

a pelo

1968 • *El planeta de los simios* (*Planet of the apes*), de Franklin J. Schaffner:

1972 • *Marco Antonio y Cleopatra* (*Anthony and Cleopatra*), de Charlton Heston:

HINES, GREGORY

El bailarín y actor Gregory Hines es conocido por su participación en filmes como *Cotton Club* y *Noches de sol*. Años antes, en 1981, le enseñó el trasero a Albert Finney.

a pelo

1981 • *Lobos humanos* (*Wolfen*), de Michael Wadleigh.

HOFFMAN, DUSTIN

Uno de los actores más destacados de los 70, Dustin Hoffman ha enseñado un par de veces el culo en la gran pantalla. Eso sí, para ver su pequeño pero gran... tenemos que esperar a *Libertad condicional*, donde se le escapó en un, esta vez sí, pequeño descuido.

a pelo

1969 • *John y Mary* (*John and Mary*), de Peter Yates:

1970 • *Pequeño gran hombre* (*Little big man*), de Arthur Penn:

1976 • *Marathon man* (*Marathon man*), de John Schlesinger:

1977 • *Libertad condicional* (*Straight time*), de Ulu Grosbard:

HOPPER, DENNIS

El cachondo actor nunca ha tenido pudor en enseñar su cuerpo, y así lo ha hecho a lo largo de los 70 y 90. La última vez en *Nails*, cinta estrenada aquí en vídeo en la que protagoniza una divertida escena donde, tras sufrir un intento de asesinato mientras se ducha, sale a la calle en pelotas persiguiendo a su agresor. ¡Eres único, Dennis!

a pelo

1977 • *Tracks*:

1990 • *Héroes de papel* (*Chattahoochee*), de Mick Jackson:

1992 • *Nails* (cable) (*Nails*), de John Flynn:

HOWELL, C. THOMAS

Unos de los miembros del brat pack que menos suerte ha tenido en su carrera en los 90. Divorciado actualmente de Rae Dawn Chong, Howell está inmerso tras un par de buenas comedias de los 80 en una errática carrera. Guapo con discreción y más sobrio de lo habitual en su generación, cada vez desnuda más su cuerpo en pantalla, la penúltima vez para Linda Fiorentino.

a pelo
1988 • *Un tigre en la almohada* (*A tiger's tale*), de Peter Douglas:
1992 • *To protect and serve*:
1993 • *Acting on impulse*, de Sam Irvin (cable):
1994 • *Payback*:

HURT, JOHN

Uno de los actores de físico más característico, es posible verlo en todo tipo de filmes, desde el británico más elitista hasta el más cutre de la serie Z americana. Muchos le recuerdan aún como el Nerón de *Yo, Claudio*.

a pelo
1976 • *East of Elephant Rock*, de Don Boyd:
1983 • *Clave: Omega* (*The osterman weekend*), de Sam Peckinpah:
1984 • *1984* (*1984*), de Michael Radford:

HURT, WILLIAM

El bueno de William puede empezar a encontrar su lugar en el cine tras el nuevo éxito obtenido con *Smoke*. En *Viaje alucinante al fondo de la mente*, podemos vislumbrar su vello púbico, y en *Al filo de la noticia* es posible ver en la pared la sombra de su pene en pie de guerra. Aunque donde mejor estaba era en *Fuego en el cuerpo*, calentando el ambiente en compañía de Kathleen Turner.

a pelo
1980 • *Viaje alucinante al fondo de la mente* (*Altered states*), de Ken Russell:
1987 • *Al filo de la noticia* (*Broadcast news*), de James L. Brooks:

HUTTON, TIMOTHY

El ex de Debra Winger se desnudó en *Made in heaven*, justo cuando asciende a los cielos, donde conocerá a Kelly McGillis.

a pelo
1987 • *Hecho en el cielo* (*Made in heaven*), de Alan Rudolph:

IDDLE, ERIC

El simpático ex Monty Python está cosechando notables éxitos tras sus acertadas intervenciones en *Casper* y *Recién nacido y ya coronado*, donde por cierto le pillamos en paños menores.

a pelo
1993 • *Recién nacido y ya coronado* (*Splitting heirs*), de Robert Young:

IRONS, JEREMY

Su carrera es una de las más interesantes que se pueden seguir en la actualidad. Irons ha acometido con empuje difíciles papeles, sobre todo en asociación con David Cronenberg (*Inseparables*, *M. Butterfly*). En *Herida* tampoco se queda manco, exponiendo a placer además su enjuto pero fuerte cuerpo.

a pelo
1981 • *Retorno a Brideshead* (*Brideshead revisited*) (TV):
1992 • *Herida* (*Damage*), de Louis Malle:
1993 • *La casa de los espíritus* (*The house of spirits*), de Bille August:

JACKSON, SAMUEL L.

Samuel Leroy aparece en el cine ya desde los lejanos tiempos de *Ragtime*, pero ha sido *Fiebre salvaje* y, sobre todo, *Pulp fiction*, la que le ha dado una fama que poco después confirmaría con *La jungla de cristal 3*. Entretanto, interpretó una película para cable donde le registran antes de ingresar en prisión (por supuesto, el registro requiere que esté en pelotas).

a pelo
1994 • *Contra el muro* (cable) (*Against the wall*), de John Frankenheimer:

JAGGER, MICK

El famoso Rolling Stone también probó suerte en el cine en varias ocasiones. Para sus fans es una oportunidad de verlo en pelotas, y poco más.

a pelo
1970 • *Performance* (*Performance*), de Donald Cammell y Nicholas Roeg:
1986 • *Running out of luck*:

JOHNSON, DON

El bueno de Don, abandonado por Melanie Griffith, tampoco parece que consiga encontrar su sitio en la pantalla grande. Y la verdad, como actor no lo hace nada mal. Estuvo impecable y muy sexy en *Labios ardientes*, y ya antes había puesto todo lo que había que poner para llevarse de calle miradas de deseo.

a pelo
1973 • *The Harrad experiment*, de Ted Post:
1990 • *Labios ardientes* (*The hot spot*), de Dennis Hopper:

JONES, TOMMY LEE

Descubierto por el gran público después de veinte años de carrera continuada, Tommy Lee tiene un rostro salvaje y duro poco dado a las sutilezas. Su cuerpo acompaña al rostro.

a pelo
1982 • *La canción del verdugo* (*The executioner's song*), de Lawrence Schiller:
1988 • *La muerte no miente* (*Gotham*), de Lloyd Fonvielle:

JULIA, RAUL

El lamentablemente ya fallecido Raul Julia era uno de los actores hispanos no solo más considerado en Hollywood, sino además de los pocos que podía permitirse el lujo de no tener que encarnar siempre el tópico papel latino. Popular sobre todo gracias a *La familia Addams*, Julia ya dio que hablar en *Corazonada*, donde se llevaba a la cama a Teri Garr.

a pelo

1982 • *Corazonada* (*One from the heart*), de Francis Ford Coppola:

KARYO, TCHEKY

Actor de interesante rostro, protagonista de *El oso* y uno de los principales atractivos de *Nikita, difícil de matar*. Fue el actor principal de *Nostradamus*, donde tuvo la suerte de estar acompañado por Julia Ormond y Assumpta Serna.

a pelo

1993 • *Nostradamus* (*Nostradamus*), de Roger Christian:

KATT, WILLIAM

El gran héroe americano empezó interpretando filmes tan estimables como *Carrie* o *El gran miércoles* para acabar protagonizando títulos de la última estantería de tu videoclub.

a pelo

1990 • *El último aviso* (*Last call*):
1990 • *Naked obsession*:

KEACH, STACY

Hasta que le partieron la cara por ir de *Mike Hammer* por la vida, Stacy Keach había llevado en cine una trayectoria muy prometedora, con títulos como *Fat city* o *Forajidos de leyenda*. Se ha desnudado una sola vez, pero bien.

a pelo

1977 • *The squeeze*:

KEITEL, HARVEY

Adorado por multitud de fans, el cada vez más atrevido Harvey Keitel ha protagonizado los dos desnudos masculinos más sonados de los 90: el de *Bad lieutenant* y el de *El piano*. Su cuerpo poco esbelto pero impresionante ha provocado desde repugnancia a inconfesables sueños húmedos, pero no ha dejado a nadie indiferente.

a pelo

1968 • *Who's that knocking at my door*, de Martin Scorsese:
1977 • *Melodía para un asesinato* (*Fingers*), de James Toback:
1986 • *Secretos indiscretos* (*The men's club*), de Peter Medak:
1992 • *Bad lieutenant* de Abel Ferrara:
1993 • *El piano* (*The piano*), de Jane Campion:

KING, PERRY

El inolvidable co-protagonista de la serie Capitanes y reyes, el maestro vengador de *Curso 1984*, fue este guapo joven de cuadrada mandíbula que en los 70 dio mucho que hablar, sobre todo por cómo trataba a las esclavas negras en *Mandingo*.

a pelo

1975 • *Mandingo* (*Mandingo*), de Richard Fleisher:
1979 • *A different story*:

KINGSLEY, BEN

El actor que dio vida a *Gandhi* ha conseguido hacer olvidar dicha interpretación con otros papeles más secundarios pero igualmente memorables. Sus desnudos son prácticamente inéditos en nuestro país, el más atrevido de todos ellos con otra película sobre el holocausto, aunque en esta ocasión a él le tocaba encarnar a Simon Wiesenthal, el cazanazis.

a pelo

1989 • *Murderers among us: the Simon Wiesenthal story* (cable):
1990 • *The fifth monkey*, de Eric Rochat:

KINSKI, KLAUS

Es curioso que un actor que ha rodado tantos subproductos softcore y serie Z no haya aparecido en pelotas más a menudo.

a pelo

1980 • *Los frutos de la pasión* (*Les fruits de la passion*), de Shuji Terayama:

KIRBY, BRUNO

Uno de los secundarios imprescindibles del Hollywood actual.

a pelo

1973 • *The Harrad experiment*, de Ted Post:

KLINE, KEVIN

Otro actor acostumbrado a desnudarse. De físico atractivo y cuidado, Kline se ganó, no en vano, una fama de seductor que le encasilló a principios de los 90 a raíz de su éxito con *Un pez llamado Wanda*.

a pelo

1986 • *Nostalgia de un amor* (*Violets are blue*), de Jack Fisk:
1990 • *Te amaré hasta que te mate* (*I love you to death*), de Lawrence Kasdan:
1992 • *Dobles parejas* (*Consenting adults*), de Alan J. Pakula:
1993 • *Dave, presidente por un día* (*Dave*), de Ivan Reitman:

KRABBE, JEROEN

El actor holandés con más proyección internacional después de Rutger Hauer, también ha estado sumamente ligado a la primera etapa cinematográfica de Paul Verhoeven, quien, como es natural, le desnudó en una de sus mejores películas.

a pelo

1983 • *El cuarto hombre* (*The fourth man*), de Paul Verhoeven:

KRISTOFFERSON, KRIS

El cantautor se desnudó en su filme más famoso, donde daba vida a Billy el niño, aunque ya tuviera pelo en el pecho.

a pelo
1973 • *Pat Garret y Billy the kid* (*Pat Garret and Billy the kid*), de Sam Peckinpah:

LAMAS, LORENZO

El buenazo de Lorenzo sigue haciendo pelis de videoclub más tranquilo que un ocho. En una de ellas, además, muestra más de lo habitual en él.

a pelo
1993 • *Bad blood*:

LAMBERT, CHRISTOPHER

Definitivamente anclado en la serie B, Lambert sigue paseando su bizca mirada por numerosos filmes, además de protagonizar escenas tan sorprendentes como la de amor en *Fortaleza infernal*, con sus testículos acaparando toda la atención.

a pelo
1986 • *Los inmortales* (*Highlander*), de Russell Mulcahy:
1987 • *El siciliano* (*The sicilian*), de Michael Cimino:
1993 • *Fortaleza infernal* (*Fortress*), de Stuart Gordon:

LANCASTER, BURT

El gran atleta, después de deslumbrarnos a todos con sus sanos dientes, también nos ha mostrado el trasero, más discretamente, eso sí, que su amigo Kirk.

a pelo
1968 • *El nadador* (*The swimmer*), de Frank Perry:
1979 • *La leyenda de Bill Doolin* (*Cattle Annie and Little Britches*), de Lamont Johnson:

LEE, JASON SCOTT

El protagonista de *Rapa Nui* y *El libro de la selva* está consiguiendo sorprendentemente hilvanar una carrera coherente y con éxito en un mundo donde los actores orientales suelen quedarse en un segundo plano y en papeles totalmente encasillados. De físico esplendoroso, es en *Rapa Nui* donde más lo exhibe (con un mínimo taparrabos), aunque en *Dragón: la vida de Bruce Lee*, también hubo una buena muestra de su cuerpo serrano.

a pelo
1992 • *Map of the human heart*, de Vincent Ward:
1994 • *Rapa Nui* (*Rapa Nui*), de Kevin Reynolds:

LEGUIZAMO, JOHN

Con una carrera emergente después de sus papeles en *Atrapado por su pasado* y *Super Mario Bros*, John Leguizamo se dio a conocer como uno de los soldados violadores de la interesantísima *Corazones de hierro*, una película perteneciente a la etapa en la que de todo lo que Brian de Palma estrenaba se decía que era una mierda.

a pelo
1989 • *Corazones de hierro* (*Casualties of war*), de Brian de Palma:

LEMMON, JACK

El veterano actor opta por el nudismo en compañía de Juliet Mills.

a pelo
1972 • *¿Qué ocurrió entre mi padre y tu madre?* (*Avanti!*), de Billy Wilder:
1973 • *Salvad al tigre* (*Save the tiger*), de John G. Avildsen:

LEWIS, HUEY

El cantante fue el protagonista de la más increíble escena de *Vidas cruzadas* (y mira que las hay increíbles), bajándose los pantalones frente al río y poniéndose a mear tan tranquilo. No os asustéis: el pene que orinaba era falso, no así el que se veía al comienzo. De cantar «The power of love» en *Regreso al futuro*, a mear y escupir con los amigos de pesca. Vaya cambio.

a pelo
1993 • *Vidas cruzadas* (*Short cuts*), de Robert Altman:

LHERMITTE, THIERRY

Guapo actor bastante popular en Francia y con un par de intervenciones en el cine USA. En 1984 fue *Un amante francés* para regocijo de Karen Allen.

a pelo
1984 • *Un amante francés* (*Until september*), de Richard Marquand:

LIOTTA, RAY

Uno de los rostros más inquietantes de los 90, la cara picada de viruela de Ray le convierte en algo más que el galán prototípico. No se ha desnudado lo suficiente.

a pelo
1992 • *Falsa seducción* (*Unlawful entry*), de Jonathan Kaplan:

LLOYD, CHRISTOPHER

El profesor chiflado de *Regreso al futuro* también ha enseñado el culillo. Hay que ver.

a pelo
1988 • *Track 29* (*Track 29*), de Nicholas Roeg:

LONE, JOHN

Tras una irregular carrera en los 80, en la que destaca su villano de *Manhattan Sur* y *El último emperador*, el apuesto John Lone llevó a cabo la dura tarea de encarnar a la amada de Jeremy Irons en la magnífica *M. Butterfly*, sorprendiendo a propios y extraños con su maravillosa interpretación.

a pelo
1993 • *M. Butterfly* (M. Butterfly), de David Cronenberg:
1994 • *The hunted*:

LOWE, ROB

Últimamente dado a la autoparodia, como en *Malas influencias* o *Wayne's world*, Rob Lowe fue quizá el actor más genuinamente físico del brat pack: su foto y la de Tom Cruise competían por conseguir el sitio más visible de la carpeta de las quinceañeras, y millones de adolescentes se han masturbado con su imagen en mente. No es para menos: el chico tiene un buen cuerpo. Además, responde al modelo de actor que nos gusta: grababa en vídeo a todas sus amantes, travesurilla que escandalizó lo suyo cuando se descubrió. También tuvo un hermano falso que hizo su agosto en las televisiones españolas.

a pelo
1985 • *Forja de campeones* (*Youngblood*), de Peter Markle:
1986 • *¿Qué pasó anoche?* (*What about last night?*), de Edward Zwick:
1988 • *Mascarada para un crimen* (*Masquerade*), de Bob Swaim:
1990 • *Malas influencias* (*Bad influence*), de Curtis Hanson:

LUNDGREN, DOLPH

Todo hacía pensar que Dolph Lundgren acabaría haciendo películas cada vez más cutres hasta desaparecer del mapa. Pues no, últimamente hasta sale en *Johnny Mnemonic*, y hace más esfuerzos que nunca por demostrar ser algo más que una montaña de músculos. De todas formas, su físico duro y algo ambiguo puede ser apreciado en lo que vale en la extraña y a veces sugerente *The punisher*.

a pelo
1989 • *The punisher, el vengador* (*The punisher*), de Mark Goldblatt:
1991 • *Ataque frontal* (*Showdown in Little Tokio*), de Mark L. Lester:

MACLACHLAN, KYLE

El amiguete del flequillo pijeril y aire despistado encontró su mecenas en David Lynch, quien le proporcionaría fama gracias al papel del agente Dale Cooper de *Twin Peaks*. También lo desnudó en *Blue velvet*, y últimamente el bueno de Kyle ha repetido osadía compartiendo cartel y cama con Elizabeth Berkley en la profunda *Showgirls*.

a pelo
1986 • *Terciopelo azul* (*Blue velvet*), de David Lynch:
1995 • *Showgirls* (*Showgirls*), de Paul Verhoeven:

MADSEN, MICHAEL

Aunque bordó su papel de psicópata en *Reservoir dogs*, la pose de Michael Madsen ya empieza a cansar después de su exhibicionismo barato en *The getaway* (¡donde para más horror llevaba hasta coleta!) o *Species*. Eso sí, le sobra atractivo y nadie frunce las cejas como él.

a pelo
1985 • *El autoestopista* (TV):
1991 • *Fatal instinct*:
1993 • *A house in the hills*:

MALKOVICH, JOHN

Su pito en *El cielo protector* fue de los más comentados (tampoco había tantos) de ese año, pero todos le recuerdan como el seductor de *Las amistades peligrosas*. Su mirada estrábica y vacía le hace un psicópata ideal, como demostró en *En la línea de fuego* (a la altura de Kevin Spacey).

a pelo
1990 • *El cielo protector* (*The sheltering sky*), de Bernardo Bertolucci:

MATHESON, TIM

Con cierta proyección en los años 80, Tim Matheson se ha debido conformar con papeles para TV por cable y series para la pequeña pantalla. Muchos le recuerdan en *1941*, el fiasco de Spielberg.

a pelo
1978 • *Desmadre a la americana* (*National Lampoon's Animal house*), de John Landis:
1984 • *Impulse*, de Graham Baker:

MATTHAU, WALTER

El compañero de Jack Lemmon en las mejores comedias de Billy Wilder también ha mostrado su trasero.

a pelo
1972 • *Risas y lágrimas* (*Pete'n Tillie*), de Martin Ritt:

McCARTHY, ANDREW

El formal protagonista de varias producciones de John Hugues sigue buscando un lugar en la industria actual. Una de sus mejores interpretaciones fue en *Golpe al sueño americano*, película que se adelantó a su tiempo en la desmitificación de unos años 80 que aún se idealizaban con filmes protagonizados por él mismo. En dicha película, además, contesta desnudo al teléfono.

a pelo
1985 • *Heaven help us*, de Michael Dinner:
1987 • *Golpe al sueño americano* (*Less than zero*), de Marek Kaniewska:
1995 • *Dream man*:
• *Cosas que nunca te dije*, de Isabel Coixet :

MCDOWELL, MALCOLM

A Malcolm le va la marcha. Tras su polémico papel de *La naranja mecánica* difícil lo tuvo para superar la escabrosidad de su actuación, pero al menos puso mucho empeño, como en la escandalosa *Calígula*. Últimamente parece que está más calmado, tanto en provocación como en desnudos.

a pelo
1968 • *If...* (*If...*), de Lindsay Anderson:
1971 • *La naranja mecánica* (*A clockwork orange*), de Stanley Kubrick:
1973 • *Un hombre de suerte* (*O lucky man!*), de Lindsay Anderson:
1976 • *Calígula* (*Caligula*), de Tinto Brass:
1982 • *El beso de la pantera* (*Cat people*), de Paul Schrader:
1984 • *Gulag* (*Gulag*), de Roger Young:
1990 • *Jezebel's kiss*, de Harvey Keith:

MODINE, MATHEW

El protagonista de *Birdy* quiere volar más alto, pero sus papeles de los 80 tampoco son nada despreciables, y además contenían muchos más desnudos que los actuales.

a pelo
1984 • *El hotel New Hampshire* (*The hotel New Hampshire*), de Tony Richardson:
• *Birdy* (*Birdy*), de Alan Parker:
1985 • *Loco por ti* (*Visionquest*), de Harold Becker:

MOLINA, ALFRED

Aunque ya había aparecido en *En busca del arca perdida*, fue *Ábrete de orejas* la película que hizo reparar en él la atención de la crítica. Sigue siendo poco conocido por el gran público.

a pelo
1987 • *Ábrete de orejas* (*Prick up your ears*), de Stephen Frears:

MOORE, DUDLEY

El gracioso de Dudley Moore se desnudó junto a Bo Derek y, la verdad, nadie se fijó en él.

a pelo
1979 • *10, la mujer perfecta* (*10*), de Blake Edwards:

MORIARTY, MICHAEL

El apocado granjero de *El jinete pálido* se ha desnudado en una sola ocasión, nada menos que a las órdenes de Bigas Luna en su aventura americana con Dennis Hopper, *Renacer*.

a pelo
1978 • *Renacer* (*Reborn*), de Bigas Luna:

MORROW, ROB

El protagonista de *Doctor en Alaska* nos mostró el culo en una película infumable de 1985 que de vez en cuando emiten por TV.

a pelo
1985 • *Private resort*:

MORTENSEN, VIGGO

El atractivo e inquietante protagonista de *Extraño vínculo de sangre* no solo bordó su papel en esta extraordinaria opera prima de Sean Penn, sino que además se mostró tal como es, sin trampa ni cartón.

a pelo
1989 • *La piel que brilla* (*The reflecting skin*), de Philip Ridley:
1991 • *Extraño vínculo de sangre* (*The indian runner*), de Sean Penn:

MYERS, MIKE

El simpático protagonista de *Wayne's world* protagoniza un tópico pero efectivo sketch en *Una novia sin igual*, abrazando a una amiga de su prometida al mismo tiempo que cae la toalla que le tapaba de cintura para abajo.

a pelo
1993 • *Una novia sin igual* (*So I married an axe murderer*), de Thomas Schlamme:

NAYA, JUAN CARLOS

Popular en los últimos 70 y primeros 80 gracias a su aparición en series televisivas, este guapo mozo daría que hablar en una coproducción italiana, lo cual solo significaba en aquella época carne para nuestros ojos. El título no deja lugar al equívoco (*Vacaciones al desnudo*) y la interpretación de Juan Carlos, tampoco. Le acompañan, por cierto, actrices del género softcore ya experimentadas, como Lilli Carati o Cicciolina.

a pelo
1980 • *Vacaciones al desnudo*, de Marcello Aliprandi:

NEESON, LIAM

El ex boxeador protagonista de *La lista de Schindler* debutó de la mano de John Boorman en *Excalibur* (1981), pero han tenido que pasar muchos años para acaparar la atención: a ello han ayudado, entre otras cosas, unos bien dosificados desnudos.

a pelo
1986 • *Ansias de vivir* (*Duet for one*), de Andréi Konchalowsky:
1991 • *El silencio de la sospecha* (*Under suspicion*), de Simon Moore:
1993 • *La lista de Schindler* (*Schindler's list*), de Steven Spielberg:
1995 • *Rob Roy* (*Rob Roy*), de Michael Caton Jones:

NEILL, SAM

Uno de los mejores actores maduros de la actualidad, de rostro sereno pero de mirada algo perversa, inició sus papeles encarnando a villanos (fue un adulto Damien en la tercera parte de *La profecía*), pero en España su rostro no se hizo realmente popular hasta que se estrenó la serie *Reilly, as de espías*, estrenada en otros países como filme.

a pelo
1984 • *Reilly, as de espías* (*Reilly: ace of spies*):
1993 • *El piano* (*The piano*), de Jane Campion:

NEWMAN, PAUL

El gran actor americano nunca ha querido demostrar ante las cámaras si su belleza griega es privativa solo de su rostro. En cualquier caso, nos conformaremos con el trasero que enseña en la estupenda *La leyenda del indomable*.

a pelo

1967 • *La leyenda del indomable* (*Cool and luke*), de Stuart Rosenberg:

NICHOLSON, JACK

El machista de Jack ha demostrado su virilidad en contadas pero impactantes ocasiones. Su polvo con Jessica Lange en *El cartero siempre llama dos veces* es de antología, aunque a la hora de enseñar algo se reserve escenas menos moviditas.

a pelo

1974 • *Chinatown* (*Chinatown*), de Roman Polanski:
1981 • *El cartero siempre llama dos veces* (*The postman always rings twice*), de Bob Rafelson:
• *Rojos* (*Reds*), de Warren Beatty:
1985 • *El honor de los Prizzi* (*Prizzi's honor*), de John Huston:

NOLTE, NICK

El rudo pero maleable Nick Nolte fue conocido en España gracias a su entrañable papel en *Hombre rico, hombre pobre*. Su primer desnudo lo protagonizó en la que es además una de sus mejores películas, y seguramente la mejor de su realizador: *North Dallas Forty* nos narra la decadencia de un jugador necesitado de incontables drogas para mitigar el dolor y acosado por la directiva de su equipo. Además de ser un bello canto a la individualidad y el espíritu luchador, nos muestra a Nolte tal como es. Eso sí, nunca de frente.

a pelo

1979 • *North Dallas Forty*, de Ted Kotcheff:
1985 • *Un loco suelto en Hollywood* (*Down and out in Beverly Hills*), de Paul Mazursky:
1987 • *Hombres marcados* (*Weeds*), de John Hancock:

NUREYEV, RUDOLF

El célebre bailarín se desnudó en las dos películas que interpretó: *Valentino* y *Un cebo llamado Elisabeth*, siendo bastante más atrevida la primera.

a pelo

1977 • *Valentino* (*Valentino*), de Ken Russell:
1983 • *Un cebo llamado Elisabeth* (*Exposed*), de James Toback:

O'DONNELL, CHRIS

La nueva estrella de los jóvenes actores de los 90 ha demostrado su versatilidad con papeles tan diferentes como el del tímido estudiante de *Esencia de mujer* o el de Robin en esa apología gay que es *Batman forever*. Su único desnudo es inédito en España. Lo siento, chicas.

a pelo

1992 • *School ties*, de Robert Mandel:

O'NEAL, RYAN

El padre de Tatum hace tiempo que está alejado del cine, pero en su momento gozó de mucha popularidad. Su desnudo en *Algo más que colegas*, y su interpretación en general, son de lo más graciosos.

a pelo

1978 • *Oliver* (*Oliver's story*), de John Korty:
1982 • *Algo más que colegas* (*Partners*), de Francis Veber:

OLDMAN, GARY

El excéntrico Gary Oldman tiene en su nervioso cuerpo una de sus mejores armas interpretativas. Qué lejos quedan aquellos tiempos en que a él le tocaba hacer de bueno y a Kevin Bacon de malo (*Ley criminal*): hoy sería seguramente al revés.

a pelo

1987 • *Ábrete de orejas* (*Prick up your ears*), de Stephen Frears:
1988 • *Track 29* (*Track 29*), de Nicholas Roeg:
1989 • *Ley criminal* (*Criminal law*), de Martin Campbell:
1990 • *Héroes de papel* (*Chattahoochee*), de Mick Jackson:
1993 • *Romeo is bleeding*, de Peter Medak:
1995 • *La letra escarlata*, de Roland Joffe

OLMOS, EDWARD JAMES

El teniente Castillo de *Miami Vice*, además de tener sus propias inquietudes cinematográficas, ya había participado antes en películas tan emblemáticas como *Blade runner* o *Lobos humanos*, donde no deja nada a la imaginación.

a pelo

1981 • *Lobos humanos* (*Wolfen*), de Michael Wadleigh:

ONTKEAN, MICHAEL

El simpático Harry S. Truman de *Twin Peaks* es un ya veterano secundario, al que podemos recordar en filmes como *El castañazo*.

a pelo

1977 • *El castañazo* (*Slap shot*), de George Roy Hill:
1980 • *Una almohada para tres* (*Willie and Phil*), de Paul Mazursky:

PARÉ, MICHAEL

Atractivo actor que a principios de los 80 daba indicios de ser una de las incipientes estrellas del cine comercial americano, tras la revelación que supusode la serie *El gran héroe americano* y su papel protagonista en la trepidante *Calles de fuego*. Todo quedó en un bluff, pero el chico, moreno y de ojos azules, aún provoca sus buenos suspiros.

a pelo

1987 • *The women's club*:
1991 • *Sunset heat*:

PATINKIN, MANDY

El inolvidable Íñigo de Montoya de *La princesa prometida* es un secundario poco reconocido por el público, pero de sólida trayectoria. Su papel en *Yentl* le obligó a desenvainar algo más que la espada.

a pelo
1983 • *Yentl* (*Yentl*), de Barbra Streisand:

PATRICK, JASON

Jason Patrick Miller, además de ser conocido por su fugaz relación con Julia Roberts, protagonizó películas como *Hasta el límite* y *Gerónimo*. También se desnuda en un filme junto a Rachel Ward.

a pelo
1990 • *After dark, my sweet*, de James Foley:

PATRICK, ROBERT

El excelente T-1000 de *Terminator 2* no ha tenido mucha suerte con el resto de su filmografía. De momento, sigue siendo la pesadilla viviente de apariencia más inofensiva que se ha visto en un filme de ciencia-ficción.

a pelo
1991 • *Terminator 2* (*Terminator 2: Judgment day*),
de James Cameron:
1994 • *Hong Kong '97*:

PAXTON, BILL

Genial actor que ha acaparado por méritos propios la atención del espectador en numerosas películas: él era el hermano chulo del protagonista de *La mujer explosiva*, paseándose con una toalla a la cintura, o el hilarante usurpador de Schwarzenegger en *Mentiras arriesgadas*. Se ha desnudado profusamente, sobre todo en *Mi obsesión por Helena*.

a pelo
1985 • *La mujer explosiva* (*Weird science*),
de John Hugues:
1991 • *The dark backward*, de Adam Rifkin:
1993 • *Mi obsesión por Helena* (*Boxing Helena*),
de Jennifer Chambers Lynch:
• *Monolith*, de John Eyres:
1995 • *Frank and Jesse* (cable):

PENN, CHRISTOPHER

El hermano de Sean se está haciendo poco a poco un lugar tanto en el cine independiente USA como en el más comercial.

a pelo
1988 • *Made in USA*,
de Ken Friedman:

PENN, SEAN

El gran Sean Penn es el típico actor conflictivo de fuerte carácter y sensibilidad. Su único desnudo hasta el momento lo ha protagonizado en compañía de Ally Sheedy.

a pelo
1983 • *Bad boys* (*Bad boys*), de Rick Rosenthal:

PÉREZ, VINCENT

El nuevo Cuervo es un atractivo actor francés de origen español que ya tiene a sus espaldas varios filmes franceses de éxito. Sabe sacar mucho partido de su sensualidad.

a pelo
1994 • *La reina Margot*:

PHILLIPS, LOU DIAMOND

El protagonista de *La bamba* lleva diez años montándoselo por su cuenta, como productor y hasta director.

a pelo
1993 • *Dangerous touch*:

PITT, BRAD

El guapetón de Brad es increíblemente efectivo cuando hace de tipo mugriento y vulgar, pero haciendo de bueno es condenadamente irregular. ¿O será la envidia?

a pelo
1991 • *The favor*:
1992 • *Kalifornia* (*Kalifornia*),
de Dominic Sena:
1994 • *Leyendas de pasión* (*Legends of the fall*),
de Edward Zwick:

PRIESTLEY, JASON

El Brandon de *Sensación de vivir* protagonizó *Calendar girl*, una peli que en España ha ido directamente a vídeo y que nos muestra todo lo que siempre quisieron ver sus fans.

a pelo
1993 • *La chica del calendario* (*Calendar girl*),
de John Whitesell:

PROCHNOW, JÜRGEN

Uno de los actores que más villanos está acaparando en sus interpretaciones (a veces ni siquiera el villano principal de la película).

a pelo
1985 • *Killing cars*,
de Michael Verhoeven:

PRYOR, RICHARD

El simpático humorista americano hizo su mejor película con la modesta *Un cierto tipo de héroe*, pero se desnudó solo bajo su propia dirección.

a pelo
1986 • *Jo Jo Dancer, your life is calling*,
de Richard Pryor:

PUIGCORBÉ, JUANJO

Un mito viviente de la interpretación catalana y española democrática. A través de sus desnudos se pueden seguir las grandes etapas del cine autóctono y sus contextos sociales. Desde el memorable paseo en moto de *L'orgia* a los polvos en consenso de *El diario de Lady M.* mucho ha llovido, pero Puigcorbé sigue tan presente o más que nunca, disfrutando de un merecido estatus como comediante para películas incluso amables.

a pelo
1977 • *La orgía* (*L'orgia*), de Francesc Bellmunt:
1979 • *Salut i força al canut*, de Francesc Bellmunt:
1991 • *Salsa rosa*, de Manuel Gómez Pereira:

QUAID, DENNIS

La sonrisa más contagiosa de los 80 tuvo su mejor momento con películas como *Querido detective* o *El chip prodigioso*. Curiosamente, son las dos donde se desnudaba.

a pelo
1986 • *Querido detective* (*The big easy*), de Jim McBride:
1987 • *El chip prodigioso* (*Innerspace*), de Joe Dante:

QUAID, RANDY

El hermano gamberro de Dennis solo se ha desnudado en la famosa escena de la piscina en *La última película*.

a pelo
1971 • *La última película* (*The last picture show*), de Peter Bogdanovich:

QUINN, AIDAN

Impresionante en *Jugando en los campos del señor*, el rostro de Aidan comienza a sonar entre el público mayoritario. Se nota que él se toma muy en serio su trabajo, desnudos incluidos.

a pelo
1984 • *Rebeldes temerarios* (*Reckless*), de James Foley:
1985 • *Buscando a Susan desesperadamente* (*Desperately seeking Susan*), de Susan Seidelman:
1993 • *Sola en la penumbra* (*Blink*), de Michael Apted:

REED, OLIVER

Lejos de la atención pública durante muchos años ya, Oliver Reed era uno de los actores más reputados de los años 70. Junto a Alan Bates protagonizó la terrible escena de la pelea a pelo en *Mujeres enamoradas*, y años después volvería a repetir en *Robinson Crusoe por un año*.

a pelo
1971 • *Mujeres enamoradas* (*Women in love*), de Ken Russell:
1986 • *Robinson Crusoe por un año* (*Castaway*), de Nicholas Roeg:

REEVES, KEANU

Otro actor joven que es mejor protagonizando filmes de acción que dramas con pretensiones. Está impresionante en *Speed*, pero solo se desnudó en el año 91.

a pelo
1991 • *Mi Idaho privado* de Gus Van Sant:
• *Le llaman Bodhi*, de Kathryn Bigelow:

REINHOLD, JUDGE

El simpático poli joven de *Superdetective en Hollywood* dio la sorpresa con *Zandalee, en el límite del deseo*, un filme que coprodujo y donde se nos mostraba en toda su integridad física.

a pelo
1991 • *Zandalee, en el límite del deseo* (*Zandalee*), de Sam Pillsbury:

REYNOLDS, BURT

El gran Burt se acaba de quitar el peluquín, suponemos que con la esperanza de que Tarantino lo redescubra en este acto de autenticidad como hizo con Travolta, pero ya mucho antes había enseñado el culo.

a pelo
1982 • *Mis problemas con las mujeres* (*The man who loved women*), de Blake Edwards:

ROBBINS, TIM

Suele hacer papeles antipáticos, y ello le honra. Su debut como director fue excepcional, en *Ciudadano Bob Roberts*, y además se desnuda, aunque sea lleno de barro. ¿Qué más se le puede pedir? Solo Susan Sarandon lo sabe.

a pelo
1988 • *Los búfalos de Durham* (*Bull Durham*), de Ron Shelton:
1990 • *La escalera de Jacob* (*Jacob's ladder*), de Adrian Lyne:
1992 • *El juego de Hollywood* (*The player*), de Robert Altman:

ROBERTS, ERIC

El hermano macarra de Julia es un excelente actor, aunque sus mejores papeles sean como secundario. Solo hay que verlo en *Star 80*, mirándose al espejo como un energúmeno, o en *El tren del infierno*.

a pelo
1983 • *Star 80* (*Star 80*), de Bob Fosse:
1994 • *Love is a gun*, de David Hartwell:
• *Testigo en la sombra* (*Sensation*), de Brian Grant:

ROOKER, MICHAEL

El protagonista de *Henry, retrato de un asesino*, ya lleva diez años de carrera tras este título, pero mucho tendrá que desnudarse para despertar la confianza del público.

a pelo
1994 • *The hard truth*:
1995 • *Mallrats* (*Mallrats*), de Kevin Smith:

ROURKE, MICKEY

El gran Mickey nació para perder. Incomprendido por la mayor parte de la crítica (incluso por sus propios fans), es un tipo que salió de la nada y se encontró con que en la cumbre tampoco había nada. Su Henry Chinawsky de *El borracho* es inolvidable: si Rourke consigue sobrevivir los próximos diez años, volverá al cine como uno de los grandes.

a pelo
1987 • *El corazón del ángel* (*Angel heart*), de Alan Parker:
1988 • *Francesco* (*Francesco*), de Liliana Cavani:

RUSSELL, KURT

El campechano Kurt es el prototipo de americano paleto y simpático. ¡Qué tiempos aquellos cuando solo interpretaba comedias Disney como *Mi cerebro es electrónico* o *Te veo y no te veo!* Por cierto, su desnudo en *Tango y Cash* coincide con la mejor escena del filme, la ducha junto a Stallone: ¡no te pongas nervioso, pichulín!

a pelo
1979 • *Frenos rotos, coches locos* (*Used cars*), de Robert Zemeckis:
1989 • *Tango y Cash* (*Tango & Cash*), de Andréi Konchalovsky:

SACRISTÁN, JOSÉ

Otro actor que resume en su rostro los treinta últimos años de la vida española y del cine que la reflejó: desde la comedia landiana, pasando por el cine de destape y sexo sin tapujos, a la comedia progre y, finalmente, el cine de actor (más que de autor). Donde mejor lo recordamos desnudo es en *La vaquilla*, última comedia de éxito de Berlanga.

a pelo
1974 • *Sex o no sex*, de Julio Diamante:
1975 • *El secreto inconfesable de un chico bien*, de Jorge Grau:
1984 • *La vaquilla*, de Luis G. Berlanga:

SADLER, WILLIAM

Aunque últimamente incluso hace de mínimamente bueno, como en *El tiempo de los intrusos* o *Cadena perpetua* (o como la cojonuda parodia de la muerte de *El séptimo sello* en *El alucinante viaje de Bill y Ted*), donde Sadler estaba impresionante era como el Coronel Stuart en *La jungla 2*, haciendo aquellos terribles ejercicios mortíferos en la habitación del hotel.

a pelo
1990 • *La jungla 2* (*Die hard 2*), de Renny Harlin:

SANDS, JULIAN

Un tipo cuyo físico lo hace muy incatalogable en casi cualquier tipo de género, Julian Sands tiene una apariencia bastante frágil, debido sobre todo a su melenita rubia. Se desnuda con prestancia, eso sí.

a pelo
1986 • *Gothic* (*Gothic*), de Ken Russell:
• *Una habitación con vistas* (*A room with a view*), de James Ivory:
1991 • *La villa de los viernes* (*La villa del venerdì*), de Mauro Bolognini:
1993 • *Mi obsesión por Helena* (*Boxing Helena*), de Jennifer Chambers Lynch:

SANZ, JORGE

El chaval que encarnó a *Conan el Bárbaro* de niño en la gran película de John Milius se mostró bastante más crecidito en *Amantes*, una de las mejores películas de Vicente Aranda, donde Victoria Abril le hace de las suyas con un pañuelito.

a pelo
1992 • *Amantes*, de Vicente Aranda:

SARANDON, CHRIS

El ex de Susan se ha ganado un lugar en el cielo como el vampiro de *Noche de miedo*. Además, se ha desnudado un par de veces.

a pelo
1976 • *Lipstick, lápiz de labios* (*Lipstick*), de Lamont Johnson:
1994 • *Temptress*:

SAVAGE, JOHN

Es una lástima comprobar cómo un actor que trabajó con Coppola (*El padrino III*) y Michael Cimino (*El cazador*) haya acabado haciendo de villano en subproductos de serie Z. Superviviente de una pareja de gemelos, el guapo John ha dejado sus coqueteos con el desnudo en los años 70.

a pelo
1973 • *The killing kind*, de Curtis Harrington:
• *The sister in law*, de Joseph Reuben:
1980 • *La leyenda de Bill Doolin* (*Cattle Annie and the Little Britches*), de Lamont Johnson:

SCHEIDER, ROY

El hombre que mató al primer *Tiburón* y que se saludaba cada mañana en el espejo en *All that jazz*, solo ha enseñado el trasero una vez, en el segundo filme mencionado, cuando correteaba por el hospital con la bata abierta por detrás.

a pelo
1979 • *Empieza el espectáculo* (*All that jazz*), de Bob Fosse:

SCHWARZENEGGER, ARNOLD

El que hace diez años era un «armario de nombre impronunciable» para la crítica europea, tan fina (y fascista) ella, es ahora uno de los productores y actores más avispados de Hollywood. De oscuro pasado y tendencia innata a los filmes violentos que solo su interés económico consigue paliar, este ex Mr. Universo impresionó a todos en *Terminator*, probablemente el filme que más cambió la manera de entender el fantástico en los 80. Luego también se exhibió en la fabulosa pelea en la nieve con que se abre la trepidante *Danko, calor rojo*, donde además hacía de ruso y acababa ganando al yanqui en todo (hasta en fascismo).

a pelo
1984 • *Terminator* (*The terminator*), de James Cameron:
1988 • *Danko, calor rojo* (*Red heat*), de Walter Hill:

SCOTT, CAMPBELL

El hijo de George C. Scott tuvo unas buenas intervenciones en *El cielo protector*, *Compañeros inseparables*, etc., hasta llegar al protagonismo total en *Elegir un amor*, junto a Julia Roberts (nótese la diferencia de orientación que toma el título castellano respecto al original —*Morir joven*— de cara al público).

a pelo
1991 • *Elegir un amor* (*Dying young*), de Joel Schumacher:

SELLECK, TOM

Magnum tiene una capacidad innata para la comedia, pero también fue un buen héroe en películas como *Runaway*. En *Mr. Baseball* es posible disfrutar de su vello púbico.

a pelo
1983 • *Lassiter* (*Lassiter*), de Roger Young:
1992 • *Mr. Baseball*, de Fred Schepisi:

SHEEN, MARTIN

El comprometido actor pasará a la historia como protagonista de *Apocalypse now* y de *Malas tierras*, antes de especializarse en barrer aceras como castigo de las autoridades a sus excesivos ejemplos de civismo y preocupación social.

a pelo
1979 • *Apocalypse now* (*Apocalypse now*), de Francis Ford Coppola:

SHEFFER, CRAIG

El protagonista de *Razas de noche* no acaba de encontrar su público, dividido entre quinceañeras y jóvenes enterados. No importa, de todas formas su único desnudo aquí aún no se ha visto.

a pelo
1990 • *Instant karma*, de Broderick Taylor:

SINGER, MARC

Hay que ver cómo un tipo que empezó obteniendo premios en el teatro puede llegar a ser visto como un típico musculitos más. Qué dura es la vida. El hermano de Lori consiguió una gran popularidad como protagonista de *El señor de las bestias*, y luego de la serie *V*. Actualmente sigue haciendo películas de serie B al estilo de Andrew Stevens, Michael Paré, etc.

a pelo
1990 • *Body chemistry*, de Kristine Peterson:
1994 • *Victim of desire*:

SINISE, GARY

Es curioso que este actor proveniente del teatro (de la misma compañía que John Malkovich), con interesantes títulos como director, sea también capaz de triunfar en películas tan comerciales como *Forrest Gump*. A eso se le llama talento.

a pelo
1991 • *A midnight clear*, de Keith Gordon:

SKERRITT, TOM

Veterano actor que en los últimos años está disfrutando de un merecido estatus como secundario eficaz. Desde 1992 protagoniza la serie *Picket fences*.

a pelo
1974 • *Una mamá sin freno* (*Big bad mama*), de Steve Carver:
1985 • *Campo del infierno* (*Opposing force*), de Eric Karson:
1991 • *Poison Ivy*, de Katt Shea Ruben:

SLATER, CHRISTIAN

El monje de *El nombre de la rosa* ha ido poco a poco haciéndose valer como actor. Su escena con Valentina Vargas sigue siendo también el mejor desnudo que ha protagonizado hasta el momento.

a pelo
1985 • *Twisted*:
1986 • *El nombre de la rosa* (*The name of the rose*), de Jean-Jacques Annaud:
1991 • *El imperio del mal* (*Mobsters*), de Michael Karbelnikoff:
1993 • *Amor a quemarropa* (*True romance*), de Tony Scott (versión laser disc):

SMITH, CHARLIE MARTIN

El cuarto miembro de *Los intocables de Elliot Ness* protagonizó la bella película *Los lobos no lloran*, una producción Disney donde abundan sus desnudos integrales.

a pelo
1977 • *The campus corpse*:
1983 • *Los lobos no lloran* (*Never cry wolf*), de Carroll Ballard:

SMITS, JIMMY

La revelación de *La ley de Los Ángeles* tuvo su gran oportunidad como el bandido Arroyo en *Gringo viejo*, donde compartía a Jane Fonda con un otoñal Gregory Peck. En *Una rubia muy dudosa* se levantaba desnudo de la cama con un bamboleo sospechoso entre sus piernas morenas.

a pelo
1989 • *Gringo viejo* (*Old gringo*), de Luis Puenzo:
1991 • *Una rubia muy dudosa* (*Switch*), de Blake Edwards:
1995 • *Policía de Nueva York* (TV):

SPADER, JAMES

El tipo cabrón de *La chica de rosa* o *Golpe al sueño americano* dio de repente el gran salto, y a partir de *Sexo, mentiras y cintas de vídeo* se convirtió además en uno de los actores más interesantes de los últimos 80. En *Pasión sin barreras* se lleva al huerto a Susan Sarandon.

a pelo
1990 • *Pasión sin barreras* (*White palace*), de Luis Mandoki:

STALLONE, SYLVESTER

Después de ganarse las habichuelas con un softcore cutre,

el bueno de Sly no volvió a desnudarse hasta llegados los años 90, siempre de espaldas excepto en unas fotografías que se escaparon del rodaje de *Demolition man*, donde las medidas de su miembro alcanzaban proporciones demoledoras.

a pelo
1989 • *Tango y Cash* (*Tango & Cash*), de Andréi Konchalovsky:
1990 • *Rocky V* (*Rocky V*), de John G. Avildsen:
1992 • *Alto o mi madre dispara* (*Stop or my mom will shot*), de Roger Spottiswoode:
1993 • *Demolition man* (*Demolition man*), de Marco Brambilla:
1994 • *El especialista* (*The specialist*), de Luis Llosa:

STANTON, HARRY DEAN

Pocos secundarios tienen el prestigio por su sola presencia de este actor, nacido increíblemente en 1926 y de interminable filmografía. Solo se ha desnudado una vez.

a pelo
1971 • *Cisco Pike, la droga y su imperio* (*Cisco Pike*), de Bill L. Norton:

STERN, DANIEL

Eternamente especializado en papeles de joven atolondrado y desaliñado, Daniel Stern ha sabido destacar sobre todo en el género de la comedia, haciéndose sumamente popular a raíz de *Solo en casa*.

a pelo
1980 • *Pequeño círculo de amigos* (*A small circle of friends*), de Rob Cohen:

STING

Gordon Mathew Summer no lo hace mal como actor. Y hasta se desnuda, aunque no tanto como cuando fue al Amazonas.

a pelo
1982 • *Brimstone and Treacle*, de Richard Loncraine:
1987 • *Julia y Julia* (*Julia and Julia*), de Peter del Monte:

STOLZ, ERIC

Tras numerosos papeles a lo largo de los 80, parece que finalmente es en los 90 cuando Stoltz consolida su estrella como parte de la troupe habitual de Tarantino y amigos. No se arredra nada ante las escenas eróticas.

a pelo
1988 • *Haunted summer*, de Ivan Passer:
• *Manifesto*, de Dusan Makavejec:
1993 • *Naked in New York*, de Daniel Algrant:

SUTHERLAND, DONALD

Uno de los actores de mirada más repulsiva del cine, su excelente registro le ha permitido encarnar todo tipo de papeles, e incluso compartir alguna buena escena de cama, como en *Amenaza en la sombra* junto a Julie Christie.

a pelo
1973 • *Amenaza en la sombra* (*Don't look now*), de Nicholas Roeg:
1978 • *Desmadre a la americana* (*National Lampoon's animal house*), de John Landis:

SUTHERLAND, KIEFER

Julia Roberts lo dejó plantado en su boda. Solo se ha desnudado para la TV por cable.

a pelo
1993 • *Last light* (cable):

SWAYZE, PATRICK

El cachas de Patrick ha tenido dos buenas oportunidades de demostrar que también es un actor a tener en cuenta: *Ghost* y *La ciudad de la alegría*. En la primera era bastante convincente, sobre todo en la impresionante escena de su muerte, toda una lección de realización. Pero lo que importa es dónde se ha desnudado, y eso, cómo no, lo ha llevado a cabo en su título más macarra y camionero.

a pelo
1989 • *Roadhouse: de profesión duro* (*Roadhouse*), de Rowdy Herrington:

TURTURRO, JOHN

En los 90 es cuando podemos empezar a ver a Turturro desnudándose, algo que aprovechó para hacer también en su debut como director.

a pelo
1990 • *Hombres de respeto* (*Men of respect*), de Wiliam Reilly:
1992 • *Mac* (*Mac*), de John Turturro:

VAN DAMME, JEAN CLAUDE

Poseedor del culo más prieto del cine actual, no se cansa de mostrarlo (por algo él mismo confiesa que es la parte de su cuerpo de la que está más orgulloso: muchos lo entienden, porque dicen que actúa con el culo). A pesar de todo, nos cae de lo más simpático. Es guapo, atlético y sus películas suelen ser de lo más entretenidas. ¿Qué más se puede pedir?

a pelo
1987 • *Contacto sangriento* (*Bloodsport*), de Newt Arnold:
1990 • *Lionheart, el luchador* (*Lionheart*), de Sheldon Lettich:
1991 • *Doble impacto* (*Double impact*), de Sheldon Lettich:
1992 • *Soldado universal* (*Universal soldier*), de Roland Emmerich:
1993 • *Sin escape, ganar o morir* (*Nowhere to run*), de Robert Harmon:
1994 • *Timecop* (*Timecop*), de Peter Hyams:

VOIGHT, JON

Actor de profundas convicciones religiosas, ello no le ha impedido (o quizá le haya ayudado) realizar unas impresionantes actuaciones en películas como *Cowboy de mediano-*

che o *El tren del infierno*. No se prodiga excesivamente, pero su buena planta y buen hacer siempre son agradecidos.

a pelo

1969 • *Cowboy de medianoche* (*Midnight cowboy*), de John Schlesinger:

1973 • *The all-american boy*, de Charles Eastman:

1976 • *El puente sobre Estambul* (*Der richter und sein Henker*), de Maximilian Schell:

WARD, FRED

De inicios y características semejantes a los de Scott Glenn (ambos coincidieron en *Elegidos para la gloria*), a veces desconcierta verle en según qué tipos de papeles. Ha hecho de Henry Miller con una calva horrible.

a pelo

1990 • *Henry y June* (*Henry and June*), de Philip Kaufman:

1993 • *Vidas cruzadas* (*Short cuts*), de Robert Altman:

WASHINGTON, DENZEL

Probablemente el actor negro más atractivo de la historia del cine, con permiso de Sidney Poitier y Harry Belafonte, Denzel ha conseguido encumbrarse a un lugar que hasta hace poco parecía ser privilegio de los actores blancos. Con una base interpretativa impresionante, este hombre lo tiene todo para pasarse diez años protazonizando bombazos de taquilla. En 1987 encarnó a Steve Biko en *Grita libertad*, con escenas de desnudos, pero el mayor descuido casi lo comete en *Ricochet*.

a pelo

1987 • *Grita libertad* (*Cry freedom*), de Richard Attenborough:

1991 • *Ricochet* (*Ricochet*), de Russell Mulcahy:

• *Mississippi Masala* (*Mississippi Masala*), de Mira Nair:

WELLER, PETER

Aunque actualmente está de capa caída tras su éxito en *Robocop*, Peter Weller es un actor que todavía puede dar numerosas sorpresas, ya que su misma filmografía está repleta de títulos de muy diversos contenido e interés. Ha realizado un desnudo frontal en compañía de Kelly McGillis y bajo la dirección de Abel Ferrara.

a pelo

1985 • *A killing affair*, de David Saperstein:

1986 • *Apology, una idea mortal* (*Apology*), de Robert Bierman (cable):

1988 • *El cazador de gatos* (*Cat chaser*), de Abel Ferrara: .

WILDER, GENE

El popular cómico ha sorprendido con escenas más atrevidas de lo habitual en un actor de su estilo, e incluso con filmes de corte intimista.

a pelo

1975 • *El hermano más listo de Sherlock Holmes* (*The adventure of Sherlock Holmes' smarter brother*), de Gene Wilder:

1980 • *Los seductores* (*Sunday lovers*), episodio de Gene Wilder:

1984 • *La mujer de rojo* (*The woman in red*), de Gene Wilder:

WILLIAMS, ROBIN

Otro actor que sorprendió a propios y extraños con un desnudo integral, en esta ocasión bellamente emplazado al aire libre, en *El rey pescador*.

a pelo

1991 • *El rey pescador* (*The fisher king*), de Terry Gilliam:

WILLIS, BRUCE

Otro de los grandes del cine USA actual. Pocos actores han dado un cambio tan radical en tan poco tiempo: del entrañable pero angarillas David Addison de *Luz de luna*, al tipo duro e irónico de *La jungla de cristal* o *Pulp fiction*, donde borda su papel de boxeador que intenta escapar del retiro forzoso con su trozo de pastel. Hoy por hoy, no tiene rival. Hasta en los desnudos es el único que se atreve a enseñar la polla arrugada.

a pelo

1994 • *El color de la noche* (*Color of night*), de Richard Rush:

1994 • *Pulp fiction* (*Pulp fiction*), de Quentin Tarantino:

WOODS, JAMES

El mejor villano del cine actual, una auténtica bestia que, si bien no tuvo mucha suerte en la elección de sus papeles durante los últimos 80, poco a poco está volviendo a recuperar el reconocimiento que le corresponde, con interpretaciones tan memorables como la de *The getaway*, donde con solo un par de escenas se come la pantalla. En la excelente *Campo de cebollas* protagonizó un desnudo frontal.

a pelo

1979 • *Campo de cebollas* (*The onion field*), de Harold Becker:

1994 • *Next door*:

ZANE, BILLY

Un actor que podría ser el nuevo Marlon Brando (su parecido con este actor en *Calma total* es asombroso), pero cuyas numerosas intervenciones en el cine actual no sabemos si le perjudican o favorecen en su camino hacia el estrellato: solo en 1993 participó en siete películas, a eso se le llama constancia. Mientras llega su momento estelar (cualidades no le faltan), nos conformaremos con su sudorosa presencia en el filme mencionado.

a pelo

1989 • *Calma total* (*Dead calm*), de Philip Noyce:

1992 • *Lake consequence*:

25 desnudos de película

Quiero dejar una cosa clara. Esta es una selección de desnudos cinematográficos, de películas que, por una razón u otra, resumen lo mejor de una cultura cinematográfica del desnudo o contienen desnudos que por sí solos merecen su reseña. Ello significa que aquí se incluyen cintas de todo tipo y calidad diversa: lo que se ha buscado en ellas es que sus desnudos hayan impactado o sean característicos de una forma de expresarlos.

En general, el cine italiano es el que mejor ha explotado el cuerpo desnudo, preferiblemente el femenino. Incluso existe un subgénero que tiene su razón de ser casi exclusiva en el desnudo humano, y los italianos han sido los reyes en él: el soft-core. Así pues, aunque dicho subgénero raya en la frontera que separa el cine de distribución convencional al especializado en sexo, hay suficientes y magníficos ejemplos que conviven en ambos terrenos como para que obtengan su representación aquí.

En cualquier caso, los desnudos seleccionados pueden pertenecer a películas excelentes o muy mediocres. Pero es que, en realidad, estamos hablando de una jerarquización por la que, si Rachel Welch se hubiera desnudado alguna vez, habría pasado automáticamente a ocupar el número 1 de la lista.

1. La enfermera (L'enfermiera), de Nello Rossati (1975)

El primer lugar lo tenía que ocupar ella. Sin que Rachel Welch haya mostrado íntegro su Cuerpo en la gran pantalla, y con Brigitte Bardot haciéndolo cuando ya empezaban a pesar los años, la esbelta y fría Ursula Andress merece coronarse como la más bella mujer desnuda del cine. Durante los años 70 su cuerpo, más maduro y cautivador que nunca, fue protagonista de numerosas peliculillas cuya única razón de ser era la exhibición cuanto más gratuita mejor de su perfecta epidermis. La enfermera puede considerarse la más lograda de dichas producciones, por cuanto es posible disfrutar de Ursula no solo en la privacidad de su dormitorio, sino al aire libre, en un baño en la piscina que deja a todo el mundo chapoteando y pidiendo más.

2. Zona profunda (Deep end), de Jerzy Skolimowski (1970)

Pocas veces (yo creo que nunca) el desnudo, el acto de mirar, de enamorarse de lo mirado (y por tanto, paradójicamente, de lo imaginado), de ansiar poseer a través de la mirada, ha estado tan integrado en una historia fílmica como la de esta sorprendente película, dura pero emotiva al mismo tiempo. La historia de un adolescente que se enamora de su compañera de trabajo (encarnada por Jane Asher) en la piscina pública está llena de escenas antológicas: el protagonista robando una foto troquelada a tamaño natural de su amada desnuda y paseándola, medio tapada con su abrigo, por las calles y el metro de la ciudad; él echándose encima de la foto en el agua de la piscina; y, finalmente, el sorprendente pero ineludible desenlace en el que su sueño se hace realidad de la manera más terrible posible. Una película para mirar en todos los sentidos.

3. Mujeres enamoradas (Women in love), de Ken Russell (1970)

Ken Russell puede tener muchos defectos, que los tiene, pero como mínimo ha aportado al cine la escena de desnudo masculino más impresionante que han visto mis ojos. Me refiero concretamente a la pelea entre Alan Bates y Oliver Reed, dos brutos bellos y sudorosos, en la que es la mejor escena de esta adaptación de la novela de D. H. Lawrence. La película cuenta con muchos otros alicientes, como disfrutar de Glenda Jackson en su mejor momento y en sus mejores desnudos, pero esta lucha de titanes a la luz del hogar, rezumante de sensualidad y vigor, de fuerza y sensibilidad, puede con todas las barreras.

4. Salón Kitty (Salon Kitty), de Tinto Brass (1976)

Aunque la película en su conjunto puede resultar incluso bastante desagradable (sobre todo con el paso del tiempo), al mezclar la temática entonces tan en boga del nazismo y el sexo, es indudable que *Salón Kitty* reúne suficientes condiciones como para ser incluida en este Hit Parade. Lo haré en realidad por una sola escena: la de los grupos de mujeres y hombres desnudos desfilando ante los ojos de Helmut Berger, y entregándose a su orden a todo tipo de gimnasia sexual y acrobacias eróticas. Tener reunidos bajo un mismo techo y bajo tu mando a semejante número de mujeres y hombres dispuestos a darlo todo por ti (Theresa Ann Savoy incluida) supera todo morbo previsible. Naturalmente, lo que más darán será su cuerpo.

5. Cuentos inmorales (Contes inmoraux), de Walerian Borowczyk (1974)

El otro gran director de desnudos junto a Tinto Brass es este autor polaco, responsable de títulos tan atrevidos como *La bestia* o *Interior de un convento*, y en general mejor cineasta que su colega italiano, ya que no intenta esconder su pasión por el cuerpo femenino con montajes irritantemente troceados como en los que muchas ocasiones cae Tinto. Probablemente *Cuentos inmorales* sea su obra más popular, y en él encontramos todas las constantes del realizador: cuerpos desnudos en la intimidad, pasiones secretas a las que la cámara tiene libre acceso, escenas más explícitas de lo habitual en el cine no X (con consoladores penetrando y aberturas de piernas varias) y un gusto por la ambientación de época. *Cuentos inmorales* ofrece, además, un episodio antológico protagonizado por una valiente Paloma Picasso y por una legión de jóvenes ninfas de las que podemos gozar visualmente a placer antes de que sean sacrificadas en la sangrienta orgía final.

6. La trastienda, de Jorge Grau (1976)

Esta película incluye el primer desnudo integral del cine español, desnudo que además no está nada mal. Lo lleva a cabo la espléndida María José Cantudo, y aunque en su día se discutió si el vello púbico que lucía era un postizo o tan real como la vida misma, lo que importa es que con él se abrió un nuevo panorama cinematográfico en el que nada volvería a ser lo mismo.

7. El último tango en París (Ultimo tango a Parigi), de Bernardo Bertolucci (1972)

Aunque esta película tiene muchas más cosas dentro que sus desnudos, fueron sin duda estos los que le dieron la celebridad de la que goza aun hoy día. Miles de españoles (y supongo que de espectadores de todas las nacionalidades) acudieron al cine espoleados por las frescas y lozanas formas juveniles de una Maria Schneider en su mejor momento. Por ello nos quedamos con la escena en que Marlon Brando frota la espalda desnuda de una muy desnuda Schneider. Angelical.

8. La orgía (L'orgia), de Francesc Bellmunt (1977)

Otra película irremisiblemente ligada al contexto social por el que en aquel momento pasaba la sociedad española. La peripecia de un grupo de estudiantes que deciden montar una orgía sería impensable en nuestros días (¿o no?). En todo caso, sigue siendo un título de oro del desnudo español, máxime cuando por ella pasaron (y se desprendieron de sus ropas) nombres como Assumpta Serna, Sílvia Munt o Carme Elias.

9. Delicias turcas (Turks fruit), de Paul Verhoeven (1973)

Otro título vital de los setenta y una de las mejores películas de Paul Verhoeven. Posee algunas de las escenas de desnudo más atrevidas de la época (sobre todo en cuanto a Rutger Hauer respecta), y sigue conservando unas nada desdeñables frescura y vitalidad, junto a una extrovertida Monique Van de Ven muy a tono con el gusto del momento.

10. Cuentos eróticos, de varios directores (1979)

Un hito en la historia del cine español no lo suficientemente reconocido. Directores tan característicos como Jaime Chávarri, Fernando Colomo, Josefina Molina o Alfonso Ungría dirigen cada uno un episodio erótico, siguiendo sus particulares obsesiones, fantasmas y fantasías. El resultado es muy irregular, sí, pero permite contemplar en una misma cinta los maravillosos cuerpos de Ana Belén, Patricia Adriani, y un largo etcétera de actrices españolas, además de contener un tono medio muy explícito.

11. Porky's (Porky's), de Bob Clark (1982)

¿Quién no soñó alguna vez en el instituto poder colarse en un reservado con vistas al vestuario de las chicas y disfrutar de su intimidad y placer? Probablemente sea esta y no otra (además de incluir un vistazo a los bajos de Kim Cattrall), la causa del tremendo éxito que en su momento tuvo *Porky's*, prototipo y máxima expresión de la comedia estudiantil para adolescentes que asoló los cines durante los primeros 80. Precisamente es dicha escena la que todo el mundo recuerda, ya que resume perfectamente las máximas aspiraciones de un chaval de 15 años: colarse en los vestuarios femeninos le permite acceder a todo lo que le está prohibido en aquella época, penetrar en el secreto mejor guardado de su mundo. Y allí se desnudan todas las chicas, las más fáciles y las más pudorosas. En este sentido, hasta en eso *Porky's* es memorable: la más guapa y discreta de las protagonistas, Kaki Hunter, no volverá a desnudarse en ninguna otra escena de toda la serie.

12. La isla virgen (Tanya's island), de Alfred Sole (1979)

Otro filme que funciona genialmente si se contempla como materializador de alguna de nuestras fantasías más recurrentes: una mujer sueña que vive en una isla desierta junto a su amante. Todo es paradisíaco y natural, los cuerpos son bellos y las vistas inmejorables. Claro que el filme no sería tan disfrutable si la protagonista no fuera Vanity, cuando aún no se hacía llamar así y en el esplendor además de su belleza, que la cámara no se cansa de realzar una y otra vez en toda su desnudez. Es además una película muy desconocida por estos pagos.

13. Paradise (Paradise), de Stuart Gillard (1982)

Y para terminar con los escenarios paradisíacos, qué mejor que esta copia de *El lago azul* que supera al original, al menos en cuanto a sensualidad y placer visual se refiere. Protagonizada en un desliz por la encantadora Phoebe Cates, en *Paradise* los desnudos son más reales que los de su predecesora y, aunque no tan abundantes como sería de desear, poseen la sufiente calidad (el material, aportado por la Cates, ya es de primera mano) y está tan integrados en el paisaje que su capacidad evocadora es sumamente grata e intensa.

14. Yo, el jurado (I, the jury), de Richard T. Heffron (1982)

Es este un filme con numerosos desnudos femeninos, aunque el que nos interesa es breve (pero intensísimo). Lo protagoniza Barbara Carrera y es un integral como tiene que ser: lo suficientemente claro como para satisfacer el morbo y lo suficientemente fugaz como para dejarnos suplicando más. La Carrera, en su mejor momento, tiene unos ojos que echan chispas y su cuerpo se enciende a la primera. ¿Qué más se puede pedir?

15. La puerta del cielo (Heaven's gate), de Michael Cimino (1980)

Esta película hundió a sus productores y le costó a Cimino un destierro de la industria del que aún no parece haberse recuperado, pero, entre otras cualidades, incluye unos desnudos preciosos de Isabelle Huppert. Por una vez su belleza reside en el placer contemplativo más que en el deseo voyeurístico: en cualquier caso, se trata de unas escenas con alto poder sugestivo, donde la Huppert pasea su hermoso y delicado cuerpo tanto por el interior de la casa como dándose un baño mientras Kris Kristofferson se pregunta por qué los hombres pensamos tanto. Más bucólico imposible.

16. Bolero (Bolero), de John Derek (1984)

No podía faltar un ejemplo del softcore para estetas que practica John Derek al servicio de los encantos de su mujer Bo. La forma es el contenido, y nunca mejor dicho. *Bolero* es probablemente la película que mejor resume todos los defectos y virtudes de la fórmula: producción y ambientación cuidadas en sus detalles más ridículos, inocencia y exhibicionismo como mensajes básicos, y, además, buenas escenas de Bo, sola y en compañía, a pelo y embadurnada de miel, y hasta metida en una sauna junto a Ana Obregón y Olivia d'Abo, para no tener que mirar siempre a la misma.

17. Vivir sin aliento (Breathless), de Jim McBride/La mujer pública (La femme publique), de Andrzej Zulawski (1983 y 1984, respectivamente)

Dos filmes con un denominador común: Valerie Kapriski. Posiblemente fue la actriz más atractiva de las que se desnudaron en los primeros 80. Estos son sus títulos esenciales, cada uno con atractivos suplementarios. El primero le reunió con otro sex symbol de la época, Richard Gere, y ambos hicieron aquí su mejor película: Gere se encontraba como pez en el agua con sus pantalones horteras y sus gestos espasmódicos, y la Kapriski aportaba un toque de sensualidad delicioso. La escena de él entrando en el baño mientras ella se ducha queda elegida ya una de las mejores que se puedan recordar entre parejas. Un filme inolvidable, todo un canto a la libertad individual ¡y con desnudos excelentes! El segundo, *La mujer pública*, es reseñable porque Valerie se pasa sin ropa gran parte del rodaje, y porque Andrzej Zulawski es uno de los realizadores europeos que más abiertamente han incorporado el desnudo a sus obras. Sin tapujos, sin falsas excusas. O con excusas demasiado falsas...

18. Los señores del acero (Flesh and blood), de Paul Verhoeven (1985)

Rodada en España, *Los señores del acero* contiene varias escenas eróticas de peso con la entonces desconocida Jennifer Jason Leigh como atracción principal. La mejor, la primera en la que la desnudan y violan. Escena cruda pero tremendamente atractiva donde su puvis pelirrojo capitaliza prácticamente todas las miradas.

19. Miranda (Miranda), de Tinto Brass (1985)

Aunque probablemente sea mucho más recordado el monumento al voyeurismo que Tinto Brass construyó en torno a Stefania Sandrelli para *La llave secreta* (1983), prefiero destacar aquí un segundo título de Tinto Brass que considero más simpático y admirable: *Miranda* es también un vehículo voyeurístico al servicio de su protagonista femenina, en este caso Serena Grandi, la mujer más impresionante que ha aportado el softcore italiano y discípula aventajada de las medidas popularizadas por las maggiorattas de su país. De formas desbordantes y un rostro mucho más bello de lo habitual (o de lo necesario, diría alguno), la Grandi acapara toda la atención, ya sea en sus posaderas, su busto, su... En realidad preferimos *Miranda* por la razón más básica de todas a la hora de hablar de cine erótico: por su protagonista.

20. Betty Blue (37o 2 le matin), de Jean-Jacques Beineix (1985)

El cine francés, al contrario que el italiano o el español, generalmente incorpora el desnudo como un elemento natural dentro del campo visual: no es un hecho excepcional, no es el objetivo (al menos no el directo) de la atención del realizador, y probablemente no incide excesivamente en el curso de la propia historia que se está contando. Ello naturalmente guarda su propia carga de morbo, pero cuando la cámara se desinteresa de un cuerpo, también lo acaba haciendo el espectador. A pesar de todo, *Betty Blue* contiene numerosas escenas de desnudo y muy gozosas. La culpa es de su protagonista femenina, Beatrice Dalle, una mujer pasional como hay pocas, cuya alma se adivina a flor de piel. Un título de culto para muchos, pero un culto probablemente provocado por la cosa más natural: el cuerpo nada modélico pero irresistible de esta preciosa actriz, cuya posterior filmografía llega aquí por desgracia con cuentagotas.

Miranda

21. Una llama en mi corazón (Une flamme dans mon coeur) / El diario de Lady M., de Alain Tanner (1987 y 1992, respectivamente)

De nuevo dos títulos de una vez, y es que en esta ocasión van más ligados que nunca. Dirigidos por Alain Tanner, la aportación profesional y personal de Myriam Mezières en ambos es fundamental. *Una llama en mi corazón* está rodada en blanco y negro, y la Mezières disfruta mostrando su cuerpo, además de ofrecer una masturbación frente a la cámara. Más explícita sin embargo de fotografía es *El diario de Lady M.*, con escenas tan potentes como ella afeitándose el pubis, colgándose una cadena de sus bajos, o entregándose con furia a Juanjo Puigcorbé.

22. Si te dicen que caí, de Vicente Aranda (1989)

Tenía que caer. Si hay algún director español que más conscientemente se ha preocupado por cuidar sus escenas eróticas, ese es Aranda. Ha desnudado a sus actrices más que ningún otro (a Ornella Muti en *El amante bilingüe*, por ejemplo), aunque con ninguna ha tenido tanto entendimiento como con Victoria Abril, de la que ofrece en esta película todo un recital de desnudos, destacando la escena en la que ella se monta varios numeritos con Jorge Sanz para regocijo de un voyeur (no podía ser otro que Javier Gurruchaga).

23. El amante (L'amant), de Jean Jacques Annaud (1991)

Filme excepcionalmente rodado, donde los encuentros amorosos entre una joven Jane March y su bello amante indochino ocupan la mayor parte del metraje. De fotografía extremadamente cálida, resalta en toda su sensualidad el ambiente y los jóvenes cuerpos, convirtiéndolos en un festín para los ojos.

24. Instinto básico (Basic instinct), de Paul Verhoeven (1992)

O de cómo un coño puede despertar tanta expectación y debate. Una escena tan fugaz, inesperada y cortante como la del interrogatorio a Sharon Stone en Instinto básico provocó incontables conversaciones y comentarios cotidianos en la calle, además de elevar a la categoría de mito erótico a su protagonista femenina. En cualquier caso, los desnudos en este filme son además satisfactorios, aunque ya se sabe que Paul Verhoeven, por mucho que decepcione últimamente en otros aspectos, en cuestión de sexo siempre cumple. Lo curioso del caso es que conozco personas que salieron del cine sin darse cuenta de lo que había revelado la Stone con su cruce de piernas.

25. El piano (The piano), de Jane Campion (1992)

Harvey Keitel ha sido el protagonista de los desnudos masculinos más comentados hasta el momento en los 90. En *Bad Lieutenant*, de Abel Ferrara, bailaba en pelotas drogado hasta las cejas, y en *El piano*, conseguía arrebatarle a Holly Hunter la atención del respetable en una escena de hermosa factura. La película es un ejercicio excepcional donde el guión y la realización son, como en toda buena narración, imposibles de separar. Pero por encima de todo, está el cuerpo de Harvey, poco dado a cánones de belleza, pero aun así tan bello.

Bibliografía

Estas son las principales publicaciones de las que me he servido, películas aparte, para extraer información útil en la confección de ¡DESNUDAS!

The bare facts Video Guide, Craig Hosoda. 1996 Edition. P.O. BOX 3255, Santa Clara, CA 95055-3255. USA

La Biblia del desnudo. Craig Hosoda es el maestro de los voyeurs, confeccionando una guía que parece el listín telefónico. La única pega que puedes verle es que algunos títulos son de difícil identificación para un lector no americano, pues todos están solo en inglés y no se señala el director. Asimismo, muchas películas llegan a USA con numerosos cortes de censura, (el *Matador* de Almodóvar, sin ir más lejos), que Hosoda no siempre puede saber, además de pasar por alto muchos títulos estadounidenses (¿dobles versiones?) con desnudos muy claros. Pero sigue siendo el instrumento imprescindible para convertirte en un auténtico experto.

Los secretos del cine erótico, Luis Gasca. Revista *Interviú* (Coleccionable).

Las reinas del destape, Luis Gasca. Revista Interviú (Coleccionable).

Grandes mitos del cine erótico, Luis Gasca. Revista Interviú (Coleccionable).

Luis Gasca es en gran divulgador de los desnudos. Suele ser muy correcto escribiendo, y sus juicios están siempre bien razonados. Posee muchísima información sobre el cine erótico, y un archivo gráfico muy atractivo. Además, defiende el género y las libertades con una valentía digna de elogio entre tanto gran medio.

Guía del vídeo-cine, Carlos Aguilar. Cátedra, Colección Signo e Imagen.

Imprescindible para cualquier trabajo de investigación y localización de películas. Carlos Aguilar hace un gran trabajo, y sus opiniones son divertidísimas.

El cine español en sus intérpretes, Carlos Aguilar–Jaume Genover. Verdoux, S.L.

Lo dicho. Otro libro de gran utilidad y más bonito de edición.

El cine erótico, Salvador Sainz. 1994, Royal Books.

Interesante punto de vista sobre la historia del erotismo, ilustrado con buenas fotos, aunque todas sean en blanco y negro. ¡Y contiene opiniones tan delirantes como las de ¡DESNUDAS!!

Otros títulos:

The voyeur's guide to the movies, Tom Peep. 1985, Futura Publications.

Total exposure, Jami Bernard. 1995, Citadel Press Book.

Sex in the movies, Sam Frank. 1986, Citadel Press Book.

Censored Hollywood, Frank Miller. 1994, Turner Publishing Inc.

***Diccionario de actores* (I y II)**, José Luis López. Ediciones JC.

Revista ***Fotogramas***, sección «Zona caliente», Comunicación y Publicaciones, S.A.

El autor

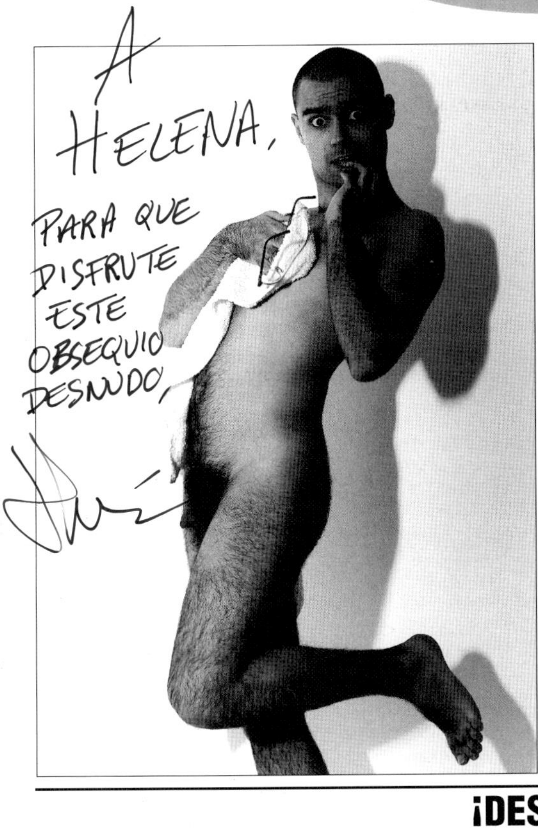

Foto: Mercè Dauder

HERNÁN MIGOYA MARTÍNEZ (Ponferrada, León, 1971) es tan enfermo como parece. Su primera masturbación consciente (poluciones nocturnas aparte) le sobrevino a los 16 años mientras calculaba embobado el ángulo de piernas de Assumpta Serna en *Coto de caza*. Por aquello de hacer algo más, estudió Ciencias de la Información en la Universitat Autònoma de Barcelona, y lleva más de un año sin recoger las notas de 5°, aunque sabe que está aprobado. Ha trabajado en numerosos medios como Radio Barberà, *Diari de Sabadell*, *aBarna*, *2.000 Maníacos*, *La comictiva*, *Primera Línea*, etc., pero no le gusta el periodismo y, sobre todo, la crítica. En cambio le apasiona escribir historias: relatos (ha publicado en diversos fanzines) y guiones (de cómic y cine). También ha publicado historietas en las revistas *Makoki*, *Kiss comix* y *El víbora*, pero estas dos últimas no cuentan porque actualmente es el redactor-jefe de la empresa editora de ambas, Ediciones La Cúpula. Además, ya ha guionizado, producido y dirigido su primer corto: *D.N.I.* Él solo quiere ser una mezcla de Freddie Mercury y Bruce Willis, y así le va. En el fondo sabe que es un narcisista que nunca se enamorará de alguien que no sea de mentira.

COLECCIÓN SERIE B

TÍTULOS PUBLICADOS

1 • Videoguía X • Manuel Valencia
2 • Meyerama, las películas y las supermujeres de Russ Meyer • Pedro Calleja
3 • Traci Lords • Eduardo Guillot y Manuel Valencia
4 • El día de la bestia • Álex de la Iglesia y Jorge Guerricaechevarría
5 • Planeta zombi (videoguía de muertos vivientes) • Jesús Palacios
6 • Bettie Page, la reina de las curvas y otras pioneras del erotismo de papel • Isabel Andrade
7 • Videoguía manga (cerca de 200 títulos de anime japonés) • Jorge Riera
8 • Pantalla de sangre (las 50 películas más salvajes del cine gore) • Mike Hostench y Jesús Martí
9 • ¡Desnudas! • Hernán Migoya

PRÓXIMOS TÍTULOS

10 • Videoguía X (vol. II) • Manuel Valencia
11 • 10 Hombres sin piedad (los mejores directores del cine de terror moderno) • Rubén Lardín